全国高校就业创业特色教材课题研究成果

教育部学生服务与素质发展中心组织编写

# 大学生
# 职业生涯导论（第三版）

主　编　高红霞　周欢欢

副主编　陈敏云　刘婷婷

主　审　沈之菲　崔景明　陈　雁

西安交通大学出版社

XI'AN JIAOTONG UNIVERSITY PRESS

**图书在版编目(CIP)数据**

大学生职业生涯导论 / 高红霞,周欢欢主编. — 3
版. — 西安:西安交通大学出版社,2023.6
ISBN 978 - 7 - 5693 - 3227 - 8

Ⅰ. ①大… Ⅱ. ①高… ②周… Ⅲ. ①大学生—职业
选择—高等学校—教材 Ⅳ. ①G647.38

中国国家版本馆 CIP 数据核字(2023)第 077782 号

DAXUESHENG ZHIYE SHENGYA DAOLUN

## 大学生职业生涯导论

### (第三版)

| | |
|---|---|
| **主　　编** | 高红霞　周欢欢 |
| **责任编辑** | 刘　晨 |
| **责任校对** | 张静静 |
| **封面设计** | 任加盟 |

| | |
|---|---|
| **出版发行** | 西安交通大学出版社 |
| | (西安市兴庆南路 1 号　邮政编码 710048) |
| **网　　址** | http://www.xjtupress.com |
| **电　　话** | (029)82668357 82667874(市场营销中心) |
| | (029)82668315(总编办) |
| **传　　真** | (029)82668280 |
| **印　　刷** | 陕西思维印务有限公司 |

| | |
|---|---|
| **开　　本** | 787mm×1092mm　1/16　　**印张** 19　　**字数** 478 千字 |
| **版次印次** | 2023 年 6 月第 1 版　　2023 年 6 月第 1 次印刷 |
| **书　　号** | ISBN 978 - 7 - 5693 - 3227 - 8 |
| **定　　价** | 56.00 元 |

如发现印装质量问题,请与本社市场营销中心联系调换。
订购热线:(029)82665248　　(029)82667874
投稿热线:(029)82668525

# 送你一朵幸福花

你好呀！谢谢你打开这本书，送你一朵幸福花。请在幸福花花蕊处写下你的名字。

积极情绪、意义、投入、人际关系、成就这五片花瓣，是这朵幸福花的指标，分数区间为1—10分。分数越高代表你对自己的这个指标满意度越高。请在每个花瓣的方框里据实写下自己的现状得分，在每个花瓣上写下本学期计划得分，你的现状得分和计划得分的差额就是你计划期间的增量。能够增值1分，甚至0.5分也是很不错的进步。

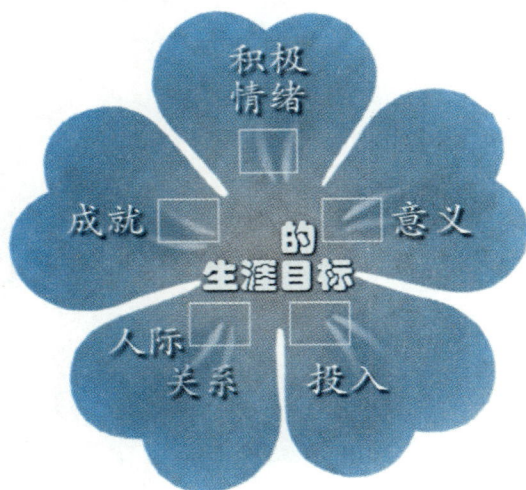

对了，为了实现本学期计划得分，你打算怎么做呢？请记录在这里。

_____

_____

_____

于是，这本书因为你的参与创作而变得独一无二了。

# 序　言

## 五育并举:收获符合自己的发展增量

在完成高中阶段艰苦的学习后,同学们要确立怎样的人生新目标? 准备怎样实现自己的新志向? 每个人都会有不一样的答案,每个人都需要给出一份答案。职业生涯规划,借用土木工程的术语,就是要建筑人生的无限可能性;借用数学和经济学术语,就是要收获符合自己的发展增量。

如此,同学们需要想明白四个问题:"我是谁""我在哪里""我要去哪里""怎么去"。第一,通过自然人维度、社会人维度和发展维度认清大学生的身份定位。第二,通过学校所处的地理位置、自己的高考成绩和学校的影响力,思考自己当前的位置状态。即使同处一所学校,每个同学也如"汪洋中的水滴,不是都在一个海平面上的"。第三,通过职业分析和探讨应用型人才的内涵,引起大学生对未来目标的思考。面对大变局时代职业的不确定性,选择人生大方向显得更为重要,要将自己规划成靠得住、用得上、行得远的应用型人才。第四,每个同学都拥有独特的成长经历,每个青春都将有自己的闪光点。顺境有利成长,逆境也许更能成才。希望同学们边探索边行走,用好能争取到的条件,探索符合个性的成长道路。

习近平指出:"中国特色社会主义进入新时代,我国社会主要矛盾已经转化为人民日益增长的美好生活需要和不平衡不充分的发展之间的矛盾。"[①]党的二十大进一步明确了这一判断,并把"人民生活更加幸福美好"列入二〇三五年我国发展的总体目标。如何满足同学们自己与他人的幸福生活[②]需要呢? 本教材倡导的理念是:美德拉近幸福,优势获得幸福[③]。因此,教材的元认知从过往的成功追求转为现在的幸福向往;教材的教学重心从注重能力提升转为立德树人;教材引导学生从单打独斗误区中的劣势弥补转为合作共赢基础上的优势提升。本教材围绕着美德—优势—幸福这样一条主线,构建了理念、行为、视觉三位一体的 CIS[④] 幸福生涯课程体系。

创造是布鲁姆认知金字塔的顶峰,创造力是当今时代的核心竞争力。作为积极心理学中

---

① 引自习近平总书记在中国共产党第十九次代表大会上的报告,2018 年。

② 美好生活与幸福生活属于近义词,为人们日常所沿用。出版有《真实的幸福》和《持续的幸福》两部专著的积极心理学之父马丁·塞利格曼,也经常交替使用美好生活与幸福生活这两个概念。

③ 参见马丁·塞利格曼,《真实的幸福》,第一章为什么要幸福(第 3 页 – 18 页)、第八章拉近幸福的六种美德(第 131 页 – 140 页)和第九章获得幸福的 24 优势(第 141 页 – 167 页),洪兰译,万卷出版公司,2010 年版。

④ CIS(course identity system)课程形象识别,是由 MI(mind identity)理念识别、BI(behavior identity)行为识别与 VI(visual identity)视觉识别构成的一个五育并举的全脑型幸福生涯教育体系。

获得幸福的 24 优势之一①，创造力的培育是本教材的第二条主线。在课上课下的行动教学中，本教材不仅会引领同学们创造一个组织——成长私董会，还会要求同学们创造一个作品——职业生涯规划书。希望同学们在大学期间能不断获取学习成果的创新增量和把知识转化为价值的增量。

本教材编写团队来自长三角区域三省一市的五所应用型大学：上海杉达学院、三江学院（江苏南京）、浙江树人学院、安徽新华学院和上海视觉艺术学院。作者们与相关专家一起研究了长三角区域的产业特色与文化特色，教材侧重于满足长三角一体化发展的人才培养需要。此外，本教材还致力于体现三个特色：第一，贯彻党和国家的教育方针，创造性地将德智体美劳"五育并举"落实于教材中，并配套有"五育并举"的能力指标体系，用于学生发展增量与教师教学效果的评价。第二，贯彻应用型大学的宗旨，追求知行合一。为此营造了沉浸式模拟职场氛围的团队学习机制和配套的行动学习方案。第三，为了激发学生自主学习的内驱力，根据"95 后"学生的激励因子设计了相关教学内容、教学形式。当然，这些努力有待进一步实践检验和完善。

大变局时代，职业的内涵在不断地变化，职业生涯规划的内容也在不断地更新。我相信本教材是一本与时俱进的具有指导性的教材。

编委会主任　陈以一
2023 年春

---

① 马丁·塞利格曼，《持续的幸福》，赵昱鲲，译，浙江人民出版社，2012 年版，第 227 页。

# 目　录

第一章　我的幸福 ·········································································· 1

  第一节　我的幸福人生 ······························································ 1

  第二节　我的未来世界 ······························································ 6

  第三节　我的职业生涯管理 ························································ 9

  第四节　我的职业生涯教育 ······················································ 17

  我的 1 号生涯加油站 ······························································· 23

第二章　盘点自我 ········································································ 28

  第一节　我的心理资本 ···························································· 28

  第二节　我的人力资本 ···························································· 37

  第三节　我的社会资本 ···························································· 40

  第四节　我的道德资本 ···························································· 43

  第五节　我的职业资本优势 ······················································ 46

  第六节　我的社会学习经验 ······················································ 48

  我的 2 号生涯加油站 ······························································· 52

第三章　洞悉职场 ········································································ 58

  第一节　我的专业探索 ···························································· 58

  第二节　我的最强后援团——家族职业谱系 ································· 62

  第三节　我的职业蓝图 ···························································· 64

  第四节　我的职场观察与分析 ··················································· 77

  我的 3 号生涯加油站 ······························································· 84

第四章　设计自我 ········································································ 89

  第一节　我的职业锚倾向 ························································· 90

  第二节　我的职业锚类型 ························································· 93

  第三节　我的职业路径 ···························································· 97

  第四节　我的职业路径设计 ····················································· 112

  我的 4 号生涯加油站 ······························································ 117

第五章　规划自我 ········································································ 121

  第一节　我的生涯彩虹图 ························································· 122

第二节　我的生活空间 ……………………………………………… 127

第三节　我的生活广度 ……………………………………………… 130

第四节　我的生活设计 ……………………………………………… 137

我的 5 号生涯加油站 ……………………………………………… 141

**第六章　计划自我** …………………………………………………… **145**

第一节　我的学涯计划 ……………………………………………… 145

第二节　我的专业知识优势计划 …………………………………… 152

第三节　我的专业技能优势计划 …………………………………… 155

第四节　我的职场人脉优势计划 …………………………………… 160

第五节　我的职场情商优势计划 …………………………………… 164

第六节　我的职业道德优势计划 …………………………………… 168

我的 6 号生涯加油站 ……………………………………………… 172

**第七章　创造自我** …………………………………………………… **177**

第一节　我的创造力 ………………………………………………… 177

第二节　我的创意力 ………………………………………………… 181

第三节　我的创新力 ………………………………………………… 184

第四节　我的创业力 ………………………………………………… 190

我的 7 号生涯加油站 ……………………………………………… 196

**第八章　管理自我** …………………………………………………… **202**

第一节　我的自我管理 ……………………………………………… 202

第二节　我的内驱力 ………………………………………………… 205

第三节　我的合作力 ………………………………………………… 208

第四节　我的健康力 ………………………………………………… 213

第五节　我的审美力 ………………………………………………… 219

第六节　我的执行力 ………………………………………………… 223

我的 8 号生涯加油站 ……………………………………………… 230

**第九章　实现自我** …………………………………………………… **233**

第一节　我的自我实现 ……………………………………………… 233

第二节　我成功的学业生涯 ………………………………………… 237

第三节　我的社团生涯 ……………………………………………… 248

第四节　我的实习生涯 ……………………………………………… 253

第五节　我的求职生涯 ……………………………………………… 258

我的 9 号生涯加油站 ……………………………………………… 263

**附录:职业生涯管理的理论与教材、教学** ······························· **267**

**主审絮语 1:让大学生的翅膀扇动起来** ····················· **286**

**主审絮语 2:基于五育并举的 CIS 设计** ··················· **288**

**主编后记 1:不完美的行动胜过完美的等待** ··············· **289**

**主编后记 2:教材是怎样编成的** ·································· **290**

# 第一章 我的幸福

幸福是生命本身的意图和意义,是人类存在的目标和终点。

——亚里士多德

有人说:生涯发展涉及人的全部生活,而不仅仅是职业。自我与环境——发展,变化,随彼此的相互作用而展开——构成生涯发展的焦点与戏剧①。大学,生涯发展的承前启后阶段,我们应当编写一出属于新时代的美好生活剧本,并为之做好胜任力的准备。为了理想,为了抱负,为了将来不会后悔,为了将来少走弯路,为了担负起自己的生涯使命,我们要在大学阶段抓住通往人生幸福之门的钥匙——与生涯管理相伴前行。立刻,这些问题在脑海里浮现:我的幸福愿景怎样构建? 我的生涯发展怎样管理? 我的生涯教育怎样安排?

## 学习目标

1. 价值:幸福生涯的逻辑——幸福、美德与优势的一体化;幸福生涯的范围——个人幸福、家庭幸福与社会幸福的一体化。

2. 知识:幸福的元素与方法,生活广角镜的观察与思考,生涯管理的目标、内容与方法,生涯教育的方式与内容。

3. 能力:通过行动学习,基于组织价值的创造力,提升内驱力、合作力、前瞻力、学习力、健康力、审美力和执行力。

## ▶ 第一节 我的幸福人生

你跟随这一条线。它在世事中穿梭,
世事变化。但它不变。
人们不知你追寻的是什么。
你不得不说明这条主线。
但它很难为别人所见。

---

① 马可·L.萨维科斯,《生涯咨询》,郭世彦,译,重庆大学出版社,2015年版,第15页。

然而你抓住它，你就不可能迷失。

时间流逝，无法阻挡。

而你从来没有离开过那条线。

——威廉·斯塔福德①，《生命就是如此》片段

这条主线是什么？不二的选择是我们的使命：创造属于自己及他人的幸福。只是幸福的模样，因为每个人的愿景不同而不同。但是有一点是肯定的：持续的幸福人生一定是蓬勃丰盈多彩的。开宗明义，我们首先来认识一下积极心理学之父塞利格曼②及其人生幸福的五个元素：积极情绪、投入、意义、人际关系、成就。

## 一、积极情绪

我们都希望自己内心强大，可以掌控一切。那么内心的力量来源于何处？精神科医师大卫·霍金斯（Dr. David R. Hawkins）的"能量级别论"阐述了这样的理论：人类不同的意识层次都有其相对应的能量指数，人的身体会随着精神状况而有强弱的起伏③。霍金斯情绪能量级别如表1-1-1所示：

表1-1-1　霍金斯情绪能量级别

| 类别 | 序号 | 情绪 | 世界观 | 能量 |
|---|---|---|---|---|
| 积极情绪 | 1 | Enlightenment：开悟 | 天人合一 | 700~1000 |
| | 2 | Peace：平和 | 永恒的世界 | 600 |
| | 3 | Joy：喜悦 | 乐观的世界 | 540 |
| | 4 | Love：大爱 | 恒爱的世界 | 500 |
| | 5 | Reason：明智 | 理性的世界 | 400 |
| | 6 | Acceptance：宽容 | 包容的世界 | 350 |
| | 7 | Willingness：主动 | 积极的世界 | 310 |
| | 8 | Neutrality：淡定 | 从容的世界 | 250 |
| | 9 | Courage：勇气 | 拓展的世界 | 200 |

---

① 威廉·斯塔福德（William Edgar Stafford，1914—1993），诗人、和平主义者。早年当过甜菜种植工、电工学徒、炼油工和建筑工，之后进入大学学习并获得博士学位。斯塔福德的诗歌创作起步较晚，他的第一本诗歌集《穿越黑暗》在他48岁的时候才出版。斯塔福德是一位多产诗人，他坚持创作50年，共创作出诗歌近22000首，其中公开发表的有3000多首。评论家曾这样评价斯塔福德："打翻墨水流出的都是好诗！"引用这首诗有两重目的，一是引出生涯主题，二是洋为中用，引出本书的课程思政育人逻辑：新时代社会主要矛盾聚焦→学生幸福现值评估与增值计划→学生美德优势的发现、发挥与发展行动安排→学生幸福增值的激励与评价。

② 马丁·塞利格曼，曾任美国心理学协会主席，人称积极心理学之父。本章相关内容主要根据塞利格曼所著，《持续的幸福》，赵昱鲲，译，浙江人民出版社，2012年版，第8-26页改编。

③ 根据大卫·霍金斯，《意念力：激发你的潜在力量》，中国城市出版社，2012年版相关内容整理改编。

续表

| 类别 | 序号 | 情绪 | 世界观 | 能量 |
|---|---|---|---|---|
| 消极情绪 | 10 | Pride：骄傲 | 自大的世界 | 175 |
| | 11 | Anger：愤怒 | 不平的世界 | 150 |
| | 12 | Desire：欲望 | 欲望的世界 | 125 |
| | 13 | Fear：恐惧 | 陷阱的世界 | 100 |
| | 14 | Grief：悲伤 | 黑色的世界 | 75 |
| | 15 | Apathy：冷淡 | 无望的世界 | 50 |
| | 16 | Guilt：内疚 | 无颜面对的世界 | 30 |
| | 17 | Shame：羞愧 | 无地自容的世界 | 20 |

　　在积极情绪（positive emotions）的研究中，塞利格曼聚焦的是"乐观"，推崇的是"愉悦人生"。乐观属于霍金斯情绪能量级别中的第三级，能量为540。乐观的能量早已被积极心理学家的科学实验所证明，请看下面的例子。

**生涯案例**

### 乐观的能量

　　20世纪50年代，大都会保险公司是新加坡保险业的龙头，到了80年代其地位被其他公司取代，后来靠着乐观的能量夺回了龙头地位。乐观如此神奇，我们来一看究竟。

　　那一年在塞利格曼的主持下，该公司15000名应聘者分别接受了名为职业剖析的传统测试，和塞利格曼团队名为归因风格的特别测试。后录用的1129位业务员中1000位只看其传统测试的成绩；129位传统测试没有及格，但是特别测试显示他们属于超级乐观者。

　　依照特别测试录用的业务员表现好极了，第一年比传统测试录用的业务员业绩好了21%，第二年这个差距扩大到57%。

　　需要指出的是积极情绪不能泛滥，消极情绪也并非一无是处，两者分别好比汽车的油门和刹车，需要配合得当才会安全平稳。

**生涯知识**

### 洛萨达比例

　　美国心理学家芭芭拉·弗雷德里克森（Barbara Fredrickson）等人通过对60家公司内部会议对话语境的分析研究表明：当积极与消极比例大于2.9∶1时，公司就会蓬勃发展；低于这个比例，公司的经营状况就不好。但是积极与消极的比例超过了13∶1时也会走向反面。这个特定的比例被称为洛萨达比例。

　　同样的研究在婚姻中也得到证实：如果夫妻之间的谈话积极和消极的比例低于2.9∶1时，说明夫妻之间的婚姻状况面临着危险，需要改变。要获得紧密和充满爱的婚姻，积极和消极的比例需要达到5∶1。也就是说，夫妻之间的每句批评都要配有5句积极的话语。

那么请自问一下：我和同学谈话的积极与消极的比例是多少？与父母呢？与更亲密的人呢？

## 二、投入

有智慧的投入（engagement）可能带来心流。后者指的是完全沉浸在一项吸引人的活动中，时间好像停止，自我意识消失。人若处于心流状态中，物我皆忘。

投入与积极情绪是不同的，甚至是相反的。因为如果你问一个正在体验心流的人"你在想什么，你感觉怎么样"，他通常会说："什么也没想，什么感觉也没有。"由于心流需要集中全部的注意力，因此它动用了我们全部的认知和情感资源，让我们无暇思考和感受。我们只会在回顾时说"那真好玩"或者"那真棒"。因此，对快乐的主观感受是在当下，而对投入的主观感受只能靠回顾。

获得积极情绪有捷径，比如人们通常会选择网购、聚餐、追剧、打游戏等来获得积极情绪，但是鲜少有人聚焦于取得成就获得积极情绪。体验心流的智慧在于：投入自己最强的才干和优势，去进行有兴趣、有挑战的事项，从而收获成就。以获得心流为目标的人生称为"投入的人生"（engaged life）。我们将在第二章盘点自我的学习中，发现自己的兴趣、找到自己的优势。并且在第六章计划自我中，学习如何更多地使用优势以达到心流的状态。

## 三、意义

对投入与心流的追求往往是孤独的，以自我为中心的。而人类不可避免地要追寻人生的意义和目的（meaning and purpose）。"有意义的人生"（meaningful life）意味着归属于某些超越自身的东西，并为之奋斗。为此，人类创立了许多积极组织：家庭、社区、政党、环保运动。主观成分是积极情绪的决定性因素：人们对自己的快乐、狂喜或舒适不会感觉错。你觉得是什么，就是什么。不过，意义则不是这样，有主观成分，也有客观成分。

昨夜宿舍里的通宵畅谈难道不是最有意义的吗？我们可能会认为这个通宵卧谈会非常有意义，但是当多年以后，重新想起它来，就会认识到它很显然只是青春的呓语。因为人生意义不是单纯的主观感受，需要从历史、逻辑和一致性的角度出发，进行冷静客观的评判，结果很可能会与主观的判断不同。

人生意义与人生使命相关，我们将在本章的第二节"我的人生使命"中进行专题讨论。

## 四、人际关系

上一次开怀大笑是什么时候呢？上一次喜不自禁是什么时候呢？上一次感觉到深刻的意义和目的是什么时候呢？上一次为成就而极端自豪是什么时候呢？所有这些都与他人有关。积极的人际关系（relationship）是人生低潮时最好和最可靠的解药，所以应当摒弃萨特"他人即地狱"的观点。

**生涯知识**

### 人脑与电脑的比较优势

如今人类的头骨颅容量，比大约500万年前的人类祖先的头骨颅容量增加了1倍，从600

立方厘米增加到目前的 1200 立方厘米。对此的流行解释是为了让我们能够制造工具和武器，只有非常聪明才能运用好物质世界的工具。如果是这样，人脑不如电脑。因为计算机可以比人类更快地设计出武器和工具，使用也不在话下。

当我和室友交谈时，我如何才能让小李觉得很有趣，小张不会生气，小王意识到他错了？这些非常复杂的社会问题计算机解决不了，然而人类却每时每刻都在解决。我们巨大的前额叶皮层不断地用它数十亿个连接，模拟着各种可能的社会情形，然后做出最佳决策。因此，大脑是一个社会关系模拟机。所以英国心理学家尼克·汉弗莱（Nick Humphrey）解释说：大脑是用来解决社会问题的，而不是物质问题。换句话说，人脑比电脑的优势在于构建积极的人际关系。

关系人生着眼于人际关系一生的美好连接。比如可能长伴人生的亲子关系、夫妻关系、朋友关系、同胞关系，持续相当长时间的邻里关系、同事关系，转瞬即逝的旅伴关系和玩伴关系。积极的人际关系无论长期、中期或短期，都是幸福美好生活的一部分。

## 五、成就

成就（accomplishment）或成绩往往是一项终极追求，哪怕它不能带来任何积极情绪、人生意义和积极的人际关系。

**生涯** *知识*

### 打游戏为了什么

有些人打游戏是为了直接的快乐，有些人是为了陪伴朋友，有些人是为了提高和学习解决问题的能力。胜固可喜，败亦欣然，因为打游戏的目的是感受投入和积极的人际关系。

不过，另一些人打游戏则就是为了赢。对于他们来说，如果输了，无论他们发挥如何，都是一场灾难；相反，如果赢了，哪怕是"卑劣的胜利"，也是好的。所以，有些人甚至会为了赢而作弊。胜利似乎并不能为他们带来积极情绪：许多冷静的高手说他们获胜时什么感觉都没有，只是迅速冲向下一轮。胜利也不会为他们带来投入，因为他们太在乎胜负了。这当然也和意义无关，为了赢而打游戏不可能是什么超越自我的东西。

为了赢而赢，也常见于对财富的追求。有一些财富的"积累者"，他们相信，谁在最后积累的东西最多，谁就赢了。他们的生活是以赢为中心的。他们输的时候，感觉一切都完了，而且他们从不会把东西给出去，除非是为了赢得更多的东西。不可否认，这些"积累者"和他们建立的公司帮助许多人就业、建立家庭、创造自己的意义和目的。但是，这些只是他们追求赢的副产品。而另外一些人在前半生积累财富，他们是为了赢而赢，在后半生则举办慈善活动，从"积累者"转变为"捐赠者"。人世间还有一种人是自始至终的"奉献者"，与"积累者""捐赠者"截然不同。在建党百年历史征程中有无数共产党人，从能自主的人生开始就不是为了自己的成就，而是为了全中国人民的福祉奋斗到生命的最后一刻，这个名单可以很长很长，正是这个集体的奋斗让我们的国家赢、民族赢。综上，人生持续幸福所需要的第五个元素：其短暂的形式是成就，长期的形式是"成就人生"（accomplishment life）。即把个人或者社会的成就作为终极追求的人生。

因此，所谓人生持续的幸福就是 PERMA：用积极情绪（positive emotion）投入（engagement）到有意义（meaning）的事情中，在人际关系的帮助下取得一个又一个的成就（accomplishment）①。

## ▶ 第二节　我的未来世界

**生涯案例**

### 三个工匠②

　　一位智者在世间传播智慧，有一天他来到一个建筑工地，他向遇到的第一位工匠询问：你在做什么？第一位工匠满脸疲惫地答道：我在干活，挣钱养家。于是智者给了他一些安慰。接着智者向遇到的第二位工匠询问：你在做什么？第二位工匠高兴地答道：我在砌墙，这将是我砌出的最好的墙。于是智者教了他一些砌墙的技术。最后智者向遇到的第三位工匠询问道：你在做什么？第三位工匠满怀憧憬地答道：我在盖一座教堂，将来附近的居民会来这里做礼拜，祈祷平安、幸福。于是智者将自己毕生的智慧传授给了他。几十年后，第一位工匠依然靠出苦力维持生计，第二位工匠成为当地有名的建筑工程师，第三位工匠则成为著名的社会活动家。

　　类似的起点、一样的机遇，但由于三个工匠的心态不同，结局却是如此的不同。这是为什么呢？我们需要借助工具——人生广角镜分析案例。

### 一、我的广角镜

　　面对生涯发展中的可能自我（possible-self）扪心自问：我可能成为什么？我希望成为什么？我害怕成为什么？常言道：看不到就想不到，想不到就做不到。可能自我的格局大小，取决于观察世界视角的大小。如果这个视角过小，就不能捕捉到生涯发展的全景图。

　　终生生涯发展（life career development）的理念能够为我们的生活可能性和社会责任提供一个现实的、图解式的表达方式。因为它将我们一生中各种角色、环境以及事件间的相互作用整合起来，形成一个包罗万象的观察工具。如图 1-2-1 所示③。

---

　　① 赵昱鲲，《消极时代的积极人生》，浙江人民出版社，2012 年版。

　　② 选自《环球时报》，2005 年 01 月 21 日第 22 版。

　　③ 根据［美］Norman C. Gysbers，Mary J. Heppner，Joseph A. Johnston 的《职业生涯咨询：过程、技术及相关问题》第二版，候志瑾，译，高等教育出版社，2007 年版，第 9 页图 1-2 终生生涯发展改编。

| 子女 | 学习者 | 公民 | 工作者 | 休闲者 | 父母 | 生活角色 |

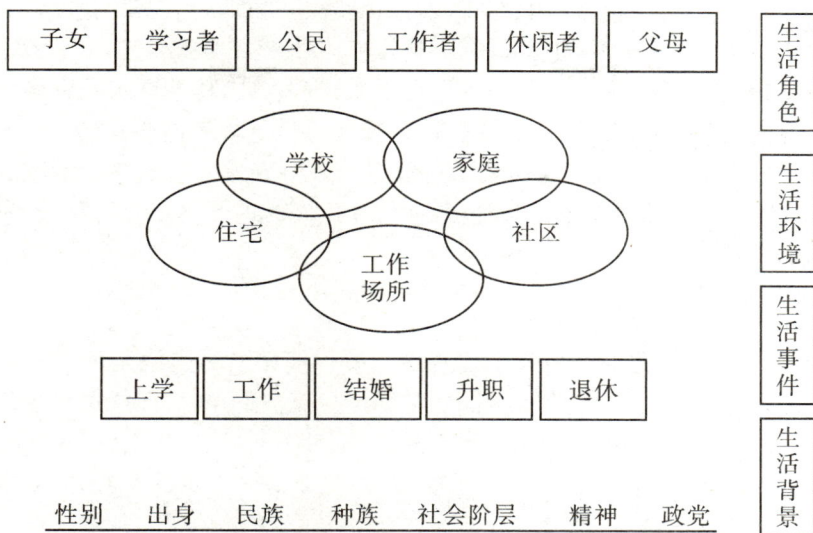

图 1-2-1 终生生涯发展广角镜

广角镜确定并阐述了我们在一定的生活背景下，所涉及的各种生活角色，所处的各种生活环境，所发生的各种有计划或非计划的生活事件。我们每个人独特的生涯使命，是广角镜所有生涯元素综合作用的结果。

## 二、未来世界

电影《海上钢琴师》的主人公最后放弃登陆、放弃爱情、继续海上钢琴师的人生旅程。他说："我停下来，不是因为所见，是因为所不见。你明不明白？是因为看不见的东西。"为了看见未来的世界，我们需要借助广角镜，分别考察一下生活背景、生活环境、生活角色及生活事件。

### （一）生活背景

性别、出身、民族、社会阶层、精神等，构成了我们未来世界的生活背景。家庭背景、文化背景、民族传统和社会经济、教育和职业地位，会影响我们的未来发展。无论生活背景如何，我们都有一个共同的社会主题——追求美好幸福的生活、获得充分平衡的发展，并为此不断变革教育、休闲及职业等诸多角色的选择与规划。

### （二）生活环境

生活环境不仅是物质条件更是一种人文氛围，我们是一定生活环境的制造者和享受者。沉浸在什么样氛围的家庭、学校、社区、工作场所，将给我们带来不同质量的物质生活与精神生活。所以我们不能仅仅追求自己的幸福，而应该将幸福延伸到家庭和社会中去。因此，我们要善于利用可用的资源，比如参加学校、社区或更大范围的项目，取得学科竞赛等学术成就，提升社区活动参与度。

> **生涯寄语**
>
> 职业既蕴含在生命的全程中，也蕴含在生活空间中，包括生活角色和生活方式。（舒伯）

扩大并加深与邻居或社区之间的超出想象的联系，将发生更加广泛的职业探索并创造更多的发展机会。社会多层次和多元化的现实，并不排斥有人依然停留在马斯洛需求层次的物质需求层面，但是我们已经看到越来越多的同伴已经不太注重物质，精神层次的尊重和自我实现需要才是他们的追求。"把自我实现是人类最高动机这一过于简单的想法放到一边，就有可能留出空间考虑家庭成员的感受、社区成员以及精神上如何成为人类发展中的卓越目标。"[①]修身、齐家、治国、平天下，立足现有的生活环境，向更为广袤的世界眺望与进发，因为这将带给我们使命和成长以更大的内在动力和发展空间。

### （三）生活角色

生涯大师舒伯[②]认为，我们在生命全过程通常要扮演的六种生涯角色——子女、学生、休闲者、公民、工作者、持家者。我们常常在同一时期里身兼多重角色，即便是现在的我们也至少身兼四职：我们是学生，同时也是子女、休闲者和公民，并且处于工作者和持家者的准备阶段。因而，我们是在多重角色的前提下做出行为决策的。生活意义与目的不同，使得教育、职业、休闲乃至男女朋友的选择和承诺也随之不同，进而在学习、工作和休闲的精力配置方面也会有很大差别。因而在不同的人生阶段抓住当前最为关键的角色，并且以此为核心进行拓展，就可以理顺纷繁复杂的角色，集中精力于关键性的角色之上。抓住了生活的"牛鼻子"，一切将逐渐顺理成章，错位和错配现象就会远离我们。

### （四）生活事件

出生、上学、工作、结婚、升职、退休，只要我们愿意，表象上似乎大都会按部就班地经历这些生活事件，演绎着属于自己的故事。但是无论这些故事有多少，都会内隐一条穿越纷繁画面的贯穿线，故事之珠在这条线上紧紧靠拢。希腊神话把这条贯穿线比作一条金线，带领提修斯穿越迷宫般的黑暗回到外部世界。

希望每一位读者在结束本节学习时，能够拥有更加强大的生涯探索的力量，能够找到串起自己生涯故事的那条金线——我的使命，能够获得生涯发展的更大内生动力。

### 三、我的人生使命

人生使命放置在生涯的背景下，意味着一种目的感和意义感，这也是幸福的元素之一。人们的需要有物质和精神两个层次，在生存所需不成问题的小康社会，人们对精神需求的满足日益凸显出来。试想一个人活得有意义、有价值，时常感觉自己的一切付出都是值得的，有责任也勇于担当，这是多好的一种状态！

让我们回到本节开头的故事。第一位工匠以砌墙工作换来家人的生存和物质保障。心系嗷嗷待哺的家人，他因生活的重负而满心疲惫（他如果意识到砌墙工作不仅仅是为了养家糊口，更是家庭使命的实现，心理疲惫的感觉就会减轻）。第二位工匠把砌墙技术作为职业使命而孜孜以求（他不仅可以靠砌墙工作谋生，还可以从专业技术的追求中汲取快乐，赢得同行对

---

① Norman C. Gysbers，Mary J. Heppner，Joseph A. Johnston，《职业生涯咨询：过程、技术及相关问题》第二版，候志瑾，译. 高等教育出版社，2007 年版，第 9 页。

② ［美］Nadene Peterson 等，《职业心理学：工作在人们生活中的作用》第二版，时勘，等译，中国轻工业出版社，2007 年版，第 113－114 页。本书第五章以及附录有具体介绍。

其技术的认同)。第三位工匠将砌墙与社会活动(盖教堂,居民会来这里做礼拜,祈祷平安、幸福)相联结,把砌墙工作当作自己的社会使命来完成,从而倾注了大量的心血。在谋生的同时找到从工地走向社会的路径。

使命是指人们以一种特定的身份,为同属于一个大系统的其他人服务。迪尔茨用①图1-2-2上半部分的三角形,展示了由家庭、专业、社会和星球四个层次构成的大系统,而三个工匠的三种使命分属其中的三个层次:家庭,专业(职业)和社会。试想:如果第一个工匠能借助生涯广角镜的帮助,像第二个和第三个工匠那样把砌墙当作职业使命甚至社会使命来对待,就会从中获得取之不尽、用之不竭的满足感,幸福感就会悄然降临身边。

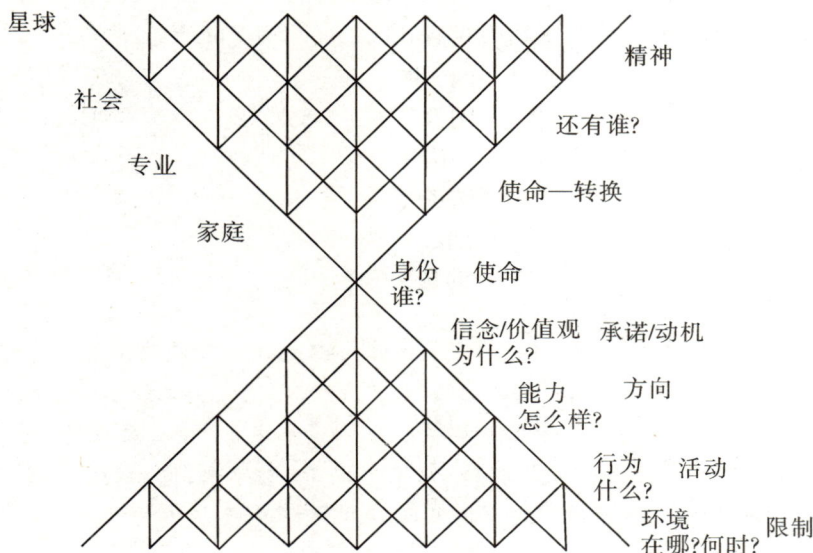

图1-2-2 组织与个人活动的理解层次

工作的意义不仅在于工作内容和工作报酬,还在于孜孜不倦的人生使命追求。如果我们经常抱怨环境的约束、感到缺少行动的动力和能力,我们是不是应该从身份和使命、信念和价值观及更高的系统层面来反省一下呢?图1-2-2中下半部分的三角形代表身份和使命之下的信念和价值观、能力、行为以及环境约束。这些正是职业生涯管理的具体内容,我们将会在以后的各章中逐步认识。

## ▶ 第三节　我的职业生涯管理

本节将探讨职业生涯的构成元素、职业生涯管理及其模型、职业生涯规划、职业生涯管理的工具、大变局时代职业生涯管理的趋势,目的在于提高大学生职业生涯管理的有效性。

---

① 罗伯特·迪尔茨,《从教练到唤醒者》,黄学焦,等译,河南人民出版社,2009年版,第7页。

### 一、职业生涯的构成元素

职业生涯的构成中可以分解为职业和生涯两个元素，分别可以看作是社会空间和人类时间的衍生物。

#### （一）职业——社会空间的元素解析

职业是一种社会分工，是我们在社会空间中的位置，表达着我们的权利、义务、职责。我们可以这样理解职业：一种有收入的、有技术的、相对稳定的、专门类别的社会劳动形式。泥瓦匠从秦砖汉瓦时代开始就是建筑职业大系中的一支。前面我们看过三个拥有不同使命层次的泥瓦匠的成就故事，下面这一案例则展现给我们两代泥瓦匠的不同命运。

**生涯案例**

#### 大学生泥瓦匠

早晨不到五点，大哥就起来了。今天是他到村建筑队工作的第七天，他要提前到工地上练习和沙、砌砖头。

看着大哥扛锹离去的背影，母亲唉声叹气地低头把猪食倒进石槽里。她一边招呼满圈的大猪小猪们吃食，一边自言自语道："唉！上个大学有什么用，到头来还不是走他爹的老路！"

大哥在大学学的是法律专业，可他考大学时，正值专业扩招，毕业后又赶上金融危机，就业形势很不好。加上大哥像父亲一样长相矮小，不会说话，半年来，他始终找不到合适的工作。眼看着秋后我也要上大学了，学费却没有任何着落，大哥只好先跟着村里的建筑队干起了泥瓦匠的工作。

晚上八点，大哥从工地上回来了。他明显黑了很多，也瘦了很多，这让我想起了早逝的父亲。父亲也是干泥瓦匠的，我十二岁那年，父亲在一次抹墙皮的时候，不小心从楼上摔下来去世了，对方给了我家两万块钱便了事了。

离大学报到还有十天，我却打算去买张火车票，一个人到深圳打工。这时，邻村的林嫂子来到了我家，她的丈夫林青山和我大哥同在村建筑队工作。一进门，见到母亲，林嫂子便扑通一声跪了下来。她抱住母亲的腿紧紧不放，同时说着万分感谢的话。老实巴交的母亲哪里见过这种场面，急忙弯腰扶起林嫂子。原来，林嫂子的丈夫在工地上支架子板的时候，从楼上摔了下来，摔断了双腿。承包商想用两万块钱私了，并说已将工程转让给别的建筑队来推卸责任。无奈之下，不懂法律的林嫂子只好点头答应。大哥知道后，竭力劝阻林嫂子。他利用大学学到的法律知识，为林嫂子写了一份起诉书。在法院的审理下承包商不仅提高了赔偿金，还承担了林青山手术的所有费用。

第二天，我早早起来收拾好行李、装好车票。大哥也从邻里借来一辆摩托车，打算送我到火车站。刚走到大门口，母亲突然从外面赶来，黝黑干瘦的脸上全是汗水。母亲将包好的乳白色小手帕小心翼翼地从裤兜里掏出。然后，她缓缓打开，四十张鲜红的百元人民币毫无保留地呈现在我和大哥的面前。"我把猪全卖了。过几天，就去上大学吧！"

马克思告诉我们，区分一个时代，不是看其生产什么，而是用什么去生产。其实区分一个时代,可以用生产技术也可以用职业能力。父亲因工伤而亡,家中只获得两万元的补偿;哥哥作为法律专业毕业的大学生,帮助工友用法律维权获得成功。一代有知识的泥瓦匠,逐步地改变了农民工的弱势地位,推动了社会进步。

职业的价值我们至少可以从三个方面去体验:首先,职业赋予我们的时间更多的意义。正如作家尤金·得拉克洛尔斯所说,通过工作"我们不但创造产品,而且赋予时间意义"。其次,职业赋予人生一个全新的社会角色。当人们第一次相遇时,首先

> **生涯寄语**
>
> 工作是一种特权,是增添生命味道的食盐。(洛克菲勒)

开始的对话便指向工作:"你是做什么的?"绝大多数人会这样回答:"一名工程师""一名教师""一名律师""一名银行职员",等等。当有了一份工作时,我们在社会中就有了相对固定的位置。最后,职业可以满足我们的生活需求。当被问及工作的缘由时,有的人可能会说"为了理想",但是大多数人可能会说"为了生活"。

说完了职业的意义,让我们来看看职业究竟是什么,有哪些构成要素需要注意。职场这个巨大的社会系统由内部环境和外部环境构成,如图 1 – 3 – 1 所示。

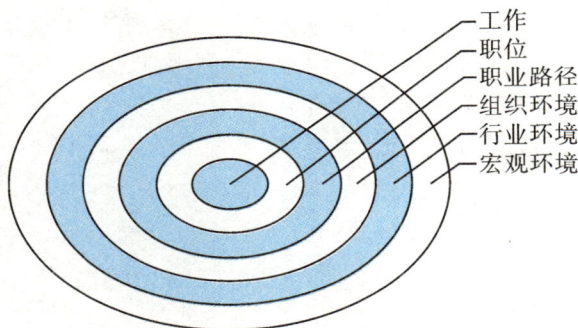

图 1 – 3 – 1 职场的构成

职场内部环境由三个要素构成:其一,工作。工作是职业的重要组成部分,它体现了职业的价值,是职业的主体,只有工作才能让我们的职业真正富有意义。其二,职位。职位是组织内人员分工的最小单元,它具体体现我们需要完成的任务,具体指明了对我们的工作要求。一个职位需要完成一系列相互联系的工作,一系列相关的职位群组合成一个职业。其三,职业路径。职业路径是指我们的职业发展道路,它由一系列相互衔接的职位构成。职业路径体现了我们的兴趣、需求、价值观和才干优势,呈现着我们职业的发展方向。第四章设计自我,对职业路径会有更加具体的阐述。

职场的外部环境也有三个要素:其一,宏观环境。宏观环境是宏观的政治、经济、文化、科技等方面的综合体,它决定了当前就业状况和未来的人才需求方向。其二,行业环境。行业是按照劳动所产生产品来划分的经济类别,它给了我们的职业以具体的定位。其三,组织环境。组织指的是我们选择职业时职位所在的雇主机构。雇主组织环境的经营情况、文化氛围、未来发展,都会对我们的职业准备和发展产生重要影响。

以上两个层次六个要素,我们可以用"职场"二字来统称,更深层次的考察将在第三章洞悉职场中具体展开。

## （二）生涯：时间历程追踪

生涯是对 Career 的意译。Career 的原义由"车轱"变为"车辙"再转变为"历程"。一言以蔽之，就是以时间为变量的人生轨迹。生涯大师舒伯认为，"Career 是生活中各种事件的演进方向和历程，它统合了人一生中的各种职业和生活角色，由此表现出个人独特的自我发展形态"[1]。我们的人生历程包含了职业和非职业因素，而它们之间相互关联、相互影响，甚至相互决定。因此我们既可以从生活历程来审视职业因素，同样也可以用职业历程来囊括生活因素。虽然 Career 内涵可宽可窄，但是不能不与职业关联。因为职业不仅是生活的基础，还是多数人人生历程的主要组成部分。因而我们这里所谓的 Career 或者"生涯"主要是指包括生活因素在内的职业生涯。

在未来的职业生涯里，我们准备积淀什么才不虚此行？这里可分内职业生涯和外职业生涯两条线索来考虑。所谓外职业生涯是职业生涯显性积累，比如职位、薪酬、办公环境等物质因素。外职业生涯因素虽然必要，但决定权来源于外部，需要与内职业生涯因素相交换。我们的视线应当更多地投向自己可以掌控的内职业生涯因素。内职业生涯因素不仅可掌控，还在我们职业发展中起着决定性的作用。当然影响我们职业生涯的因素远非如此，只有认真分析可能影响自己职业发展的所有元素：不仅是主观的，还有客观的；不仅是人力资本，还有社会资本。综合考虑所有因素，才能在职业生涯管理时充分利用自己拥有的资源，并聚焦于自己的职业发展。

## 二、职业生涯管理及其模型

生涯案例

### 大四学长的难题

某所高校一位管理专业的学生小王面临这样的困惑：他已经报考了研究生，可过两天学校有招聘会，他有点心动想去看看。他想去北京工作，但是来本市招聘的北京的单位很少，而且几乎没有招管理专业的。

小王家在陕西，最近有陕西的单位来本市招聘，应该会比较容易应聘成功，可是他又不想回陕西。亲戚朋友说，不管什么单位，先签一个，万一考不上，来年的工作更难找。他也不知道该怎么办？

每个人都有职业生涯，每个人的职业生涯都涉及如上所述的繁杂因素，但是不一定每个人会有意识地对职业生涯进行系统的管理。就好像外出旅行一样，有的人说走就走、走哪算哪。有的人则先有攻略，做好准备，步步为营。没有对职业生涯进行管理的人在一知半解、道听途说之下就步入职场丛林了。不可否认也有幸运儿一生顺风顺水，但是有太多的人一生杂乱无章，轻者浪费了自己的才智和资源，重者捉襟见肘、追悔莫及。我们中的不少人往往是临渴掘井，甚至病急乱投医，与上述案例类似的案例并不少见。有一位学者希望每一个人"学着像自

---

[1] 沈之菲，《生涯心理辅导》，上海教育出版社，2000 年版。

己的职业生涯首席执行官一样思考自己的职业问题"①。那么,如何成为自己的职业生涯执行官呢? 就是要学会管理自己的职业生涯。

所谓职业生涯管理(career management)就是在一定的环境条件下,在充分自我认知的基础上,为了有效地满足个人需求,有意识地对职业生涯进行规划、开发、调控和实现的过程。职业生涯管理内容包含职业生涯认知、职业生涯规划、职业生涯发展和职业生涯调控 CPDC 四个核心组成部分,每个部分含三个环节,总共十二个步骤:其一,职业生涯认知,具体分为并行的三大部分,即生涯愿景 a、盘点自我 b 和洞悉职场 c,以明确自我的生涯追求与职业资本供给,特别是职场环境的机会与挑战。其二,职业生涯规划,分为承前启后的三大部分,即在人职动态匹配的前提下,确立职业发展方向或目标并设计职业发展路径,设计自我 d;规划角色、分阶段的职业发展方案,规划自我 e;制订近期职业准备行动计划,计划自我 f。其三,职业生涯发展,根据职业生涯发展不同阶段进行相应的职业准备行动,包括创造自我 g、管理自我 h 和实现自我 i。其四,职业生涯调控,根据各方反馈信息 j,对规划实施情况进行跟踪评估 k 和及时调整 l(比如对短期与长期、局部与全局、个人与组织等一系列矛盾和冲突进行平衡协调,对工作中有关突发事件、意外困局进行紧急应对等)。

以上内容形成如图 1-3-2 所示的职业生涯管理模型,也是本书的主要章目,只是由于职业生涯调控模块与其他三个环节密不可分,所以没有单独成章。

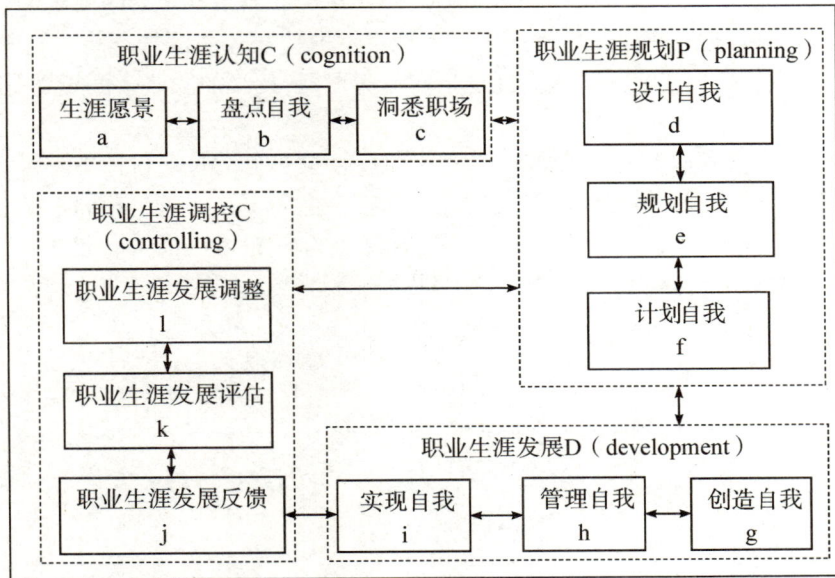

图 1-3-2　职业生涯管理模型

在我们的职业生涯管理中,上述的 CPDC 四个阶段暗含 PDCA 循环原理②,是一个不断向前循环推进的过程,从而不断促进我们的职业生涯发展。对于职业生涯,我们可以信马由缰,也可以操之在手。案例中的小王要实现职业生涯管理的有效性,就需要在充分认清环境约束

① 哈林顿,等,《职业生涯规划与管理》,张星,等译,机械工业出版社,2013 年版,第 16 页。

② PDCA 循环是管理学中著名的"戴明环":plan - do - check - act,从计划到行动到检查再到下一轮的行动,实现工作质量的螺旋式上升。

及职业资本优势基础上进行职业生涯的规划、开发和监控。有效的职业生涯管理的意义体现在三个方面:从个人角度而言,是打开幸福之门的钥匙;就雇主而言,可以带来适用、稳定的人力资源;从社会角度而言,是平衡、充分发展的基础。

### 三、职业生涯规划

**生涯知识**

#### 你成功的奥秘是什么

一家杂志曾对比利时全国60岁以上的退休人员进行了专题调查。题目是:

(1)"你感到最后悔的事情是什么?"

(2)"如果你感到自己事业成功的话,你成功的奥秘是什么?"

结果67%的人后悔年轻时选错了职业,而感到成功的人中有90%以上进行了"职业生涯规划"。

狭义的职业生涯规划,对应CPDC四个阶段中的P,将在第四章、第五章和第六章分别从职业、生涯和学涯三个纬度进行讨论。事实上人们往往把职业生涯规划向前延伸到认知,向后延伸到开发、实现和调控,从而以广义的职业生涯规划取代职业生涯管理[①]。本书则还之以本意,以职业生涯管理替代广义的职业生涯规划。毋庸置疑,狭义的职业生涯规划是职业生涯管理的核心内容。

如果我们想要的是有规划的职业生涯,那么就要依据自己的长期目标去进行一系列选择,进行包括教育培训、娱乐休闲甚至恋爱婚姻在内的综合生涯安排。对于我们来说,就是在认知自己的职业资本的同时了解职场现实(我们最为薄弱的环节),进而为自己的一生进行全面的、全过程的预先安排和行动实施。如图1-3-3所示。

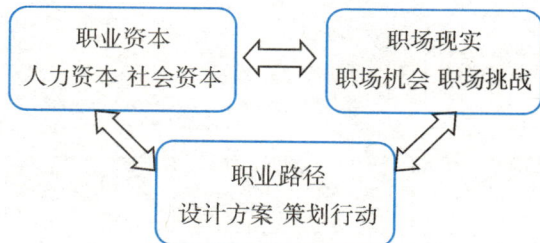

图1-3-3 职业生涯规划逻辑图

### 四、职业生涯管理的工具

职业生涯管理的核心是决策,关键是行动,工具要科学。除前面已经介绍的生涯广角镜之外,这里分别介绍职业生涯决策的金字塔模型和职业生涯规划书这两种工具。

---

[①] 所以我们见到的教材多数都冠名为职业生涯规划,但是从科学角度还是称为职业生涯管理更符合实际。

## （一）职业生涯决策的金字塔模型

职业生涯决策的实质是一个认知信息加工（cognitive information processing，简称 CIP）的过程[①]，呈现为金字塔模型，如图 1 - 3 - 4 所示。

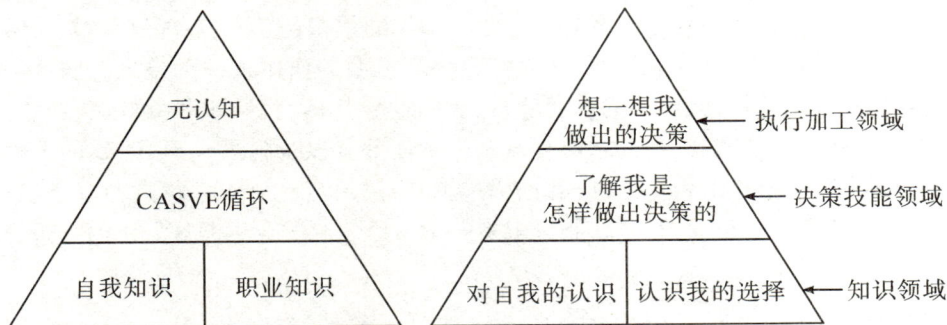

图 1 - 3 - 4　信息加工金字塔

资料来源：王本贤，《试析认知信息加工理论》．教育探索，2009 年第 5 期，第 7 页。

金字塔模型是职业生涯决策所涉及各种要素的集合体，从顶部到底部依次为决策认知领域（元认知）、决策信息加工领域（CASVE 循环）和决策知识领域（自我知识和职业知识）三个部分。三个部分相辅相成，任何一个部分的工作质量都会影响职业生涯决策的质量。

决策知识领域作为金字塔基座，应当是坚实的、不断增加或者更新的，并且决定决策信息是否足够，是否符合自己，以及是否反映了职业的最新动态。在自我知识领域，我们越了解自己越能够判断自己是否适合某一职业。当我们社会经验不足时，第二章和第四章提供的多种测量手段就是一个认知自我的良好途径。如果不了解职业知识当然也无从做出上述判断，如果了解的信息不够，盲目的判断就会冒着错误决策的风险。因此，第三章提供的内容以及方便易得的招聘启事就是一个快捷的了解途径。第四章安排的生涯人物访谈虽然困难，但是可以通过对话了解更加鲜活的职场实际情况。决策技能领域是金字塔的中间部分，我们将通过对基座知识信息的加工，进行"沟通（communication）—分析（analysis）—综合（synthesize）—评估（value）—执行（execution）"循环，做出新的职业生涯决策。决策认知领域是金字塔尖，它相当于我们决策的控制室，是对"认知"的认知，故而称为"元认知"。在这里，我们可以通过塔尖的自我对话与自我觉察，来启动塔中的新决策过程，或者启动基座补充对自我与职业的知识。本书所倡导的元认知也有一个从"成功"到"幸福"的转变过程，以更加顺应新时代的民情民意。从而我们在认知自我的幸福愿景与资本、认知职场空间与供给、进行生涯决策的价值观诸方面均做出了相应的调整。

## （二）我的职业生涯规划书

职业生涯管理需要一个整合信息、思考决策的记录，"职业生涯规划书"就是这样的一份档案。它根据个人的生涯愿景与目标，有目的地将各种有关职业生涯发展的信息、思考、证据及其他资料收集起来，形成完整的职业生涯发展的档案。这种档案有利于进行系统的分析与

---

[①]　Reardon，Lenz，Sampson，Peterson，《职业生涯发展与规划》，侯志瑾，等译，高等教育出版社，2005 年版，第 15 页。

合理的决策，同时也便于督促我们在职业准备方面的努力，还可以为求职简历和面试提供支撑材料。

职业生涯规划书内化了金字塔模型，其写作过程即职业生涯由"引导发展"进步为"自我发展"的过程。在职业生涯规划书的形成过程中，对自我和环境的认知逐渐清晰，达到职业优势资源的整合。这一档案不仅是自我知识和职业知识的累积，也为决策控制领域、决策技术领域提供海量而且有规律的信息和知识，从而将金字塔模型的作用发挥到最大。职业生涯规划书具体内容包括我的幸福愿景、我的自我分析、我的世界分析、我的职涯设计、我的生涯规划、我的学涯计划、我的评估调整、我的结课复盘八大主体部分以及附录。本章"我的1号生涯加油站"中要求同学们完成第一部分——我的幸福愿景：描绘自己心中幸福的图画，激发自己美梦成真的动力，了解自己目前的起点，制订未来的学习计划。职业生涯规划书的其余部分留待其他章补充。

### 五、大变局时代职业生涯管理的趋势

"当今世界正经历百年未有之大变局，新一轮科技革命和产业变革深入发展，国际力量对比深刻调整。"[①]大变局之下，方方面面的不确定性使职业生涯管理更加困难，也更为重要。

首先，大变局下的"乌卡时代"。"乌卡时代"即"VUCA"，是指我们正处在一个易变性、不确定性、复杂性、模糊性的世界里。在"乌卡时代"，需要建立一个快速的"预期、演化、准备以及干预"的学习模式，这与职业生涯管理模型异曲同工，更加凸显了职业生涯管理的必要性。只是这一模式的运转速度大大加快了，如果我们不能及时跟上就会有被甩下时代列车的危险。

其次，大变局时代的元宇宙。元宇宙是一个虚拟与现实日益融合的新一代互联网应用场景。在这里，客户在游戏的同时也在生产和生活。网络化的虚拟现实使得原本分辨清楚的生涯角色日益模糊，角色边界相互消融，比如工作者和休闲者、持家者和休闲者、子女和休闲者、公民和休闲者、学生和休闲者。可以期待的是，元宇宙可以给予我们更加多元、更加方便的生涯探索和体验。

再次，大变局时代的智能化。从经济的角度思考，智能机器人首先替代的是大量常规性的工作。师生双方习惯的常规性培养模式将难以为继，创造性的学习和工作模式亟待探索。成为一个创造者，是每一位同学当下的学习任务、长久的职业追求。

最后，大变局时代的数字化。当今数字经济所向披靡，大数据无孔不入。数字在带来新产业蓬勃发展、老产业浴火重生的同时，也让文科和理科、社会科学与自然科学相互渗透。如果我们不具有相当的数字素养，我们或许就如同不会某种通用语言而无法工作。事实上，许多大学开始设置数字类的必修课，同学们也在给自己安排数字素养的进修课程。数智时代高科技的工具可以大大提升职业生涯管理的效率。但是与此同时，也需要注意避免这个工具的负面影响。比如，不可偏废传统课堂的系统化学习，不可偏废线下的人际交往，不可偏废创造性实践。毕竟我们和机器竞争的优势领域就在于人际沟通与创造性实践。

特别指出的是，大变局时代仅仅强调职业生涯规划的计划性、全局性和长期性，就会出现"计划赶不上变化"的现象。因此在职业生涯规划中不仅仅要布局谋篇发展专业能力，更要把

---

① 引自中共中央关于制定国民经济和社会发展第十四个五年规划和二〇三五年远景目标的建议，http://www.gov.cn/zhengce/2020 – 11/03/content_5556991.htm.

可迁移的通用能力发展放到更加重要的位置上，以提升职业生涯规划的应变性、竞争性、抗风险性和反脆弱性[①]。所以本书的第七章我的创造力和第八章我的自我管理将聚焦大变局时代的通用能力发展主题。

## ▶ 第四节　我的职业生涯教育

**生涯案例**

### 郭乒乒的自我职业教育

幼时体弱多病的郭乒乒很喜欢玩医生用完的针筒，或许这就是懵懂时对护理的感性认识吧。高考时，受到从事医护职业的亲人的影响，她选择了护理专业。当时正在国际医学技术学院读大二的她说："护理专业对社会很有意义，我将在这条路上一直走下去。"

理科出身的她爱思考，不喜欢死记硬背，在学习"药理学""正常人体学"等课程时她会联系一些结构、图表进行形象记忆。得益于有效的学习方法，她的好几门课都在90分以上。"书本学习远远不够，我不想输在起跑线上"。

对专业学习有着清晰认识的郭乒乒，在大一结束后的暑假期间就主动到当地社区卫生医院实习，尽管只是跟在当护士的舅妈后面，但抱着"长知识"的想法，她主动与病人聊天，虚心向医护人员学习。一个月下来，她对理论知识、临床护理实践及人文关怀有了更深的认识。

作为班长的她组织同班5名同学一起报名参加了学校的创业计划大赛。护理专业有什么可创业的呢？从父母经常囤积药品的事例她想到，如果小区里放一个非处方药品的自动出售机，不就可以节约很多资源吗？她花了一个寒假的时间写计划书，结果让她和她的团队惊喜万分：在众多高年级同学参与大赛的情况下，她和她的团队晋级决赛，取得了新人奖、人气奖和一个三等奖的好成绩。

提起郭乒乒，辅导员的评价就是"踏实、追求完美，领导力强"，而任课老师都说她是当护士长的料。继获得优秀班级账务管理员、优秀学生干部、新生干部培训班优秀学员等荣誉后，郭乒乒被评为学校2013年度大学生年度人物。后来，她又成为"中国100青年英才培养计划"的学员。今天的积淀为明天的成功奠基，郭乒乒坚定而充实地走在实现梦想的道路上……

郭乒乒是应用型大学在校生中为数不多的职业目标具体而清晰的同学，这一切来自她成长过程中独特的经历。包括幼时体弱多病所体验到的护理工作的价值，包括舅妈作为职业楷模的言传身教，所以她的安排都紧密关联自己的职业目标——护士。这样的自我职业教育效果已经充分体现在她成长的脚印之中。近几年，国内发达地区的中学已经广泛开展职业生涯启蒙教育，但是从大学新生反馈的情况来看，还严重地存在着职业生涯教育"欠账"问题。

---

[①]　纳西姆·尼古拉斯·塔勒布，《反脆弱》，中信出版社，2020年版。

## 一、大学生职业生涯教育的欠账

与发达国家相比较，大学前职业生涯教育的"欠账"主要表现为以下两个方面。

（1）缺乏对自我和职场的认识。长期的应试教育制度下，学校更重视学生应试能力的提高，而忽视学生个性化教育和综合素质的发展。学生只盲目地学习，不考虑自己为什么学、适合学什么，以及将来往哪个方面发展等问题。学生背负着沉重的升学压力，根本没有时间去关注未来的职业选择与发展，也缺乏对社会职业的系统认知。为了升学，两耳不闻窗外事，一心只读"升学"书，未来的出路基本停留于臆想之中。当我们实现了背负 12 年的升学目标，进入高等教育的殿堂的时候，已经没有了方向感。因为过去所受的教育让我们形成了一种思维逻辑：读好书就能考好大学，考好大学就有好工作。我们从小不需要接触职业世界，因为那是考上大学后自然会有结果的事情；我们从小不需要了解自己的性格、兴趣、使命价值观和职业资本优势，因为这些思考和认知对于实现高考目标没有用处。我们从小学习的动力是外界附加给我们的，而不是来自我们内在动力的激发。我们中的很多人，在面临专业和职业选择的时候，不清楚自己想要什么，其根本原因是缺乏对自我和职场的认识。

（2）缺乏自主决策能力，专业选择与个人脱节。生活能力差、依赖心理重，是大学新生中存在的普遍现象。我们在中学阶段面临的主要任务是升学，学校、家庭和学生的中心任务就是千方百计提高成绩，考上一个好学校。因此，在职业生涯认知和体验等方面所做的工作几乎等于零。尽管目前"高考志愿填报师"已经成为一种职业，但是从业者坦言：中学生职业生涯规划存在着"家长不重视，本人没时间"的困境，很难开展工作。即便是在最为关键的专业选择上，多数是父母、老师或者亲戚越俎代庖。决策过程中，长辈缺乏对职场的系统调研，凭着自己的一知半解，几乎不会从我们这一代人的社会价值观、兴趣爱好、个人优势、职业特点等方面综合考虑。这就造成了我们在进入大学前职业生涯认知和行动能力上有一定的缺失，为今后的职业生涯管理埋下了隐患。上大学时我们选择了不了解的专业，甚至不喜欢的专业，导致在进行职业选择时困惑甚多。甚至造成要么为专业对口而选择自己不喜欢的职业，要么愿意选择的职业与所学专业相距甚远的现象。

## 二、大学阶段职业生涯教育的任务

由于职业生涯教育滞后、应试型教育制度等多重作用，使得已经是大学生的我们在心理上可能仍处于青年早期，这就形成年龄特征与心理成熟强烈错位的状况。很多独生子女的心理年龄严重滞后于生理年龄，被动依赖等幼稚心理状态，严重阻碍了他们的职业生涯发展。我们不仅应当完成在大学职业生涯发展阶段的任务，还要清理青少年时期未完成的职业生涯发展任务的欠账。为此，我们需要尽快地转变理念，采取行动。

### 1. 理念

人从出生到成人是一个自主性成长的过程，自主发展的比重也随着年龄增加而增长。因而以进入大学为标志，我们应当在职业生涯发展问题上担负起主要的责任，成为职业生涯发展的主要责任人。大学生活给了我们空前的自由，有了释放本我发展自我的可能。但是如同黑暗中乍见强光睁不开眼睛一样，来到大学的我们也会陷入迷茫。进入大学，就面临着职业选择、职场定位和职业准备等一系列职业生涯问题。我们是继续依赖长辈们的苦口婆心、包办代替,还是自主、自强和自立? 显然我们应该在后一方面上有所作为。对于处于"第二次心理断乳期"的我们而言,"自我"就像一个精神巨人突然觉醒了。如果我们不能很好地解决"我是谁""我将往何处去"等问题,那么我们很可能总在原地转圈,甚至造成心理或行为的退行。因而我们应当借助职业生涯教育,更好地认识自我、探索自我、设计自我、规划自我和发展自我,通过发展自己的美德优势,实现个人、家庭、社会三位一体的幸福追求。

"理念"的重要我们已经领悟,接下来该如何行动呢? 其实最容易的行动是当一名志愿者。我们先来看看"树大卢安克"的案例。

**生涯案例**

### "树大卢安克"与丽水公益课

志愿者中几乎没有人不知道十年支教老外"卢安克"。浙江树人学院有一支"树大卢安克"出征丽水市参加"新青年下乡"大学生志愿者暑期社会实践活动,参与的师生全部受益匪浅。

师生共11人的队伍启程来到了丽水,围绕"五水共治"的主题开设了绘画、书法、音乐、礼仪等各类课程,来加深小朋友们对"五水共治"的理解和实践。

小分队看到了小朋友们既有小天使般可爱的一面,也有小恶魔般调皮捣蛋的一面。但小朋友们在课上课下、在娱乐中收获颇丰,让"卢安克"们有了更加努力的动力。公益课程还包含环保服装课和朗诵课,师生们相互帮忙搬桌子、发材料,课堂中"卢安克"们耐心地指导着小朋友们,倾听他们的话语。课堂的尾声,大家抓紧了排练。"卢安克"们也欣喜地看到了成效,朗诵的小朋友们声音高亢,表演的小朋友们有模有样……

"卢安克"暑期实践小分队为小朋友们带来了精彩纷呈的活动内容,让小朋友们能在玩中学习,快乐地度过夏令营时光。此活动意义非凡,也让实践小分队收获了属于志愿者的成就与快乐。

**2. 行动**

职业生涯教育的行动包含三个方面:①高度重视职业生涯课程。大学阶段正处于舒伯生涯发展理论中的探索阶段(15～24岁),即前生涯阶段。而职业生涯课程恰好可以作为我们实现自我价值、统合过去与未来许多心理层面问题的有力工具。②在大学阶段始终重视职业生涯管理。职业生涯发展不等于就业,不能等到找工作时"临时抱佛脚",也不能把大一的职业生涯课程当作完成学分的工具,把职业生涯规划书当作一份普通的作业。而是应当切切实实为自己制订一份合乎自己需要的职业生涯规划书,并不断地修订、持续地执行。③不断地认知自己,不断地实践职场。职业生涯规划是动态权衡和匹配自我与职场的结果,是职业生涯管理实践的蓝图与指南。职业生涯发展没有停止、职业生涯规划就不能停止,对自己和职场的认知更不能停止。特别提倡在职场实践中认识自己、检验自己和发展自己,我们会收获一举多得的结果。因而,我们应当高度重视职业模拟和职场实习,将其循序渐进、见缝插针地安排进大学四年的学习生活中。

### 三、大学生职业生涯教育体系

在职业生涯教育领域，家庭教育、学校教育、社会教育和自我教育四种类型均不可或缺。其中家庭教育扮演着职业生涯启蒙教育的角色，学校教育是职业生涯教育的基本形式，两者在我们的价值观、性格与情商等方面扮演着举足轻重的角色。当我们进入大学之后，家庭教育在我们的人生中逐渐淡化。学校教育、社会教育和自我教育三足鼎立，它们是我们现阶段接受的教育的主要类型。因此，设计大学生职业生涯教育体系，应当有机地涵盖以上各个方面。这里主要从学校教育和自我教育两个方面展开。

#### （一）应用型高校职业生涯教育体系设计

总体上来说，应对应用型大学生开设三个阶段的与职业生涯相关的课程：低年级阶段——学习职业生涯导入课程，作为职业生涯管理的入门知识、技能的准备，同时唤醒我们的行动力。中间阶段——学习职业生涯素质开发课程，作为提升职业胜任力的推手。高年级阶段——学习求职就业指导课程，为求职提供"临门一脚"的信息和技能。比如，可设计大学生职业生涯教育体系，如图1-4-1所示。

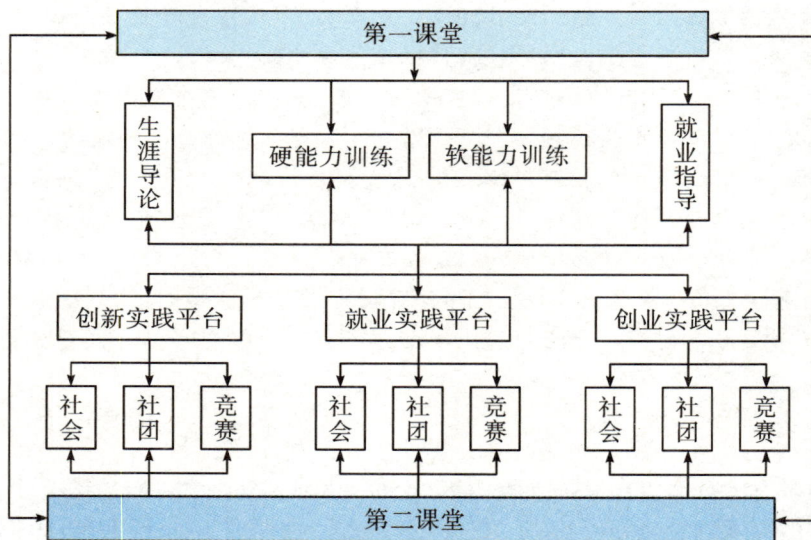

图1-4-1　大学生职业生涯教育体系示意图

图1-4-1中上半部分，老师为主动方、学生为带动方的职业生涯教育体系，主要归属于第一课堂的课程包。除此之外，图的下半部分是以学生为主动方、教师为辅导方的第二课堂平台。在这个体系中可以整合校内外资源、发挥生涯实践与能力提升的功能。

职业生涯教育与其他方面的教育相比，最显著的差异有二：其一，自我性突出。所以，挖掘自我乃至周边与职业生涯管理相关因素，是课程学习不可含糊的任务。其二，行动性显著。在学习中，我们一定要全身心投入才能起到应有的效果，包括参加课堂的行动学习和课后的各种练习与实践。

### （二）大学生的自我职业生涯教育

自我职业生涯教育，说到底就是自我职业生涯管理的基础。很多在校大学生认为只有走出校园，开始工作了，才需要职业生涯管理。乍听之下，似乎有理：我还没有职业，也不了解职场，如何去管理？其实，职业生涯决策最早从高考选择专业时，甚至文理分科时就悄悄地开始了。而其中的自我和职场的认知，更是需要与人生同步。否则的话，选择了不适合自己的专业，需要付出比别人多几倍的时间精力和成本。及早起步进行科学的职业生涯教育与管理，可以让自己少走弯路。一般来说，我们大概会遇到什么样的困惑呢？

（1）专业选择不当怎么办？我们先来看看小卫的故事。

**生涯** 案例

#### 顺其自然，还是做些准备？

小卫是一名本科生，今年大二。进学校时因分数偏低，虽然被录取了，但是被调剂到了市场营销专业。在上完大一的基础课和专业课后，小卫发现自己对这个专业一点也不感兴趣，了解就业方向后他更是失望。如果毕业以后去从事营销工作，那么自己将要一辈子忍受下去；如果不从事营销工作，那么自己到底要去做什么工作呢？在剩余的两年多时间里，他不知道该顺其自然，还是应该做些准备？

现在一部分大学生对所读的专业不感兴趣，或者觉得专业所涵盖的就业方向不适合自己，以后就业也自然而然地不想再从事专业方向的工作。进入大学校园后，大一学习完基础课，一般在大二开学会有一些转换专业的机会。如果小卫在进校时就对职业生涯进行了规划，对所学专业和职业倾向有深入的了解和认识，并且积极准备抓住了转换专业的机会，一切问题就会迎刃而解。如果小卫没有争取到转换专业的机会，过了大二还没有转换专业，也可以通过辅修、自学甚至考研学习与自己职业倾向相关的课程和专业来解决问题。因为既然所学专业尘埃落定，确定自己适合的职业发展方向后，就需要在保证自己顺利完成本专业课程的同时，做好职业资本的准备工作。

（2）专业过于宽泛怎么办？我们来看小安的故事。

**生涯** 案例

#### 小安的难题

小安学的是工商管理专业，专业知识多而杂，他也缺乏准确的初始职业方向。小安最初选择这个专业只是想当管理层，但是听毕业了的学长、学姐们说得多了，知道刚毕业的学生不可能一工作就在管理层，必须要从基层做起。但是这个基层范围太广，很多人做了很多基层岗位工作还是升不到管理层。

小安现在已经大四了，一眨眼就要毕业了，很多同学已经开始找实习单位了。那么自己该怎么选择呢？自己现在学的知识出去后能帮自己就业吗？现在该做些什么事情呢？他感到非常迷茫。

小安的情况比较典型，他选择的是工商管理专业，专业基础知识多而不专。虽说这是该专业的特性，但进什么行业？从什么职位做起？是营销，会计，人力资源，还是其他？大一的时候，他就应当根据自己的主客观条件，以及职业和行业发展趋势做出正确选择。确定好适合的起步职位之后，小安就可计划在校四年应该自学的知识技能、应该提升的情商，从而凭借职业资本优势顺利地走上通往管理层的道路。与小安有类似困惑的同学，可以从第四章设计自我的管理型职业锚中找到思路。

（3）如何进行职业生涯的自我教育。虽然我们的共同名称是大学生，但是我们的职业选择不尽相同，彼此所拥有的职业资本千差万别。因而，我们在接受学校安排的职业生涯教育的同时，还必须进行自我职业生涯教育。因为学校开设的课程只能解决一些共性问题，所以我们还应当花费时间和精力进行自我教育。由于职业生涯管理的高度个性化，在实践中主动地自我职业生涯教育者甚至比被动地接受职业生涯教育者更为重要。不仅是生涯规划相关知识的学习、职业生涯规划书的撰写，在社会实践过程中有意识地进行自我教育和自我成长尤为值得鼓励。这方面，敖华钰同学为我们做出了示范。

**生涯案例**

### 在志愿者活动过程中成长

敖华钰，三江法商学院2021届市场营销专业毕业生，在校期间荣获校励志奖学金、校三好学生、校优秀志愿者称号。2021年3月，又获得了"2020年度江苏省优秀青年志愿者"称号。

第一次接触志愿者活动是在高中时期，去敬老院陪伴老人。"还记得那时候想了很多办法逗老人们开心，我用不太标准的闽南语给爷爷奶奶们唱歌，还用自己拙劣的演奏技巧表演了葫芦丝。"敖华钰笑着说。通过敬老院的活动，敖华钰对志愿者工作有了不一样的看法。志愿者们无偿的付出帮助了那些需要帮助的人，为公益事业奉献自己的一份爱心，这是一个崇高而美好的行为。

"第六届大学生艺术展演——朗诵专场"的活动中，敖华钰第一次以志愿者的身份代表学校参加活动，缺乏经验的他不知道应该做什么。后来在老师的教导下，敖华钰逐渐熟悉了志愿者工作，知道应该提醒参赛的同学注意时间不要误车、快到目的地的时候提醒他们带齐行李准备下车、彩排的时候为大家录视频，以便后期让大家从回看视频中寻找问题。

第一次以主持人的身份站在讲台上面，为大家讲解志愿者相关知识。敖华钰提前几周的时间去听取小伙伴们的建议，汲取他们的经验，为后期的PPT制作获取足够的信息。完成PPT的制作后，先与部门内的小伙伴们进行了分享，让他们对PPT内容上的不足做出指正。在正式讲解之前，他还提前到教室里进行了预演，希望能达到最好的效果。那是敖华钰第一次在不相熟的同学面前分享自己的经历，让他的口才和胆量都得到了一定的锻炼。

学习之外，敖华钰将生活的大部分时间都奉献给志愿者活动。大学四年的志愿者服务经历，让敖华钰感慨颇多。作为一个有经验的志愿者，他对学弟学妹们提出了多做复盘的建议：要总结每次志愿者活动的得与失，学到了什么、收获了什么、还有哪些地方可以完善。

学校与课外的各类比赛、社团、实习和志愿者活动，都是职业生涯自我教育的舞台。正如郭乒乒和敖华钰等同学所做到的那样，确定目标、实施行动、及时复盘就是一个不断提升自我的职业生涯教育过程。"我的1号生涯加油站"也是一个自我职业生涯教育的工具。

# 我的 1 号生涯加油站

## 一、生涯行动:建立"成长私董会"

### 1.成长私董会的功能

成长私董会是一个特殊的学习小组,可以营造沉浸式职场氛围,与传统小组根本不同的是:

(1)成长私董会实行随机分组制,以学会与不熟悉的人合作;

(2)成长私董会的考验不仅来自组内合作,还来自组间合作,领衔预习与领衔复盘,将考验领衔私董会的领导力、协作力和执行力;

(3)成长私董会完成任务获得幸福花的奖励,将占个人平时成绩的50%,没有出力者或缺课超过两次者,该项成绩为零。

### 2.成长私董会秘书长的作用

(1)组团分工;

(2)颁布计划;

(3)凝聚共赢;

(4)主持活动;

(5)以身作则。

### 3.成长私董会建设内容

(1)做介绍:我是来自××地方的×××,我将传承我家族的××美德;

(2)选组长:具有责任感、领导力、众望所归;

(3)记信息:学号、姓名、手机号、分工;

(4)取名称:反映成员特点,蕴含小组目标;

(5)定口号:反映成员特点,蕴含小组目标;

(6)作承诺:对本团队和课程的投入精力;

(7)画海报:小组 LOGO 加上名称、口号、承诺、成员姓名与学号;

(8)做雕塑:设计制作雕塑,彰显团队力量。

## 二、生涯行动:我的工作意图塔

人生意义的探索,是一件需要高度走心、颇有难度的事,首先须用自由书写的方式完成。所谓自由书写就是:在一个安静的环境中,聆听自己内心的声音,不评价、不回看、不修改地尽可能记录脑子里第一时间浮现出来的想法。建议跟着下列的愿景五问,梳理一下自己内心的能量与渴望。

(1)巅峰时刻:请憧憬一下此生的巅峰时刻,那时的情景是怎样的? 在什么地方,有哪些人? 在干什么?

（2）人生意义：巅峰时刻体现了怎样的人生意义？

（3）人生目标：在上述人生意义之下，体现了怎样的人生目标？

（4）工作目的：在上述人生目标之下，支撑性的工作目的是什么？

（5）当前行动：在上述三个工作目的之下，当前应该立刻采取哪些行动？

然后，经过提炼，填写到工作意图塔中。①巅峰时刻：请凝聚成一句话描述；②人生意义：提炼出三个关键词；③人生目标：请给出三个关键事件；④工作目的：请给出三个关键目的；⑤当前行动：请给出三个关键行动计划。

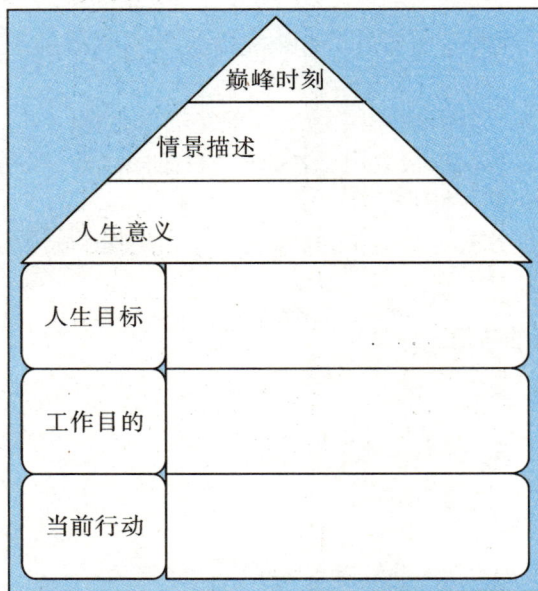

### 三、生涯行动：我的幸福愿景

我们生来没有手持人生使用说明书，但又肩负了人生使命：为自己和他人创造幸福。为此，那就自己编写一本职业生涯规划书作为人生指南吧！主旋律就是幸福：小处要与个人、家庭和职业需要接轨，大处要与社会需要接轨。我认为＿＿＿＿＿＿＿＿＿＿的家庭、＿＿＿＿＿＿＿＿＿＿的工作以及＿＿＿＿＿＿＿＿的社会，组合起来就是我所追寻的幸福生涯。

看到是做到的第一步。我所憧憬的未来在我的眼前展现出这样三个画面：

（1）未来幸福家庭（自己创立的小家庭）的场景化描述＿＿＿＿＿＿＿＿。

（2）未来幸福工作的场景化描述：＿＿＿＿＿＿＿＿＿＿＿＿。

（3）未来幸福社会的场景化描述：＿＿＿＿＿＿＿＿＿＿＿＿。

我不仅有以上的幸福愿景，更希望有幸福增值力。（在花蕊里填写当下幸福水平实际分，分值为 1－10 分，在花叶顶端填写本学期幸福增值计划分，分值为 1－10 分；一学期能进步 1 分很棒，能进步 0.5 分也不错。

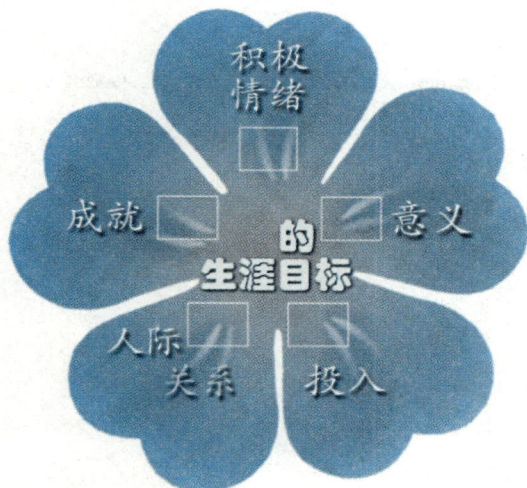

如何让幸福增值？答曰：美德拉近幸福,优势获得幸福。为何学习幸福生涯课？答曰：发现、发挥、发展美德和优势,提升幸福的能力,拿回生活的决策权。我憧憬未来能挑选职业、伴侣和环境,而不是"被决定"。因此,我希望在本门课程中学到：①_____;②_____;③_____。

幸福能力的提升主要源于实践。因此,我将遵循以问题为导向的学习方法(PBL),按照7：2：1的比例分配我的精力于七分实践、两分讨论、一分知识上。因此,本学期我的行动承诺是：_____。

**四、生涯行动:二十一天三件好事打卡**

(1)关注微信公众号:橙子成长联盟公众号中的三件事打卡;

(2)制订"3＋1行动计划":每天制订德智体美劳全面发展的三件事和一个小确幸行动计划;

(3)实施"3＋1行动计划":连续二十一天逐天完成当日的"3＋1行动计划";

(4)回顾"3＋1行动计划"实施情况:每天睡觉前回顾"3＋1行动计划"完成情况,写下对内驱力、合作力、学习力、前瞻力、健康力、审美力、执行力提升的总结;

(5)打卡截屏:将有具体内容的三件事截屏,加上自己的学号姓名水印上传至成长私董会组群;

(6)粘贴截屏:每日将有学号姓名的打卡截屏贴于表格中,如果打卡超出二十一天可以扩展表格。

| 第一天 | 第二天 | 第三天 |
|---|---|---|
| | | |

续表

| 第四天 | 第五天 | 第六天 |
|---|---|---|
|  |  |  |
| 第七天 | 第八天 | 第九天 |
|  |  |  |
| 第十天 | 第十一天 | 第十二天 |
|  |  |  |
| 第十三天 | 第十四天 | 第十五天 |
|  |  |  |
| 第十六天 | 第十七天 | 第十八天 |
|  |  |  |
| 第十九天 | 第二十天 | 第二十一天 |
|  |  |  |

**五、生涯行动：基于团队的学习**

（1）全体同学复盘：第一章我的幸福的学习成果，总结价值塑造、知识学习、能力提升三大目标五育并举的实现程度,并将学习成果(带学号姓名水印的我的幸福愿景以及三件好事打卡截图)提交至所在团队,由本团队秘书长收集提交至领学团队。

(2)全体同学预习:第二章盘点自我,完成在线课程和教材预习,提炼亮点、重点和难点,完成三问三答,参与线上讨论。并将预习成果(带学号姓名水印的在线课程学习成果截图)提交至所在团队,由本团队秘书长收集提交至领学团队。

(3)轮值团队领学:领学团队制订、发布并领衔执行复盘时间表与预习时间表,收集各个团队的学习成果,进行个人完成情况排名与团队完成情况排名,对排名前三的同学与团队奖励幸福花。领学团队将以上内容整合制作成 PPT 进行课堂发布,合格的领学团队获得幸福花奖励。

(4)学习成果分享。请优胜团队和领学团队分享完成本章学习任务的做法(团队是如何完成如此艰巨任务的,被逼出了哪些绝招?)和收获(所提升的内驱力、合作力、学习力、前瞻力、健康力、审美力、执行力)。

## 六、生涯书目

1. 塞利格曼著,赵昱鲲译,《持续的幸福》,浙江人民出版社,2012 年版。
2. 彭凯平著,《吾心可鉴:澎湃的福流》,清华大学出版社,2016 年版。
3. 赵昱鲲著,《消极时代的积极人生》,浙江人民出版社, 2012 年版。
4. 解真著,《孔颜乐道:中国人的幸福心理学》,上海社会科学院出版社,2019 年版。
5. 李虹著,《幸福是自己创造的》,中国纺织出版社,2021 年版。
6. 罗伯特·迪尔茨著,黄学焦、李康诚译,《从教练到唤醒者》,河南人民出版社,2009 年版。

第二章　**盘点自我**

知人者智,自知者明。胜人者有力,自胜者强。

——老子

"认识你自己"。阿波罗神庙上的这句话成为千百年来人类思考的永恒命题。无论社会如何发展,实现自我价值,追求个人幸福是每一个职场人的终极目标。当然,每个人对幸福的界定有所不同,但是对幸福的追求是相同的。人人都有对幸福生活的向往和需求。在追求幸福的路上,我们首先需要做的就是全面地认识自我,客观地盘点实现自我目标所需要的职业资本。职业资本包含经济资本、心理资本、人力资本、社会资本和道德资本。

**学习目标**

1. 价值:明确美德优势、价值观在自我认知和自我发展中的意义。
2. 知识:理解兴趣、价值观、能力、美德优势的内涵。
3. 能力:学会盘点自我的职业资本,通过行动学习实现五育并举,围绕创造力提升内驱力、合作力、前瞻力、学习力、健康力、审美力、执行力。

## ▶ 第一节　我的心理资本

经济学家认为,心理资本是指能够影响个体生产率的一些个性特征,这些特征反映了一个人的自我观点或自尊感,支配着一个人的动机和对工作的一般态度。心理学家则从积极心理学和积极组织行为学的角度,主张心理资本是指人的积极心理状态,主要包括自信或自我效能感(confidence or self-efficacy)、希望(hope)、乐观(optimism)和坚韧性(resilience)四个方面[1]。从职业生涯发展角度来说,我们认为心理资本是指能促进个体职业生涯发展的、积极的心理状态,它的形成和个体的性格、兴趣、价值观和情商等有着重要的关联性。了解自己的性格、兴趣、价值观和情商,对个体构建积极的心理资本有着重要的作用。本节我们就从这四个方面去认识自己的心理资本。

---

[1]　弗雷德·路桑斯,等,《心理资本:激发内在竞争优势》,王垒,等译,中国轻工业出版社,2018年版。

## 一、我的性格

### (一)性格与职业

性格是在后天的成长环境和教育环境中,逐渐形成的、比较稳定的,对人、对事、对自己的独特的行为方式和个性倾向。每个人的性格都不同,俗话说,"一龙生九子,九子各不同",因此,性格具有独特性。职业心理学的研究表明,不同的职业对从业者的性格有不同的要求。从事科学研究的人往往具有批判精神和创新意识;成功的创业者往往自信乐观、敢于冒险、勇于创新;从事教师职业的人往往乐于助人成长、有较强的亲和力、有责任心。一个人从事与他的个性相适应的职业,工作起来就会得心应手,心情舒畅,更容易产生积极的心理情绪,帮助自己取得成功。对于性格的分类五花八门,常见的有四大气质类型、九型人格、DISC 等等,这里我们主要运用目前使用较为普遍的 MBTI[①] 性格类型分类方法来认识性格。

> **生涯寄语**
>
> 智商和自律之间没有显著的相关性,也就是说,无论智商高低,都可能很自律或很不自律。自律比智商更能预测学业成绩。(马丁·塞里格曼)

### (二)MBTI 性格维度

MBTI 全称 myers - briggs type indicato,它从四个维度考察个人的偏好倾向,以区分人与人之间的差异[②]。

1)精力支配:extraversion (E) vs. introversion (I) 外向/内向

2)接受信息:sensing (S) vs. intuition (N) 感觉/直觉

3)判断事物:thinking (T) vs. feeling (F) 思考/情感

4)行动方式:judging (J) vs. perceiving (P) 判断/知觉

其中两两组合,可以组合成十六种性格类型。了解自己所属的性格类型,可以通过与心理学相关的网站或者微信公众号获得测量工具。

### (三)MBTI 四种性格组合的职业特点

MBTI 性格类型系统中有四种性格倾向组合,这四种组合如下所示。

#### 1.直觉 + 思考 = 概念主义者

概念主义者自信、有智慧、富有想象力。他们的原则是所有的事情都要做到最好。他们天生好奇,喜欢不断地吸取知识,能够看到同一问题的多个不同方面,习惯于全面地思考问题和一分为二地看待问题,从而对真实或假设的问题构思得出解决方案。

概念主义者是四种类型中最独立的一种人。他们工作原则性强,标准高,对自己和对别人的要求都很严格。他们不会被别人的冷遇和批评干扰,喜欢用自己的方式做事。

概念主义者喜欢能提供自由、变化和需要有较高的智力才能完成的工作。他们喜欢看到

---

① 该理论以瑞士心理学家 Carl Jung 的性格理论为基础,由美国的 Katherine C Briggs 和 Isabel Briggs Myers 母女共同研制开发。

② 邓宁,《你的职业性格是什么:MBTI16 型人格与职业规划》,杨良得,译,电子工业出版社,2009 年版。

自己的想法得到实施,喜欢与有能力的上司、下属、同事共事。许多概念主义者推崇权力,易于被有权力的人和权力地位所吸引。

### 2. 感觉 + 知觉 = 经验主义者

经验主义者关注五官带给他们的信息,而且相信那些可以测量和证明的东西,同时喜欢面对各种各样的可能性,喜欢自由随意的生活方式,是反应灵敏和自发主动的一种人。

经验主义者是四种类型中最富冒险精神的人。他们最可贵的地方在于足智多谋,令人兴奋,而且很有趣。他们为行动、冲动和享受现在而活着,一想到某件事情就有立即去做的冲动,而且喜欢一气呵成,一口气把事情做完;但又不喜欢太长时间做同一件事情。

经验主义者喜欢可以提供自由、变化和行动的工作,喜欢那些能够有即时效果的工作,他们以能够巧妙而成功地完成工作为乐。由于他们喜欢充满乐趣的生活,无论做什么必须让他们感受到高度的乐趣,这样才能令他们感到满意。

### 3. 直觉 + 情感 = 理想主义者

理想主义者感兴趣的是事物的意义、关系和可能性,并基于其个人的价值观念做出决定。他们做人的原则是:真实地面对自己。理想主义者是四种类型中精神上最具哲理性的人,乐于接受新的思想,善于容纳他人。他们非常崇尚人与人之间和各种关系中的真实和正直,容易将别人理想化。

对理想主义者而言,一份好工作应该是对他们个人很有意义的工作,而不是简单的常规工作或只是一种谋生手段。他们喜欢民主、能够激励各种层次的人高度参与的组织,会被那些促进人性价值的组织或那些允许他们帮助别人完成工作的职业所吸引。

### 4. 感觉 + 判断 = 传统主义者

传统主义者相信事实、已证实的数据、过去的经验和五官所带给他们的信息,喜欢有结构有条理的世界,喜欢做决定,是一种既现实又有明确目标的人。

传统主义者是四种类型中最传统的一类人。他们重视法律、秩序、安全、得体、规则和本分。他们尊重权威、等级制度和权力。他们一般具有保守的价值观。他们很有责任感,而且经常努力去做正确的事情,这使他们值得信赖和依靠。传统主义者需要有归属感,需要服务于别人,需要做正确的事情。他们注重安稳、秩序、合作、前后一致和可靠,而且严肃认真,工作努力。他们在工作中对自己要求十分严格,并希望别人也是如此。

### (三) MBTI 与职业匹配

MBTI 现已广泛地应用于职业发展、职业咨询、团队建议、婚姻教育等方面,是目前国际上应用最广泛的职业规划和个性测评理论。根据专家的研究,十六种 MBTI 性格类型分别匹配不同的职业,如表 2-1-1 所示。

在运用 MBTI 性格类型时,我们需要注意的是,每个偏好、每种类型都没有好坏、对错之分。每种类型会在适合的职业环境中发挥自己的特点,但是世界上没有完全适合某种性格的职业环境,如何通过对自己性格的认知去发挥优势、弥补劣势,整合资源,适应和解决问题才是应该重点考虑的问题。

表 2−1−1　MBTI 性格类型与匹配的职业

| ISTJ<br>内向感觉思考判断<br>稽查员 | ISFJ<br>内向感觉情感判断<br>保护者 | INFJ<br>内向直觉情感判断<br>咨询师 | INFP<br>内向直觉情感知觉<br>治疗师、导师 |
|---|---|---|---|
| ESTJ<br>外向感觉思考判断<br>督导 | ESFJ<br>外向感觉情感判断<br>供给者、销售员 | ENFJ<br>外向直觉情感判断<br>教师 | ENFP<br>外向直觉情感知觉<br>倡导者、激发者 |
| ISTP<br>内向感觉思考知觉<br>操作者、演奏者 | ISFP<br>内向感觉情感知觉<br>作曲家、艺术家 | INTJ<br>内向直觉思考判断<br>智多星、科学家 | INTP<br>内向直觉思考知觉<br>建筑师、设计师 |
| ESTP<br>外向感觉思考知觉<br>发起者、创设者 | ESFP<br>外向感觉情感知觉<br>表演者、演示者 | ENTJ<br>外向直觉思考判断<br>统帅、调度者 | ENTP<br>外向直觉思考知觉<br>企业家、发明家 |

## 二、我的情商

### (一)什么是情商

情商属于发展心理学范畴,全称为情绪商数(emotional intelligence quotient,简写成 EQ),这是一种自我情绪控制能力的指数[①]。情商有五种能力:①了解自身情绪的能力;②处理自身情绪的能力;③自我激励的能力;④了解他人情绪的能力;⑤人际交往能力。有研究者指出,情商至少像更传统的"智商"一样重要。跟智商(IQ)不一样的是情商可经学习而改善。

### (二)情商与工作

毕业之后走上社会,我们面对的是快节奏的生活、高负荷的工作和复杂的人际关系,较高的情商可以让我们更好地应对工作和生活。

**生涯案例**

### 没有让病人说出的那句话

上海杉达学院护理系顾梅峰刚入职护理岗位一年,一日她在门诊看见一位老阿姨眯着眼睛站在电梯旁两个引导标识前犹豫了许久。顾梅峰装作等待电梯,慢慢靠近老阿姨,发现她手里拿着一张眼科检查单,便鼓起勇气走上前对阿姨说:"阿姨,我也要去眼科,您要和我一起吗?"老阿姨点点头说:"好呀,谢谢你,小护士。"就这样顾梅峰把老阿姨带到了眼科,就在顾梅峰要转身离开时,老阿姨突然拉住她,非常激动地说道:"谢谢你小姑娘,不是谢谢你为我带

---

① 由美国心理学家彼德·萨洛维(Peter Salovey)和约翰·D.梅耶(John D. Mayor)于 1990 年提出。1995 年丹尼尔·戈尔曼(Daniel Goleman)和其他几个研究者将"情商"这个词在大众领域普及开来。

路,而是感谢你没有让我说出那句我眼睛不好,看不见。"每每回忆起这段经历,顾梅峰说这句没有让病人说出的话始终是促进她职业生涯不断进步的动力,也因为这样的情商优势,使得她的病人都很配合她的工作,也让她很有职业成就感与幸福感。

顾梅峰的经历告诉我们情商优势不仅能够最大限度地发挥你的知识和技能优势,同时可以提升自我效能,帮助自己更好地自处和与社会交往。我们在生活中也会碰到许多不如意的事,会将这些不如意的事情归咎于大环境不好、领导不重用、同事难相处、同学性格古怪等外部因素。其实,我们不妨换个角度思考。环境和他人都是我们暂时无法改变的,我们只有让自己成为水,能够在任何器具里生存,以乐观积极的心态面对身边的人事物,才能让我们自身的优势得以发挥,才可能实现如鱼得水的状态。

### 三、我的职业价值观

#### （一）价值观

价值观是人们对什么是价值、怎样评判价值、如何创造价值等问题的根本观点。价值观的内容,一方面表现为价值取向、价值追求、凝结为一定的价值目标;另一方面是价值尺度和准则,是人们判断事物有无价值、价值大小以及优劣评定的评价标准。

#### （二）职业价值观

所谓"人各有志",这个"志"表现在职业选择上就是职业价值观,是人们在职业选择时表现出的目的、态度和行为,是求职过程中起决定作用的内在因素。

**生涯**案例

### 小袁的选择

小袁即将大学毕业,父亲努力在家乡小县城为他谋得一份工作,希望他毕业后回去,留在父母身边。但小袁学的是市场营销专业,本市一家外企也打算录用他。父亲反复给他强调,回家乡工作有保障,收入稳定,工作也很轻松。外企的工作,底薪太低,收入的高低完全取决于自己的营销业绩,也不稳定。听了父亲的劝说,小袁有点想回家乡工作,但如果回家乡工作,几年的专业等于白学,担心将来后悔,他心里很犹豫。

由于自身条件、年龄阅历、教育状况、家庭背景、兴趣爱好等方面的不同,人们对不同职业有不同的主观评价。小袁的犹豫和他父亲的"强调",充分说明父子二人职业价值观的不同。不同职业在劳动内容、劳动时间、能力要求、工作强度、福利待遇上不同,在人们心目中的地位也不相同。生涯大师舒伯总结了十五种职业价值观,代表着不同群体在工作中所重视和追求的十五个方面。下面就带大家来了解一下这十五种职业价值观各是什么。①利他主义;②美的追求;③创造发明;④智力激发;⑤独立自主;⑥成就满足;⑦声望地位;⑧管理权力;⑨经济报酬;⑩安全稳定;⑪工作环境;⑫上司关系;⑬多样变化;⑭同事关系;⑮生活方式。我国学者阚雅玲将职业价值观分为如下十二类:①收入与财富;②兴趣特长;③权力地位;④自由独立;⑤自我成长;⑥自我实现;⑦人际关系;⑧身心健康;⑨环境舒适;⑩工作稳定;⑪社会需要;

⑫追求新意①。在这十二条中,最容易被忽视的是第十一条"社会需要"。当代大学生在职业追求上更多地考虑自身的利益,较少考虑个人利益和国家、社会利益的融合。这是价值取向上的一种失衡,需要特别注意。

### (三)职业价值观与职业选择

不同的人有不同的价值观念,不同的价值观念适合从事不同的职业或岗位。如果在制订职业生涯规划时,没有考虑自己的价值观念,选择了不适合自己的职业,也就很难在这个岗位上工作下去,当然也就谈不上事业发展的成功。

职业价值观通常都是与某种职业紧密相连的,它可以作为个体和工作进行匹配的基础。举个例子来说吧,建筑师、设计师、广告创意人员、工程师和表演艺术家们的工作是以创造性为显著特征的,而独立、变化、旅行、被认可和有影响力则被认为是记者这一职业的工作价值。如果你认为帮助他人有意义,你应该经营服务取向的生意;如果你生性喜欢冒险,可以选择充满刺激的行业;如果安全在你心目中是第一位的,则应尽量避免那些风险大的职业。当你认为某项很重要的价值在一项职业里缺失的时候,就会出现职业错位的现象。

还有,我们不得不面对这样一个事实:知识经济时代要求从业者具备终身学习能力,从业者能力的提高必然带来择业机会的增多,而后者直接导致从业者在面对职业选择机会时困惑的加剧。职业困惑部分源于外在因素对价值观的影响,还有一部分是因为困惑者对自身需求的不了解。因此,确立自己的价值观,对于生涯规划具有重要意义。

马克思在中学时代就树立了为人类幸福而工作的志向,周恩来在青年时期就树立了"为中华崛起而读书"的远大志向。正因为他们的人生价值倾向于社会发展的需要和大多数人的利益,所以才能成就他们的伟业。而当下不少大学生在职业选择时往往只关注兴趣爱好、自身发展和眼前利益,有部分学生还好高骛远,青睐"舒适多金"的岗位不愿从基层做起,这样往往会限制自身长远的发展。因此,随着国家政治改革和经济发展的变化,大学生也应该不断调整职业价值观,西部志愿者、村官,甚至创业等都可以成为大家的新选择。

## 四、我的职业兴趣

什么样的工作是一份好工作?不少人回答"好工作应该是让自己开心的工作"。确实,如果我们对工作本身有极大的兴趣,那这份工作对我们来说无疑是最适合的。兴趣永远是最好的老师。如果选择了我们喜欢的工作,那么可以充分调动所有的潜能,使我们更易获得幸福感。幸福感的获得可以让我们有无限动力,无所畏惧,勇往直前。这样,职业已不只是一份工作,而是实现自我价值的事业。

### (一)兴趣与职业

人们的兴趣范围广泛,比如运动、唱歌、旅游,等等,根据兴趣与职业的关系,可以把兴趣分为职业兴趣和非职业兴趣,这里主要谈职业兴趣。为什么有些人对自己的事业永不知疲倦?

---

① 李雪,《大学生职业价值观及其与职业评价和职业选择的关系》,北京师范大学,2005 年。

那就是兴趣使然。米哈里·希斯赞特米哈伊①认为，当人们专心致志地从事某种活动，甚至忘我地沉浸在这种活动中时感到最满足。可见，人们的满足感、幸福感往往来自工作的成就，而不是无所事事或单纯的享乐游玩。

所以，兴趣是影响职业选择、职业稳定及职业成就的重要因素。第一，兴趣是影响未来职业选择和发展的重要因素。巴菲特小时候就钟情于股票和数学，其钟情程度远远超过家族中任何人。他满肚子都是挣钱的想法，5 岁时就在家门口摆地摊兜售口香糖，稍大后他带领小伙伴到球场捡有钱人用过的高尔夫球，然后倒手转卖，生意颇火。如果一个人对某项事业感兴趣，就会自觉地为自己的事业做准备，而这些准备使他越来越接近成功的目标，最终就可能获得成功。第二，兴趣可以激发内驱力，提高工作效率，充分发挥才能。兴趣是具有浓厚情感的志趣活动，它可以使人集中精力去获得知识，并创造性地完成当前的活动。

### （二）HR 眼中的兴趣

为什么简历中会有"兴趣爱好"一栏？似乎和招聘职位没有直接联系，因此不少求职者对这项内容草草了事。根据"前程无忧"论坛的一项针对 HR 的调查数据显示，95% 的 HR 会把兴趣爱好作为招人的参考条件之一，这 95% 的 HR 中有 78% 的 HR 会考察求职者与工作相关的兴趣爱好，将其作为招人的参考条件；仅有 5% 的 HR 表示招聘不会关注求职者的兴趣爱好。

当我们的兴趣爱好与招聘的职位相关时，会让 HR 的眼前一亮。比如某企业要招聘公关人员，那么 HR 就会关注能反映口才好、思维敏捷、涉猎广泛等的兴趣爱好，如果你是参加辩论比赛的能手，那么此项兴趣爱好将为你的简历增色不少。又比如，当你去应聘自媒体编辑工作时，如果你能对你常用的自媒体的特点、优势和不足有很好的见解，甚至还有自媒体运营的经历，那会是你面试成功的一大助力。虽然，大多数企业对求职者的兴趣爱好没有太多的苛求，仅仅只是一个参考项目，但它同样可能成为你的敲门砖。

### （三）我对什么感兴趣

美国著名的职业指导专家霍兰德（Holland）②提出：①大多数人都可以被归为六种类型中的一种，即现实型、研究型、艺术型、社会型、企业型和常规型；②职业环境存在同样的六种类型与之对应；③人们在寻找这样的环境时能够运用他们的技能、能力，表达他们的态度和价值观，处理适宜的问题，承担合适的角色；④人们的行为取决于人格与环境特点的交互作用。

基于以上假设，霍兰德运用六边形模型来解释六种职业类型之间的关系。在这一模型中，任何两种类型之间的距离越近，职业环境与人格特质的相似程度越高；反之则越低。职业兴趣六边形模型如图 2 - 1 - 2 所示。

---

① Mihaly Csikszentmihalyi 1934 - 2021 美国心理学教授，积极心理学奠基人，创造力大师。他的著作包括《创造力》《心流》和《自我的进化》等畅销书。他花了 30 多年的时间对几百位各行各业的人进行了访谈，研究是什么使人感到真正幸福和满足，从而得出上述结论。

② 萨克尼克，等，《职业指导：职业生涯规划教程》，中国劳动社会保障出版社，2005 年版，第 3 页。

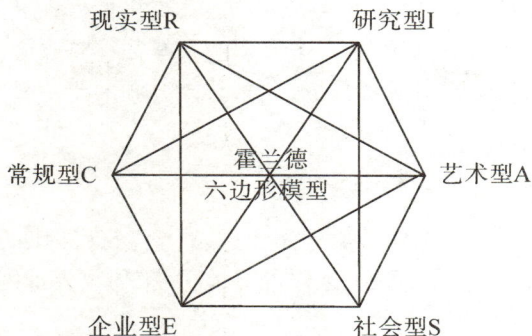

图2-1-2　职业兴趣六边形模型图

现实型(realistic,简称 R),又称实际型。这类倾向的个体通常做事稳健、务实,动手能力强,偏好于具体任务,不善言辞,做事保守,较为谦虚,通常喜欢独立做事,喜欢从事规则明确的活动及技术性工作,热衷于动手创造新事物。对应的职业领域:需要使用工具、机器,需要基本操作技能的工作。如技术性职业(计算机硬件人员、摄影师、制图员、机械装配工等),技能性职业(木匠、厨师、技工、修理工、农民、一般劳动等)。

研究型(investigate,简称 I),又称调查型。这类倾向的个体个性独立、温和、理性,有逻辑,往往擅长运用心智能力去观察、分析、推理解决难题,喜欢与符号、概念、文字、抽象思考有关的有创造性、挑战性的工作,不太喜欢固定的工作内容,对管理和人际交往也不感兴趣。对应的职业领域:要求具备智力或分析才能,并将其用于观察、估测、衡量、形成理论,最终解决问题的工作。如科学研究人员、工程师、电脑编程人员、医生、系统分析员等。

艺术型(artistic,简称 A)。这类倾向的个体个性独立、感性、直觉敏锐、理想化,富有想象力和创造力,喜欢自由自在、富有创意的工作环境,不太喜欢结构化程度较高的任务和环境,对文书处理等传统性工作没有兴趣。对应的职业领域:要求具备艺术修养、创造力、表达能力和审美能力,并能用语言、行为、声音、颜色等形式展现出来的工作。如艺术方面(演员、导演、艺术设计师、建筑师、摄影家等),音乐方面(歌唱家、作曲家、乐队指挥等),文学方面(小说家、诗人、剧作家等)。

社会型(social,简称 S)。这类倾向的个体个性温和、有责任心、善于言谈,乐于助人,人际关系融洽,具有人道主义倾向。喜欢咨询、培训、辅导、劝说类等与人打交道的工作,不喜欢以机械和物品为对象的工作。对应的职业领域:要求与人打交道的,助人型的工作。如教育工作者(教师、教育行政人员等),社会工作者(咨询人员、公关人员等)。

企业型(enterprise,简称 E),又称事业型。这类倾向的个体喜欢冒险、竞争、追求权力、权威和物质财富,具有领导才能。他们通常有事业心,执行力强,善于带领他人达成工作目标,不喜欢具体精细或需要长时间集中心智的工作。对应的职业领域:要求具备经营、管理、劝服、监督和领导才能,以实现机构、政治、社会及经济目标的工作。如项目经理、营销管理人员、政府官员、企业领导、法官、律师等。

常规型(conventional,简称 C),又称传统型。这类倾向的个体个性保守忠诚、注意细节、习惯服从,不擅长做决策,工作中与人交往会保持一定的距离,对社会地位、社会评价比较在意,愿意在大型机构做一般性工作。对应的职业领域:要求注意细节、精确度,有系统有条理的工作。如银行职员、图书管理员、会计、出纳、统计人员、计算机操作人员、办公室职员等。

以上只是基于理论研究的归类，生活中个人职业兴趣往往是多方面的，很少有人会只属于某一种类型。经过霍兰德职业倾向测量分析，大多数人会倾向于一种以上的类型，而且职业兴趣也会随着环境的改变而发生变化。

### （四）兴趣与职业

心理学家戴尔·普雷迪格将工作对象分为数据、观念、人和物四项，他将以上四项与霍兰德划分的六大工作领域结合起来，得到了工作世界地图，工作世界地图把二十六个职业领域分为十二个区域，如图2-1-3所示。

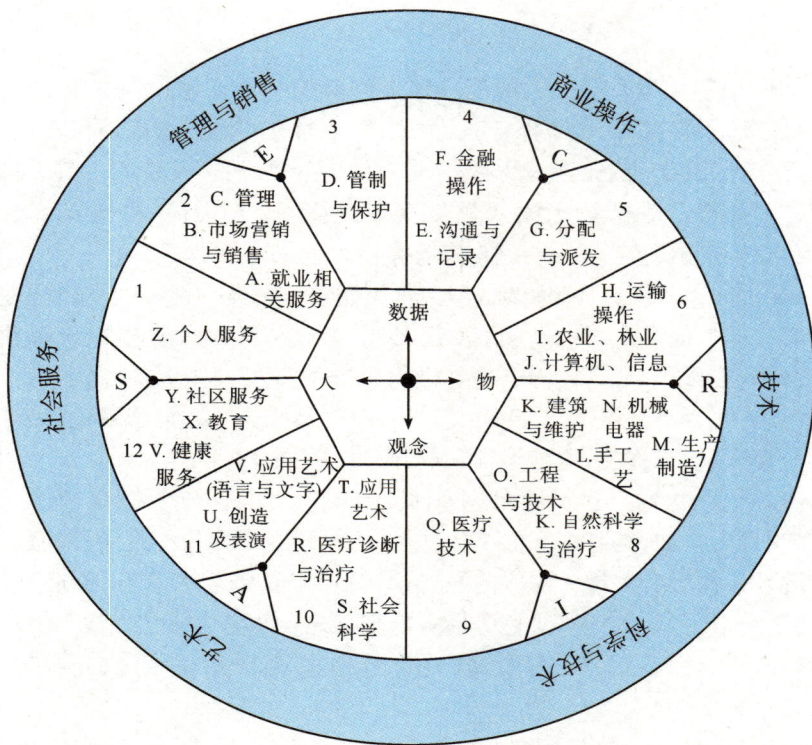

图2-1-3　工作世界地图

个人兴趣类型和职业环境之间的适配将增加个人对职业的归属感、满意度和成就感。因此，兴趣往往是职业选择的重要依据。一个人假如能根据自己的兴趣选择职业，个人主动性将会得到充分发挥，能够更投入地学习和工作，即使疲倦和辛劳，也总是兴致勃勃，心情愉快；即使困难重重也不会灰心丧气，而是想尽办法，百折不挠地去克服困难。

## ▶ 第二节　我的人力资本

**生涯**案例·

### 把握机会

小卢大四毕业后,雅思成绩勉强考到了 6 分,终于如愿以偿地踏上了前往英国的留学之路。刚到英国的时候,他只能听懂三分之一的上课内容,他的"听课"风格与其他学生的踊跃提问形成了鲜明对比。小卢明白英国的老师喜欢思考和提问的学生,如果他一直这样下去,学业就会成为一个很大的问题,毕竟每年有很多中国留学生没有拿到毕业证书,他必须有所改变。

有一位教授每节课都会让部分学生上台进行展示,对小卢而言,这是一种极大的挑战,因为他需要在台上用英文发表自己的观点,并且解答来自其他同学的提问。小卢想:"就算说得不好,痛苦的也不是我自己,是坐在下面听的同学和老师。但对我而言,这是千载难逢的锻炼机会。"小卢这种乐观的想法,让他变得大胆、谦虚和自信,没想到该课程结束的时候,教授给了小卢全班最高分数。这给了小卢莫大的鼓励,之后教授又邀请小卢给其他留学生传授学习经验。小卢与教授也结下了君子之交,毕业的时候,小卢凭借教授的推荐信找到了一份心仪的工作。

机会,是每个人通向成功的金钥匙。只有做好充分的职业准备,才能帮助我们把握好每一次机会,让自己在职场竞争中脱颖而出。案例中小卢就是不懈努力,做好充分准备,才没有错过好的机会。我们愿意选择某一职业是问题的一个方面,"该职业愿意选择我吗?"则是问题的另外一面。选择从来都是双向的,一厢情愿只会使我们备受打击。为了实现两厢情愿,就需要我们的人力资本能够胜任工作。

### 一、我的人力资本

在国内人力资本研究方面,大多数学者接受了舒尔茨的观点。舒尔茨认为,人力资本是通过投资形成并由劳动者的知识、技能和健康状况所构成的体现于劳动者身上的资本。这里将个体的"人力资本"聚焦在影响职业生涯发展的个人能力方面,主要包括专业能力和通用能力。下面,我们分别予以讨论。

### 二、我的专业能力

专业能力是职业的敲门砖,专业性强的职业尤其看重个人的专业能力。专业能力主要由专业知识与技能构成。

### (一)知识与职业

这里的知识是狭义的知识,就是描述客观事物的特点及关系的知识,也称为描述性知识或陈述性知识。狭义的知识主要包括三种不同水平：符号表征、概念、命题。其一，符号表征。它是最简单的知识，指代表一定事物的符号。例如英语单词的词形、数学中的数字、物理公式中的符号、化学元素的符号、职业的名称等都是符号表征。其二，概念。它是对一类事物本质特征的反映，是对事物之间关系的陈述，是最复杂的知识，比如职业是与行业、职位纵向相关的概念。其三，命题。它可以分为两类：一类是非概括性命题，只表示两个以上的特殊事物之间的关系；另一类命题表示若干事物或性质之间的关系，这类命题是概括性命题，如"圆的直径是它的半径的两倍"，这里的倍数关系是普遍的关系。

在招聘中，HR 对求职者的知识储备是有一定要求的。专业知识是工作能力的基础。大学期间获得的专业知识、水平能力证书等都是重要的参考指标，这些指标一定程度上反映了求职者的知识储备、学习能力和兴趣领域。英语四六级证、计算机等级证、会计从业资格证、中高级口译证、律师资格证等成为不少同学努力的方向。考核知识的方式有笔试、口试等多种方式，其中笔试无疑是快速考核应聘者是否具备所需知识的方式。笔试分为技术性和非技术性两种类型：技术性笔试主要针对研发型和技术类职位的应聘，这类职位对专业知识的要求比较高。题目主要涉及工作需要的技术性问题，专业性比较强。这类考试的结果和同学们大学四年的学习成绩密不可分。因此，要成功应对这类考试，需要坚实的专业基础。由此可见，扎实地掌握与所选职业相关的基础知识，是赢得 offer 的第一把钥匙。

关于知识准备的计划和实施，将在第六章中具体探讨。以下我们关注建立在知识基础上的技能。

### （二）技能与职业

技能指个体掌握的技术和能力。求职过程中，兴趣和知识是很重要，但是有了兴趣和知识就可以成功吗？兴趣或许能帮助我们入职，但不能决定我们能否胜任一种工作。对于非教育和非研发类职业，技能比知识更有分量决定我们在应聘中是否脱颖而出。

### 技能才是王道

小张是一位机械专业的本科毕业生，在应聘一家广告公司推出的"企业形象设计及产品广告设计"职位时，再三强调自己对机械结构设计并无兴趣，十分爱好艺术设计、产品装潢设计，并解释自己具有机械三维 CAD 设计基础，对形象设计有浓厚兴趣，一定能够胜任岗位。然而当广告公司老总要求他出示作品或技能等级证书时，他却拿不出证明自己具备这方面天赋、才能的证据来。

尽管这位大学生一再恳求老总给他一个尝试的机会，企业老总却不为所动，最终还是婉言谢绝了小张。当事后采访这位老总时，他直言不讳地说："企业不是试验田、培训班，怎么能够录用光有爱好的人？一个原本对机械设计不感兴趣的人，又怎么能够立马转而胜任艺术设计呢？"

企业不愿冒风险去招录一个有兴趣而无法证明工作能力的人，更青睐有实际才能的专业人士，案例中小张的遭遇就说明了这一点。在求职过程中，我们必须展示自己胜任岗位的专业特长、技能、成果，从而使招聘者赏识我们。因此，求职者的核心竞争力是专业技能。

一些企业倾向于招收高学历的毕业生，这说明了文凭的重要性。虽然学历是应聘者学识水平的证明，却不能完全证明其个人的能力，而出色的专业技能才是企业 HR 更看重的。所以，越来越多的企业不再唯学历是用，而是更看重应聘者对招聘职位的适用性。

高水准的专业技能可以打造我们的核心竞争力，使我们成为不可替代性人才。"替代性"一词源于经济学，它是指如果商品的同类使用功能基本雷同，那么其他的生产者可以替代你的产品抢占市场份额。一种商品如果可替代性高，那么它的价值自然不高。同样，人才也是如此。我们要想在工作中获得机会，就必须打造属于自己的不可替代性。只有拥有了他人无法替代的能力，我们才能在职场中脱颖而出。

### 三、我的通用能力

通用能力也就是可迁移能力，是那些能够从一份工作中转移运用到另一份工作中的、可以用来完成许多类型工作的技能。大变局时代，公司的发展需要去迎合越来越多元的市场，它可能是新的平台、新的媒体、新的系统或是新的传播形式。企业需要具备专业能力，同时还能够适应这些快速变化的人才，而"通用能力"恰恰能够更好地帮助我们适应这些快速变化。现今已不再是"一技傍身，享受一生"的年代，企业更要求我们能够成为复合型、应用型的人才。在公司的招聘笔试与面试中，非专业技术性考查更常见。这类内容考查相当广泛，除了常见的阅读和写作能力、逻辑思维能力、数理分析能力，还会涉及时事政治、生活常识、情景演绎甚至情商测试等。因为除了专业能力，职场所需要的可迁移能力也是进入职场前的必备能力。

**生涯**知识·

### 企业最需要的能力

在激烈的就业竞争中，除各个岗位的专业知识外，什么样的通用能力最被雇主看重呢？麦肯锡公司发现，在不同的时代，企业最看重的能力是不一样的。

在 1990 年之前，商界流行各种战略和定位理论，那时候企业最看重的是一个人在竞争环境中的战略能力。

1990 年到 2015 年，企业开始注重执行能力，毕竟再高明的战略，如果不能执行到位也是空谈。

2015 年至今，乌卡（VUCA）时代企业最看重的能力再次发生变化：从注重执行力，变成注重创造性地解决问题的能力。

企业把解决复杂问题的能力列为十大职业能力之首。"这个世界不再仅仅因为人们知道什么就奖励他们，因为谷歌知道一切""无论你是在自助餐厅还是在工厂的质检线工作，公司都只雇用那些能发现问题并解决问题的人"。

以上所说的变化，是企业最看重的能力的排位变化，并不代表战略能力和执行能力已经不需要了。所以，本书第八章管理自我从五育并举的方针和胜任力冰山模型出发，围绕创造性解决问题的能力，提出了内驱力、合作力、前瞻力、学习力、健康力、审美力、执行力，1 + 7 的通用能力指标体系。相对而言，专业能力易得，通用能力难求。因此，提升通用能力需要早做准备。比如认真对待职业生涯教育，积极参与校内外各种活动和各类社团，养成成果思维，等等。大学就如同一个小社会，我们真正融入这个小社会并不断历练自己，毕业时我们才不会没有"底气"。

## ▶ 第三节　我的社会资本

生涯案例．

### 推荐信让小徐当上了小学体育教师

小徐自幼的理想是成为一名小学教师,高考时第一志愿就是本市一所师范类高校。不想因为体质太弱,小徐在高考紧张的氛围中病倒了。虽然咬紧牙关坚持到高考结束,但是最终成绩只能进入一所应用型大学的金融学专业。本来填报该专业只是为了满足父母的心愿,却不想成为事实。

没有家庭背景,没有专业支撑。距离教师职业之路如此遥远,如何最终达成目标呢? 小徐从大一开始了长途跋涉。为了拥有健康体魄,她大学四年时间坚持长跑。与之相伴坚持四年的是做农民工子弟的校外教师。她深知自己与师范类专业学生的差距,为了弥补教学过程中可能会出现的偏差,她总是花时间与小朋友们的老师讨教经验与方法,并不断提高自身的素质。在此期间,她还在镇小学上过一次小型的公开课,并受到家长和镇领导的好评。

大学里,小徐的每一个周日都是和小朋友们一起度过的。当别的同学还在家中睡懒觉时,小徐已经在前往学校去做志愿者的路途中了。有同学问她,这样牺牲休息时间无偿地去做志愿者值得吗? 小徐也有过迟疑,确实每个星期很辛苦,但是她并未放弃过。因为能通过自己力量帮助到那些农民工子弟,内心的快乐是无法用物质来衡量的。

在给小朋友们上课的过程中,小徐不仅收获了来自学生的感谢,同样培养了她的细心、耐心、责任心。她从一个参与者渐渐地转换角色变成一个组织者、领导者,自己的能力和素养也得到了提升。为了进一步了解农民工子弟的受教育情况,改善自己的教学方案,她还特地组织同学们开展了暑期调研的实践活动,希望从调研中发现农民工子女在教育中实际存在的问题,并尽可能帮助他们改善这一状况。而此次调研活动最终获得了本市大学生暑期社会实践活动的优秀项目,她也荣获了大学生暑期社会实践活动先进个人的称号。

据事后了解,志愿者对口单位的推荐信和其他一些相关的材料成了小徐求职的重要支持。正是这些在社会实践中积攒的社会资本,帮助小徐在求职过程中战胜了师范专业和体育专业的竞争者,成为校长心目中小学体育教师的最佳人选。小徐如愿以偿地实现了教师梦想,并且在入职后不久,拿到了区里的一个儿童健康的专项课题。

面临毕业季,很多学生仍没有找到工作。并非是自身条件不够,也不是要求过高,而是求职的资源实在太少。想要拥有丰富的求职资源,我们需要积累充足的社会资本,小徐在这方面给我们做出了表率。没有家庭背景,没有专业背景,没有师范背景,只要及早在社会实践中"摸爬滚打",照样能积累有分量的社会资本。

### 一、什么是社会资本

社会资本有广义和狭义之分。广义的社会资本是指我们在学校课堂之外的社会实践中获得的资本。狭义的社会资本是指个体与社会之间的各种联系,即社会网络,是人们的各种社会关系带来的资源。

美国社会学家詹姆斯·科尔曼①从结构和功能主义角度出发,将社会资本定义为个人所拥有的社会结构资源。科尔曼指出,每个自然人从一出生就拥有了以下三种资本:一是由遗传天赋形成的人力资本;二是由物质性先天条件,如土地、货币等构成的物质资本;三是自然人所处的社会环境所构成的社会资本。物质资本是有形的,它存在于可以看见的物质之中;人力资本是无形的,它存在于个人掌握的技能和知识中;社会资本也是无形的,它表现为人与人之间的关系。

我们这里所谓的社会资本就是以个体为中心,所形成的一个人际关系网络,俗称人脉。它不是先天形成的,而是后天不断积累和发展起来的。积累和发展社会资本,可以给处于这个网络中的我们带来积极的职业果实。

## 二、社会资本在求职过程中的作用

如果说人力资本是我们求职中击败竞争对手的内因,那么社会资本就是我们成功就业的外因。麦可思杂志对求职成功学生的信息资源获得渠道做了调查,发现有33%的学生通过大学的招聘活动或发布的招聘信息获得职位,20%的学生通过朋友和亲戚得到招聘信息。图2-3-1显示的是江苏省2021届毕业生求职信息的来源,研究生到本科生再到大专生,主要的信息渠道来自学校和亲友。这告诉了我们,在校生的主要社会资本来自家庭和学校。

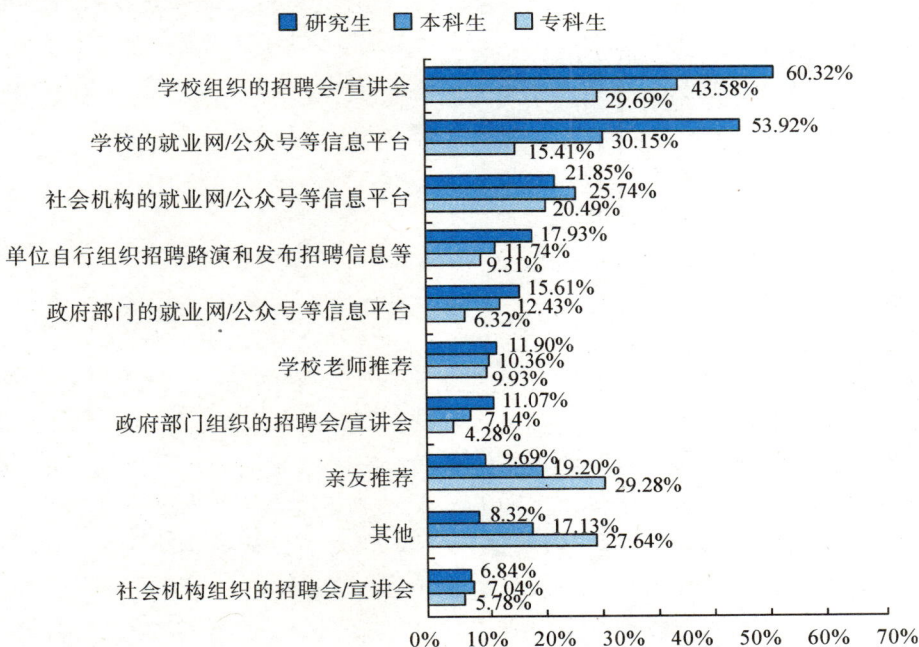

图2-3-1　不同学历毕业生求职信息来源

数据来源:江苏招生就业办2021届毕业生就业调查。

① 社会资本理论框架主要是由詹姆斯·科尔曼建立起来的,科尔曼的代表作《社会理论的基础》中译本于1999年由社会科学文献出版社出版。

## （一）家庭

家庭是我们踏入社会的第一媒介。从我们出生开始，父母亲及旁系血亲组成了一个庞大的关系网络。这也是涉世未深的我们今后就业求职可以利用的一个重要信息来源。来自家庭背景的就业支持力表现在三个方面：家庭的社会资本、经济资本和组织资本，如图2-3-2所示。

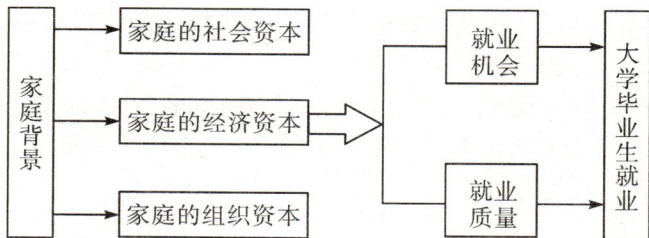

图2-3-2　来自家庭背景的就业支持力

来自家庭的社会资本是我们可以接触到的职业资源。在社会关系供需双方有比较信任的熟人引荐时，双方的不信任感会大大降低，人际间的交易成本也会大大降低。如此，在用人单位和求职者之间，家庭或者家族就起到了桥梁作用。家庭经济资本对择业也有重要的影响。家长在子女就业中发挥着收集、筛选信息的作用。家长的社会关系，可以帮助我们建立起一个可信度较高的信息网络。及时有效、真实可靠的招聘信息，是我们成功就业的重要因素之一。同时，家长还能给我们更多的经验指导让我们少走弯路。但是，有家庭社会资本的大学生并不多，我们中的大多数人需要通过多种途径获得更有效的社会资本。

## （二）学校

**生涯案例**

### 校友助求职

小李是2010届的金融专业学生，他学的是金融学，但对银行、证券、保险等行业并不热衷，反而对会计有着浓厚的兴趣。

大学期间，他通过自身努力考取了会计相关的证书，平时也到其他高校去听关于财务方面的讲座，并且利用课余时间参加学校会计协会社团，结识了很多会计专业的同学。

面临毕业季，金融专业的同学收到的都是关于证券、银行方面的招聘信息。而小李因交友广泛也得到了许多会计方面的招聘信息，最后，他找了一份会计工作。

通过参加社团、学生会等各种校园活动，我们可以结交到各种各样的朋友，这是一笔不可估量的社会资本。小李的案例就充分地说明大学社团等实践活动的作用和重要性。校友是拓宽求职道路的一条重要路径，校友是一个信息量丰富、知识密集、与母校有特殊情感的群体。通过校友，我们可以获得更多的实习机会。学长学姐不仅是大学生成长道路上的挚友，也会给大学生更多的指导和帮助。麦可思杂志的调研显示，相当比例的毕业生更愿意把自己公司的招聘岗位介绍给学弟学妹。

同时,教师在学生求职中也是不可或缺的资源。与朋友相比,教师拥有的求职信息更准确、丰富,工作岗位更契合专业。大学生要善于和教师保持沟通,包括学习上的难题、生活中的困扰、求职中的疑问,都可以向教师寻求帮助和指导。在这竞争愈发激烈的时代,充分发挥社会资本的作用,既能获得大量可靠的信息,又能降低就业成本,提高就业成功率。即便是希望自主创业的学生,社会资本也能发挥重要的作用。大学生创业,人力资本、经济资本、社会资本都不可或缺,充足的人脉关系可为创业增加砝码,提供客户资源,提高创业成功率。

### 三、社会资本与公平

"拼爹"是当下一个使用频率很高的词,这样的现象古往今来一直存在。事实上,当我们抱怨没有高贵的出身时,还不如从当下开始积累自己的社会资本。首先,大学期间,努力学习,打下坚实的专业基础。其次,积极参加各种活动,不断提高自己的通用能力,充实自己的能力储备。另外,利用寒暑假积极参加校内外社团、社会实践、兼职实习,不断将知识运用于实践,积累专业人脉,拓展自己的社会资本。我们应摒弃"仇富""仇官"的心理,远离自暴自弃、怨天尤人的心态,自立、自信、自强才是职业生涯管理的要义。

## ▶ 第四节 我的道德资本

**生涯案例**

### 黄文秀的风雨之夜

2019 年 6 月 17 日凌晨,电闪雷鸣、暴雨倾盆,从百色市通往乐业县的山路被突如其来的山洪淹没,黄文秀不幸遇难,年仅 30 岁,她用生命诠释了忠孝两全的千古道德难题。

北京师范大学硕士毕业生黄文秀本可以只忠不孝,留在担任驻村第一书记的百坭村。但是放心不下刚做完第二次肝癌手术的父亲,利用周末时间回家看望。她也可以只孝不忠,应父亲挽留在家待一晚。但是她:"正因为有暴雨更得赶回去,怕村里受灾,我马上得走了。"叮嘱了父亲一句"按时吃药",黄文秀便启程回村。谁也没想到,这竟成了她留给父亲的最后一句话。

一路上,黄文秀不断与村党支部和村委会干部联系,询问当地雨势和灾情,特别叮嘱要关注几个重点村屯,要立即组织群众防灾救灾。回忆起当晚的情况,村党支部书记周昌战几度哽咽。就这样,突如其来的山洪,年轻的生命永远定格在扶贫路上……

2021 年 2 月 25 日,全国脱贫攻坚总结表彰大会在北京人民大会堂隆重召开。当会上宣读到"黄文秀"的名字时,镜头转向了一位头发斑白的老人——黄文秀的父亲黄忠杰。替女儿戴着大红花的他红了眼眶、悄悄抹泪。2022 年 2 月 24 日晚黄忠杰因病逝世。临走前这位朴实的老人对子女们说:希望孩子们坚强团结,把文秀精神传承好,教育子孙后代将来做对党和国家、对社会有用有贡献的人。

"忠"和"孝"鼓舞着中国一代又一代人前赴后继,在古老文明的中国留下了无数可歌可泣的案例,这就是传统美德的力量。顺应时代发展,新的道德理念和道德规范纷纷应运而生,成为个人、组织和社会发展的动力和资源,从而产生了"道德资本"的概念。

## 一、什么是道德资本

### （一）经济视角的道德资本

道德作为资本范畴,是一种人力资本,是一种能够投入生产并增进社会财富的能力①。道德资本是指道德主体在社会主流价值导向引领下,在对既定价值目标自觉追求的过程中,所蓄积的具有不断增值效应的价值能量。

### （二）人文视角的道德资本

西方国家有学者认为:道德资本可以被定义为卓越优秀的品格和美德,它们是一种财富形式,是在个人身上积累和发展起来具有生产力的能力或者力量,它将人作为一个整体进行全面的完善②。

### （三）当代大学生的道德资本

就当代大学生而言,其道德资本包括自觉践行道德理想、具有锐意创新的道德取向、勇于锤炼顽强的道德意志、善于明辨是非的道德感知和不懈追求高尚的道德人格③。

## 二、道德资本管理的意义

道德属于公共物品。也就是说,道德资本在一个人身上得到体现的同时,不会排他,也不会消耗。道德资本具有"正外部性",这意味着:一个人道德资本的增加不意味着另外人的道德资本的减少。由于我们常常能够从别人的美德中获益而没有任何成本,因此市场机制是不能解释美德的。同样,正如一个经典的"囚徒困境"所表明的,彼此之间如果缺乏合作,尤其是在培养美德的努力中,最终的结果只会是两败俱伤。所以对道德资本这一公共产品进行管理,是必要而迫切的,对于社会、企业和个人来说均是如此。

中国特色社会主义进入新时代,加强公民道德建设、提高全社会道德水平,是全面建成小康社会、全面建成社会主义现代化强国的战略任务,是适应社会主要矛盾变化、满足人民对美好生活向往的迫切需要,是促进社会全面进步、人的全面发展的必然要求④。就大学生个体而言,道德资本的缺失会被职场拒之于门外,被爱情拒之于门外,被幸福拒之于门外。

## 三、道德资本的洋葱模型

道德资本内容十分丰富,按照所涉及的范围划分为社会公德、职业道德、家庭美德、个人品

---

① 王小锡,《论道德资本》,江苏社会科学,2000 年第 3 期。

② 阿莱霍·何塞·G. 西松,《领导者的道德资本:为什么美德如此重要》,于文轩,丁敏,译,中央编译出版社,2005 年版。

③ 杨晓龙,《当代大学生"道德资本"的意涵与培育》,黑龙江高教研究,2012 年第 7 期,第 1－2 页。

④ 引自新华社,中共中央、国务院关于新时代公民道德建设实施 http://www.gov.cn/zhengce/2019－10/27/content_5445556.htm。

德四个部分,如图2-4-1所示。

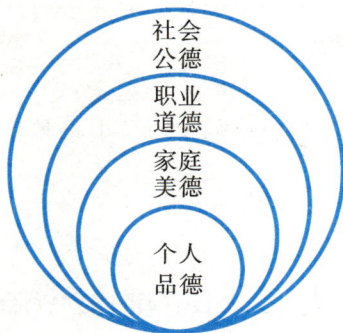

图2-4-1　道德资本的洋葱模型

其一,社会公德:以文明礼貌、助人为乐、爱护公物、保护环境、遵纪守法为主要内容,鼓励人们在社会上做一个好公民;其二,职业道德:以爱岗敬业、诚实守信、办事公道、热情服务、奉献社会为主要内容,鼓励人们在工作中做一个好建设者;其三,家庭美德:以尊老爱幼、男女平等、夫妻和睦、勤俭持家、邻里互助为主要内容,鼓励人们在家庭里做一个好成员;其四,个人品德:以爱国奉献、明礼遵规、勤劳善良、宽厚正直、自强自律为主要内容,鼓励人们在日常生活中养成好品行。本书作为职业生涯管理教材,这里重点关注职业道德。

### 四、职业道德的五个方面

职业道德是从事职业活动必须具备的道德规范,是自身职业特征的道德与行为规范和准则的总和,是社会占主导地位的道德准则在职业生活中的具体体现,具体包含爱岗敬业、诚实守信、办事公道、热情服务、奉献社会五个方面的内容。

爱岗敬业是职业道德的灵魂,它为个人在社会上安身立命奠定基础,为社会发展进步注入活力。在当代社会,热爱与敬重自己的工作和事业,是公民应当遵循的基本价值规范之一。其具体内容包括:①乐业是前提——热爱并热心于自己的职业和岗位;②勤业是保证——忠于职守,认真负责,刻苦勤奋,不懈努力;③精业是条件——好学进取,追求高质量,不断开拓创新。

诚实守信是职业道德的基石。分为两个层次:其一是诚实,就是实事求是地待人做事,不弄虚作假。在职业行为中最基本的体现就是诚实劳动,多劳多得。其二是守信,要求讲求信誉,重信誉、信守诺言。要求每名从业者在工作中严格遵守国家的法律、法规和本职工作的条例、纪律;要求做到秉公办事,坚持原则,不以权谋利;要求做到实事求是、信守诺言,对工作精益求精,注重产品质量和服务质量,并同弄虚作假、坑害人民的行为进行坚决斗争。

办事公道是职业道德的气度。办事公道是指从业人员在办事情处理问题时,要站在公正的立场上,按照同一标准和同一原则办事的职业道德规范。即处理各种职业事务要公道正派、不偏不倚、客观公正、公平公开。对不同的服务对象一视同仁、秉公办事,不因职位高低、贫富亲疏而区别对待。无论是对那些一次购买上万元商品的大顾客,还是对一次只买几元钱小商品的顾客,同样周到接待,这就是办事公道。

热情服务是职业道德的温度。服务群众是指听取群众意见,了解群众需要,为群众着想,端正服务态度,改进服务措施,提高服务质量。做好本职工作是服务人民最直接的体现。要有效地履职尽责,必须坚持工作的高标准。工作的高标准是单位建设的客观需要,是强烈的事业心责任感的具体体现,也是履行岗位责任的必然要求。

奉献社会是职业道德的高度。奉献社会就是要履行对社会、对他人的义务,自觉地、努力地为社会、为他人做出贡献。当社会利益与局部利益、个人利益发生冲突时,要求每一个从业人员把社会利益放在首位。这不仅需要有明确的信念,更需要有坚实的行动。当一个人任劳任怨,不计较个人得失,甚至不惜献出自己的生命从事于某种事业时,他关注的其实是这一事业对人类、对社会的意义。

## ▶ 第五节　我的职业资本优势

**生涯**知识

### 木桶的三个实验

实验一:取长短不一的木板若干,箍成木桶,平放于地面,向木桶中注水,测量木桶盛水最大容量为 a 升。结论:木桶的最大盛水量最终决定于木桶最短的那块木板的高度。

实验二:取长短不一木板若干,将最长的木板和最短的木板放在正对面,其余木板由高到低依次从最长的木板两侧排列到最短的木板,箍成一木桶。向木桶中注水,待水从最短板处溢出时将木桶朝最长板方向倾斜,继续注水直至盛水最多且不溢出时为止。测量木桶盛水最大容量为 b 升,其中 b>a。结论:如果木板组合得当,木桶倾斜方向正确,木桶的最大盛水量大于实验一。

实验三:取长短不一木板若干,将最长的木板和最短的木板放在相邻位置,其余随意组合箍成木桶。向木桶中注水,待水从最短板处溢出时将木桶朝最长板方向倾斜45度,测量木桶盛水容量为 c 升,其中 c < a。结论:如果木板组合不当,木桶倾斜方向错误,木桶的最大盛水量小于实验一。

这个实验启迪我们:如果没有职业生涯规划,职业资本也可能像木桶拼板一样参差不齐。片面地强调"短板"因素(比如社会资本、学校名气),把就业不利归咎于某一"短板"是不可取的。在职业生涯管理中,我们应该想方设法发现自己的短板和长板,进而"拼好板""摆好桶"。本章前四节分别从心理资本、人力资本、社会资本、道德资本四个方面,帮助我们评价现状、规划未来。这与我们过去习惯的学期学年总结有三个不同:第一,时间跨度很长,是我们有生以来的总结;第二,与职业相关联,并非只和同学比,还要与我们期待的职业胜任力作对比;第三,与竞争者相关联,不仅与同学相比,还要与所有潜在的职业竞争者相比。因此,我们分析的不再是简单的优点和缺点,而是明确现有优势、挖掘潜在优势。通过生涯探索和选择彰显优势、回避劣势。充分运用优势去做有挑战的事情,就会不断收获心流的"巅峰时刻",不断体验人生幸福。如何做到职业资本优势最大化,以下三个方面十分必要。

### 一、避免自我发现之旅的误区

我们曾经无数次听说过木桶理论,但是只做实验一,害怕出现实验三。从而我们以为只有补长短板才能进步,在最弱的方面努力才会取得最大的进步。上小学时,如果英语很好,数学很吃力,那么我们不会多上英语课,而是努力补数学。我们的思路局限于特定的唯一的高考之路,而实际上我们还有不参加高考的选择,比如出国留学,比如选择进入职业高中。甚至我们干脆像韩寒一样,携写作之长板当一个职业作家。其实实验一只是思路一、思路三的信马由缰甚至不算作思路。我们更应该尝试实验二,遵循思路二进行木板的有序排列。事实的真相是:在最强的方面才会取得最大的进步。那么,我们知道自己最强的方面吗?看看专家的办法吧。

## 二、判断自我的职业优势

盖洛普对职业优势的定义是:职业优势 = 天赋 + 知识 + 技能①。天赋也被称为"才干",基本属于通用能力范畴,"知识 + 技能"则大致属于专业能力范畴。盖洛普所谓职业优势,不是所有的职业资本优势,而主要是其中的人力资本优势。

过去,我们对"优势"有一个普遍的定义,即"擅长的一件事"。盖洛普给了我们更加科学的判断标准——SIGN②。其中:S( success 成功)——在做事的过程中,我们会感到很充实、很高效;I( instinct 直觉)——在做事之前,我们对此事已充满了期待;G( grow 成长)——在做事的过程中,我们的求知欲很强,非常专注;N( need 需求)——做完事之后,我们会感觉很有成就感和真实感。SIGN 其实分别满足的是:自我效能、兴趣、天赋、需求。符合的条件越多,越有机会发展成优势。当然,这里还需要投入。于是:优势 = 天赋 × 投入。

那么,如何把握职业优势?盖洛普分析法③给我们提供了表 2 - 5 - 1 的分析框架。这个分析框架总共有三十四个选项,可以分解为四个维度:执行维度、影响维度、建立人际关系维度和战略维度。如表 2 - 5 - 1 所示,属于执行维度的人,懂得"如何行动",具有九个优势;属于影响维度的人,懂得"如何调动别人",具有八个优势;属于建立人际关系维度的人,擅长"如何凝聚团队",具有九个优势;属于战略维度的人,擅长"如何专注于未来规划",具有八个优势。

表 2 - 5 - 1　职业优势分析框架④

| 执行维度 | 影响维度 | 建立人际关系维度 | 战略维度 |
|---|---|---|---|
| 成就 | 行动 | 适应 | 分析 |
| 统筹 | 统率 | 关联 | 回顾 |
| 信仰 | 沟通 | 伯乐 | 前瞻 |
| 公平 | 竞争 | 体谅 | 理念 |
| 审慎 | 完美 | 和谐 | 搜集 |
| 纪律 | 自信 | 包容 | 思维 |
| 专注 | 追求 | 个别 | 学习 |
| 责任 | 取悦 | 积极 | 战略 |
| 排难 | | 交往 | |

① 马库斯·白金汉,《现在,发现你的职业优势》,中国青年出版社,2016 年版,第 67 - 78 页。
② 同上,第 78 - 87 页。
③ 盖洛普公司,《盖洛普优势识别器(学生版)》,中国青年出版社,2018 年版,第 49 - 53 页。
④ 盖洛普公司,《盖洛普优势识别器(学生版)》,中国青年出版社,2018 年版,第 50 页。

不同职业的优势表现明显不同。比如电影公司总裁职业的优势表现是思维（战略维度）和取悦（影响维度）；投资银行家的优势表现则是统率（影响维度）与和谐（建立人际关系维度）；营销策划人员看重分析与理念（战略维度）；销售人员则看重成就（执行维度）与积极（建立人际关系维度）；作家则需要前瞻和回顾（战略维度）。

### 三、判断自我的美德优势

积极心理学在幸福、美德与优势之间建立了直接的关联：美德可以拉近幸福，优势可以获得幸福，美德是由优势构成的。塞利格曼在他的积极心理治疗中，要求参与者分析个人优点，并在日常生活中运用这个特长和优秀品质，快乐积极地生活。

2004年，塞利格曼和他的团队，研究了世界各国包括孔子、老子在内思想家的观点，撰写并出版《优秀品质和美德：手册与分类》一书，提出了人类的二十四种优秀品质。他们把这二十四种优秀品质归纳为六组美德。第一组美德是智慧与知识，包括好奇心、喜爱学习、思想开放、创造性、社会和个人智慧、洞察力六种优势。第二组美德是勇气，包含勇敢与勇气、毅力和勤勉、正直和真诚三种优势。第三组美德是仁爱，包含仁慈和慷慨、爱与被爱两种优势。第四组美德是正义，包含公民精神和责任、公平与公正、领导力三种优势。第五组美德是节制，包含自我控制、谨慎、谦虚三种优势。第六组美德是精神卓越，包含对美和卓越的欣赏、感恩、希望、宗教信仰、宽恕、幽默、热情七种优势[1]。

这些优秀品质被世界上大多数文化认可，可以使人感到满足而充实，感受到生活上的幸福和美满。塞利格曼通过他的理论指导人们认识并测量自己的美德优势，提高生活满意度。该理论还可以用于判断自己的道德资本、心理资本、人力资本和社会资本的潜在优势。

继续发现、发挥和发展我们的职业资本优势吧，因为它与幸福相关、与美德相关、与职场相关。首先可以借助专业网站进行识别，发现自己的职业资本优势；其次是寻找对应的职场机会（第三章），在设计自我（第四章）、规划自我（第五章）、计划自我（第六章）过程中发挥这些优势；最后在创造自我（第七章）、管理自我（第八章）和实现自我（第九章）的过程中发展这些优势。

## ▶ 第六节　我的社会学习经验

### 生涯 案例

#### 历时11个月！学子再获智能汽车比赛国家级大奖！

七月底，从第十六届全国大学生智能汽车竞赛赛场传来好消息，学校5支参赛队获省级奖项，其中拉力组和讯飞智慧餐厅组分别获得国家级二等奖和国家级三等奖。

自去年10月开始，智能车团队便开始了备赛。指导教师团队积极与同学们沟通，在备赛过程中给予指导，秉持"鼓励探索，追求卓越"的积极态度，从队员招新、分组选题，到方案讨论、分工备赛，再到制作调试、现场比赛，历时11个月的艰难筹备，凝结了学校、学院、指导老师和同学们

---

[1]　塞利格曼，《持续的幸福》，赵煜鲲，译，浙江人民出版社，2012年版，第225－241页。

无数的心血和努力。经过近一年的充分准备,来自电子信息工程、自动化、通信工程、物联网、机器人等专业的 17 名参赛队员在专业素养、动手能力、协作意识等方面都有了较大提升。

面对比赛,参赛团队沉着应战、冷静分析,将人工智能、运动控制以及人机交互、智能识别的学术研究与实践紧密结合,发挥协作精神和团队创新能力,从一众队伍中突出重围,获得优异成绩。

全国大学生智能汽车竞赛是教育部倡导的大学生科技竞赛之一,是国家级 A 类赛事。以迅猛发展、前景广阔的汽车电子为背景,涵盖自动控制、模式识别、传感技术、电子、电气、计算机、机械与汽车等多学科专业的创意性比赛。此次竞赛充分锻炼了大学生的工程设计能力、综合实践应用能力,提高了大学生的团队合作精神和抗压能力,极大地推进了学校应用型人才培养工作。

作为应用型高校的学子,他们拿出接近大学阶段四分之一的时间参赛,并获得令人瞩目的比赛成绩,大大增加了社会学习经验,比如社会鼓励,再比如成就经验。职业资本优势不仅仅在于课堂学习,还在于社会实践学习。心理资本、人力资本、社会资本、道德资本,都要求我们通过课堂学习和社会实践活动逐渐形成并不断发展。如果说前面各节从科学的角度,讨论运用各类测量工具评估我们的职业资本优势,本节则是从社会认知角度,讨论在社会实践中验证我们的职业资本优势。

## 一、社会认知职业生涯理论

事实上,职业选择是职业资本的各种要素交互影响的结果,恰如社会认知职业生涯理论(social cognitive career theory,简称 SCCT)所描述的那样[1]:个人兴趣与自我效能感及职业选择有紧密的联系。一个人在某件事上的成就使他对这件事更有兴趣,而且随着时间的积累会有越来越高的自我效能感。自我效能感和结果预期对兴趣有较大影响,进而影响职业选择。过去的表现之所以影响今天的业绩,一部分是因为其固有的人力资本,另一部分是因为其自我效能感。在职业选择和职业发展过程中,大学生的个人兴趣与自我效能感以及选择的结果是交互作用的动态发展的过程,如图 2 - 6 - 1 所示[2]。

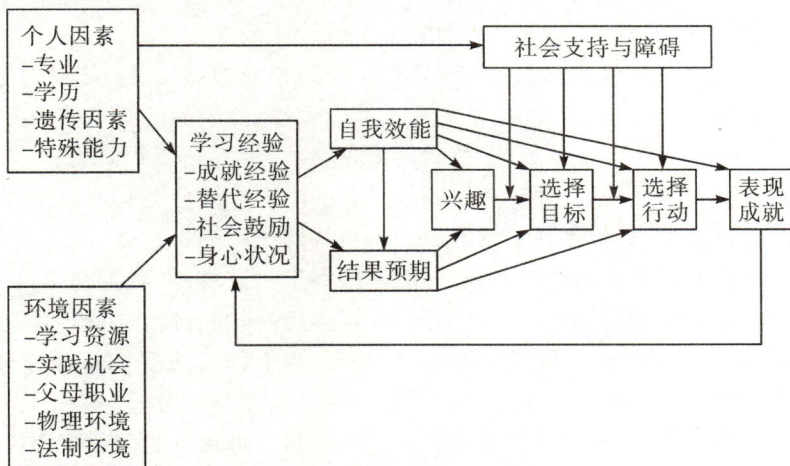

图 2 - 6 - 1　社会认知职业生涯理论模型

① 高山川,等,《社会认知职业理论:研究进展及应用》,心理科学,2005 年第 28 期,第 5 页。
② 引自乔志宏,2014 年第二期"全国高校就业指导骨干教师高级研修班"讲义。

所谓自我效能感（self-efficacy），是对自己是否有能力成功地完成某个任务的信念和判断。自我效能主要体现在成就经验、替代经验、社会鼓励、健康资本四个方面，在职业选择、职业胜任和职业发展中发挥重要作用。下面，我们从这四个方面分别进行探讨。

### 二、用成就经验验证职业资本优势

成就经验又称动作性掌握经验，是职业选择中最具影响力的效能信息，也是我们获得成就最重要的条件保障。通过不断的学习或练习，我们或者在各种考试中获得成功，或者获得各类证书、奖项或荣誉，或者在实习、实践活动中获得领导的认可和肯定等。这些"成就"会提高我们的自我效能感，反之将会降低自我效能感。

我们的成就经验越多，自我效能感就越强，职业选择时的自信心也就越强，职业的兴趣和动力也会增强，在工作岗位上取得成功的概率也就越大。前面小徐的案例就很能说明这个问题。小徐在农民工子弟学习辅导这一志愿者岗位上，获得了很多有关教学的成就经验，这是她在应聘过程中以及实际工作岗位上自信、自强的心理资本优势所在。

### 三、用替代经验验证职业资本优势

替代经验又称榜样示范。我们身边的"成功"典范，那些在职场上成绩显赫的人物都会成为我们崇拜和模仿的榜样。成功人物的经历、境遇和能力素质都将成为我们参考和学习的楷模，以及我们努力的方向。如果我们与成功人物的表现相似或相近，就会增强我们的自我效能感。

大学生目睹或想象榜样的成功，能够提高自我效能感；榜样的失败则会降低自我效能感。大学生崇拜的偶像各有不同，但是能对大学生价值观产生影响的事实是一样的。我们只有全面、正确地认识自我和分析自我，与职业楷模一起确定积极、科学的职业努力方向，才能在职业选择和职业发展中少走弯路。我们不能亲身验证所有的可能，但是我们可以多多阅读传记、多多访谈生涯人物，获得更多的替代经验。

### 四、用社会鼓励验证职业资本优势

著名的"皮格马利翁效应"①就说明正面、积极的信念产生的巨大心理效应。Schunk（1982）研究儿童的学习时发现，强调儿童的个人能力强，比反馈他们努力的学习态度，更能提高儿童的自我效能感。大学生也是如此，鼓励者身份、地位越高，鼓励行为越能增强我们的自我效能感。因为，专家的鼓励能更好地激发被鼓励者的潜力。社会上有地位、有身份的人对我们职业资本优势的鼓励和信任，有利于增强我们的自我效能感。

我们的能力和行为如果得到老师、家长和前辈的肯定和鼓励，将会促进我们增强自我效能感。因此，我们要做的就是多多参与、多多实践，有机会点亮我们自己，让老师们有机会发现我们的闪光点，从而给予我们积极鼓励和引导。社会鼓励利于我们扬长避短，确定职业发展的正确方向。小徐在农民工子弟学习辅导这一志愿者岗位及其周边工作上，收获了丰富的社会鼓励。尤其是获得市级的两个奖项，这是小徐成功走上小学教师岗位的重要职业资本优势。

---

① 皮格马利翁效应，又称罗森塔尔效应。一种社会心理效应，指的是教师对学生的殷切希望能戏剧性地收到预期效果的现象。

### 五、用健康资本验证职业资本优势

其实,除了第一节所涉及的心理资本,生理资本也是非常重要的职业资本,两者合起来不妨称之为健康资本。健康资本状况会影响我们对自己能力的判断或行为的选择,拥有健康资本优势有利于提高自我效能感,身体不适或紧张不安、内心焦躁等消极情绪状态则会降低自我效能感。因此,健康资本是我们职业选择和发展的重要条件之一。在校期间我们除参加科学文化知识的学习和能力的培养外,还应该积极参加体育锻炼。不少同学沉溺于网络世界和游戏世界之中,疏于对身体的锻炼,致使身体素质水平不高。竞争激烈的职场,需要健康的身体素质和心理素质,提升健康资本水平是职业生涯管理的内容之一。

小徐吸取高考失利的深刻教训,从大一开始坚持志愿服务和长跑,大大提高了自己的身心素质。在小学教师多轮的面试中始终以开朗、阳光、清新的面貌示人,从而成功地折服了面试官。从学校走向职场,我们需要面对新的环境和新的挑战,成功或失败都将考验我们的健康资本的承受力。本书第七章管理自我将从五育并举角度,专门讨论以健康力促进大学生健康资本优势的提升,让我们共同期待。

# 我的 2 号生涯加油站

## 一、生涯行动：价值观拍卖

目的：思考自己的价值观，学习抓住人生时机。
道具：钱（A4 纸代替 1000 元），拍卖槌。
规则：

(1)拍卖项目不提前告知（人生中很多机遇都是不期而遇的）。
(2)每次拍卖 100 元起拍，每次加价 50 元起。
(3)如果有人直接 1000 元拍卖，即可拍卖成功（代表此人清晰自己人生的追求目标，并为之全力以赴）。
(4)自我觉察（拍到了为什么？没拍到又是为什么？）。

## 二、生涯行动：我的职业价值观和人生观

### 1. 根据以下问题描述一下你的职业价值观

(1)你为什么工作？工作对你来说意味着什么？
(2)工作与个人、他人以及社会的关系是什么？
(3)在你看来，什么是"好"工作或者所谓"有价值"的工作？工作和金钱之间的关系是什么？
(4)一个人的工作和他的成长、经历、成就感有什么关系？

### 2. 根据以下问题描述一下你的人生观

(1)我为什么在这里？
(2)生活的意义或者目的是什么？
(3)个人和他人之间有什么关系？
(4)家庭、国家和周围世界的融合点在哪里？
(5)什么是善？什么是恶？
(6)是否存在更高级的力量？比如超自然事物？
(7)如果存在，这将对你的生活产生什么影响？
(8)在生活中，快乐与悲伤、公平与不公平、爱与恨、和平与冲突的作用是什么？

### 3. 多思考几遍你的工作观和人生观，回答下面问题

(1)你的职业价值观和人生观是否存在互补的地方？
(2)这两种观念存在哪些冲突？
(3)这两种观念的一方对另一方有促进作用吗？如果有，是怎么促进的？

## 三、生涯行动：我的三档初始职位

根据自己的霍兰德三个代码，选择不同的三个职位。去国家 24365 大学生就业服务平台

等主流招聘网站,寻找针对应届生校园招聘启事,分别就难、中、易三个档次找到三个职位。由此了解自己喜欢职业的具体内容和条件要求,美德和优势要求与自己的吻合度。尤其是自己的差距有哪些? 需要为此准备些什么? 需要多长时间才能准备好? 在当今的时代需要让自己有更多的选择去应对大变局,强烈建议每一档招聘启事都拆解三种以上职位的招聘信息。

### 1. 初入职场的理想职位所对应的招聘启事

| 职位名称 | | 职位待遇 | |
|---|---|---|---|
| 职位职责 | | 任职条件 | |
| 职位硬/专业能力要求 | | 职位美德/通用/软能力要求 | |

### 2. 初入职场的最大可能职位所对应的招聘启事

| 职位名称 | | 职位待遇 | |
|---|---|---|---|
| 职位职责 | | 任职条件 | |
| 职位硬/专业能力要求 | | 职位美德/通用/软能力要求 | |

### 3. 初入职场的保底职位所对应的招聘启事

| 职位名称 | | 职位待遇 | |
|---|---|---|---|
| 职位职责 | | 任职条件 | |
| 职位硬/专业能力要求 | | 职位美德/通用/软能力要求 | |

## 三、生涯行动:我的自我分析

### (一)我的生涯年表

我的生命已经过去_____年,在亲友的帮助下,我回溯了这段人生历程。尤其是六岁以前的故事,这其中蕴含了我的人生信念和天赋优势,可以通过亲友(照片)一一找回,填写在下表中。

| 年龄 | 年份 | 里程碑 | 我的故事梗概 | 故事标题 |
|---|---|---|---|---|
| 1 岁 | | 我来了 | | 《　　　　》 |
| 2 岁 | | | | 《　　　　》 |
| 3 岁 | | | | 《　　　　》 |
| 4 岁 | | | | 《　　　　》 |
| 5 岁 | | | | 《　　　　》 |
| 6 岁 | | | | 《　　　　》 |
| 7 岁 | | | | 《　　　　》 |
| 8 岁 | | | | 《　　　　》 |
| 9 岁 | | | | 《　　　　》 |
| 10 岁 | | | | 《　　　　》 |

续表

| 年龄 | 年份 | 里程碑 | 我的故事梗概 | 故事标题 |
|---|---|---|---|---|
| 11 岁 | | | | 《　　　》 |
| 12 岁 | | | | 《　　　》 |
| 13 岁 | | | | 《　　　》 |
| 14 岁 | | | | 《　　　》 |
| 15 岁 | | | | 《　　　》 |
| 16 岁 | | | | 《　　　》 |
| 17 岁 | | | | 《　　　》 |
| 18 岁 | | | | 《　　　》 |
| 19 岁 | | | | 《　　　》 |
| 20 岁 | | | | 《　　　》 |

（二）我的生涯五问

（1）我的生命历程中，能够忆起最早的三个故事（请在脑海仔细回顾其背景、活动、结果），品味这些故事与自己人生执念的关系，如果要用动词命名我认为＿＿＿＿＿＿ 最合适。

（2）在我成长的过程中，除父母以外，我最敬佩的、想去效仿的三位：第一位是＿＿＿＿＿＿＿＿，第二位是＿＿＿＿，第三位是 ＿＿＿＿。因为他们＿＿＿＿＿＿＿ 的共同特质影响到我，我想成为他们那样的人。

（3）我经常看的公众号是＿＿＿＿，App 是＿＿＿＿，玩的游戏是＿＿＿＿，浏览的网站是＿＿＿＿。因为其中有我偏爱的＿＿＿＿＿＿＿ 职业环境，我对与＿＿＿＿＿相关的工作有兴趣。

（4）我最喜欢的一本小说、一部电影或电视剧是《＿＿＿》，偏爱其中的 ＿＿＿＿＿＿故事，希望自己是类似故事的主人公，这个故事的要点是 ＿＿＿＿＿＿＿。

（5）我最喜爱的一句格言或座右铭（可以是大脑里最先浮现的那句，也可以是即时的创作）是＿＿＿＿＿＿＿＿＿＿＿＿。

作为即将拍向社会海洋的后浪，我会担负起工作、家庭和社会的责任。为了实现生命的意义，我把我的人生使命确立为＿＿＿＿＿＿＿＿＿＿＿。人生虽然没有与生俱来的路线图，却有一个与他人及社会相关的生涯主题，它是能串起我的过去和未来生涯故事的金线（生涯主题），我将它凝练为＿＿＿＿＿＿＿＿。

（三）我的人力资本

**1. 我的职业兴趣**

1）职业兴趣得分（根据霍兰德职业兴趣测评结果）

| 序号 | 职业倾向 | 含义简述 | 得分 |
|---|---|---|---|
| （1） | 现实型（R） | | |
| （2） | 研究型（I） | | |

续表

| 序号 | 职业倾向 | 含义简述 | 得分 |
|------|----------|----------|------|
| (3) | 艺术型(A) | | |
| (4) | 社会型(S) | | |
| (5) | 企业型(E) | | |
| (6) | 常规型(C) | | |

2)职业兴趣点(根据测评结果)

| 序号 | 方面或维度 | 例举 |
|------|------------|------|
| (1) | 如鱼得水的环境 | |
| (2) | 热衷的活动或课程 | |
| (3) | 特别钟爱的专业 | |
| (4) | 可能喜欢的职业 | |

**2. 我的职业价值观排序**(根据测评结果)

| 序号 | 职业价值观 | 含义简述 | 得分 |
|------|------------|----------|------|
| (1) | | | |
| (2) | | | |
| (3) | | | |
| (4) | | | |
| (5) | | | |
| (6) | | | |

**3. 我可能最擅长的五项技能**(根据测评结果)

| 序号 | 技能 | 得分 | 含义简述 |
|------|------|------|----------|
| (1) | | | |
| (2) | | | |
| (3) | | | |
| (4) | | | |
| (5) | | | |

**4. 我可能掌握的_____职业的专业能力**(根据你理想且现实职业的招聘启事来确定)

| 序号 | 专业能力 | 简述该专业能力在你理想且现实职业中的作用 |
|------|----------|----------------------------------------|
| (1) | | |
| (2) | | |
| (3) | | |
| (4) | | |
| (5) | | |

**5. 我的前五美德优势**（根据 VIA 优势 – 美德测量结果）

| 序号 | 优势 | 含义简述 | 得分 | 所属美德领域 |
|---|---|---|---|---|
| （1） | | | | |
| （2） | | | | |
| （3） | | | | |
| （4） | | | | |
| （5） | | | | |

**6. 我的前五职业优势**（根据盖洛普优势测量结果）

| 序号 | 职业优势 | 含义简述 | 得分 |
|---|---|---|---|
| （1） | | | |
| （2） | | | |
| （3） | | | |
| （4） | | | |
| （5） | | | |

**（四）我的社会资本**

我的人脉资源主要集中在_____等地区，_____等行业，_____等职业。此外，我还关注创业的_____等人士，他们和我的关系是_____。这些社会资本有可能在_____等方面支持到我的职业发展。

**（五）我倾向的职业**

综合以上各项职业资本测评结果，综合个人兴趣、社会需求、专业能力、家庭使命等，在主流招聘网站研读校园招聘职位。先完成对招聘启事的解读，再思考选择填写，每一类可以选三个填写。因为职业生涯规划的目的是让我们找到更多的选择以适应不断变化的环境，然后尝试这些选择直至成功。

（1）大学毕业时最理想的初始职位是_____（选三个职位填写），这是我"跳一跳"可能摘得到的桃子，虽然难度最大，但是我要尽全力争取实现的目标职位。

（2）大学毕业时最大可能的初始职位是_____（选三个职位填写），虽然不太理想，但是难度较小，是我最大可能实现的目标职业。

（3）大学毕业时可以保底的初始职位是_____（选三个职位填写），万一出现重大变故，为了生活独立我也能接受这个不理想，但俯身可得的目标职位。

对照招聘启事，我最理想的初始职位_____有_____以上学位、_____证书、_____品德、_____能力以及_____年以上工作经验等条件要求，这是我大学四年必须完成的学习任务。

**四、生涯行动：基于团队的学习**

（1）全体同学复盘：第二章盘点自我学习成果，总结价值塑造、知识学习、能力提升三大目标的实现程度,并将学习成果(带学号姓名水印的自我分析及其附件截图)提交至所在团队,由本团队秘书长收集提交至领学团队。

(2)全体同学预习:第三章洞悉职场,完成在线课程和教材预习,提炼亮点、重点和难点,完成三问三答,参与线上讨论。并将预习成果(带学号的在线课程学习成果截图)提交至所在团队,由本团队秘书长收集提交至领学团队。

(3)轮值团队领学:领学团队制订、发布并领衔执行复盘时间表与预习时间表,收集各个团队的学习成果(上述带学号姓名水印的学习成果截图),进行个人完成情况排名与团队完成情况排名,对排名前三的同学与团队奖励幸福花。领学团队将以上内容整合制作成PPT进行课堂发布,合格的领学团队获得幸福花奖励。

(4)学习成果分享:请优胜团队和领学团队分享完成本章学习任务的做法(团队是如何完成如此艰巨的学习任务,被逼出了哪些绝招)和收获(所提升的内驱力、合作力、学习力、前瞻力、健康力、审美力、执行力)。

## 五、生涯书目

1. 曹德旺著,《心若菩提》,人民出版社,2017年版。
2. 吴沙著,《大话生涯:自我发现之旅》,机械工业出版社,2020年版。
3. 王德峰主编,《开启问学求真之路:认识自我与世界》,学林出版社,2021年版。
4. 丹尼尔·戈尔曼著,《情商》,杨春晓译,中信出版社,2010年版。
5. 周晓璐著,《工作的量身定位》,上海人民出版社,2015年版。
6. 戴钊著,《自我教练:迈向自我实现之路》,机械工业出版社,2015年版。

# 第三章

# 洞悉职场

故不登高山，不知天之高也；不临深溪，不知地之厚也；不闻先王之遗言，不知学问之大也。

——荀况

纸上得来终觉浅，绝知此事要躬行。在职业生涯规划的道路上，我们已经掌握了自我认知的"财富"。接下来我们将从自身的专业出发，去发现父母亲人赋予我们的"宝藏"、职场环境带来的机会与威胁、职场观察与分析的方法，去观察、体悟各类不同的职业生涯发展道路，为未来的生涯之旅奠定坚实的基础。

## 学习目标

1. 价值：深刻认识职业环境的百年未有之大变局，探索有利于社会和自己的职业环境，努力成为国家的有用之才。
2. 知识：职业探索的维度，主要包括宏观、中观和微观三个维度的探索内容和方法；当下社会的就业形势与就业政策；通过大数据分析了解当下就业环境。
3. 能力：通过行动学习，围绕创造力实现内驱力、合作力、前瞻力、学习力、健康力、审美力和执行力的提升。

## ▶ 第一节　我的专业探索

### 生涯案例

**新闻学专业的职业方向**

小王，女，某应用型大学本科院校新闻学专业大一学生。带着对大学美好生活的憧憬，成为院学生会宣传部的一名干事。在职业选择上，她认为根据自己的专业，只能选择进入电视台、电台从事记者工作。但在学生会中，她发现学长学姐有的考上了新闻与传播、传播学、社会工作、艺术等专业的研究生，有的成为民政局公务员、体育局公务员、中小学教师、乡村教师等，还有的进入了互联网某企业的危机干预部门、建筑行业的党务部门、传媒机构的策划部门等。小王这才知道原来今后的职业选择有很多种，但是，她并不知道自己应该选择哪一种。

进入大学并在某一专业开展学习后，我们在寻求自身发展过程中，对自我认知、专业内涵、职业发展、个人价值体现等生涯主题进行思考和选择，这一过程也是对我们的过去、现在和将来这一时间维度上的探索。

## 一、专业探索的意义

进入大学后我们会集中整合自己的信念、能力和兴趣，使得自己与所在集体之间保持一致性和连续性。从这一角度看，职业选择是指个体运用社会典型的文化脚本，以认同和追求某个工作角色来进行职业建构的过程。学校、学院、专业、职业为个体在群体中发展自我提供了一种途径，个体属性、专业特征、职业路径三者的统合成为大学生个体进行自我同一性的核心内容。我所在的专业能给我什么？我的专业要求我做些什么？将来凭此专业能有哪些就业门路？这些都需要我们通过专业探索去了解和深究，从而在学涯计划中一一安排，在学涯实践中一一践行。

高校的学科专业都有一定的特殊性，学生在进入大学前，对专业内涵缺乏了解，对专业未来去向也充满困惑甚至带有一些偏见。从专业的人才培养角度来思考，需要对学生进行必要的专业认知教育，提升学生对专业的认可度。以霍兰德职业兴趣六边形模型作为框架，对各个兴趣类型所对应的职业进行与时俱进的补充，可以有效地展示学科专业的职业世界、就业空间，同时能让学生在不断认识自我的过程中与学科专业领域的职业建立联系，并树立信心。

## 二、专业探索的工具

上一章所介绍的霍兰德职业倾向，建立了一个职业兴趣六边形探索模式，为兴趣和职业匹配提供了一个框架和工具。现实中不少同学因为客观条件，比如高考分数、父母意见、缺乏认知等原因，并没有选择与自己兴趣适配性高的专业。这种情况下怎么办？如图 3－1－1 所示的职业兴趣小六码(career interest code within major)可以帮到这类同学[①]。

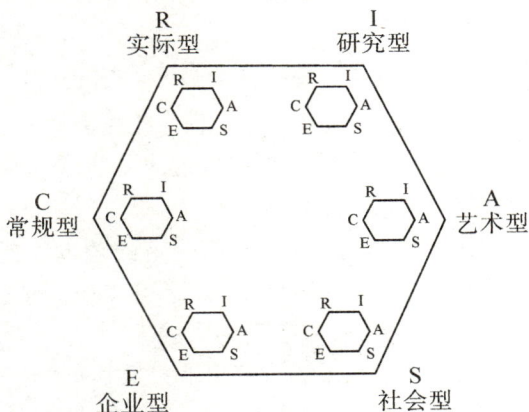

图 3－1－1 职业兴趣小六码

① 台湾阳明大学黄素菲教授的实证研究表明，除霍兰德提出的职业兴趣有六个码之外，专业领域里其实自身拥有一个完整的小六码，并把它称为职业兴趣小六码。也就是说在进行职业生涯规划时，必须同时考量学生所在专业的特性和学生个体的生涯兴趣结构。

其实专业与职业并非简单的一一对应关系，同一个专业可以对应六种不同的职业类型，只是匹配的角度不同而已。专业类型的不适配并不意味着职业类型的不适配。兴趣与工作是多维对接的关系，问题是要找准自己的最佳契合点。这里以计算机专业为例，如图 3-1-2 所示。

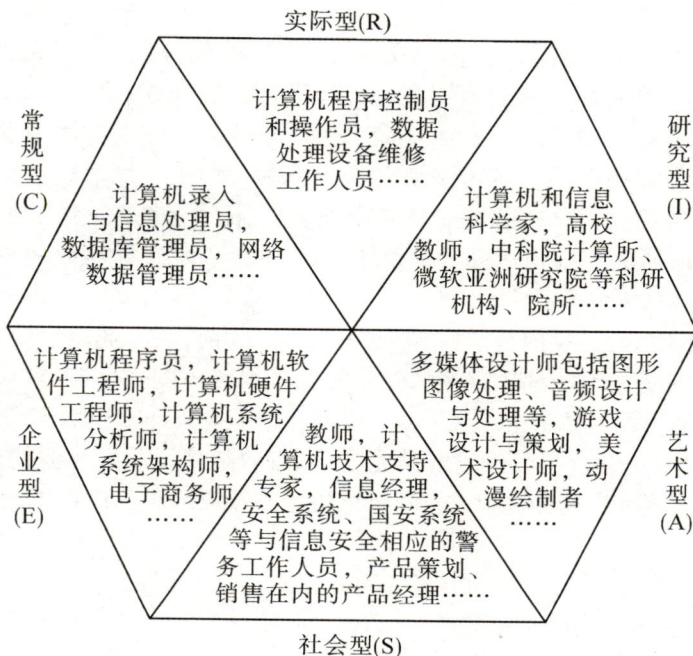

实际型(R)

计算机程序控制员和操作员，数据处理设备维修工作人员……

常规型(C)

计算机录入与信息处理员，数据库管理员，网络数据管理员……

研究型(I)

计算机和信息科学家，高校教师，中科院计算所、微软亚洲研究院等科研机构、院所……

企业型(E)

计算机程序员，计算机软件工程师，计算机硬件工程师，计算机系统分析师，计算机系统架构师，电子商务师……

教师，计算机技术支持专家，信息经理，安全系统、国安系统等与信息安全相应的警务工作人员，产品策划、销售在内的产品经理……

艺术型(A)

多媒体设计师包括图形图像处理、音频设计与处理等，游戏设计与策划，美术设计师，动漫绘制者……

社会型(S)

图 3-1-2　计算机专业职业六边形模型

计算机专业的个体—专业—职业探索六边形模型中所显示的六种职业兴趣、人格特征和对应的职业领域分别是：

实际型（R 型）的人愿意使用工具从事操作性工作，动手能力强；偏好于具体任务，不善言辞，做事保守，较为谦虚。这些特质适合从事计算机程序控制和操作、设备维修等工作。

研究型（I 型）的人喜欢抽象分析和思考，喜欢探究未知世界，对科学充满好奇，喜欢独立工作，这些特质特别能胜任计算机专业相关科研工作。

艺术型（A 型）的人富有创造力，善于表达，具有一定的艺术才能和个性。这样的兴趣特征在计算机的多媒体设计中可以发挥其独有的特长。不仅如此，网游策划、影视制作、动漫设计等也需要同时具有计算机专业基础和艺术表达能力的人。

社会型（S 型）的人关心社会问题，注重社会义务和社会道德，善于与人交往，乐于助人，有广泛的人际关系，这类人适合从事咨询、教师等职业。信息技术产业是一门新兴的产业，建立在现代科学理论和科学技术基础之上。目前，中小学的"信息技术"课程、国安系统和各行各业的信息技术岗位均需要大量的信息技术人才，与信息技术等相关的咨询业也在兴起，具有精湛的专业知识和良好沟通能力的人方能胜任。

企业型（E 型）的人具有领导才能，喜欢竞争、敢冒风险、乐于挑战、有野心和抱负，追求权力、权威和物质财富，这一类型的人适合担任企业管理者和政府官员等。计算机科学属于专业性较强的领域,在专业相关的企事业单位的领导者一般均需要具备基本的专业技能和知识储备,而随着信息技术产业化发展的不断推进,行业竞争也将逐步加剧,这对乐于挑战的 E 型人来说具有较强的吸引力。

常规型(C 型)的人喜欢按计划办事,做事细心有条理,尊重权威和规章制度,喜欢常规、有规则的活动,不喜欢竞争和冒险,富有自我牺牲精神。无论是信息产业还是其他行业,均需要大量的行政管理、档案、信息维护和服务人员来维持日常的工作。

霍兰德职业六边形模型不仅对六种典型的职业兴趣所适合的职业领域进行了分析,对各个领域的对应岗位也进行了具体的梳理,这样的探索一方面有助于大学生在六种典型兴趣类型的探索基础上,围绕本专业领域,在自我认知和未来职业之间

> **生涯寄语**
>
> 人之学力有限,术业贵乎专攻。(黄晋)

建立直接、直观的联系,另一方面也非常有说服力地展示了所在学科或专业的就业领域,这对激发大学生的专业兴趣和规划意识有着积极的意义。

### 三、专业探索的内容

专业探索所涉及的内容,除上述的霍兰德六边形模型所提示的专业兴趣和职业结合的可能性之外,本专业毕业生就业去向、本专业优秀毕业生、本专业领域的专家学者等都是专业探索中十分重要的内容。

#### (一)本专业毕业生就业去向

如果说霍兰德六边形模型是告诉我们就业领域的可能性,那么我们还需要认真了解本专业毕业生就业情况的现实性。我们可以对照两者,去发现可能性因为什么变成了现实性,因为什么没有变成现实性,怎样做可以变为现实性。甚至可以绘制一幅本专业学长学姐的就业去向图谱,从中找出规律和突破口。此外,我们还应该看看新兴职业,了解是不是有适合本专业的新机会。

#### (二)本专业优秀毕业生

本专业优秀毕业生分为三大类:其一,在校期间是优秀生,在职场上也发展得很好的学长学姐。他们能提供给我们丰富的替代经验。其二,在校期间是普通生,但在职场上发展得很好的学长学姐。其三,在校期间是优秀生,在职场上却发展平平的学长学姐。后两种情况不乏案例,值得好好研究。

#### (三)本专业领域的专家与学者

实业领域的领军人物代表着业务高地,可以成为我们的生涯楷模,让我们学有榜样、赶有目标;学术领域的专家代表着学术前沿,是帮助我们进一步深造的导师。如果能有机会直接请教专家与学者再好不过,利用好专业领域的会议和讲座,也可以获得间接的学习机会。我们应关注本专业领域的各种人物表彰会、业务探讨会、学术研究会,相信会

> **生涯寄语**
>
> 我原来想成为中国研究英语的前 100 名,但后来发现根本不可能。所以我就背单词,用 1 年的时间背诵了一本英文词典,成为中国单词专家。(俞敏洪)

使我们受益匪浅。

### （四）跨专业就业的相关探索

如果我们所在专业并非是自己喜欢的，或者属于就业率较低的专业，毕业时我们大概率需要跨专业就业。来自综合性大学的就业调研显示，本科生、硕士生近七成都是非专业对口的岗位就业，博士生也高达四成。这意味着综合性大学的学习经历在跨专业就业中具有明显的优势，跨专业就业在综合性大学中比较常见，综合性大学也是知名企事业单位选拔综合性人才的重要基地。那么，应用型大学的本科生跨专业就业应该怎么办？其实一样需要专业探索。首先探索本专业，然后探索感兴趣的专业。前者探索的目的一是确认本专业的确没有与自己兴趣匹配的职业，二是看看迁移到什么专业可以最大限度地利用在本专业积累的资源。后者探索的目的也是两个，一是确认自己的确感兴趣，二是看看如何战胜目标专业的竞争对手。

## ▶ 第二节　我的最强后援团——家族职业谱系

生涯案例

### 姚明的篮球世家

姚明，前中国篮球运动员，出生在中国上海，祖籍在江苏苏州，曾效力于中国篮球职业联赛（CBA）上海东方大鲨鱼篮球俱乐部和美国国家篮球协会（NBA）休斯敦火箭队。姚明是中国最有影响力的人物之一，也是世界上最著名的中国运动员之一。他于2011年7月20日宣布退役。

姚明出生于上海的一个篮球世家。父亲姚志远身高2.08米，母亲方凤娣身高1.88米，两人均曾是篮球运动员。他们两人身高的特点和热爱篮球的基因都毫无保留地遗传给了姚明。

曾有记者提问姚明："谁是你生命中最有影响力的人？"姚明回答道："是我的父母，他们对我的影响非常大，无论是篮球还是生活。"

在所有人的成长历程中，从蹒跚学步到大步流星，都离不开父母的悉心教导。同样，父母的职业选择和家族的职业现状也会在一定程度上影响大学生对职业的认知和选择。

### 一、家庭影响探索的内容

家庭，是社会的基本单位。在社会学中，家庭被定义为以婚姻和血缘关系为纽带的社会生活的组织形式。个体生活受到家庭各个方面的影响，如家庭的经济水平、父母的个人情况，等等。

### （一）家庭客观因素

家庭中有一些因素属于背景信息，可以称之为静态要素，包括家庭经济水平、父母职业、父母受教育程度、家庭结构，等等。

## （二）家庭动力因素

家庭动力因素是指为家庭成员生理、心理、社会性等方面的健康发展提供一定的环境条件，包括角色作用、沟通、情感表达、控制和价值观。

家庭中所涉及的客观因素和动力因素统一为家庭因素，即为家庭影响探索的内容。根据其影响力的大小，重点关注影响作用最大的一个或多个主要内容即可。

### 二、家庭影响探索的父母因素

父母的价值观、世界观对大学生有着一定的影响，家庭气氛、家人关系、父母管教态度和亲友交往的亲疏程度等都会影响到大学生的个性、需求、人际关系和好恶。另外，父母的职业选择也会在一定程度上影响大学生对职业的认知和选择。家庭对

> **生涯寄语**
>
> 我之所有，我之所能，都归功于我天使般的母亲。（林肯）

个人职业生涯规划的影响，不仅有父母或长辈对大学生抱有的期望，还有一定的限制。有的大学生会被引导与父母（或家族中优秀长辈或同辈）竞争，有的大学生会被引导试图弥补父母的失败或是遗憾。

在家庭客观因素方面，舒伯和奥弗斯特里特（1960）在《职业发展模式研究》中发现，家长的职业水准与子女的职业成熟度成正相关关系；霍兰德（1981）的研究指出，家庭的社会地位与经济水平比年龄、性别、自我概念等变项更能有效预测学生的职业成熟度；赫尔和利尔（1984）的研究发现，来自不同社会地位与经济水平的家庭所塑造的价值观会影响个人的职业选择。

在家庭动力因素方面，卢斯坦等人（1991）发现，童年时期形成安全依恋的青少年在与职业相关的社会情境中更有信心和胜任力，会主动参与到职业生涯探索活动中。奥托（2000）调查了高中学生对父母职业的印象，结果表明，年轻人在职业价值观、职业抱负和职业计划方面与父母之间有很高的兼容性。布莱恩特等人（2006）指出，父母教养行为有助于青少年职业选择能力和兴趣的发展，其中，父母的应对方式直接影响青少年职业生涯探索的过程，并间接作用于青少年以后的职业满意度及工作效能感。杨和弗里森（1992）的研究发现，父母试图影响其子女的职业发展的意图是在与子女的相互作用的活动中表现出来的，随后子女将父母的意图以某种形式个人化。

在家庭因素中，父母的职业永远是影响力最大的因素之一。因为人们最先构架出来的雏形职业一般是父母（或重要长辈）所从事的职业，它是人们一生中最早接触、最先认知到的职业。那么，我们是否了解自己父母的职业呢？父母可能会是我们生涯之旅中"隐藏的撒手锏"，会为我们带来意想不到的"财富"积累。参考"我的3号生涯加油站"的访谈提纲，对父母进行一次职业生涯访谈，认真倾听父母对他们自己职业的看法。

### 三、家族职业谱系图

独木不成林，亲人们的工作经验和感悟将会是大学生生涯之旅中的宝贵财富，是大学生的"最强后援团"。家族职业谱系图（career genogram）是用来搜集家族成员三代之间的经纬结构以及互动关系的一种分析工具，透过家族职业谱系图，可以从当事人的位置透视其个人职业行为与

家族之间的联系，并能分析家族职业对个人职业生涯的影响因素。如图3-2-1所示。

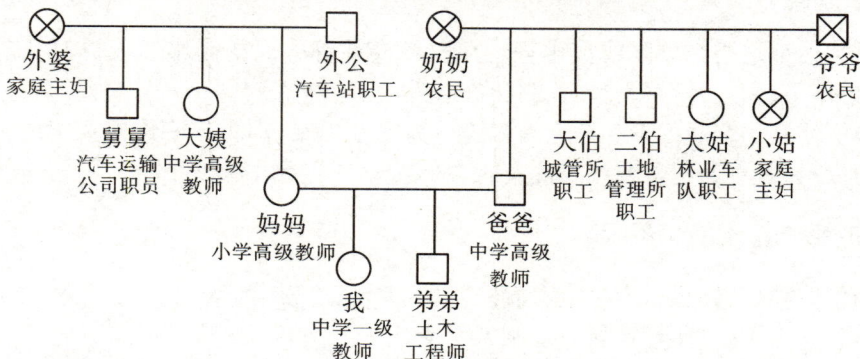

图3-2-1　家族职业谱系图①

　　图中的我是中学一级教师，与我职业相近和相同的有中学高级教师的爸爸和大姨，小学高级教师的妈妈，我的职业显然受母系家族的影响较多。而土木工程师的弟弟，职业则可以从父系家族职业中找出痕迹。要想掌握家族职业谱系图的关键，可以从下列问题进行解读：①在家族职业谱系图中，哪些职业是重复出现的？ ②我对其中哪些职业有兴趣？ 哪些比较了解？ ③哪些职业是我绝不考虑的？ 哪些职业是我考虑过的？ 选择职业时，我还重视哪些条件？ ④家族中谁对职业的想法对我影响深远？ 他/她怎么说？ 为什么对我影响深远？

　　中国文化里，家族观念更强。在当下以小家庭为核心的环境里，小辈们很少与长辈族亲们生活在一起，传统大家族的家风、家训、家规等家族教育的作用正在弱化。探索职业家族谱系也是对优良家族文化的传承。

# ▷ 第三节　我的职业蓝图

**生涯案例**

## 自我认定的犯罪心理学职业方向

　　一名应用心理学专业的大学生想从事与犯罪心理学有关的工作，她认为能运用到犯罪心理学的职业有两种，一是警察，二是心理咨询师。询问她是如何得出这一结论时，她说，她的手机曾经被盗，在派出所警察给她做了笔录。后来，警察告诉她抓到了犯罪嫌疑人，在审讯时得知这名嫌疑人盗走了她的手机。而在专业学习的课堂上，一名老师谈到了应用心理学专业的就业方向包含心理咨询师，这让她认为心理咨询师会运用到犯罪心理学的知识。

　　当询问这名同学"是否问过警察有没有学习过犯罪心理学""老师所谈的心理咨询师工作是否涉及犯罪心理学"时，这名同学的回答则是：她并没有就该问题询问过警察，老师谈到心

---

① 谢伟，王永中，《我的生涯家谱：高中生生涯规划教育教学案例》，中小学心理健康，2017年第14期。

理咨询师工作时也未提及犯罪心理学。

既没有咨询警察，也没有与老师确认，该同学便匆匆得出这个结论。有人将这种思维方式戏称为"生涯幻想"，而导致"生涯幻想"的根源则在于我们可能高估了自己，潜意识里觉得"我认为世界是什么样"，未持有"世界是什么样，我需要去了解"的心态。

下面将介绍和分析大学生职场蓝图的主要内容：宏观维度对政治、经济、文化、科技、物理等方面进行了解和认知；中观维度对行业和组织进行探索；微观维度对岗位和职能等方面进行认识、了解与分析。

### 一、宏观维度：政治、经济、文化、科技、物理

职业的宏观环境因素繁杂，大致可以梳理为政治、经济、文化、科技、物理等五个方面。

#### （一）政治环境

政治环境涉及政党、军队和司法机关，不仅与立志从政、从军的大学生密切相关，还间接影响着计划在其他行业就业的同学。政治环境包括政治制度、法律制度及公共政策，社会的政治环境关系到和平与否、公平与否，职业阶层晋阶的通道是否通畅，职业发展目标是否可以通过奋斗梦想成真等。

政治制度因素。政治制度是指政治（公权）领域中要求各种政治实体共同遵循的各类准则。政治制度对我国国民的工作和生活影响极大，从新中国成立以来党中央对主要社会矛盾的认知和表述中就可以感知一二。我国社会主要矛盾变化是关系全局的历史性变化，反映了执政党的认知和重大决策，深刻影响着我们每个人的前途与命运，有必要了解和应对。生活在新时代的大学生是幸福的。对照新时代我国社会主要矛盾，应当在明确个人、家庭、社会对美好幸福生活的需要的同时，盘点自己的德智体美劳五个方面的发展是否平衡与充分，并思考如何做到平衡、充分发展。

**生涯**知识

### 我国社会主要矛盾的认识过程[①]

（1）新民主主义革命时期党对社会主要矛盾的认识。以毛泽东同志为代表的中国共产党人经过长期探索得出结论："帝国主义和中华民族的矛盾，封建主义和人民大众的矛盾，这些就是近代中国社会的主要矛盾。"

（2）社会主义改造和建设时期党对社会主要矛盾的认识。1948年9月党中央政治局扩大会议上毛泽东指出："资产阶级民主革命完成之后，中国内部的主要矛盾就是无产阶级和资产阶级之间的矛盾，外部就是同帝国主义的矛盾。"1956年9月中共第八次全国代表大会明确提出，我国社会主义改造基本完成以后，"我们国内的主要矛盾，已经是人民对于建立先进的工业国的要求同落后的农业国的现实之间的矛盾，已经是人民对于经济文化迅速发展的需要同当前经济文化不能满足人民需要的状况之间的矛盾。"

---

① 改编自韩振峰，《中国共产党对我国社会主要矛盾的认识过程》，光明日报，2018年06月06日。

（3）改革开放和社会主义现代化建设时期党对社会主要矛盾的认识。1978年召开的中共十一届三中全会,开启了我国改革开放和社会主义现代化建设的新时期。1981年6月党的十一届六中全会充分肯定了党的八大的提法,并作了进一步精简和提炼:"我国所要解决的主要矛盾,是人民日益增长的物质文化需要同落后的社会生产之间的矛盾。"这一概括成为党在改革开放和社会主义现代化进程中制定各项路线、方针和政策的重要依据。

（4）中国特色社会主义进入新时代党对社会主要矛盾的认识。党的十九大对中国特色社会主义新时代我国社会主要矛盾做出了新概括。习近平总书记在党的十九大报告中指出:"中国特色社会主义进入新时代,我国社会主要矛盾已经转化为人民日益增长的美好生活需要和不平衡不充分的发展之间的矛盾。"这一变化要求我们必须在继续推动发展的基础上着力解决好发展的不平衡不充分问题,更好满足人民在经济、政治、文化、社会、生态等方面日益增长的需要。

法律制度因素。法律制度是指运用法律规范来调整各种社会关系时所形成的各种规范的总和,主要包括行政法律制度、经济法律制度、婚姻家庭法律制度、教育文化法律制度、劳动与社会保障法律制度、自然资源与环境保护法律制度、诉讼法律制度等。在我国与法律相关的组织有立法机关、行政机关、检察机关、审判机关、仲裁机构、公安机关和律师事务所。与企业关系较为密切的行政执法机关有工商行政管理机关、税务机关、物价机关、计量管理机关、技术质量管理机关、专利机关、环境保护管理机关、政府审计机关等。此外,还有一些临时性的行政执法机关,如各级政府的财政、税收、物价检查组织等。这些机关可以成为我们职业生涯的平台,或者与我们的职业生涯有一些交集,因为社会上各类机构都有与法律相关的职位。

公共政策因素。公共政策是公共权力机关经由政治过程所选择和制定的为解决公共问题、达成公共目标、以实现公共利益的方案。我国的公共政策主要涉及社会救助、救灾、社会保险、医疗卫生服务、就业,等等。与政治制度和法律制度相比,公共政策对我们的职业生涯影响更为直接。目前一线城市的户籍政策、住房限购政策等问题,是阻碍外地大学生就业的一个因素。而其他城市人才引进政策的与时俱进,为大学生创业就业提供了更加优惠的政策,使大学生有机会为自己和社会的幸福而努力。大学生应把视线投向社会更加需要和自己能力更加适合的地区,从而在一定程度上使创造幸福的能力得到实现。

**生涯寄语**

面试的时候,多看看自己的积淀,少看看自己的梦想;择业时,多看看梦想,少看看积淀。（雷明）

**生涯**案例

### 选择外企还是国企

张同学,女,大四学生,上海人,英语专业,能力突出、形象气质佳、成绩一般。她目前面临的选择是去500强的知名外企还是某政府下属单位。外企是她一直实习的单位,公司氛围好,上升空间大,但是工作强度大、出差频繁。某政府下属单位属于国有企业,主要负责招商引资,与国外的知名企业和机构有较多的联系,工作稳定轻松,但是挑战性不大。张同学很纠结,不知道该如何选择。稳定和挑战,到底哪一个会给她幸福呢?

### （二）经济环境

所谓经济环境是指构成我们生存和职业发展的社会经济状况和国家经济政策。经济兴则百业兴，当经济发展非常景气时，就业渠道、薪资提升或职业发展的机会就会大增；反之，人的职业发展就会受阻。对经济环境的了解可以通过经济体制、经济发展水平、经济周期、经济政策和经济全球化几个方面获得。

经济体制。经济体制就是资源配置的具体方式或制度模式。经济体制除整个国民经济的管理体制外，还包括各行各业如农业、工业、商业、交通运输等各自的管理体制，此外，不同企业的企业管理体制也属于经济体制的范围。任何经济体制都由三类制度构成：所有制、利益关系和动力机制。其中所有制或产权制度是经济制度的核心，政治制度的不同决定了经济体制不同。我国的经济制度是社会主义市场经济，其基本特征是公有制为主体、多种所有制经济共同发展。由于国家资源和资本的倾斜，国有企业经营稳定、社会声望卓著、员工福利优厚，因而成为大学生的热门就业目标。但是国有企业并不一定适合所有人，因为在国有企业找不到属于自己的发展机会而放弃的不乏其人。同时我们需要了解：非公有制经济每年创造了数百万的就业机会，不仅吸收了新增的就业人员，还吸收了从国有企业分流出来的人员。未来，非公有制经济仍将是就业岗位的最大来源。

经济发展水平。经济学家们一般用国民生产总值、物质生活质量指数、人类发展指数和购买力作为衡量经济发展水平的重要指标。我国地区之间经济发展水平还不平衡，东部沿海城市和中心城市对人才的需求较旺盛。中西部地区经济发展的水平也在逐年提升，对人才的需求量也在不断增加。在分析地域（城市）时，主要包括某地域（城市）的经济发展情况，尤其要关注行业分布、劳动力市场的供给情况、地域（城市）的信息系统状况等。例如，北京、上海、广州、深圳等一线城市，以完善的产业结构、丰富的企业资源、良好的职业机会，吸引了众多人才的关注。但在部分行业领域，受历史因素、自然环境、社会分工等方面的影响，可能中小城市反而领先于大城市，甚至边远地区也会有更好的发展机会。

经济周期。在图3－3－1中，经济复苏时期由于经济发展提速，一般而言职业机会开始增加；到经济繁荣时期经济发展速度最快，职业发展的机会也增加到最大；随之经济发展速度步入衰退时期，失业增加，职业发展的机会也会明显减少。当在职员工面临失业时，我们毕业生的就业形势就不容乐观，就需要做好充分的思想准备。尤其是经济繁荣期入学，带着很高的预期，说不定毕业时就会面临经济衰退、就业困难的状况。

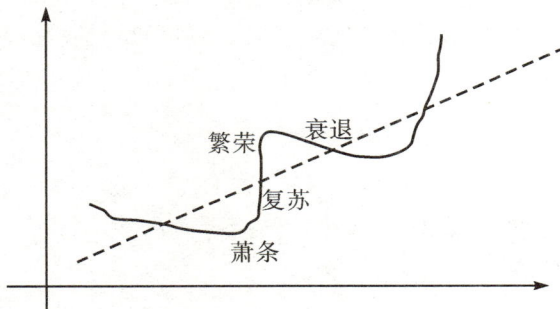

图3－3－1　经济周期示意图

经济政策。经济政策是国家为了实现经济发展的均衡而采取的方针措施的总和。这样的政策有三种类型：第一种类型是时期性的，与经济周期相关联的经济政策。比如在经济衰退时期采取扩张性的财政政策和货币政策，刺激经济发展从而扩大就业机会。第二种类型是地区性的，与地区相关的经济政策。比如改革开放初期沿海开发政策带来大量的就业机会，从而出现"孔雀东南飞"这种人才流动现象。在国家"西部大开发"政策的指导下，很多毕业生选择去西部，为西部经济的发展贡献自己的力量。此外，对外开放的经济政策，使我们可以选择的职业范围有所扩大，但同时对从业人员的素质也提出了更高的要求。第三种类型是产业性的经济政策。例如，国家要求各行业既要注重经济效益，又要注重环保。这一政策对那些高能耗、低效益、高污染的行业，如钢铁业、采矿业、造纸业、纺织业等造成了负面影响，对此类行业的就业人员也产生了一定的影响。

**生涯知识**

### 一份通用汽车的支付账单

一个美国人在1990年向通用汽车公司购买了一辆汽车，支付了1万美元。其中2800美元付给了韩国的工人和装配线，1750美元用于向日本购买发动机和电子器件，750美元付给了德国用于造型和设计，400美元用于向中国、新加坡、日本购买各种小零部件，250美元花在英国的广告和市场推广上，50美元花在了爱尔兰和巴巴多斯用于数据处理，剩下的4000美元付给了底特律的代理人、纽约的律师、华盛顿的说客、通用汽车的股东们，以及各种各样其他的保险和健康保健人员身上。

经济全球化。企业越来越大，市场越来越大，资金、技术、工厂和设备等生产要素都很容易跨越国界。长途旅行成为家常便饭，远程工作不再只是时尚而是必须，商业机构成了跨国公司，政府机构的服务也随之跟进，一个机构就是一个小联合国。世界越来越小，成了地球村，我们工作生活就在这联合国、地球村里。我们必须在全球化的世界中进行人生准备。我们不仅需要精通专业技术知识，还要精通外语，熟悉国际贸易法规，以及外国风俗习惯等。经济的发展更需要大量的国际化人才，需要我们在进行职业生涯规划时更多地考虑自己应获得的国际公认的职业资格证书。

### （三）文化环境

文化环境决定了我们从事文化创造、文化传播及其他文化活动的背景和条件。文体教育机关和企业、事业单位不仅是重要的就业领域，还决定着我们是否能够受到良好的教育和熏陶，从而为职业发展打下更好的基础。文化环境主要包括教育情况、文体设施、社会价值观和风俗习惯等。

**生涯案例**

### 本科生毕业六年后再读高职

小曾2015年从广西一所高校的工业设计专业毕业，工作六年后，准备进入某高职学院机电工程系数控技术专业"回炉"学习。此前的六年时间，小曾在柳州一家广告公司从事绘图等工作。"感觉本科的知识较宽泛，一些技术学得不够精"，小曾这样解释他"回炉"读高职的主要原因。

2021 年,小曾通过单独招生进入某高职学院。经过两年多的学习实践,小曾掌握了机器零件的加工、数控车的编程等实物训练技能。今年小曾将毕业,他坦言,对读高职的收获十分满意,两年多的学习让他的技术更精,职业规划也更明确。目前,小曾打算找一家职业学校任实训老师,或进入加工企业做技术人员。

教育情况。教育与职业发展的关系十分密切,就业前的教育甚至是职业生涯的组成部分。教育程度往往也与职业待遇成正比,所以高学历和持续教育常常成为人们的追求。一般而言,中等和高等职业教育,以及专业硕士教育对职业的指向最为直接。普通大学所设置的很多专业虽然也指向某一种或者某一类职业,但是由于高等教育培养方案不够重视实践,所以即便是职业指向明确的专业也需要通过自我教育补充学习更多的与职业要求相应的内容。如果目前专业非己所愿或者专业就业机会供给有限,更需要考虑通过辅修甚至升学等正规教育来调整职业走向。

文体设施。文体设施一般是由政府部门出资修建的,为人民群众提供一个学习、休闲以及就业的空间,具体以图书馆、影剧院、体育场、博物馆、文化馆等公共设施的形式出现。公共文体设施的建设和管理水平,直接关系到公民基本权益的实现和文化体育发展成果的共享程度。一般而言,经济发达区域的文体设施好于经济欠发达区域,人们业余生活中的内涵和外延会有明显不同,甚至职业准备的条件和就业的空间也会不同。

社会价值观。社会价值观是回顾、观察、预见社会发展水平的标尺之一。社会主义核心价值观是我们生涯发展的重要指导原则。在我国,"富强、民主、文明、和谐"是现代化建设的目标,有统领作用,"自由、平等、公正、法治"是对美好社会的生动表述,"爱国、敬业、诚信、友善"是对公民提出的具体要求。只有在社会主义核心价值观的引领下,树立自己的世界观、人生观、价值观,才能在学习与工作中形成为自己和社会创造幸福的能力。

风俗习惯。风俗习惯是一种社会传统,原有风俗中的不适宜部分随着历史条件的变化而改变,所谓"移风易俗"正是这一含义。风俗习惯规范着职业道德和职业选择。孟子曾说过:"劳心者治人,劳力者治于人。"这句话反映了中国传统文化中人的地位等级的划分,也影响着人们对职业的选择。现代意义上的"白领阶层"是让人羡慕的对象,而"蓝领阶层"虽然工资较高,却要承受很大的压力。不过随着社会的进步和生活压力的增加,这样的情形正在发生微妙的变化。在中国有一句流传甚广的话,叫作"无奸不商"。商人在传统文化中经常是被人看不起的。但是,随着市场经济的发展,从商创业已经变成许多年轻人择业时的第一选择。现代年轻人选择职业时,已较少有传统的观念,而是更具有现代意识。

## (四)科技环境

**生涯**知识

## 支付宝

2003 年淘宝网首次推出支付宝服务。2004 年支付宝从淘宝分拆独立并成立浙江支付宝网络科技有限公司。2014 年第二季度开始支付宝成为当前全球最大的移动支付厂商。2019年支付宝全球用户超过 12 亿。截至 2021 年 12 月支付宝活跃人数为 9.08 亿。

支付宝逐渐与人们的生活融为一体,人们不论在哪里都可以用支付宝的强大功能为自己提供便利。余额宝、群聊群付、本地生活服务、免费异地跨行转账、信用卡还款、公共交通、国内外旅游等功能，让支付宝成为人们的首选软件。出门不带钱包只带手机就能一路畅通的"无现金"生活不再是空想。

支付宝在电子支付领域开创了新的世界，将电子支付推到了一个前所未有的新高度，曾经的现金支付在科技的发展下发生翻天覆地的变化。支付宝的持续发展将继续给人们的工作和生活带来更多的便利和深刻的影响。

我们对科学技术环境进行认知，是因为任何一种新技术出现都可能会引出新的行业和产品，为我们带来职业选择和发展的新机会，也可能使采用旧技术的行业和产品衰落下去，给我们的生存带来威胁。例如，苹果的崛起和摩托罗拉的没落，手机行业科技领军者易帜的过程中，不知与多少员工祸福相关。

> **生涯寄语**
>
> 人生只有创造才能前进；只有适应才能生存。（林万杰）

与此同时，科技发展也会影响用于职业的技术工具。因此，我们只有密切关注科学技术的发展动向，及时学习使用新的技术工具，才能保持和提升我们的职场竞争力。比如互联网通信技术、移动通信技术、智能机器人技术、数字技术等，已经成为我们学习和工作的利器，如果不善于利用，就会错失信息和良机。具备现代科学技术背景的工具使用能力也是一种职业竞争力。

（五）物理环境

物理环境分为物理社会环境和物理自然环境两大方面。物理社会环境与区域规划相关，包括一个地区的写字楼、商业楼、居民楼、道路、工厂等人工建筑群的数量和布局。物理自然环境是影响职业发展的自然条件，包括地理位置、气候条件和自然景观等方面，通过空气、温度、光线、声音、颜色、气味等影响到我们的身心。南方与北方、城市与农村、山区与平原，在物理环境方面存在很大差异。采矿、畜牧、森林等产业的中心注定在矿山、草原等地，而不可能是在深圳、上海的某栋写字楼里。大城市因为人口密度过大，各种环境问题也随之而来，比如拥挤的交通、严重的环境污染。此外，地震、洪水、干旱、台风等自然灾害也会改变人们的工作和生活的条件。

通过对职场大环境五个方面的分析，我们可以了解和认清国际、国内和自己所在地区的政治、经济、文化、科技、物理因素现状及发展方向，避开不利因素，更好地寻求各种发展机会。

二、中观维度：行业与组织

（一）行业环境

**生涯知识**

### 大势①

很多人向我请教专业好不好，好不好就业，但他们从来不看历史，不看大势。放你在二十

---

① 秋叶，《大势》，https://www.douban.com/note/431338147/?_i=8415419pB8Qs－V. 2014 年 10 月 05 日。

世纪六十年代,你学哪个专业都不如去种田,那时贫下中农才是根红苗正;放你在二十世纪七十年代,你学哪个专业都不如去当兵,那时是解放军最亲;放你在二十世纪八十年代,你学哪个专业都不如去做工人,那时叫铁饭碗;放你在二十世纪九十年代,流行的一个词叫"下海"。没错,"下海"的都是今天你们哭着喊着要抢的公务员岗位。在中国,研究哪个专业好不好,不如好好思考每一次大的经济和政治格局变动下带来的宏观经济变化。这种导向变化才会影响十年内的行业发展机会,找对了行业,管你是什么专业,都能找到发展机会。

笨蛋才问自己的专业好不好,聪明人只关心自己的专业在未来的行业发展趋势里有没有机会。比如如果你相信电子商务会全面普及,那么物流行业大发展是必然的。你是学数学的,你就应该提前储备物流运输算法的知识;你是学IT的,你就应该提前储备物流管理信息系统的知识;你是学金融的,你就应该提前储备物流担保金融的知识;你是学财会的,你就应该提前储备物流行业应收应付款的流程;你是学机械、电子、电气的,你就应该留心物流行业运输设备(物联网)的变化;你是学人力资源管理的,你就应该留意物流行业对紧急人才的招聘条件和挖人模式;你是学营销的,你就应该关注不同物流行业推广业务的手法……最蠢的就是很多学物流的人告诉我,这个行业没前途。他们对行业趋势一知半解,却相信自己那点可怜的判断力,或者盲目相信自己身边的人的那点可怜的判断力。

本节的任务就是了解职场的中观经济环境,从产业起步,重点关注行业。为什么要关注行业呢?为何要研究包括行业在内的职场环境呢?上面的一篇短文回答了这方面的问题。本节所提供的产业乃至行业的基本常识,是帮助我们分析和选择行业的入门向导。

产业结构。产业是指由利益相互联系的、具有不同分工的、由各个相关行业所组成的业态总称。第二次世界大战以后,各国大多采用了三次产业分类法。第一产业农业,包括农、林、牧、渔等行业,是整个社会大生产的基础。第二产业主要是加工制造业(简称工业),它是社会化大生产的主导。第三产业主要是服务业,是指除第一、第二产业以外的向全社会提供各种各样劳务的服务性行业。第三产业以第一、第二产业所创造的物质产品为基本条件,通过服务的形式生产出非物质形态的产品,满足第一、第二产业及社会生活的多种需要。

第三产业像科技研发、信息技术、电子商务、金融保险、咨询中介、综合物流等知识密集型服务行业的发展,都离不开高端人才的支撑。如果高校及其在校大学生能从微观层面强化与高端第三产业匹配的素质提升,就会在满足新兴第三产业发展的同时提高就业率。

如图3-3-2所示,以往的就业结构呈现上短下长的梯形形状,位于梯形上部的是金领,中部的是白领,位于下部的是蓝领,金领、白领和蓝领之间很难被跨越。"君子动口不动手"的时代已经一去不复返,金领中的大多数必须掌握现代计算机和通信工具的使用技能,从而演化成"黄领"。随着现代技术的发展,很多蓝领工作已经由机器承担,企业需要一批能改进流程、掌握技术并且能动手操作的人,这就是"灰领"。因此,可以预测:今后就业结构的梯形将逐步扁平化,最终呈现六边形结构,中间最庞大的部分是"黄领"、"白领"和"灰领"。

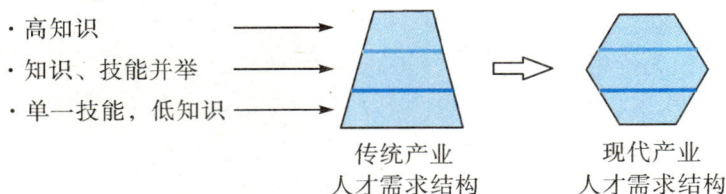

·高知识
·知识、技能并举
·单一技能,低知识

传统产业人才需求结构　现代产业人才需求结构

图3-3-2 产业就业结构的变化

**生涯知识**

## 谨防职业中断

职业生涯管理不谨慎，就有可能出现职业中断。据有关部门统计，在20世纪，我国消失的旧职业达3000个，据专家预测，今后每10年将发生一次全面的"职业大革命"，其中重大变化每2年就会有一次。另有未来学家预测，人类职业将面临每15年更换20%的严峻局面。美国《时代》周刊预测，今后若干年内，美国现有的1.24亿个工作岗位中有0.9亿个将会被自动化系统完全取代。据计算机世界网报道：每个时代转型或者科技发展改变了我们的某种生活状态时，都会出现新兴的职业，同时肯定也会有一些旧职业会被市场淘汰出局。

行业周期。根据行业与经济周期波动相关性，有周期性行业、非周期性行业和反周期性行业之分，从而就业机会和职业发展机会也有波动、稳定和逆市增长三种不同情形。周期性行业分为消费类周期性行业和工业类周期性行业。前者包括房地产、银行、证券、保险、汽车、航空等行业。后者包括有色金属、钢铁、化工、水泥、电力、煤炭、石化、工程机械、航运、装备制造等行业。市场经济的特征就是行业投资利润的平均化，如果某一个行业的投资利润率高了，那么就有人去投资，投资的人多了，投资利润率就会下降，如此周而复始。人才需求与投资数量正相关：行业繁荣期投资利润高、投资多、吸纳就业多。非周期性行业集合了那些生产必需品的公司，不论经济走势如何，人们对这些产品的需求都不会有太大变动。食品饮料、交通运输、医药、奢侈品以外的商业等，均属于非周期性产业，它们需求基本平稳、收益相对平稳。反周期性行业是客观存在的。在经济萧条时期，人们的收入和对未来的预期都会降低。这时候首先削减的是那些大宗商品的消费，如买房、买车、出国旅游等。这样一来，人们反而可能会比正常时期有更多的"闲钱"，正好去购买一些"廉价的非必要之物"，从而刺激这些廉价商品的消费上升。这在经济学上被称为口红效应。

**生涯知识**

## 口红效应

"口红效应"是指一种有趣的经济现象，也叫"低价产品偏爱趋势"。在美国，每当经济不景气时，口红的销量反而会直线上升。这是为什么呢？口红作为一种"廉价的非必要之物"，可以对消费者起到一种"安慰"的作用，尤其是当柔软润泽的口红接触到嘴唇的那一刻。

美国1929年至1933年工业产值减半，但化妆品销售增加；1990年至2001年经济衰退时化妆品行业工人数量增加；2001年遭受"9·11"袭击后，口红销售额翻倍。

行业周期分为四个阶段，即初创期、成长期、高峰期和衰退期。不同时期所产生的职业机会的数量、质量和结构也会有很大的不同。图3-3-3是对前三个阶段人力资源管理的高度概括。了解这些可以调整我们的职业预期。

| 高峰期 | 数量正常 | 形成一个完整体系 | ＞市场薪酬水平 | 随企业发展不断发展完善 | |
| 成长期 | 大量普通员工及管理人员 | 结果为主，开始关注过程 | ＝市场薪酬水平 | | |
| 初创期 | 关键人才 | 结果导向 | ＜市场薪酬水平 | | |
| 周期 | 招聘 | 绩效管理 | 薪酬管理 | 培训 | HR规划及劳动关系 |

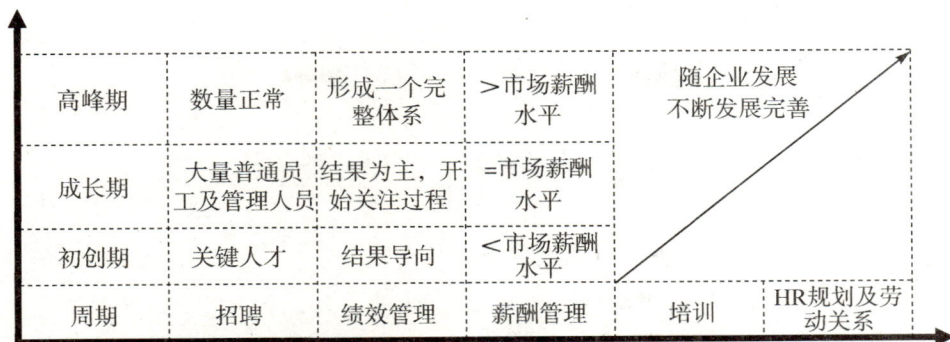

图3-3-3 行业周期与人力资源管理

行业发展在起步阶段对人才的需求量少，但要求比较高。在此阶段，企业可采用的招聘方式有以下两种。其一，亲戚朋友推荐。企业在创立之初，通常是以一个或几个志同道合的伙伴组成小团体的形式而存在的。其二，校园招聘。校园招聘较社会招聘而言成本较低。就大学生而言，进入初创期的行业锻炼机会多、职位提升快，发展空间大。但是收入不高、风险较大，比较适合那些希望将来创业的同学加入。行业成长期企业发展战略的核心是使企业获得持续、快速、稳定的发展。由于企业发展的需要，机构增加、规模扩大，大量内部职位空缺需要填补。此时销售、技术人员需求量相对增长较快，规范化管理使得企业对中高级管理人员的需求也相应增加，招聘的渠道也多管齐下。成长期的行业风险减小，收入提高，发展空间仍然较大，适合追求发展空间的大学生加入。行业高峰期企业重点不在招人，而在于如何留住优秀人才。企业也会招聘合适人才作为储备资源，避免"人才危机"。为了稳定"军心"，管理人员的招聘一般倾向于内部晋升，这样可以进一步加深管理人员对企业的忠诚度，使员工对其职业发展充满信心。高峰期的行业适合追求稳定和高收入的大学生加入，但是求职竞争会比较激烈。行业衰退期的企业面临三种命运：第一，可持续发展。企业还会从外部招聘部分人才，作为补充的新生力量，与原有员工共同进行"第二次创业"，开创企业新一轮的生命周期。这样的情况下，职业生涯管理策略与成长期相同。第二，延长高峰期。企业需要招聘部分管理人员，通过外聘为企业带来新的管理方法和理念。职业生涯管理的策略同高峰期。第三，步入衰退期。企业则应采取抽资转向战略，即"收缩阵地，转移战场"。一般不建议应届毕业生进入处于衰退期的行业。

（二）组织环境

步入社会后，我们都将进入一家公司或者一个部门（组织），那么我们要做的就是了解这些公司或部门（组织），使自己更好地融入职场。

组织类型。这里所谓的组织就是指人们为实现一定的目标，互相协作组合而成的集体或团体，如党团组织、工会组织、企业、军事组织，等等。此处，针对提供就业机会较多的组织，我们将组织分为企业组织和非企业组织。企业是以营利为目的的法人组织。企业按照其盈利最大化的目标，集合人、财、物等资源，选择生产一种或多种产品或服务。企业不仅是社会的经济细胞，还是社会体系中最为常见的就业机构，绝大多数大学毕业生将进入其中工作。按照我国所有制的不同，企业组织分为国有企业、私营企业、外资企业。私营企业由于其数量庞大，方兴未艾，发展空间大而成为大学生就业数量最多的企业类型。非企业组织是指不以营利为主要目的的组织，主要包括政府部门、事业单位、非政府组织（NGO）。在非企业组织中，最热门的就业去向当属政府部门。

生涯知识·

### 国家公务员考试为什么这么"热"？

国考报名人数连续多年突破百万,为什么国家公务员考试会这么"热"呢?为什么人们对国考的热情只增不减?其中的原因恐怕不止一个。

比如说,收入再高的企业也难以解决户口问题,但是考上公务员可以在大城市落户,这样的"显性福利"对很多人的吸引力不小。比如说现代社会竞争激烈,职场如战场,不少公司的职员压力很大,但是政府机关的工作相对而言稳定平和,可以用"熬资历"来代替"拼业绩"。再比如很多企业招聘的时候都要求有工作经验,但是公务员考试给没有经验的年轻人送上了一个"大礼包"——许多职位没有工作年限要求,还有半数职位仅限招应届毕业生。

对于国家公务员考试来说,一年比一年多的应届毕业生热衷于考公务员,说明大众对公务员这份职业的认同度越来越高。也说明了现在的应届毕业生更加注重工作的稳定性和工作的质量,而不是注重短期内的高收入,或者是在高压力下获得的高收入。有了各种综合因素的影响,国考"热"也成了一件自然而然的事情。

组织文化。施恩[①]认为组织文化是当组织学习去克服外在环境变动的适应问题,以及内部组织结构的整合协调问题时,所发现、发展出来的一套基本假设。由于这套基本假设能有效运作,因此得以在组织内不断传承下去,作为组织成员遭逢问题时进行认知思考及感觉的正确方式。组织文化可以以不同的形式出现,往往借助着一种语言、组织使命、传说、故事、标志和英雄事迹等在组织中传播。核心价值观是指导组织所有行动的根本原则,也是组织的文化基石。核心价值观是固有的、不容亵渎的,是不能为了一时方便或短期经济利益而让步的。如新东方的核心价值观是诚信负责、真情关爱、好学精进、志高行远。腾讯的核心价值观是正直、进取、协作、创造。一般而言,组织文化也是一个洋葱,如图3-3-4所示。了解的目的在于学习,

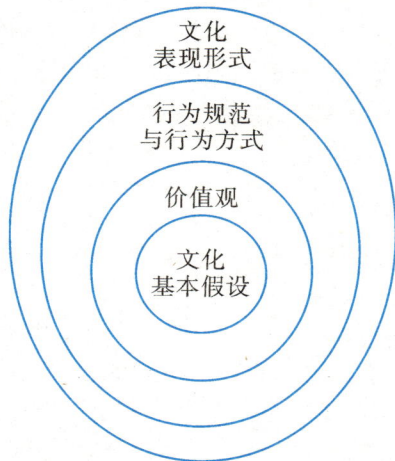

图 3-3-4 组织文化层次

---

① 施恩(E. H. Schein),美国著名管理心理学家,"心理契约"(Psychological Contract)的提出者。

评价的目的在于选择。作为一个组织的选择者,学习和适应组织的文化是职业准备和职业发展的内容之一。但是如果自己喜欢民主的氛围,就要避免进入集权的组织。假如自己的价值观与企业的核心价值观相背离,即便该企业其他条件再好,也不要勉强自己。

组织结构。组织结构是指组织对工作任务如何进行分工、分组和协调合作。不同组织具有不同的结构,组织结构对员工的态度和行为都有影响。组织结构也是一个组织业务流程运转、部门设置及职能规划等最基本的结构依据,常见的组织结构形式包括集权制、分权制等。认知组织结构,一方面是明确组织分工、了解组织文化;另一方面组织结构提示组织可能提供的职位,以及这些职位以后发展的职业路径。直线职能制,一般指直线职能型组织结构,如图3-3-5所示。这是一种集权制的官僚结构,是大多数企业组织存在的状态。

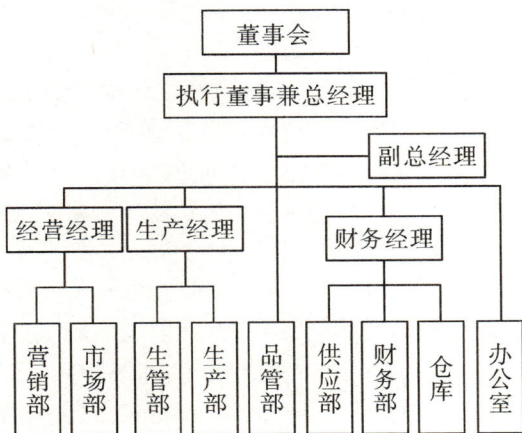

图3-3-5　直线职能制组织结构图

从20世纪80年代起,有些组织的高级主管为提升组织的竞争力开始设计新型的组织结构,扁平化的分权制团队结构是其中被广为采用的一种。团队结构方式的主要特点是打破部门界限,并将决策权下放到团队员工手中,要求员工既是全才又是专才,对员工能力的提高有很大的促进作用。

组织评价。职业的组织环境是指每个人的就业微观环境,是我们需要直接面对的。我们在进行职业生涯规划时,要根据自己的价值观、兴趣、特长等因素,结合备选组织的具体情况,了解该组织的类型和特点、组织文化、组织机构,该组织对全体员工及某个具体工作岗位上的员工所提出的工作要求,以确定自己能否在该企业中找到适合自己发挥能力的平台。我们进行职业选择时,除了要考虑外部的宏观环境因素,还要对所服务组织的内部环境有所了解。内部环境主要包括以下五个方面:组织类型、组织实力与经营策略、组织特点和人力评估、组织领导人分析、人力资源管理制度与职位分析。

总之,应该通过以上分析评价,理出一条清晰的线索,确定自己的职业生涯在这个组织中有足够的发展空间,衡量自己的职业目标在该组织得以实现的可能性。

### 三、微观维度:职位

职位或者说岗位,是我们最终要在一个行业的某个公司内部落脚的终极坐标,岗位属于微观层面,和个人一一对应。我们通常所谈的人职匹配,往往指这一微观的层面。如果我们选择了一个具有发展前景的行业，选了一个优秀的组织，却选错了岗位，那么我们可能在一些辅助部门努力多年，都无法提升到公司的核心层。我们在探索岗位信息时，可从"入、做、得、拓、失"五个方面进行把握。

"入"，顾名思义是如何获取职位。显而易见，我们在学校忙碌的所有事似乎都在为"入"做准备。从对单位雇主的应聘条件调查中显示，毕业生的专业、学习成绩、学历、能力、经验、性格、职业资格、性别、籍贯等信息都可作为"入"的内容。而从职业胜任视角来看，最该关注的应是知识、能力、经验与性格，调查结果也印证了它们的重要性。

"做"，需要了解工作是如何开展的。其内容包括工作对象是谁？要用到什么样的生产工具（设备、器械、软件等）？典型的工作内容是什么？工作时间有多长？工作强度有多大？工作环境是什么样的？等等。关于"做"的探索要能清晰地描述工作实况，在这一过程中需要思考工作与自身的兴趣、能力、价值观、性格是否匹配。

"得"，职业带来的物质所得，主要包含月收入、社会保障与福利。不过，职业所得并不仅仅是薪资那么简单，软件工程师会因为写了一段程序解决了硬件驱动难题而感到快乐，医生会因为成功抢救患者而感到喜悦，老师会因为学生的进步与成长而感到欣慰……这些涉及职业投入后的心理体验，被称为精神所得。精神所得，表现为个人在职业中的意愿满足、社会尊重与自我实现，相较于物质所得，精神所得有时会带来更多的工作动力。

"拓"，涉及职位与职业发展，每个年轻人都期望就业后可以成就一番事业，"拓"将向你描述这种可能。不过，"拓"分组织内与组织外。组织内的"拓"是职位发展层级与方向，如猎头职业，初始的职位是顾问助理，后续发展的层级是顾问、高级顾问、团队领导、主管、经理，直至合伙人。IT类职业，若初始是技术岗位，随着工作年限的增长，会出现高级技术岗位与管理岗位两个不同的发展方向。组织外的"拓"主要受社会变迁影响，进而对职业带来新的要求与挑战。曾经被认为是"铁饭碗"的公立医院医生、事业单位教师已打破了这种终身制，如若我们还抱着"铁饭碗"的固有观念去选择职业，想一劳永逸，则会得不偿失。科技革命、移动互联网、人工智能的出现，将加速新职业的产生，很多众所周知的职业在未来可能会消失（相关资讯可通过网络检索了解）。这就要求我们不能局限于单一技能，要具备全面发展的能力。"君子不器"（君子不拘于一技一艺），恰是中国文化自古以来对人的职业发展所提出的能力要求。

"失"，是关于职业的负向信息，涉及职业对身心的挑战。它可能是我们在探索岗位时最容易忽略的部分，因为人们总是偏好对自己有利的信息。研究发现，负向信息更有助于人们加深对职业的认识。"失"可分为职业内与职业外。职业内的"失"，主要是工作内容、强度、时间对身心的影响，表现在三方面：一是长期劳动对身体健康可能产生的伤害，如长时间伏案（如白领）、说话（如教师）、面对有害物质（如采矿）。二是工作强度，如金融行业的某些职位，虽然收入高，但工作强度大，加班、出差频繁，可能会影响家庭生活与个人休闲。而好的生涯发展，是要在工作与生活角色间达到一种平衡。三是受到年龄限制，人类的衰老会对职业产生影响，某些职业恰好需要在身体机能还不错的时候从事，而过了一定年龄后，恐怕就无法胜任了。职业外的"失"，主要受社会传统观念影响。一些看起来不是那么光鲜的职业、新兴职业或不被人所熟知的职业，如城市管理、脱口秀演员、入殓师（殡葬行业），往往会遭受偏见。因而，哪怕对所从事的职业十分喜欢，从业者也会受到外部社会评价的影响。

## ▶ 第四节　我的职场观察与分析

**生涯**案例

### 职业探索必不可少

徐同学，男，某应用型大学软件工程专业应届毕业生。成绩中等，性格偏内向，父亲是小微企业的企业主。在毕业季，学校向徐同学推荐了校企合作的互联网行业单位。徐同学则放弃了该机会，因为父亲有关系，可为其安排老家的事业单位。

毕业半年后，徐同学仍为待就业状态。辅导员向徐同学了解其父亲安排的事业单位岗位时，徐同学一问三不知，不知道是哪一个单位，不知道什么岗位，也不知道应聘流程。最后徐同学被告知，事业单位编制岗位均需社会公开选拔，个别合同岗位可由部门单独招聘选任。

毕业生的第一份工作、进入职场的第一个组织和行业，都会对毕业生产生非常重要的影响。但是，很多毕业生在选择第一份职业时，在职场观察、职业探索、职业规划与实施上花费的精力甚至比不上网购一件衣服所花费的精力多。成功的职业选择，一定是以成功的职业探索为基础的。许多失败的职业选择，也源于不充分或不当的职业探索。

徐同学的案例实际上是因为过分依赖父亲的安排，对事业单位招录流程的不清楚而导致的缓就业；同时也反映出，他缺乏职业探索，缺少对自我发展目标的明晰思考。

外部工作世界的观察与探索主要包括对职业、组织、行业等相关信息的关注、搜集分析和积累。信息之海茫茫，应该去哪里寻找信息资源为自己增加经验值呢？

### 一、信息渠道大盘点

#### (一)信息资料检索

信息资料的检索，是快速搜集职业、组织、行业等信息的方法。官方权威的网络信息、公开发行的视听资料或出版物等都是信息资料检索较为快速的渠道。这一方法的主要缺点是所获得信息的有效性、时效性较低，这些二手资料能被学生有效吸收积累的成效一般，适合职业探索初期使用。

#### (二)模拟体验

组织模拟面试、模拟求职、模拟职场、模拟创业等模拟职场真实场景的体验，可以帮助学生身临其境感受和了解职场。体验式教学的效果也明显优于授课形式，重在明确模拟体验的目标、学生的反馈和老师的点评与指导。

#### (三)实习实践

开展实习实践活动，可以全面深入了解职场，有效搜集积累信息，调整职业目标，优化生涯决策，它是职业探索最有效的方法之一。在真实的体验中，可以帮助学生更准确地确认职业方向和职业价值观,对自己的能力查漏补缺,进一步有针对性地提高自己的能力。

出于工作效率的考虑,雇主工作时间是一周五天、朝九晚五,并会提出一周至少工作几天的限制。由于与上课时间冲突,大学四年用来实习的时间非常珍贵。我们需要安排好大学四年的学涯计划,抓住每一个寒暑假,进行不同目的、不同深度的实习。

### （四）生涯人物访谈

如果实习机会有限,我们可以访谈生涯人物获得替代经验。生涯人物可以在哪些人群中寻找呢? 首先,家族的亲人,还有自己的老师和亲密朋友都是最容易联系上的一类生涯人物;其次,是第一类生涯人物推荐的其他人,或关系不是特别近但能联系得到的人,例如有几面之缘的学姐学长,或者是在某个社交场合结识并互留联系方式的人,或是"手机朋友"(在社交平台有对方联系方式,但并不特别熟悉的朋友);最后,可以是朋友的朋友,或者某些与自身目标职业领域相关的对象,例如借助行业协会、大型同学录或某个具体组织的网站寻找到的职场人士。

为了使访谈结论更具代表性,同时为了防止访谈中的主观印象影响判断,对每个兴趣领域应当至少访谈两位以上的"生涯人物",例如,既访谈该领域已有一定成就的人,又与该领域默默无闻但更具代表性的普通人进行交谈,这样效果会更好。在寻找生涯人物的时候,还有几点需要注意:从对象上来看,生涯人物的职业应是自己向往的,但不应将对生涯人物的访谈当成获得与雇主面试的机会;从层次上来看,每个职业领域的生涯人物应结构合理,比如既有初入职场的人士,又有工作了一定年限的中高层人士,可以考虑在该职业领域工作了 1~5 年、8~10 年,甚至 10 年以上的生涯人物。本章与第四章"我的 4 号生涯加油站"安排有三次生涯人物访谈,本专业学长学姐访谈建议经验在 1~5 年为好,其余两次建议经验在 8 年以上。

### （五）职业探索方法的比较

上述四种职业环境探索方法各有利弊,整合成三类具体分析如表 3-4-1 所示,可以根据需要和条件进行取舍和安排。

表 3-4-1　职业探索方法的优缺点分析

| 方法 | 优点 | 局限 |
|---|---|---|
| 信息资料检索 | 丰富性 便捷性 | 缺乏时效性、准确性,以及信息的深度 |
| 模拟体验/实习实践 | 准确性<br>匹配性<br>深入性 | 体验的机会有限<br>实习机会不易得 |
| 生涯人物访谈 | 深入性(获得的生涯资料更深入具体) | 经验不可完全复制<br>个案数量有限 |

### 二、SWOT:我的职业分析方法

在宏观环境一定的情况下,我们的职业决策至少涉及以下四个方面的选择:区域(到哪里寻求发展)——行业(在哪里可寻求并实现自身价值)——职业(我想干什么,什么最适合我)——职位(我能干什么,我的优势和兴奋点)。要做好这样的决策,可以运用SWOT法。

## (一)SWOT 分析

SWOT 分析方法是一种能够客观而又准确地分析评价职业生涯内外部情况的方法,也是职业生涯决策常用的方法之一。

SWOT 分析有四个要素,其主要内涵如图 3 - 4 - 1 所示。值得注意的是,这不是泛泛而谈,应该在一定的范围内讨论,这个范围就是自己的职业倾向。也就是说自己就某一种职业倾向的优势、劣势,和这个职业倾向投射到职场(或者专业)的机会与威胁做出分析。

| | | |
|---|---|---|
| 内部个人因素 | 优势优点 ( strength ):你可以控制并且可以利用的内在积极因素。<br>你最优秀的品质?你的能力体现?你曾经学习了什么?你曾做过什么?最成功的方面是什么?<br>………… | 弱势缺点 ( weakness ):你可以控制并努力改善的内在消极因素。<br>你的性格有什么弱点?<br>经验或者经历上还有哪些缺陷?<br>最失败的是什么?<br>………… |
| 外在环境因素 | 发展机会 ( opportunity ):你不可以控制,但可以利用的外部积极因素。<br>社会环境对你的发展目标的支持<br>地理位置优越给专业发展带来的机会<br>………… | 阻碍威胁 ( threat ):你不可以控制但可以弱化的外部消极因素。<br>名校毕业的竞争者<br>同专业的大学生带来的竞争<br>………… |

图 3 - 4 - 1 SWOT 分析内涵图

**生涯**知识

### 如何认识职场机会

现在同时有三家公司为你发来邀请,但都是同一个职位,你会如何选择你的职场机会? 以典型的销售工作为例,分三种情况来说明这个问题。

(1)大牌销售×优质行业×优势公司 = 100% 成功。解析:占尽行业与公司优势,个人能力将得到最大程度发挥,如虎添翼。

(2)大牌销售×一般行业×普通公司 = 结局难料。解析:能力不变,但受行业与公司限制,无谓消耗很多精力,业绩受影响。

(3)大牌销售×夕阳行业×劣势公司 = 十之八九失败。解析:个人无力把控局面,行业大打价格战,产品同质化严重,公司无支持,业绩一般。

虽然销售能力和积极进取心态是业绩根基,但综合行业比较、公司比较以后,同样一个人在不同行业不同公司工作,最后取得的业绩大不相同。

所以,选择什么样的职业,对于初入职场的人来说难度不小,的确需要多费一番心思。最简单的方法是登录招聘网站,找到中意公司,然后查出公司所在行业,网络搜索出行业发展概况,比如物联网行业每年快速增长 100%,这就是优质行业。如果搜索到某行业年增长只有10%,则表示该行业已进入稳定发展期,这时再进入该行业求个人发展,公司销售额增长缓慢,能提供多少新岗位? 能有多少加薪空间? 当然,观点不能太绝对,有能力的人一样能在该行业脱颖而出。

### （二）SWOT 策略

做完详尽的个人 SWOT 分析后，我们可以因势利导，确定一个连贯的、实际可行的职业策略供自己参考。在四个要素中，两两组合形成四种 SWOT 策略。

①SO 策略。即以自己的职业资本优势抓住职业发展机会，这属于发展策略。②WO 策略。面对职场机会，职业能力的评估处于劣势，所以需要尽快扭转局面，这是扭转策略。③ST 策略。即自己的职业资本优势方面对应的是职场威胁，可以采取的策略是以进攻的姿态消除威胁。④WT 策略。面对职场威胁自己的职业能力处于下风，只能采取规避挑战、转换选择等防御性策略。SWOT 策略不仅在于规避弱势和挑战，还在于职业准备阶段的积极进取。

**生涯案例**

### 小丁的 SWOT 策略

小丁是某学院机械设计与制造专业学生，在校期间专业成绩优秀，多次深入企业生产一线参与实训；且一直担任学生干部，得到了老师和同学的认可。但是小丁性格有些急躁，遇事易冲动，有时候很难踏踏实实完成工作。现在，小丁的职业目标是毕业后想找一份与专业相关的工作。通过 SWOT 策略分析（见下图），小丁的职业定位是：本区域内中小型模具设计与制造企业，从事设计与制造工作。

| 策略 | 机会<br>机械方面人才需求旺盛<br>机械行业发展前景不错<br>机械设计人才较受重视 | 挑战<br>就业竞争激烈<br>金融危机影响企业招聘<br>企业更加看重实际经验 |
|---|---|---|
| 优势<br>专业成绩优秀<br>学生干部经历<br>企业实训经历<br>人际关系和谐 | "优势—机会"策略<br>发挥专业优势，融入企业<br>发挥担任学生干部的优势<br>加强人际沟通，打动招聘官 | "优势—挑战"策略<br>准确定位竞争优势<br>强化自身学习适应能力<br>合理明确就业定位 |
| 劣势<br>缺乏工作阅历<br>性格急躁，容易冲动 | "劣势—机会"策略<br>增加跨行业实训经验<br>学习职业技能课程<br>完善自身性格 | "劣势—挑战"策略<br>克制冲动的个性<br>加强学习，差异化竞争<br>积极寻找能够发挥自身优势的企业 |
| 职业决策结论 | 定位于本区域内中小型模具设计与制造企业，从事具体的设计与制造工作，在工作中进一步提升自己 | |

### 三、职场观察推论:我的职业选择依据

在有兴趣、有优势选择的职业群中,我们的职业选择建立在我们对职场更多的观察推论的基础之上,包括职业的社会声望、职场与幸福的关系、大学生的社会责任,以及社会对该职业的支持与阻碍等方面。

#### (一)职场观察之职业声望

所谓职业声望,是特定社会发展历史时期,人们对职业的社会心理评价,反映了一定时期人们对职业的态度与倾向。我们对职业声望进行分析,就是根据一定的标准和手段对职业的当前社会地位和发展状态进行的评价和估量。影响中国职业声望评价的因素主要包括四项:职业环境、职业社会功能、职业要求、职业报酬。

(1)职业环境。即与职业活动相关的各种工作条件,如劳动强度、卫生条件、技术装备等,职业环境越好,职业声望越高。

(2)职业的社会功能。即某种职业对社会的作用,包括对国家建设和公共福利的责任,职业的责任和社会作用越大,职业声望就越高。

(3)职业要求。即一定职业对任职者的教育程度、技能技巧、工作能力、道德品质、身体状况等各方面的条件要求,职业对任职者的要求越高,职业声望也就越高。

(4)职业报酬。泛指职业能给予任职者的各项利益,包括经济收入、福利待遇、晋升机会等,职业报酬越高,职业声望越高。

#### (二)职场与幸福的关系

在生活水平不断提高的今天,许多"90后""00后"大学生在就业时面临的不再是如何通过就业缓解家里的经济困难,而是根据自己的专业与兴趣做自己想做的事情。他们更关注工作能够给他们带来什么,能否让自己在工作中得到幸福感,并把这种幸福感延伸至自己生活的方方面面。

所谓职业幸福感,是指主体在从事某一职业时基于需要得到满足、潜能得到发挥、力量得以增长所获得的持续快乐体验。对企业来说,管理越完善才越能让员工有幸福感;对员工来说,幸福感能够增加工作的动力,为企业创造更大的价值,从而实现自我成长,提升自我价值。

一份工作如果能让我们在从事之后仍然感觉到幸福,那无疑说明我们对各方面都比较满意。反之我们会不停地抱怨,甚至是跳槽换工作。那么对本科毕业生来说,哪些职业的幸福感较强呢? 如表3-4-2所示。从2017年到2021年,由于职场宏观环境的巨变,人们心目中的幸福职业也发生巨变。美容/健身、高等教育与教育培训、翻译和中小学教育四个职业跌出前十,交通运输、医护、研究和媒体/出版四个职业入围前十,只有公检法机关、计算机与数据处理、互联网开发及应用、经营管理、法律和美术/设计/创意六个职业地位依然稳固。

表3-4-2　本科毕业生满意度最高的十大职业

| 排序 | 2017 | | 2021 | |
| --- | --- | --- | --- | --- |
| | 职位名称 | 就业满意度(%) | 职位名称 | 就业满意度(%) |
| 1 | 美容/健身 | 76 | 公检法机关 | 82 |
| 2 | 法律 | 76 | 交通运输 | 79 |

续表

| 排序 | 2017 | | 2021 | |
|---|---|---|---|---|
| | 职位名称 | 就业满意度（%） | 职位名称 | 就业满意度（%） |
| 3 | 互联网开发及应用 | 75 | 法律 | 78 |
| 4 | 经营管理 | 75 | 经营管理 | 77 |
| 5 | 计算机与数据处理 | 74 | 互联网开发及应用 | 77 |
| 6 | 高等教育与教育培训 | 74 | 计算机与数据处理 | 77 |
| 7 | 翻译 | 72 | 医护 | 77 |
| 8 | 公检法机关 | 72 | 研究 | 77 |
| 9 | 中小学教育 | 71 | 媒体/出版 | 76 |
| 10 | 美术/设计/创意 | 71 | 美术/设计/创意 | 75 |

与2017年相比，十大职业满意度数据的另一个特征是集中度明显提高4~6个百分点，意味着有更多的人觊觎这些"幸福"的职业。是不是没有竞争到这些职业就不幸福了呢？"条条大路通罗马"，工作可以不止一份，"斜杠青年"是越来越多人的选择。再后退一步：工作也不是人生的全部，幸福感还应体现在业余生活中。如果因为种种原因不能获得幸福、理想的工作，那就在业余生活中寻找幸福吧，我们或许可以因此而满血复活。

（三）职业选择与社会责任

作为一名大学生，我们需要尽自我最大的努力，成为一名对社会、对家庭有用的人。在制订个人职业生涯规划的时候，应考虑到在满足个人要求时，也要对家人和社会有益。因而观察社会和家人的需求，是我们承担社会责任的起点。

**1. 社会需求与职业选择**

社会是由无数个个体组成的，社会的发展取决于千千万万个个体的共同努力。大学生群体是社会的中坚力量，承担着发挥社会正能量、撑起社会未来的责任。体现在职业选择上，应当摒弃极端个人主义、享乐主义的倾向，敢于承担风险，敢于攻坚克难，勇于吃苦耐劳，勇于创业和创新。社会需要我们到新兴行业去，到基层和边远地区去就业和创业。

**2. 家人需求与职业选择**

虽然职业是自己的事情，但是我们的生活中并非只有自己，父母、祖父母、兄弟姐妹、男/女朋友，甚至邻居、老师对我们都有一定的期望或需求。我们需要与他们保持良好的沟通，以取得他们的支持与配合，尽到自己应尽的义务。比如我们需要考虑家人是否需要赡养？男/女朋友的想法和需求是什么？生命中其他重要人士有何需求？等等。

（四）社会环境对职业选择可能的支持或障碍

在职业决策前期，职场中的宏观社会环境需要我们观察和分析。观察分析的目的在于了解社会环境对我们职业选择可能的支持或者障碍，以便于我们获得支持、克服障碍。可能的支持，我们可以从三个方面去观察和分析：其一，社会环境所能提供的学习资源；其二，社会环境所能提供的实践机会；其三，社会环境所能提供的就业支持。关于可能的障碍就因人而异了，比如户口、学历、性别、民族、国籍的限制,社会资本的缺乏,等等。

### 四、我的职场与工作适应

　　如果没有抓住令自己幸福的工作机会,适应能够到手的工作也是一种明智之举。明尼苏达工作适应论①(如图3-4-2所示),描述了职业与个人匹配以及职业发展和调整的方方面面。强化个人与职场的互动,不仅是我们观察职场的途径,也是我们适应职场的必由之路。

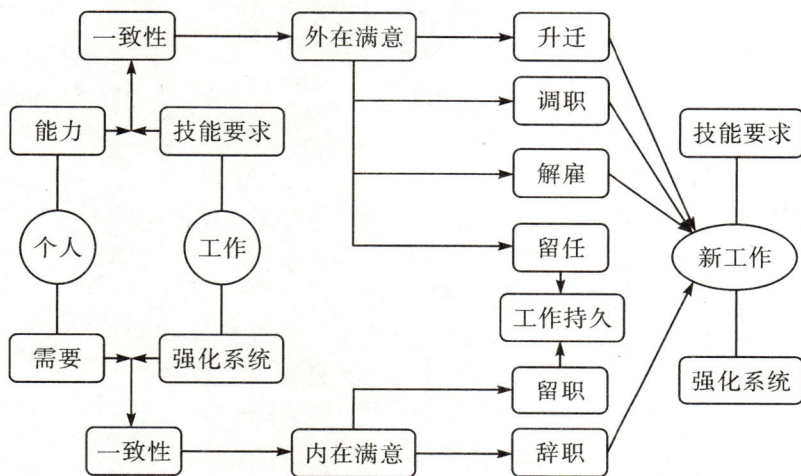

图3-4-2　明尼苏达工作适应论的理论框架

　　专业是职业的起点,适应职业应先从适应专业开始。明尼苏达工作适应论其实也可以为专业适应所用。在个人与专业之间,如果能够取得外在和内在的满意,就能在本专业获得满意的评价和成果。如果内外满意度都出现问题,那还是以转换专业为上。我们也应该明白:没有哪一种工作能够完全满足我们的所有需求,也同样没有哪一个专业能让我们完全适应。事实上,做好自己喜欢的工作不算本事,能做好自己不喜欢的工作才叫本事。同样的,学好自己喜欢的专业不算本事,能学好自己不喜欢的专业才叫本事。所以我们对此必须做好充分的思想和适应能力准备。

---

　　①　明尼苏达工作适应论,是由戴维斯与罗圭斯特等人在20世纪60年代提出的,简单来说就是只有当工作环境能满足个人的需求(内在满意),个人也能满足工作的技能要求(外在满意)时,个人在该工作领域才能够得到持久发展。

# 我的 3 号生涯加油站

**一、生涯行动：生涯人物访谈——学长学姐访谈**

（1）就当今本专业的就业状况，您有什么看法（有什么感想）？

（2）您平时做什么工作？有什么意义（或优点）？

（3）专业学习不是一朝一夕的事，在大学的专业学习生涯中，您印象最为深刻的是什么？有什么意义？

（4）对知名专家的讲座您有什么看法？

（5）听别人说，大学里要多拿些证书，请问大学期间应该考取哪些证书呢？

（6）有些课程并不重要，但是又要考试，我们应该怎么对待？

（7）考研与不考研的区别是什么呢？您怎么看？

（8）您认为本专业的学生应该怎么规划大学的专业学习生活？

（9）您觉得参加学生组织和社团对你来说有什么收获？

（10）大学四年，您是怎么处理好与周围人的人际关系的呢？

（11）现代社会交际非常重要，我们如何才能培养交际能力？

（12）您认为我们应该怎么利用课余时间呢（兼职、看书、学生组织与社团）？

（13）如何获得社会实践的机会，您知道有哪些渠道吗？

（14）您对做兼职有什么看法？

（15）您在大学四年中是怎么处理好娱乐和学习时间的呢？

（16）如果用几个词来概括您的大学四年生活，您会用哪几个词呢？

（17）在竞争异常激烈的今天，您认为我们专业的毕业生应该具有什么样的能力才能在千千万万的应聘者中脱颖而出？

**二、生涯行动：家庭职业树与访谈**

**1. 绘制家族职业树**

先绘制家族职业树，然后在家族职业树上填上亲属姓名和他们的职业。

**2. 家族访谈**

家族访谈能帮助我们更加清晰地认识到家人的生涯发展经历了哪些权衡取舍，从而更好地指导我们做出正确抉择。

（1）父母访谈。我是否了解自己的父母呢？父母可能会是我们生涯之旅中"隐藏的撒手锏"，会带来意想不到的"财富"积累。参考下列访谈提纲，对父母进行一次职业生涯访谈，认真倾听父母对他们自己职业的看法。

| 序号 | 访谈提纲 |
|------|----------|
| 1 | 您的工作岗位是什么？岗位主要工作内容是什么？ |
| 2 | 您的职业的典型的一天是怎样的呢？ |
| 3 | 您从事这份工作觉得哪些方面特别得心应手？ |
| 4 | 相关的单位有哪些？ |
| 5 | 您的工作需要怎样的能力？又需要克服怎样的困难呢？ |
| 6 | 工作给您带来了哪些收获呢？ |
| 7 | 以您的工作经验，您觉得您的工作岗位最看重的工作核心能力与素质有哪些？ |

（2）亲属访谈。纵观家族职业树，家族中的人从事的职业较多的是＿＿＿＿＿＿＿，请对你家族中的某位亲属进行一次职业生涯访谈。

| 序号 | 访谈提纲 |
|------|----------|
| 1 | 您的职业属于哪个行业、单位、岗位？ |
| 2 | 您的工作主要内容是什么？ |
| 3 | 您为什么选择从事这个职业？您看重这个职业的哪些优势？ |
| 4 | 您认为从事这个职业需要哪些能力、素质？ |
| 5 | 您对我的职业发展有哪些建议？ |
| 6 | 您可以为我的职业发展提供哪些资源和支持？ |

### 三、生涯行动：我的专业与行业调研

#### 1. 我的心仪专业调研表

访问本专业或者心仪专业相关的人士和网站，已经在你心仪职业岗位上工作的人最好，老师、学姐、学长也可以，关键是研究清楚这个专业在你心仪职业中的作用（专业与职业完全对口；还是职业与专业半对口，专业只是当作工具，另一半还需要自学）。如果本专业不是自己理想的专业，强烈建议找到自己理想的专业进行研究。也就是说连同本专业，研究两个以上专业。

| 专业名称 | | 访问人士姓名、职业、职务 | |
|----------|--|--------------------------|--|
| 访问网站名称 | | 专业泰斗名称与事迹 | |
| 本专业成功人士姓名与事迹 | | 心仪职业名称与关键能力要求 | |
| 除学校安排，为心仪职业自学了什么 | | 心仪职业实习建议 | |
| 推荐人脉 | | 其他建议 | |

## 2. 我的心仪行业调研表

找一个行业研究的网站，比如政府、商业、金融、房地产，总之提供某一类产品或服务的机构，了解这一产品或服务的价值链，看看增值的关键环节是什么，你心仪的职业在心仪行业中的作用与地位。当今时代变化莫测，你感兴趣的行业也不止一个，强烈建议多研究 2～3 个行业备选。

| 最心仪的行业名称 | | 心仪行业网站名称 | |
| --- | --- | --- | --- |
| 心仪行业排名前三的公司 | | 该行业公司的盈利模式（公司是如何赚钱的） | |
| 该行业中心仪职业名称与最关键的能力要求 | | 心仪职业在该行业中的位置（与业务融合，还是辅助业务） | |
| 心仪行业成功人士姓名与事迹 | | 心仪行业人脉线索与相遇渠道 | |
| 所学专业与该行业是重合还是部分相关 | | 所学专业应届生在该行业通常的就业职位 | |
| 除学校安排，为该行业自学了什么 | | 进入该行业实习困难吗？如何打算？ | |

## 四、生涯行动：我的世界分析

我的世界是过去、现在和未来成长与发展的外部环境，它既为我的生涯发展提供资源和机会，也给我的生涯发展带来一定的制约和阻碍。下面我们通过观察家庭、学校和宏观环境，通过对家人、亲友、校友、辅导员和任课老师进行意见征询，对自己有关系、有兴趣、有意义、有优势的生涯领域及其相关环境进行系统性的调查研究。

### 1. 对现有支撑条件的梳理（调研家庭、家族和学校的前辈，查阅学校及专业的相关网站）

| 对象 | 所倡导的价值观 | 所倡导的美德 | 资源或能力优势 | 既往最佳就业职位 | 可提供的机会 | 可能产生的阻碍 |
| --- | --- | --- | --- | --- | --- | --- |
| 家庭 | | | | | | |
| 家族 | | | | | | |
| 学校 | | | | | | |
| 专业 | | | | | | |

**2. 对未来最佳选项的调研**(研究目标单位校园招聘启事、所选行业协会与城市的官网)

| 对象 | 最佳选项前三 | 所倡导的价值观 | 所倡导的美德 | 所看重的优势 | 可提供的机会 | 可能的阻碍 |
|---|---|---|---|---|---|---|
| 目标起始职位 | | | | | | |
| | | | | | | |
| | | | | | | |
| 目标雇主名称 | | | | | | |
| | | | | | | |
| 目标所在行业 | | | | | | |
| | | | | | | |
| 目标落脚城市 | | | | | | |
| | | | | | | |

　　对照目标单位过去发布的校园招聘启事,我了解到:毕业后要在最佳起始职位招聘竞争中获得机会,我需要在大学毕业时具备的条件是:学历达到_____、具备证书有_____ ,实习经验要有_____年以上,需要提升的专业能力是_____ 、通用能力是_____ ,需要在____ ____行业_____ 城市发展属于自己的人脉资源,这将在我后面的学涯计划里落实。

　　将上述调查对象对照招聘启事的条件要求之后,我的觉察是_____。

### 五、生涯行动:基于团队的学习

　　(1)全体同学复盘:第三章洞悉职场学习成果,总结价值塑造、知识学习、能力提升三大目标的实现程度,并将学习成果(带学号姓名水印的我的世界分析及其附件截图)提交至所在团队,由本团队秘书长收集提交至领学团队。

　　(2)全体同学预习第四章设计自我,完成在线课程和教材预习,提炼亮点、重点和难点,完成三问三答,参与线上讨论。并将预习成果提交至所在团队,由本团队秘书长收集提交至领学团队。

　　(3)轮值团队领学:制订、发布并领衔执行复盘时间表与预习时间表,收集各个团队的学习成果,进行个人完成情况排名与团队完成情况排名,对排名前三的同学与团队奖励幸福花。轮值领学团队将以上内容整合制作成 PPT 进行课堂发布,合格的领学团队获得幸福花奖励。

　　(4)学习成果分享。请优胜团队和领学团队分享完成本章学习任务的做法(团队是如何完成如此艰巨任务的,被逼出了哪些绝招?)和收获(所提升的内驱力、合作力、学习力、前瞻力、健康力、审美力、执行力)。

### 六、生涯书目

1. 习近平著,《论坚持推动构建人类命运共同体》,中央编译出版社,2019 年版。

2. 王振、尚勇敏著,《长三角共建世界级产业集群研究》,上海社会科学院出版社,2021年版。

3. 李开复、陈楸帆著,《AI未来进行式》,浙江人民出版社,2022年版。

4. 雅各布·摩根著,《重新定义工作》,人民邮电出版社,2015年版。

5. 胡江伟著,《金牌面试官》,广东人民出版社,2017年版。

6. 李明著,《明哥聊求职》,电子工业出版社,2017年版。

# 第四章 设计自我

每个人都有他隐藏的精华，和任何别人的精华不同，它使人具有自己的气味。

——罗曼·罗兰

**生涯案例**

## 辞或不辞，是个问题

四年大学、五年工作，小丁的专业实践已有九年时间。此时的她深感迷茫，不知未来在何方。她大学里学的专业是计算机软件开发，她喜欢这个专业。大学四年，她的专业基础很扎实，参加过不少专业相关比赛，且取得了不错的成绩。

她本想自己的就业方向应该就是软件开发。但是她听行业内的学长学姐说，做这行比较苦，女孩子还是找个安稳的工作比较好。加之父母的期望，大四的时候她选择了考公务员，也就是现在的工作单位。工作的五年里，她对人彬彬有礼，也按时完成领导交办的任务。但是，面对每天单调的重复性工作，她没有成就感。加之性格内向，不擅圆滑世故，晋升机会总轮不到她，她倍感不自在。面对这样的自己，她不知道该作何选择，待在这里，显然这份工作不适合自己，发挥不了自己的技术所长；辞职，这份工作又很稳定……

小丁同学的纠结是典型的职业锚纠结，父母对小丁的职业锚取向是安全/稳定型，但是小丁自己却是技术/职能型的职业倾向。这种职业倾向错配在安全/稳定型的岗位上并不能很好地享受优待，反而因不能适应人际关系的竞争而发展受阻。那么，我们如何避免小丁式的纠结在自己身上重演呢？本章的目的就在于澄清此等问题。

《孙子兵法·谋攻篇》有云："知己知彼，百战不殆。"随着我国高等教育由"精英教育"向"大众化教育"转变，面对汪洋职海，多少"弄潮儿"在瞬息万变的社会洪潮中迷失方向。究其原因，就是未能做到知己知彼：不能准确地分析社会的职位需求，也不能从根本上剖析自己的特点，从而不能及时设计出自己的职业生涯之路。正所谓"凡事预则立，不预则废"，大学生从踏入校门的那刻起，就应该形成职业生涯管理理念：以职业锚相关理论为指导，通过职业锚测评，发现自己的需要、价值观和潜在的才干，从而在职业选择时做出更好的抉择。当我们的内心感受与从事的职业要求匹配度越高时，我们在职业中的幸福感也会变得更为强烈！

**学习目标**

1.价值：廓清职业价值观和职业需求，考虑自己及其他人的幸福。

2.知识：了解职业锚的三个部件，八类职业锚的内涵、特征及职业发展路径。

3.能力：测试并理解自己的职业锚倾向，设计初步的职业路径；重点提升内驱力、合作力、前瞻力、学习力和执行力。

# ▶ 第一节　我的职业锚倾向

## 一、什么是"职业锚"

1978 年，E. H. 施恩教授①首次提出了职业锚理论（career anchors）。职业锚是指"一个人在面临困难的职业选择时，无论如何也不会放弃的内心深层次的东西"②。他认为"职业锚"就是职业自我观，体现了"真实的自我"。如果缺乏对职业锚的清醒认识，外在的因素可能诱惑我们进入某种环境或选择某种工作，随后我们就会发现其并不适合自己，因为这并非基于"真实的自我"做出的职业选择。

施恩教授提出的职业锚理论原先包括五种类型：技术/职能型职业锚、管理型职业锚、自主/独立型职业锚、安全/稳定型职业锚、创造/创业型职业锚。20 世纪 90 年代，在应用反馈及深入研究的基础上，施恩教授将职业锚的类型修订为八种，新增了三种类型的职业锚：挑战型职业锚、服务/奉献型职业锚、生活型职业锚。大部分人可以归入这八种类型的职业锚中。需要注意的是：某种职业锚是某类职业的集合，并非是某种具体的职业。

船上的"锚"可以使船停稳，而职业锚在我们的职业生涯中也有异曲同工的作用。八种职业锚有的相邻，有的相对。我们的职业幸福来自职业选择与自己的职业锚相符，我们的生涯困扰则来自职业选择与自己的职业锚相对。不过对大多数在校大学生而言，因为职场经验的不足而尚不可言"职业锚"，只能说具有某种职业锚倾向。本章的主要目的在于，通过对职业锚倾向的分析，结合职业锚测评中的自我探索，加深我们对生活与职业的思考，从而避免遇到与小丁同学同样的困扰。

> **生涯寄语**
>
> 确定你的职业锚之日，就是你的职业转变为你的事业之时。（佚名）

## 二、职业锚的三个部件

职业锚的组成部件有三个：其一，自省的才干和能力；其二，自省的动机与需要；其三，自省的态度和价值观③。

我们在第一章和第二章讨论过与上述三个部件相关的议题。但是职业锚所谓的能力、需

---

① 美国麻省理工学院斯隆管理学院著名教授，1978 年出版了《职业动力论》，中译本名为《职业的有效管理》，生活·读书·新知三联书店，1992 年版。

② 埃德加·施恩，《职业锚：发现你的真正价值》，北森测评网，译，中国财政经济出版社，2004 年版，第44 页。

③ 施恩，《职业的有效管理》，海清，译，生活·读书·新知三联书店，1992 年版，第 128 页。

要及价值观不仅仅是被测试出来的，更是在实践中已经被证明了的。现实而准确地进行职业定向，是自我发展过程中职业锚三个部件相互作用和逐步整合的结果①。

随着我们的成长，我们不仅要学习"外面"的东西，也要学习我们自己对这些经历的觉察是什么。就职业锚倾向而言，可以从下面三个方面来思考。

（1）才干和能力。从每次经历中学到自己擅长什么，不擅长什么。学习来自自己的评估，以及从别人那里得到的反馈或者评价。

（2）动机和需要。从每次经历中学到自己真正想要的是什么，生涯的理想是什么。随着经历的增多，我们会发现自己喜欢或者不喜欢一些东西；发现我们的理想可能是不现实的，然后形成新的理想。

（3）态度和价值观。从每次经历中学到行业或者组织的价值观是什么，同伴的价值观是什么，自己的价值观是什么，我们所面对的组织文化与这些价值观的吻合度。

随着经验的积累，我们会越来越清楚自己擅长什么和不擅长什么，想要什么和不想要什么，重视什么和不重视什么，从而形成了一个自我概念，这个自我概念就是职业锚或者职业锚倾向。如果每次经历都得到有意义的反馈，那么自我概念会成长得更快。因此，经常反思、复盘、自我觉察，有助于自我概念快速成长。有了一些经验和反馈的积累之后，就会开始形成自我概念，从而为做出更理性和更自主的职业决策提供基础。

### 三、职业锚倾向与大学生的关系

施恩教授认为确认职业锚需要一个过程，要经过几年的工作实践，不断地加深对自己的才干和能力、动机和需要，以及态度和价值观等的认识。因此，大学生很难在进入职业领域前通过测试而直接确认自己的职业锚。所以，在校阶段我们确定的是职业锚倾向，而非职业锚，更不是某一个职业。因为职业锚是以锚点为圆心，以职业资本为半径的职业群。对于尚无多少职业体验的大学生来说，我们应该对某大类职业进行规划，而不是对某个职业进行定位，这样可以使我们的职业之路更加宽广，职业包容性大大提升。

在校大学生缺乏社会阅历和工作经验，世界观、人生观和价值观趋于稳定但又未完全成熟。但是即便只是职业锚倾向的确认，也可以避免南辕北辙的职业准备，提高职业生涯管理的有效性，从而在踏入社会后，获得相同或相近的工作环境，进而不断实现自身价值，获得工作、生活的满足感与成就感。

**生涯**案例

#### 小曹的职业锚探索

2016年9月，小曹从竹山路校区来到主校区，在学长的邀请下报名加入了学校实验室。进入实验室的很长一段时间里，小曹并不清楚自己加入实验室的目的是什么，紧凑的时间安排、枯燥无味的学习内容、单调重复的实验操作，让他陷入了挣扎迷茫中。

---

① 张文君，高伟籍，《浅谈职业锚理论在大学生职业生涯规划中的应用》，《中小企业管理与科技（上旬刊）》，2011年第06期，第130－131页。

2016 年 11 月,在实验室学长和老师的帮助下,小曹参加了第七届江苏省机器人大赛。赛场上别出心裁的参赛作品瞬间激发了小曹的探索欲,他发现自己平日里接触到的代码、电路、零件原来可以设计出这么多新奇的事物。看着自己在课堂上学到的理论得到了实践,小曹也由衷感到骄傲。

比赛回来后,小曹燃起了学习的兴趣,每日往返在教室与实验室之间。除了上课,空闲时间他都待在实验室,原本应该放松的周末时光,也被用在了做实验上。他跟着学长学习实验步骤和原理,一段视频反复观看。紧张的实验生活并没有消磨他对实验的热情,他坚持了下来。当时报名加入实验室的三四十个人,在三个月后也仅剩下七八人。

在 2017 年 7 月举办的第十二届全国大学生"恩智浦杯"智能汽车竞赛中,小曹所在的团队荣获华东赛区一等奖、全国总决赛二等奖。为学校争光的经历给小曹带来了莫大的信心,也让他体验到了科研实验的魅力。

大学期间,小曹获得了江苏省大学生电子设计竞赛一等奖、全国大学生电子设计竞赛江苏赛区二等奖、第八届江苏省大学生机器人大赛三等奖等八项省级以上科技竞赛奖项。每一场难忘的竞赛、每一份耀眼的成绩,都不可或缺地塑造着他。

小曹的大学是充实而富有成长的,实验室经历、竞赛活动与后期的参军、考研是他大学时期四个重要节点。加入实验室对他的学习以及自身能力的提升起到了关键的作用。参加比赛则激发了他的学习兴趣,让他找到了职业理想。参军入伍让他形成了正确的人生观、价值观和世界观。参加深圳大学"集成电路专业"的研究生考试,让他进一步追逐自己的职业理想。以上每一段经历都在需要、才干和价值观等方面塑造着小曹的职业锚。

从小曹的大学经历我们可以体会到:在校大学生涉世经验不足,对职业环境感到陌生,职业意识淡薄。在进行职业实践时,第一,运用职业锚理论逐步深入地进行自省、自查。从而对"真正的自我"逐步产生清晰的认识,明确自己的职业大方向,形成职业锚倾向(小曹参赛和参与实验室工作)。第二,认知自己的职业锚倾向,帮助自己确定职业成就的标准,并为此进一步确定自己的生活模式、学涯计划和职业准备,相对稳定地为某类职业做好职业准备,提升职业能力(小曹入伍和考研)。大学期间在职业锚的指引下,为了未来的美好时光,为了某些超越自身的东西,我们应在此刻不断努力和奋斗,最后实现既快乐又有意义的幸福职业生涯。

明确职业锚倾向,意味着确认自己相对稳定的职业区域。但是,这并非意味着我们将停止变化和发展。在职业生涯过程中,我们可能会根据变化了的情况,重新选定自己的职业锚。

## 四、运用职业锚理论设计个人职业生涯[①]

第一步,进行自我评价。从踏入大学校门的那一刻起,我们就应注重分析自我,明确自身的优势与劣势。在此基础上,对照职业锚的各种类型得出结论:我是什么样的人,我希望从事哪类工作,我适合从事哪类工作,现实情况下我能从事哪类工作。

第二步,外部环境评析。在制订个人职业生涯规划时,要学会分析环境条件的特点、环境发展变化情况、自己与环境的关系、自己在这个环境中的地位、环境对自己提出的要求,以及环境对自己有利的条件与不利的条件等。我们应积极利用有利的条件、灵活规避不利的条件,找

---

① 林森,霍雅楠,倪振,涛黄磊,《赢在起跑线上:浅论职业锚理论与大学生职业生涯规划》,《科技资讯》,2007 年第 26 期,第 238 页。

到自己可能停泊的职业港湾。

第三步,选择职业方向。根据自己初步认定的职业锚类型,尝试确定职业生涯的方向。在进行职业方向选择时,我们要考虑以下三个方面的问题:一是个人希望向哪一条路线发展,主要考虑自己的需要、价值观与潜在能力,确定自己的目标取向;二是个人适合向哪一条路线发展,主要考虑自己的性格、经历、学历、优势等客观条件,确定自己的能力取向;三是个人能够向哪一条路线发展,主要考虑自身所处的社会环境、政治与经济环境、组织环境等,确定自己的机会取向。大学阶段很多人的自我认知或者职场认知有待深化,可以不急于限定职业,先维持一个包容性更为广泛的职业锚倾向。

第四步,设计职业路径。职业路径也称为职业通道或者职业生涯路线,它是指一个人选择职业方向后,按照什么样的步骤靠近职业目标。

第五步,实施准备策略。在确定职业生涯目标后,就要制订相应的职业准备行动方案来实现它们。本章侧重于职业定向,至于职业生涯规划和学涯计划方案将在第五章规划自我与第六章计划自我中专门进行讨论。

第六步,反馈与控制。在实施的过程中定期总结经验和教训,通过不断的反馈与控制,修正对自我的认知,纠正职业锚倾向的偏差,保证职业生涯管理的有效开展。

本章第二节将就八种职业锚逐一进行剖析。在进入下一节学习前,请先完成"职业锚测试"。

## ▶ 第二节　我的职业锚类型

### 一、职业锚的八种类型

职业锚来自个人基本的自我认识,并最终成为各个职业发展阶段不可替代的决策依据。根据职业锚测试结果,对应分数最高的一项就是自己的职业锚类型。八种职业锚如下所述。

（一）技术／职能型（TF：technical/functional）

技术/职能型的人,追求在某领域的专业能力的不断提高,以及应用这种技术/职能的机会。他们对自己的认可来自他们的专业水平,他们喜欢面对来自专业领域的挑战。他们不喜欢从事一般的管理工作,因为这意味着他们要放弃在技术/职能领域的成就。

> **生涯寄语**
>
> 经常有人问我你的时间是怎么安排的,我大概三分之一的时间放在产品和技术上,另外三分之一的时间放在培养人上,去培育员工如何正确地做事情、如何成长得更快;还有三分之一花在我自己不愿意做的事上就是因为我受到的关注太多了。（李彦宏）

（二）管理型（GM：general managerial）

管理型的人追求并致力于工作晋升,倾心于全面管理。希望独自负责组织的一个部分或全部,可以跨部门整合其他人的努力成果。他们想去承担整个组织的责任,并将组织成功与否看成自己的工作成绩。具体的技术/功能工作仅仅被看作是通向更高、更全面管理层的必经之路。

## （三）自主／独立型（AU：autonomy/independence）

自主/独立型的人希望随心所欲安排自己的工作方式和生活方式。追求能施展个人能力的工作环境，最大限度地摆脱组织的限制和制约。他们宁愿放弃提升或扩展工作的机会，也不愿放弃自由与独立。

## （四）安全／稳定型（SE：security/stability）

安全/稳定型的人追求工作中的安全与稳定，喜欢可以预测的未来。他们关心财务安全，例如：退休金和退休计划。他们的稳定感包括诚信、忠诚，以及能完成上级交代的工作。尽管有时他们可以晋升到一个较高的职位，但他们并不关心具体的职位和具体的工作内容，而是更加关心这一职位能否带来更多的安全稳定感。这种感觉可能来自职业地位，比如组织内的核心职位，增强自己的不可替代性；也可能来自组织类型的赋予。"考公热"和"考编热"，就是后一种情况的现实反映。当然，也有人会反其道而行之，比如说下文中的小杜。

**生涯**案例

### 放弃事业编制参军的女大学生

"砰、砰、砰……"只听5声枪响，胸环靶上10环的白色区域内霎时留下了5个大小均匀的弹孔。在2017年11月19日新兵营组织的实弹射击考核中，女兵小杜打出了50环的好成绩，成为新兵营里第一个打出满环的新兵。

这个身材娇小的女兵，眼神中却透着一股不服输的韧劲，入伍短短2个月时间，军事训练成绩门门拔尖：3000米跑进了14分钟、战术考核只用了28秒、03式自动步枪射击50环……军旅之初，她用一串华丽的数字彰显了新一代女兵的风采。

入伍前就读于浙江树人学院的她，大四下学期便已开始在杭州市某街道实习，并顺利考入了该单位的事业编制。稳定的工作、优厚的待遇，是别人眼里羡慕的生活，然而让人意想不到的是，2017年9月，她毅然入伍参了军。

"我从小就不喜欢一成不变的生活，我喜欢挑战，不断突破自己是我最大的快乐！"军营的苦与累，在小杜的眼里，成了她自我锻炼、不断成长的磨刀石。

在小杜的脑海里，始终不能忘记营长在入营之初所提的目标："今年新兵营军事训练考核成绩，我们一定要在全省军区名列前茅！"很快，她用实际行动开始向着目标奋进：站军姿半小时纹丝不动，手榴弹投远成箱次练习，3000米跑拼尽全力冲刺……当别的女兵对训练愁眉不展、埋怨不断时，她却开始给自己开起了小灶：课间休息时，总会看见她在角落里揣摩队列的动作要领；每天晚上就寝前，她坚持做完50个仰卧起坐、50个深蹲；射击训练开始以来，她将动作要领制成小卡片装于口袋，一有空便拿出来背记……

## （五）挑战型（CH：pure challenge）

挑战型的人喜欢解决看上去无法解决的问题，战胜强劲的对手，克服普通人无法克服的困难等。他们希望在工作中挑战越来越艰巨的任务，新奇、变化和困难是他们的终极追求。

### （六）创造/创业型（EC：entrepreneurial/creativity）

创造/创业型的人希望使用自己的能力，去创建属于自己的公司，或创建属于自己的产品（或服务）。他们为此愿意去冒风险，并克服面临的阻碍。他们想向世界证明，事业是他们靠自己的努力创建的。他们可能正在别人的公司工作，但同时他们也在学习并评估将来的机会。一旦他们感觉时机到了，他们便会创建自己的事业。

### （七）服务/奉献型（SV：service/dedication to a cause）

服务/奉献型的人指那些一直追求他们认可的核心价值的人，例如：帮助他人，改善人们的安全，研发新的药品治疗疾病。他们一直追寻这种机会，即便是放弃工作晋升的机会，也要保证核心价值的存在。

### （八）生活型（LS：lifestyle）

生活型的人喜欢允许他们平衡个人需要、家庭需要和职业需要的工作环境，他们希望将生活的各个主要方面组合为一个整体。正因为如此，他们需要职业环境能够提供足够的弹性，让他们实现这一目标。他们甚至可以牺牲职业的一些方面，例如：职位提升带来的职业转换。他们将成功定义得比职业成功更为广泛，与积极心理学关于幸福的内涵更加接近。

### 二、职业锚的类型分析

八个职业锚类型中，除明确的价值观这一部件以外，技术/职能型、管理型和挑战型三种职业锚类型偏重于围绕能力所长；自主/独立型、安全/稳定型、创造/创业型和服务/奉献型四种职业锚类型主要反映动机或需要；生活型职业锚的视野超越了职业，与事业和家庭问题的整合相关。下面的论述围绕每个职业锚的四个维度（如表4-2-1所示）展开分析，即工作类型、薪酬补贴、工作晋升和认可方式（奖励）。

表4-2-1 八种职业锚类型分析[①]

| 职业锚类型 | 工作类型 | 薪酬补贴 | 工作晋升 | 认可方式（奖励） |
|---|---|---|---|---|
| 技术/职能型职业锚 | "技术达人"期望工作具有一定挑战性；独立的实施过程；不喜欢管理工作 | 希望能够按照教育背景和工作经验确定技术等级进而得到相应报酬；关注绝对的收入水平，而不是奖金等激励方式；惧怕"金手铐" | 注重技术或专业等级而非职位的晋升；加大工作范围，有更多资源、责任、经费、技术和下属支持；以专家组的方式参与高层决策 | 来自同行专业人士的认可；在专业领域有继续学习和发展的机会；被吸纳入组织或团体（公众认可） |

① 埃德加·施恩，《职业锚：发现你的真正价值》，北森测评网，译，中国财政经济出版社，2004年版，第47-73页。

续表

| 职业锚类型 | 工作类型 | 薪酬补贴 | 工作晋升 | 认可方式（奖励） |
|---|---|---|---|---|
| 管理型职业锚 | "组织达人"<br>希望承担更大的责任；喜欢有挑战性、多变和综合的工作；渴望领导机会；看重对组织的贡献 | 收入水平作为衡量自己的标准，期望高收入；期望短期奖励；期望"金手铐" | 期望晋升应该基于个人的贡献，工作成绩可量化；坚持达到目标的能力才是最关键的标准 | 提升到有更大管理责任的职位；也非常重视金钱形式的认同 |
| 自主/独立型职业锚 | "自由达人"<br>喜欢承包式或项目式工作；可以接受兼职；喜欢有明确目标；独自完成工作，不接受别人指手画脚 | 惧怕"金手铐"；喜欢基于工作绩效的工资、奖金；期望当即付清；喜欢自选式收益方式 | 喜欢基于以往成就获得晋升机会；在新职业中获得更多的自主权 | 喜欢勋章、推荐信、奖品、证书等奖励方式 |
| 安全/稳定型职业锚 | "铁饭碗党"<br>愿意从事安全稳定、可预见的职业；看重有规则的工作内容 | 希望薪水随着工作年限的增加可以预测的稳定增长；强调保险和养老金 | 喜欢基于过去资历的提升方式；有明确晋升周期的公开等级系统；喜爱提供终身雇用的组织 | 希望因为忠诚和稳定的绩效而被认可；希望得到稳定和连续雇用的保证 |
| 挑战型职业锚 | "擂台达人"<br>喜欢解决一个比一个困难的战略任务；（特别体现在军事和运动相关领域中） | 是否经常有挑战自我的机会 | 自我发展需要强烈；给予挑战机会 | 胜出 |
| 创造/创业型职业锚 | "创新达人"<br>着迷于实现创造的需求；不断地创造新的产品或服务；需要不断接受挑战 | 最看重所有权；不为自己支付很多工资，但控制着股票或相关专利；积累财富是一种向他人证明成功的方式 | 允许他们做自己想做的事情；有一定权力和自由的角色，满足自己不断创新的需求 | 创造财富和拥有一定规模的企业；高知名度和公众认可 |
| 服务/奉献型职业锚 | "公益达人"<br>喜欢能体现个人价值的组织或社会 | 基于贡献的、公平的、方式简单的薪酬；钱不重要 | 认可他们的贡献 | 来自同事和上司的认可和支持；共享自己的核心价值 |
| 生活型职业锚 | "平衡达人"<br>职业和生活需有效整合；需要职业时间与空间上的弹性和灵活性 | 能够满足职业的需要、家庭的需要、个人的需要 | 灵活性胜过一切；不能违背三合一的需要 | 平衡 |

以上分析有利于我们充分理解职业锚的概念和判断自己的职业锚倾向,理解不同职业锚类型的人互相之间有什么不同。

### 三、职业锚类型之间的区别

职业锚的定义决定了每个人只能有一个职业锚。在了解自己所属的职业锚类型时,也需要学会区分几种职业锚之间一些细微的差别。

#### (一)自主/独立型职业锚 VS 创造/创业型职业锚

属于自主/独立型职业锚的人希望从职业中获取更多的自主性。这种类型的人发展自己的事业是源于对自主独立的需要,希望独立完成工作。相反,属于创造/创业型职业锚的人发展自己的事业,是源于想证明自己能够创立属于自己的企业。在创业早期他们可以牺牲自由和稳定,愿意借助组织手段达到事业成功,也会从事传统的职业以积累经验。

#### (二)自主/独立型职业锚 VS 生活型职业锚

属于自主/独立型职业锚和生活型职业锚这两种类型的人都需要弹性和灵活性。但区别在于,前者拒绝组织的约束,后者则愿意为组织服务。生活型职业锚的人只要拥有想要的灵活度,可以接受组织的规则和限制。

## ▶ 第三节　我的职业路径

职业路径,是一个职业人为得到目标工作所必需或值得去做的步骤,是一个人如何管理自己职业生涯的主观体现。下面将介绍各个职业锚倾向的案例,帮助同学们理解不同职业锚倾向对应的职业路径。

### 一、技术/职能型职业锚倾向的职业路径

**生涯**案例

### 专注出技能　坚韧造成功

小汪是电梯工程技术专业学生,他从小就喜欢鼓捣电子产品。他在拆拆装装中,很容易获得幸福感和成就感。大学读书期间,本着谦虚好学、勤学好问的精神,他一有时间就到机电系里揪着老师们问这问那。在大二期间,小王曾代表学校参加省上的大学生电子电路设计大赛,竞赛场上不乏来自重点本科院校的参赛者。但凭着过硬的个人技能以及平时的刻苦钻研,小汪战胜了众多有强劲实力的对手,取得了全省第三的成绩。他做出来的电子作品更是多次被学校电子设计专业权威教授誉为精品,并多次在校内外展出。

同时,小汪同学还积极利用学校社团作为专业技能实践平台。他担任了学校电子协会副

会长一职，主要负责学校各类型联谊晚会的灯光设计，形象布置，以及过程操控。基于对电子灯光设计布置的浓厚兴趣，小汪曾在此行业做过正式晚会演出，还接受过香港专业灯光音响工程公司的专业培训。小汪一直在协会里起着标杆作用，义务向其他同学不断传授自己所学到的知识和经验。

毕业实习期间，小汪参加了学校与企业合作的电梯培训实习班。指导老师非常喜欢他坚韧不拔、一丝不苟、认真务实的性格，将其推荐到迅达电梯上海总部参加工作。到了上海，小汪一开始是进入安装队跟着师傅到工地进行电梯安装工作。凭着较强的对新事物的接受能力，他在很短的时间里熟悉了电梯的整体安装工艺及过程，得到了公司领导的认可。

凭着扎实的安装经验，小汪被调入了总部的技术支持部门，此时此刻他遇到了工作中最大的瓶颈：部门的员工百分之九十都是外国人，要以英语来沟通。语言成了小汪工作的最大障碍，但是他深信没有事情是自己做不到的！在那段时间里，小汪一下班就跑到人民广场，厚着脸皮不断找外国人搭讪。一开始，他甚至都不知道自己在说什么。晚上回到宿舍就不断看外国电影，一字一句重复播放，不停地背常用的单词。在半年时间的强攻下，这一瓶颈终于被小汪突破，他可以轻松地和外国工程师交流了。正因为如此，小汪所能得到的技术面更广了，他学到了电梯行业最顶尖的安装技术以及最新的电梯控制系统调试技术。这一刻，小汪已经站到了一名普通毕业生要奋斗十多年才能达到的高度。

根据小汪案例的演绎过程，可以描绘出小汪的职业路径，如图4-3-1所示。

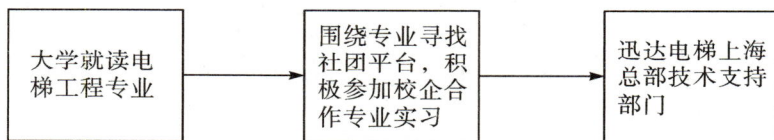

图4-3-1 小汪技术/职能型的职业路径示意图

小汪的职业锚测试数据如图4-3-2所示。事实上，小汪技术/职能型职业锚倾向从小就有所体现，在校期间得到了证实和发展，在实习和工作岗位上更是具体体现了技术/职能型职业锚的价值观和人力资本。小汪的职场故事，能够清晰地体现这种职业锚类型人群的特点。

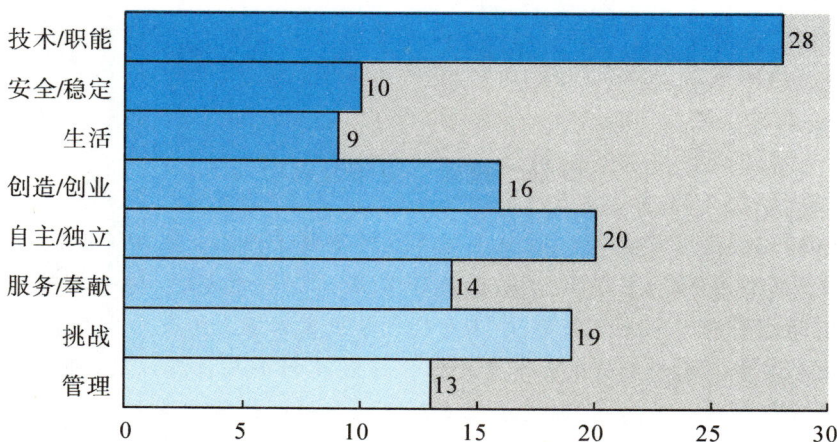

图4-3-2 小汪技术/职能型职业锚直方图

小汪同学喜欢从事具体的技术工作，在解决技术问题中获得职业成就感和满足感，在校期间靠着勤奋历练出过硬的技能，实习期间排除万难取得惊人成绩，毕业后因为实操技能、动手能力非常强，工作认真务实，积极进取，所以在电梯技术领域不断高升。不管他换过几个工作单位和工作地区，他一直选择的是与他的技术专业和爱好相适应的工作，由此可以发现小汪同学具有明显的技术/职能型职业锚倾向，他的专注、坚韧是我们学习的榜样。

属于技术/职能型职业锚倾向的大学生，是最为幸运的群体。首先，职场上属于该领域的职业群最为广泛，招聘数量最多；其次，大学的专业学习可以大大提升我们技术/职能型领域的才干，这种教育的支撑最为直接。相较之下，创造/创业型、安全型、自主/独立型和管理型在大学教育所获得的支撑就逊色许多。为了追求在专业领域内的发展，对我们来说十分重要的是：牢固地掌握专业理论，熟练地掌握专业技能。例如，认定将来从事医疗研究和临床工作的医学生，从事建筑设计的建筑系学生，从事软件设计的计算机系学生等，这些行业的职业技术性都相当强。我们在构筑自己的职业生涯规划时，要把主要精力放在专业知识学习和专业技术技能培养上，通过课堂学习、课外沙龙、专业实训实验、科研训练、社会实践活动等途径，使自己的专业知识与能力向广度、深度方面进一步发展。

## 二、管理型职业锚倾向的职业路径

**生涯知识**

### 社团的管理达人

马同学是大一新生，最近总是觉得在挤时间学习，他整天都在忙，每天除上课听讲外几乎没有时间看书。因为他参加了五个学生社团，还在其中的一个社团担任负责人。他每天要考虑社团的活动组织，还要参加其他社团的活动，忙得焦头烂额，根本没有时间预习和复习功课。

他经常听到别人说大学生要锻炼能力，否则将来找工作时就会处于竞争劣势，尤其他希望自己将来从事管理岗位。所以他一点也不敢怠慢，总想多参加活动，多组织活动，以此来锻炼自己的组织能力，为今后的职业发展做好准备。

可是这样一来他又觉得学习成绩会受到影响，心里很不踏实。后来，辅导员宋老师和他沟通谈话，发现他忙于社团活动，没有精力学习。宋老师问他，作为一名大学生最重要的事情是什么？他提到是能力的锻炼和提高，为将来做好准备。宋老师说能力是否包括对新的学习生活的适应能力和学习书本知识的能力？和老师的简短沟通让马同学突然明白，学习成绩也是一种能力的体现。什么事情都不能心急，要适应后再去做，要静下心来好好规划。

他马上退掉了四个社团，留下一个自己最感兴趣的社团继续做工作，将以前用于课外活动的时间用在课业学习上。因为能否管理好自己也是管理能力的一种体现。大二的时候他学习成绩排在了专业前十名，同时成功竞选了校学生会成员，担任社团工作部部长。除此之外，他还参加了暑期社会实践和实习,了解社会和职场。通过他的努力,学校社团从原先的二十几个扩展到了近四十个,而且社团工作部各项工作在他的管理下有条不紊地开展。大四时,他得到好几家公司的 offer,经过多次面试后,他最终选择了一家跨国集团的管培生岗位。

根据以上案例,可以描述出马同学的管理型倾向的职业路径,如图4-3-3所示。

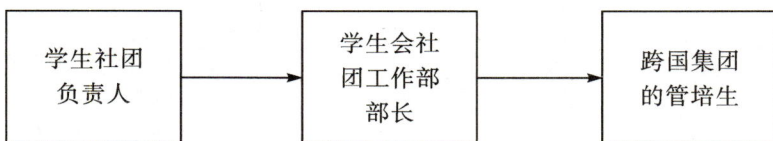

图4-3-3　马同学管理型的职业路径示意图

根据马同学的管理型职业锚倾向,可预见未来他要走的管理型职业路径如图4-3-4所示。

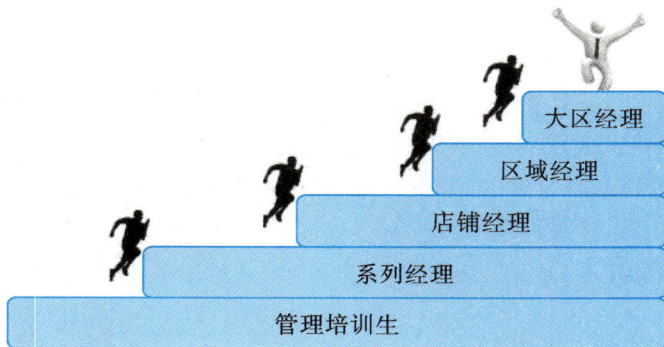

图4-3-4　未来马同学的管理型职业路径示意图

马同学热爱管理工作,在学校时就围绕着如何培养自己的管理能力而积极寻求实践平台和机会,并成功平衡了锻炼能力与学习两者之间的关系,毕业后顺利实现了自己的梦想,成为管理培训生。根据职业锚测试(如图4-3-5所示),马同学是个具有典型的管理型职业锚倾向的大学生。

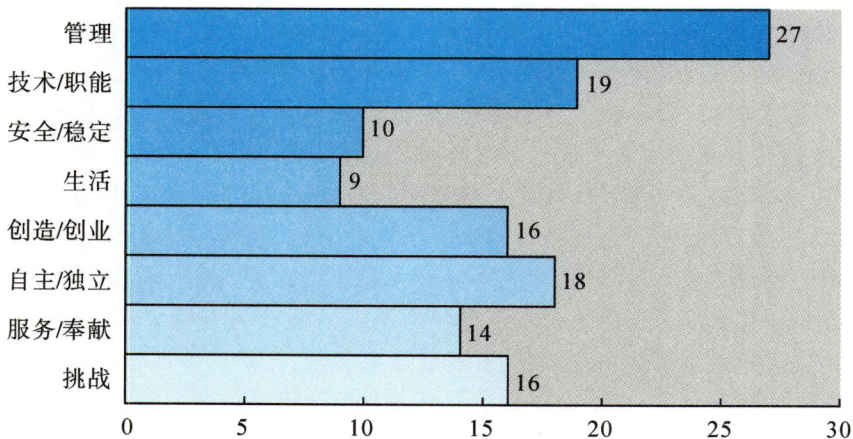

图4-3-5　马同学管理型职业锚直方图

从上图中我们发现,位列管理型之后的职业锚是技术/职能型。这是马同学价值观调整的结果,也是大学的专业学习提升了专业才干的结果。毕竟即便是管理培训生,也只是管理者的预备者,在职业预备阶段,还是需要轮岗,从各个部门的专业工作起步。如果专业知识基础和专业技能被忽略,工作业绩不能成为同辈人中的佼佼者,就有可能被视为能力不足,最终失去晋升管理职位的机会。所以即便是选定了管理型职业锚,也还是需要跨学科选择一两项专业领域作为管理者的起步,或者在学好专业的基础上,跨学科辅修管理类课程,同时学习参与和带领团队工作。如果将管理本身作为最终目标,学习现代管理的方法和手段、锻炼和培养管理能力甚为重要。

如图4-3-6所示,这是职场上最常见的职业发展双通道。无论走管理型职业路径还是技术/职能型职业路径,在职业准备期就要打下扎实的专业基础、提升综合能力,步入职场后,再结合自己的职业锚倾向,就可以事半功倍地管理好自己的职业生涯。

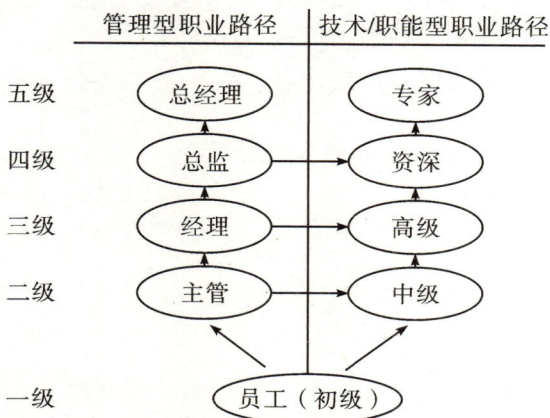

图4-3-6 技术/职能型、管理型职业发展双通道示意图

### 三、创造/创业型职业锚倾向的职业路径①

**生涯** 案例

### "爱折腾"的小张

2008年,小张考入了北京某高校法律系。这个被妈妈称为"爱折腾"的孩子,进入大学后确实没少折腾。

他用打杂工攒的钱和朋友合伙开了一家乐器店,没什么动静,很快退了股。后来也研究电商,B2B、B2C和App,还是没有成功。他还混迹在北京各个创投圈和投资者沙龙,到处兜售自己的点子,却都没有下文。小张在娱乐圈也混迹了五年,一直兼职做一个民歌歌手的经纪人。

---

① 张文君,高伟籍,《浅谈职业锚理论在大学生职业生涯规划中的应用》,《中小企业管理与科技(上旬刊)》,2011年06期,第130-131页。

直到开了米粉餐馆，才开始"发迹"。

对于职业他有着自己的看法："无论未来如何，能够做自己喜欢的事情，体验过程而非结果，生活着而不是生存着。纵使将来去扫大街，若能获心安，也自认是人生大赢家。"他的导师也经常教诲他："岗位无高低，只是分工有所不同。"这让小张进一步明白职业根本就没有"是大学生做的"和"不是大学生做的"的区别。任何一种职业，只要自己喜欢，用心去做，最后都能够对社会有所贡献。

于是，小张选择了自己创业开米粉餐馆。他联系了三位朋友，和他一起来做这件事情。为了开好这个餐馆，小张走街串巷吃遍了老家的米粉店。经历了拜师、学艺一系列的过程，又通过餐饮协会邀请到当地最有名的几家米粉店的主厨品尝，最后才制作出自己门店的配方。小张说他尊重他的米粉，尊重餐饮业。他看了将近十次《寿司之神》，力求每一个环节都做好、做到极致。有人问他有没有想过事情失败了会怎样？他想了想回答说：从开业的第一天起，对他自己而言，他就已经成功了。他觉得，外在的东西没有可以再争取，重要的是要打破自己内心的条条框框。

根据小张的创业故事，我们可以总结出其大学阶段的创造型职业路径，如图4-3-7所示。

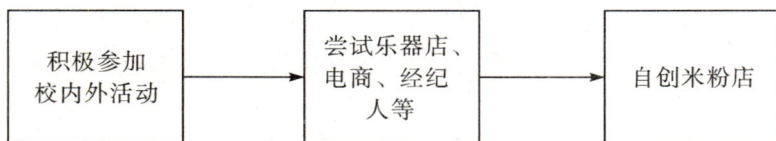

图4-3-7　小张创造/创业型的职业路径示意图

小张在大学期间尝试创业，毕业后通过扎实的行动、用心的创造把米粉生意经营得风生水起。这一切都证明了他是具有强烈创造/创业型职业锚倾向的人。

图4-3-8向我们展示了小张的创造/创业型职业锚的职业密码。创造/创业型职业锚得分（28分）高居榜首自然不出所料，位居第二的自主/独立型职业锚（20分）、位居第三的挑战型职业锚（19分）也大有奥秘。如果没有自主独立的追求，没有应对挑战的能力和勇气；如果追求生活安逸，追求安全稳定，创业绝对不可能成为小张的选择。

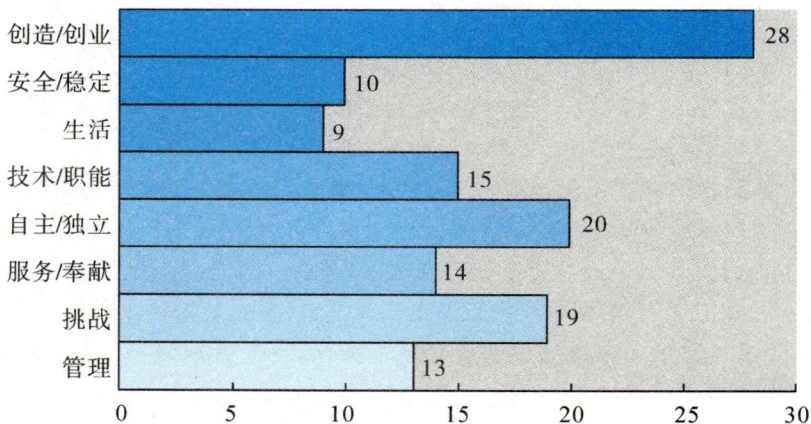

图4-3-8　小张创造/创业型职业锚直方图

创业的前提是创新,创新的前提是创意。事实上,不仅创业需要创意和创新,就业也同样需要创意和创新。创意、创新与创业合成的创造价值链,可以为雇主创造超额利润,满足自己的需要、发挥自己的才干,并且符合自己的价值观。本教材第七章创造自我,就是为我们提升创造力而准备的。

### 四、安全/稳定型职业锚倾向的职业路径

安全稳定,一般有两个来源:其一,来源于雇主提供的安全保障。其二,"万贯家财不如薄技在身",用不断提升专业能力的方式以免除失业的担忧。小王的例子就很典型。

**生涯** 案例

### 适合自己的才是最好的职业

小王大学毕业时考上了研究生。研究生毕业后又顺利留在了母校的教研室做了助教,从此便一头埋在了工作中。原先小王希望好好工作,获得领导青睐,读一个博士,就可以终生无忧了。

开始时,小王和同事都相处得很好,他的课也颇受学生欢迎,日子过得充满希望。可随着时间的流逝,他发现大学并非他想象的那样神圣。"学阀"和派系、小圈子构成了极其复杂的人际关系,要想周旋于其中,必须巧妙地运用处世哲学。可对于小王来说,这是他最不擅长的事情。工作几年下来,他没有如愿读博,职称晋升也是遥遥无期,小王常常闷闷不乐。

在咨询师的建议下,小王去做了职业锚测评和四型人格测试。报告结果显示:小王的安全/稳定型职业锚得了33分高居榜首,位居第二的是技术/职能型职业锚,获得安全稳定的手段主要依靠自身的专业能力。要证明自己专业能力升级,就需要读博士、评职称。就他目前的工作环境而言,要想如愿以偿需要较强的人际交往能力。但是,小王的性格很内向,属于无尾熊型特质,这使他的职业发展受阻。

是不是可以避开学位和职称的硬约束呢? 小王怀着对职业的新期望,决定报考同属于安全/稳定型职业锚的公务员。结果,他幸运地以优异成绩通过了考试,就职于政府的统计局。他的性格正好适合这种工作,也可以充分发挥他的技术潜力。工作不久后,小王用创新的统计工具,大大提高了工作效率。在受到上级重视的同时,工作也很愉快。

小王职业锚测试结果如图4-3-9所示。

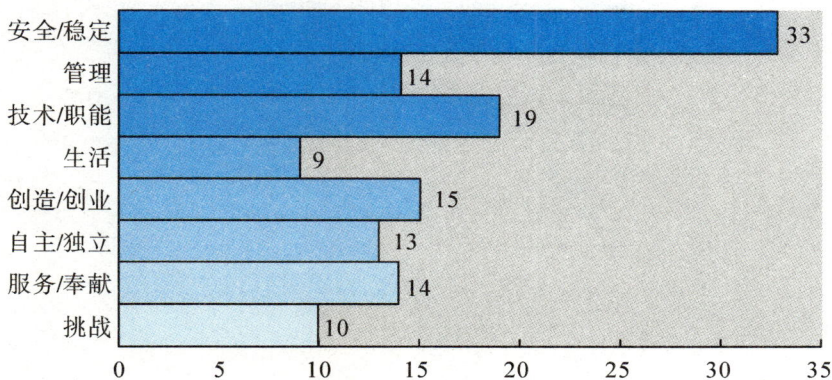

图4-3-9 小王安全/稳定型职业锚直方图

从大学本科到目前为止,小王的职业路径如图4-3-10所示。

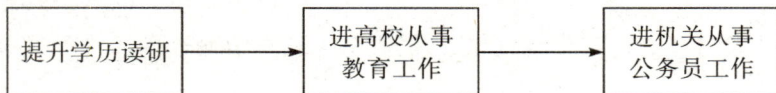

图4-3-10　小王安全/稳定型的职业路径示意图

小王通过性格适应性和职业锚测试,充分了解了自己的性格类型和职业锚倾向。他放弃了职业发展无望的大学助教工作,选择了学位、职称要求不高,专业技术性较强、避免过多与人打交道的统计局公务员的工作,所以工作愉快。无论是大学助教还是统计局的公务员,均属于安全型的职业锚。即便是读博和晋升职称也都是通过提升专业能力的方式来增加安全感的。

倾向于安全/稳定型职业锚的人应着重培养自己的技术专长,如优秀的学业成绩、高学历、高职称,等等,为将来从事工作的安全稳定打下良好的基础。在当前这个瞬息万变、竞争意识极强的社会,要保持职业的稳定,必须发挥自己的优势,或是专业上的,或是管理上的,或是社交上的,这样才能坐稳自己的位置。同时既要拥有知足常乐的心态,又要有不断进取的精神,才能使自己立于不败之地。

安全/稳定型职业锚倾向的人,在职业生涯管理时不仅要发挥自己的优势,还应关注职场变化,并为此提前进行思想和能力准备。

### 五、自主/独立型职业锚倾向的职业路径

**生涯** 案例

### 韩寒的职业是什么?

1982年出生的韩寒,一个从高一退学的叛逆少年,32岁时被美国《时代周刊》评选为"全球最具影响力100人",韩寒的得票列居第2名、在总排名中名列第24位。

曾经有人在网络上提问:韩寒的职业是什么? 网友们纷纷响应作答,其中一位网友列举最多:青年领袖、作家、博客写手、职业赛车手、杂志创办人、长跑业余运动员、业余摄像、业余音乐明星、MV导演、网络作家、明星、业余写词人等达12项。如果再加上2014年成为热门电影《后会有期》的编剧和导演,他的职业菜单长达14项。

韩寒虽然职业众多,却非真正属于哪一个组织。从接近成年开始,他就拒绝了松江二中、复旦大学、作家协会这些赫赫有名的组织。或许也可以争辩说,是这些组织拒绝了韩寒。其实凭借韩寒的才能,只要他愿意,完全可以成为这些组织中的佼佼者。非不能,是不愿也! 就是这样一位不循常规的人,恰恰把职业锚抛在了独立自主的港湾。无论韩寒从事多少种职业,只关乎其职业资本,不妨碍其职业自由。

"生命诚可贵,爱情价更高。若为自由故,两者皆可抛。"裴多菲的著名诗句在战争年代激励了无数先烈,他们抛头颅、洒热血,换来了我们今天自由民主的新中国。在和平年代,这首诗则是崇尚独立自主一族的心理写照。这里主要介绍自主型的内涵及特点,并且讨论如果我们倾向于自主/独立型职业锚时,如何管理自己的职业生涯。

## （一）自主/独立型职业锚的内涵

作为自主/独立型职业锚倾向的人，他们的行为基本以自己的动机与需求为中心。这通常意味着这类人不会放弃任何以自我意志或方法定义职业生涯发展的机会。他们追求自主和独立，不愿意受别人约束，也不愿受程序、工作时间、着装方式等规范的制约。不管工作内容是什么，自主/独立型的人都希望能在工作过程中用自己的方式、工作习惯、时间进度和自己的标准来完成工作。

表4-3-1将自主/独立型与技术/职能型职业锚的人群进行了对比，其实前者是后者的极端表现。为了追求自主与独立，他们宁愿放弃安逸的工作环境或优厚的薪金待遇。他们倾向于从事极具自由的职业，比如自由顾问、教授、独立的商务人士、销售员，等等。即便被局限在一个组织内，他们也希望职位能够具有灵活性与独立性；他们甚至会因为希望保留自主的权力而放弃晋升与发展的机会。

表4-3-1　自主/独立型与技术/职能型职业锚的对照表

| 比较因素 | 自主/独立型职业锚 | 技术/职能型职业锚 |
|---|---|---|
| 个人状态 | 自由达人 | 专业达人 |
| 个人能力 | 更强的理事能力、专注能力 | 一定的理事能力、专注能力 |
| 个人收获 | 更大的自由空间和更大的自主权 | 工作任务的容量、难度的提升 |
| 职业资本 | 天赋与执着 | 训练和努力 |
| 职业存在 | 作家、画家、设计师、教授、顾问、小企业主 | 组织内的工程师、医师、会计师等 |

属于自主/独立型职业锚的人喜欢专业领域内职责描述清晰、时间明确的工作。承包式或项目式工作，全职、兼职或是临时性的工作都是可以接受的。倾向于为"有明确工作目标，却不限制工作完成方式的组织"效力。即便是在组织内愿意接受组织强加的工作目标，但希望按照自己喜欢的方式完成工作。他们喜欢基于工作绩效的工资、奖金，希望能当即付清，以便自由安排。他们希望基于自己以往的成就获得晋升机会，希望从新的岗位上获取

**生涯寄语**

> 一个研究人员，可以居陋巷、吃粗饭、穿破衣，可以得不到社会的承认。但是只要他有时间，他就可以坚持致力于科学研究。一旦剥夺了他的自由时间，他就完全毁了，再不能为知识作贡献。（坎农）

更多的独立和自主权。如果新的职位赋予了更高的头衔和更多责任，却剥夺了自由工作的空间，他们会感到难以接受。在激励方式中：他们最喜欢直接的表扬或认可，勋章、奖品、证书等奖励方式比晋升、获得头衔甚至是金钱更具吸引力。对他们而言，最有效的激励方式是在工作上获取更大的自主空间。

## （二）自主/独立型职业锚与自由职业

作为自主/独立型职业锚的人，他们期待成为自由职业者。自由职业者也作"自雇人士"（self-employed），他们不隶属于任何组织。

生涯 *知识*

### 自由职业者的别名

自由职业者的别名有：顾问、临时工、承包人、自由代理人、单飞雁、独行侠、单干户、自由工、唱独角戏的、靠电话联系进行工作的人、电信通（指精通电子的人）、虚拟雇员、虚拟企业主。

在中国，自由职业者包括四类：第一类是服务提供者，如管道工、电工、木工、瓦工、搬运工等；第二类是小本生意人，如个体零售店（含线上和线下）、小吃店、美容美发店、咖啡店、冲印店、装修公司，甚至会计、律师、设计事务所等；第三类是没有底薪的推销员，如寿险顾问、地产经纪、广告中介等；第四类是专业人士，如摄影师、专利代理人、律师、会计师、牙科医生、技术顾问、管理顾问、艺术家等。大学生基本可以四类通吃，尤其可以以专业技术含量比较高的职业为重，根据自己的职业资本来选择。比如医护专业可以成为自由的医疗职业者，例如医生、药剂师、治疗师、护理师、康复师等。法律、经济类专业学生可以成为自由的法律和经济咨询职业者，例如律师、税务顾问、投资顾问、理财顾问、公证人等。建筑、设计类专业的大学生可以成为自由技术职业者，例如建筑师、工程师、鉴定人、设计师等。语言、新闻、教育专业的大学生，可以考虑成为自由的文化职业者，例如记者、教育家、翻译等。自由职业者在自己的指导下自己找工作做，由于互联网的不断发展，让他们可以不拘泥于时间和地点，经常但不是一律在家里工作。

#### （三）自主/独立型职业路径人群的职业生涯管理[①]

##### 1. 我的自主/独立型职业资本

就职业倾向而言，属于霍兰德六种职业类型的人均可能选定自主/独立型职业锚。不同性格类型的人也均可成为自主/独立型的人，根据 MBTI 理论的性格类型，自主/独立型的人需要在从事的自由职业中注意扬长避短。比如对于作家、自由撰稿人这个职业，感觉型的人适合创作刑侦类作品，而直觉型的人更适合创作科幻类作品……

作为一名自由职业者，必须至少有一项能够安身立命的本领，比如写作、摄影、动画制作等。对于那些一无所有，一无所长的待业人员、失业人员是不能被称作自由职业者的。成为自由职业者并不是一件容易的事情，必须具有一定的知识与技能、社会生存能力和坚强的意志。

任何约束、束缚、规章、制度、流程，都可能会让这一职业群的人感觉到压抑。属于自主/独立型职业锚的人不喜欢被组织约束，所以很多情况下也不会主动争取组织的资源和团队的合作。不求组织，必求自己。所以单打独斗的人需要更强大的个人能力，包括先天和后天两个方面，尤其对社交方面的要求甚高。

值得注意的是，属于自主/独立型职业锚的人群，并非真的完全独来独往、包打天下，他们对社会的依赖度高于组织。因此，业务来源，靠社会资本；业务合作，也靠社会资本。从某种意

---

① 崔月琴，刘秀秀，《自由职业者的从业选择与生存困境分析》，http://www. sociology. cass. cn/xscy/ztyj/zzyqt/200906/t20090626_1981030. shtml.

义上说,社会资本是自主/独立型职业者的生存基础。

**2. 我的自主/独立型职业路径**

自主/独立型的职业方式与组织的关系,一般有远离组织、签约组织、进入组织三种状态。

(1)远离组织。这群人是纯粹意义上的自由职业者。简单来说,个人选择自由职业的决策是经济因素、现实结构性因素和个人工作理念的混合产物。他们工作方式可能完全是个人对个人,也可能涉及组织。

**生涯案例**

### 从编辑做起的两条职业路径

一个自媒体编辑,如果在组织内该怎么发展呢?一般人会从编辑到资深编辑,再到频道运营,最后做总编。

但微信公众号"餐饮老板内参"的创始人秦朝不这么想。起初他在写餐饮行业文章时,发现了餐饮行业老板的焦虑。于是思考,为什么不为餐饮老板专门做一个刊物呢?就出现了"餐饮老板内参"微信公众号。有了内容后,慢慢有人提出,我们不仅需要你的内容,还想见面,自然产生了"餐饮老板社群"。等社群做到一定程度以后,老板们认为聊天还是不够,能不能请老师过来认真分享一下经验,于是就有了"餐饮老板商学院"。秦朝的职业路径如图4-3-11所示。

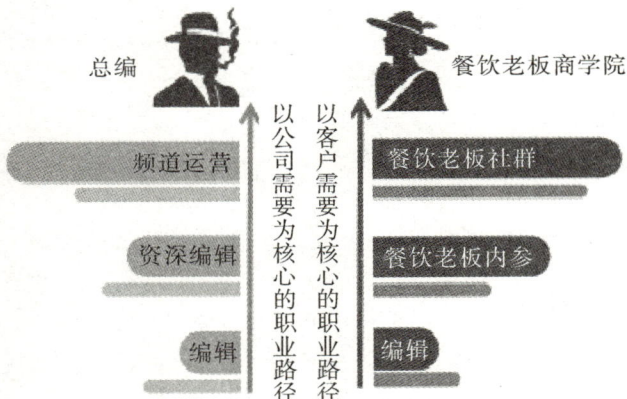

图4-3-11　从编辑做起的两条职业路径

(2)签约组织。签约职业是在法律上与组织对等的职业状态。这样的平等和自由,相对于组织内职业人来讲是极具诱惑力的,比如签约作者、签约演员、专栏主持人等。自由职业者享受着无拘无束的自在生活,但若水平和名声尚不能达到"签约"的高度,有时也要以生计的窘困作为代价。但是无论如何,对这种生活方式的向往,一直就是绝大多数不满于打工生活的人的梦想。

(3)进入组织。组织内的自由职业,通常也称为半自由职业。虽然人们对自由职业有种种渴望的情绪,不满组织生活的种种弊端,但大多数人还是会选择主流的组织生活方式。在组织内做一个相对自由的职业人,他们牺牲了一定的自由度从而换来一定的稳定安全感。比如在一个企业当一名销售人员、在医院当一名医生、在律师事务所当一名合伙律师、在会计师事务所当一名会计师,在大学当一名教授,等等。

当然,在我们的职业生涯中,三种状态并非相互排斥、非此即彼。其实,这三种状态完全可以组合在一个人的职业生涯中,形成自主/独立型的职业路径。比如职业初期可以考虑进入企业从事销售工作,积累经验和人脉后可以考虑与企业签约帮助企业代销产品,客户积累足够就完全可以前店后坊、自产自销。

综上所述,我们可以总结出典型的自主/独立型职业锚的职业路径。如图4-3-12所示。

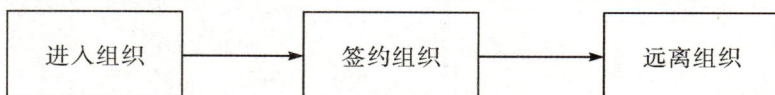

图4-3-12 自主/独立型的职业路径示意图

## 六、服务/奉献型职业锚倾向的职业路径

**生涯**案例

### 纸短情长的公益人

小王是某高校计算机专业的学生。他的大学生活中少不了"公益"二字,有志愿者为伴的大学是充满爱的。一入校,他便积极投身于各类社会实践和志愿者服务活动中。他说,是志愿者活动让他提高了很多技能,比如唱歌、绘画、活动策划,更重要的是,通过志愿者活动,他懂得了父母的不易,心也跟父母贴得更近了。志愿者活动留给他很多珍贵的回忆:关于机场活动的落地、在科技馆度过的大年初一、与周家渡孩子们的约定等。这些有血有肉的时光,撑起了小王大学四年的一方天地。随着经验的增加,小王从一名参与者变成组织志愿者服务活动的负责人,虽然身份在改变,但他初心不变。到大四毕业时,小王参与大大小小志愿者活动的服务时间累计达1500多个小时,他也成了学校志愿者服务时间最长的志愿者。

在做志愿者以外,他专心投入计算机学习,从网络到编程,他领略到了代码也如诗一般优美。大四参加实习,接踵而至的项目,让他在技术上突飞猛进。他也是个懂得感恩的人,他决定把爱带回故乡,把经验和正能量传递给后来人。小王怀着对职业新的期望决定从事基础教育行业,并且顺利通过了面试,正式成为一名光荣的乡村小学教师。他也决心在这个岗位上发光发热,教书育人。

根据小王的经历,我们可以描绘出小王的职业路径,如图4-3-13所示。

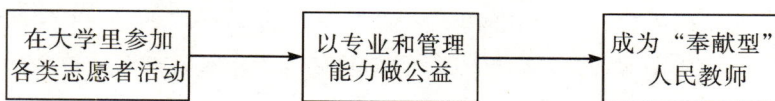

图4-3-13 小王服务/奉献型的职业路径示意图

小王的职业锚测试结果如图4-3-14所示。小王的服务/奉献型职业锚得了35分,高居榜首,管理型和技术/职能型的分数紧随其后。他在大学期间积极参加志愿服务活动也印证了他喜欢从事服务/奉献型的工作,并且为之投入了非常高的热情和相当多的时间精力。可以预期,小王实现服务和奉献的手段将主要依靠自身的专业技能和管理能力来实现。

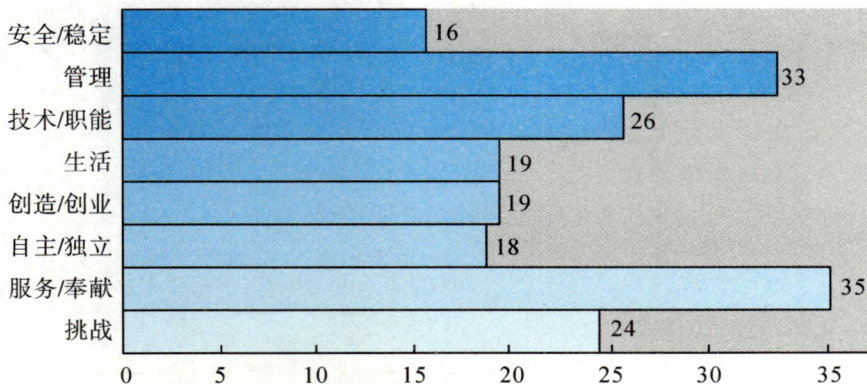

图4-3-14　小王服务/奉献型职业锚直方图

作为服务/奉献型职业锚倾向的人群，有着强烈的为他人服务、为社会服务、保护环境等价值观。这类人往往以自己的价值观为导向，而不是以自己的能力为导向。有这种职业锚倾向的人，经常会被帮助他人的职业所吸引，如医生、护士、教师、社会

工作者、军人，以及许多在非政府组织工作的人。当然，在一些其他工作领域中的人也会体现出这样的特征。例如，在法律援助中心义务服务的律师，致力于环境保护的科学家，或者致力于社会公共服务的管理者。因此，走专业技术路线的人的职业锚倾向也有可能是服务/奉献型的。

　　无私奉献是高尚的。在历史的长卷中，它是"鞠躬尽瘁，死而后已"的许诺，是"春蚕到死丝方尽，蜡炬成灰泪始干"的情怀，是"先天下之忧而忧，后天下之乐而乐"的担当，是中华民族绵延千年、取之不尽的精神财富。马克思说："历史认为那些专为公众谋福利从而自己也高尚起来的人物是伟大的，使大多数人得到幸福的人，他自己也是最幸福的人。"

### 七、挑战型职业锚倾向的职业路径

**生涯案例**

#### 我要做到最好

　　申屠从小就是一个不安分的人，不断地挑战自己是他的一种习惯。初中时，学校安排他报名参加元旦登高比赛，连续两年他咬牙拿了第一。挑战面前要能拿出足够的实力，所以坚持不懈地训练是面对挑战最好的对策。身体挑战如此，学历挑战依然是这样。他读中专的四年时间里，前两年时间基本都用在了锻炼身体上，后两年时间他为了大学梦沉浸在知识的海洋：白天在中专部上课，放学后就到对面的高中部去听课做卷子一直到深夜。临近高考前，申屠惊喜地发现自己和高中部的同学学科水平相差无几，最后顺利地考上了某大学的艺术设计专业。

　　考上大学后，申屠又报名参军，想到部队继续锻炼自己。入伍后，他刻苦训练，一路刷新提高自己的训练成绩，不停地完成组织安排的任务。其间参加了班长培训班、宣传骨干集训班、

反恐应急分队演习、野外武装拉练演习、抗洪抢险救灾等多次重要活动，荣获新训嘉奖一次、嘉奖令两次、优秀士兵勋章一枚、优秀义务兵勋章一枚、全师四会教练员评比第一名。两年时间，他圆满地完成了自己定下的所有目标。

重新回到大学，申屠把主要精力都放到了专业学习上，以"把社会画得更美好"为自己的行动指南，在专业领域争取做到最好。

根据申屠同学的经历，我们可以描绘出他的职业路径，如图4-3-15所示。

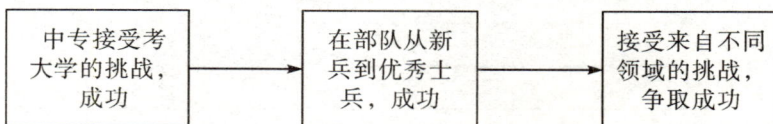

中专接受考大学的挑战，成功 → 在部队从新兵到优秀士兵，成功 → 接受来自不同领域的挑战，争取成功

图4-3-15　申屠挑战型的职业路径示意图

如图4-3-16所示，是申屠的职业锚测试数据。申屠的成长故事，能够清晰地体现出挑战型职业锚的特点。不管是在中学、职校、部队，还是大学，他都会寻找挑战自我的机会，并且从胜利中收获成就感和满足感。挑战型职业锚倾向的人群身上坚忍不拔的意志品质是值得我们学习的。

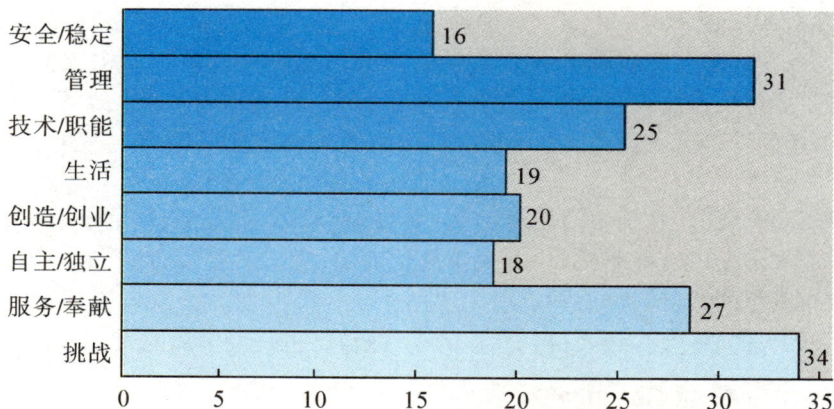

| 类别 | 数值 |
|---|---|
| 安全/稳定 | 16 |
| 管理 | 31 |
| 技术/职能 | 25 |
| 生活 | 19 |
| 创造/创业 | 20 |
| 自主/独立 | 18 |
| 服务/奉献 | 27 |
| 挑战 | 34 |

图4-3-16　申屠挑战型职业锚直方图

挑战型职业锚倾向的人，与技术/职能型职业锚倾向的人的区别在于后者只专注于一个专业领域内的挑战，前者则对所有领域的挑战跃跃欲试。属于挑战型职业锚倾向的人群，可以先进入自己感兴趣的领域，再接受来自这个领域的任务和挑战。在这里需要强调的是，挑战总有胜负，挑战型职业锚倾向的人更需要培养自己的抗挫能力。在参与或者从事某一项艰巨任务和挑战前，要做好充分的心理准备。要知道：全力以赴参与的过程，本身也是一段可贵的人生经历。

生涯寄语

所谓活着的人，就是不断挑战的人，不断攀登命运峻峰的人。（雨果）

## 八、生活型职业锚倾向的职业路径

**生涯**案例

### 我的生活我掌控

小周是新闻专业的一名学生,受在电视台工作的父亲的影响,对记者这个职业非常向往。大学期间,她刻苦学习专业知识,充分利用寒暑假到报社、电视台参加专业实习实践。毕业后如愿以偿进入当地的市级电视台,成为一档新闻栏目的外景主持。小周虽然是个女孩子,但是肯吃苦,因为工作的关系,几年间几乎跑遍了她所在的城市的各个角落,工作得到了领导和同事的好评。

和其他同龄人一样,小周也在工作稳定后结婚生子。幸福的家庭生活反而让她对原本为之奋斗已久的新闻工作产生了放弃的念头。每次在家陪伴小孩时突然接到要出外景、跑新闻的工作消息,小周都感到万分无奈。痛定思痛,小周在工作满五年之际,毅然选择辞职,离开了这个很多人都羡慕不已的岗位。她凭借撰写新闻稿件扎实的基本功,考取了当地的公务员,成为党政办的一名文员。虽然工作依然忙碌,但是不会在半夜突然接到任务要外出,朝九晚五的生活让小周感觉到更加满意,也有了更多的时间经营自己的小家庭。

根据小周的经历,我们可以描绘出小周的职业路径,如图4-3-17所示。

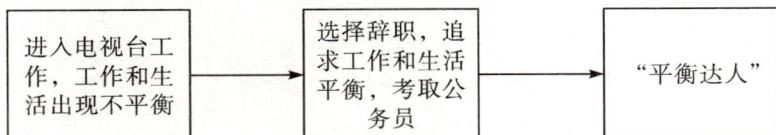

进入电视台工作,工作和生活出现不平衡 → 选择辞职,追求工作和生活平衡,考取公务员 → "平衡达人"

图4-3-17 小周生活型的职业路径示意图

从小周的职业锚测试(图4-3-18)我们可以发现,她得分最高的是生活型职业锚。但其他七种类型之间的分数很接近,这就给了小周职业选择的空间。这也是小周价值观的体现:家庭、工作和个人之间需要平衡。

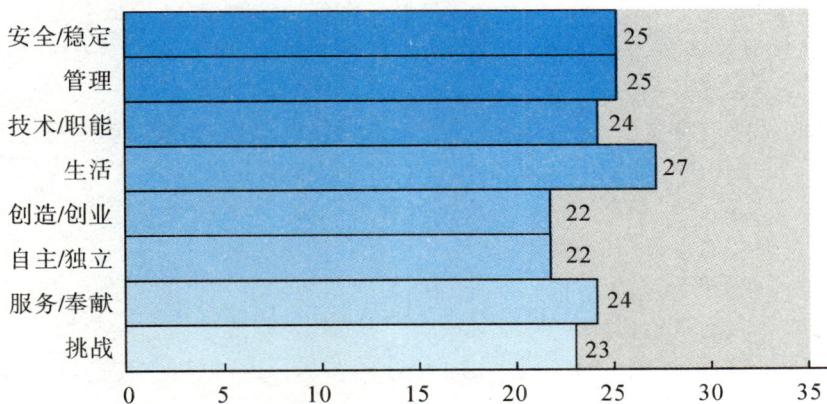

图4-3-18 小周生活型职业锚直方图

需要指出的是：生活和职业之间的平衡从来不是一件易事。近年来"躺平"词条火遍网络，其含义是：无论对方做出什么举动，你内心都毫无波澜，对此你不会有任何反应或者反抗，从心理上表示顺从。这与当年的网络热词"佛系"几乎没有区别。这里容易出现一个认识的误区，会把生活型职业锚倾向与"佛系""躺平"等同起来。其实他们有着本质上的区别。生活型的人看重的是事业、家庭和个人需要之间的平衡，他们需要的是自己有可掌握、可支配的时间与空间，并非代表这类人终日只享受生活、碌碌无为。相反地，他们也会为组织的发展或者某项工作而努力。

云淡风轻、浑不着意好不好？太好了，但必须守住一条：总得有走心的地方。处处不坚持，事事随大流，那只能淹没于人潮、迷失掉自我。有所坚持之后的"佛系""躺平"，本质是断舍离，是聚焦。古人也好闲、好从容，但讲究"偷闲"。不从容，人生何急；太从容，生命浪费；其要在度。终日碌碌不是美好生活，但轻轻松松，美好生活肯定也实现不了[①]。

## ▶ 第四节　我的职业路径设计

**生涯案例**

### 从金领到农夫

大刘，福建小伙，年纪轻轻便在一个外企任项目经理，属金领一族。但他却辞掉了这份令多少人艳羡的工作，去农村做起了家庭农场。

他说自己从小就喜欢动植物，他的梦想就是成天和它们待在一起。即使他已经出国留学读了商科专业，即使回国后就进了世界500强企业，那个梦想也一直在他心底。

"后来我遇到了一位老人，他曾经是某上市公司老总，一生经历传奇，但他却说，退休后做农夫才是这一辈子里让他感觉最开心的工作。我当时就问自己，我为什么非要等到退休后呢？"就这样，他下定决心辞去工作，用打拼下来的积蓄在城郊包了块地，开始了做农场主的生活。

"我觉得，每个人真正需要的东西并不多，也不复杂，只是'乱花渐欲迷人眼'罢了。太容易受别人影响，就随波逐流了。当然，没有我这几年的打拼，也不会有这实现梦想的第一桶金。"大刘打算逐步把农场做大，实现多种经营。

兴趣是选择职业的重要出发点。职业锚理论告诉我们：只有实现人职匹配，才能在工作中获得满足感和成就感，并且能更好地激发我们工作的积极性和创造性。大刘就是这样一个小伙子，他尝试过令人艳羡但是自己并不真正感兴趣的职业，但能听从自己内心真实的声音，果断地做出职业调整。他将自己的工作与兴趣真正结合起来，选择了农场主的工作。在快乐中工作，在工作中实现美好的人生价值。职业锚作为我们与职场互动的产物，在实际的职业生涯中是不断调整的。大刘之所以能顺利地实现自己从技术/职能型向自主/独立型的职业锚转换，与他之前在外企工作积攒了第一桶金也有不小的关系。由此可见，在实现自己职业理想的

---

① 摘自 https://www.thepaper.cn/news Detail_forward_1903180.

路上,许多目标不可能一步到位。我们可以事先设计好自己的职业路径,从易到难、经过资源积累,选择合适的时机再进行职业锚的调整与转换。主动管理自己的职业,一步步逐渐靠近自己的职业理想。从职业方向选择到职业发展阶段分解、组合,这就是所谓的职业路径设计的过程。

### 一、我的职业方向选择

虽然可能存在着八种甚至更多的职业锚类型,但是对于在校生而言,我们更为关注的是前五种职业锚:即安全/稳定型、技术/职能型、管理型、创造/创业型和自主/独立型职业锚。因为这五种职业锚在方向上区分明显,有助于职业体验不深的在校生进行初步的选择。五种职业锚基本可以分为两组相对的职业方向,这种关系如图4-4-1所示。

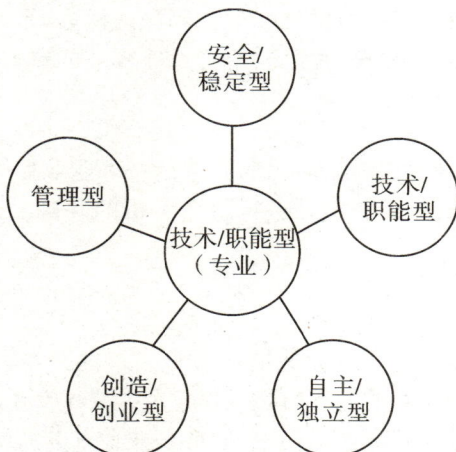

图4-4-1　五种职业锚之间的关系

从图4-4-1五种职业锚之间的关系中,存在着相对关系的职业锚有两组:一是安全/稳定型和创造/创业型及自主/独立型,二是管理型和技术/职能型及自主/独立型。在职业锚选择过程中,依据的原则与霍兰德职业倾向相同,依然是首选相符、次选相邻、慎选相对。

### 二、我的职业路径设计

#### (一)职业路径设计的四个关键节点

大学生的职业路径的关键节点有四个,如图4-4-2所示。

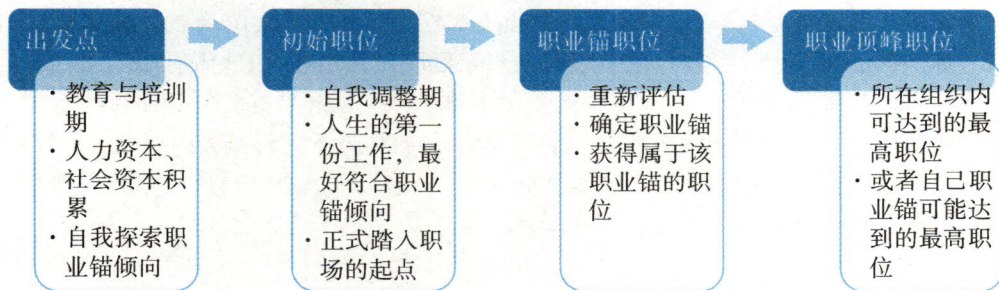

| 出发点 | 初始职位 | 职业锚职位 | 职业顶峰职位 |
|---|---|---|---|
| ·教育与培训期<br>·人力资本、社会资本积累<br>·自我探索职业锚倾向 | ·自我调整期<br>·人生的第一份工作,最好符合职业锚倾向<br>·正式踏入职场的起点 | ·重新评估<br>·确定职业锚<br>·获得属于该职业锚的职位 | ·所在组织内可达到的最高职位<br>·或者自己职业锚可能达到的最高职位 |

图4-4-2　职业路径设计的四个关键节点

其一，出发点——教育与培训期。以自己理想职业为目标，为目标做储备，比如学历、实践经历、能力提升、资金筹集等。也是进行自我探索和职业探索的黄金期。

其二，初始职位——人生的第一份工作，这是职业路径的起点，标志着我们正式踏入职场。第一份工作最好是与自己的职业锚倾向高度吻合，起码不相冲突的。此外，这也是一个自我调整的阶段，对大多数人而言，无论做了多么充分的准备，当接触到实际工作时，都需要进行自我调整。

其三，职业锚职位——决定职业锚并且获得属于该职业锚的职位。多数人工作三至五年、职业有所成就之后，会重新评价自己，重新发现或者确定原先不够清晰的职业目标。当目标清晰时，他们会确定或者改变职业锚。

其四，职业顶峰职位。通过对职业的重新评估和深入探索，个人明确了自己的职业发展道路和方向。在确定了自己的职业发展方向后，继续攀登事业的巅峰。

（二）职业路径设计类型

职业路径的设计有两种情况，一是单一型的，选定一种职业伴终生；二是组合型的，将两种及两种以上的职业类型组合起来。我们在进行综合分析的基础上，应对照职业锚的不同类型设计属于自己的职业路径。

**1. 单一型的职业路径设计**

对于大学生而言，我们在校期间接受了系统的专业教育。就价值、知识和能力而言，我们基本具备了从事技术/职能型职业的能力，这是我们不可轻言放弃的职业起点，我们甚至可以在技术/职能型职业领域终身坚守。如果技术/职能型职业并非我们所愿，我们如何继续选择？有人在其生涯中一直以独立撰稿人、独立演艺者、独立投资人的身份进行自雇，从来没有进入任何雇主单位。比尔·盖茨退学创业，终其一生。家境好的人可能在职业生涯的开始就从事管理型的职业。也会有不少人，在大学毕业后一直追求更为安全的职业。如何设计自己的职业路径，则需要依照前几章对自我、对职场的研究结果做出初步的判断。

**2. 组合型的职业路径设计**

对于专业性较强的大学生而言，技术/职能型及安全/稳定型这两类职业均可以从零起步，而其余三种类型都需要一定的先决条件，比如第一桶金、人脉关系、资历等。因而，职业锚正式抛下之前，我们很可能会游弋于其他港湾。两类以上职业路径的嫁接，就是组合型的职业路径。下面以会计学专业为例，设计职业路程图（如图4-4-3所示）。

大学生刚开始可能是从技术/职能型工作起步，之后有可能继续按这条路径走下去；也可能转为管理型；或者尝试了一段时间后可能要自主独立、做自由职业；或者有的人去创业；或者对个人来说安全最重要，可能会去找安全的单位工作。以上从起点的相同到路径的不同，是一个不断尝试和调整的过程。所以职业方向的确定并非终身选择，而是要在选择过程中不断地修改、校正。当然，不停地在不同的职业锚之间转换，恐怕也难以成就自己。因为人生苦短，我们不可能有那么多充足的时间去进行多次尝试。

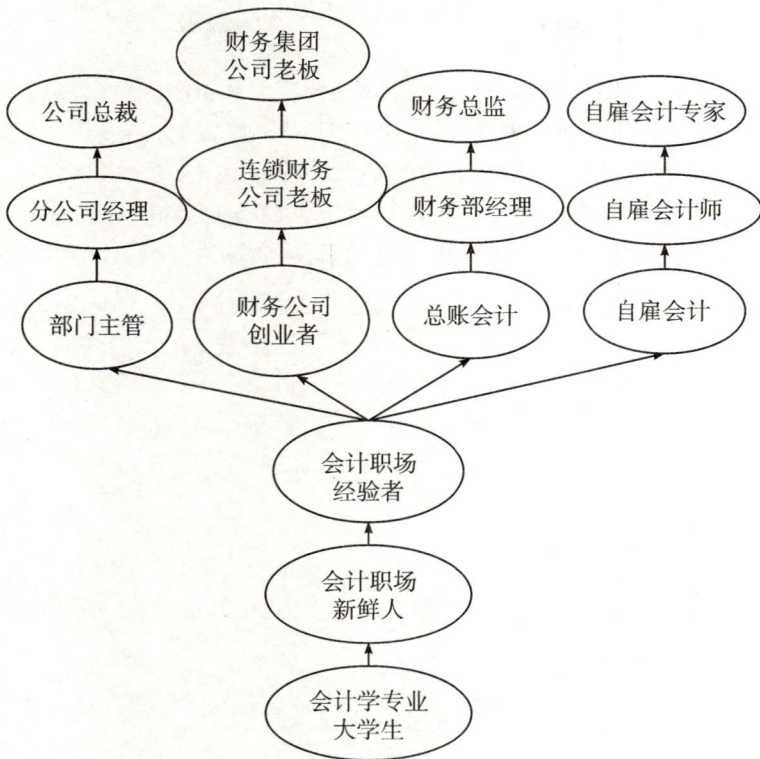

图 4 - 4 - 3　会计学专业大学生职业路径设计示意图

### 三、我的职业方向的三次选择

根据前人的经验,涉及职业方向的选择一般有关键性的三次。

第一次,发生在职业准备阶段,一般早期在高中阶段选择大学专业时(如选不选会计学专业? 此专业对应的职业我会感兴趣吗?);中期发生在大学低年级的职业生涯规划和学涯计划时期(如我的职业锚倾向是什么? 会计学专业兼容我的职业锚倾向吗? 如果答案为是,需要做怎样的职业准备;如果答案为否,要不要转换到其他专业? 或者辅修、自学⋯⋯);晚期发生在大学毕业前的就业准备时期(如在不在会计学专业领域就业,成为该专业领域的新鲜人? 选择何处就业有利于职业锚的确定?)。

第二次,发生在进入职场三年左右时(我的职业锚该抛向何处?)。在这三年左右的时间里,我们在职场体验和竞争中进一步了解了自己和职场,同时也积攒了转型所需的资历、资源。就会考虑十字路口该何去何从,并尽快做出决断。此时的选择就是:选择单一的专业路径或者安全路径走下去,还是转向走管理能力型或独立自主型的路线。比如一个从技术/职能型起步的会计学专业大学生,在自己的专业领域里面临着如图 4 - 4 - 3 所示的四种职业路径的选择与组合。

第三次,一般发生在原先走技术/职能型路径并卓有成效,已经成为所在组织中主要职能部门的首领甚至分管副总的人群中。他们的年龄在四十岁到五十岁之间,很可能会有走上综合管理者岗位的机会。由于组织中首屈一指的位置非此即彼,"是否参与竞争"着实属于两难选择：如果不参与竞争，可能终身失去转型的机会；如果参与竞争则属于惊险一跃，可能需要做好出走的准备。

有时个人的职业很难与职业锚实现非常好的配合。一些错配的情形例如：一个技术/职能型职业锚的人可能被晋升到全面管理岗位；一个管理型职业锚的人被委以高级顾问的工作；一个安全/稳定型职业锚的人可能需要参加一次创业；一个自主/独立型职业锚的人在一个保守的老板手下做着一份乏味、稳定的工作。在这种情况下，我们也许能做出一些成绩，但潜能并没有得到发挥，也不会感到快乐。一旦有机会，我们就会尝试通过调整职业路径来实现自己的职业理想。

# 我的 4 号生涯加油站

### 一、生涯行动：识别我的职业需要

职业需要是激发职业内驱力的源泉。怎样确定我们的职业需要？请按照以下程序进行。

1）确定所写的每个需要是"必须"，还是"希望"

| 职业需要（通过工作获得什么） | 必须／希望 | 排序 |
|---|---|---|
| （1） | | |
| （2） | | |
| （3） | | |
| （4） | | |
| （5） | | |
| （6） | | |

2）所有的"需要"都写完后，分析自己选择它们的原因及其重要性

3）请看哪些是自己最不愿放弃的，从最不愿放弃到最愿放弃进行排序

4）在成长私董会内部分享自己的职业需要与为之愿意付出的努力

### 二、生涯行动：生涯人物访谈——职场资深人士

**访谈人物信息表**

| 姓名 | | 性别 | | 出生年份 | | | | |
|---|---|---|---|---|---|---|---|---|
| 出生地 | | 现居地 | | 婚姻状况 | | | | |
| 现在行业 | | | | 现在岗位 | | | | |
| 首份工作 | | | | 职业锚类型 | | | | |
| 当前工作满意度（1－10分） | 总评 | 环境 | 压力 | 稳定性 | 出差频率 | 薪资水平 | | |
| | | | | | | | | |
| 学习经历（从初中同等学力开始） | 受教育时间 | | 专业/学历 | | 学涯成就 | | | |
| | | | | | | | | |
| | | | | | | | | |
| | | | | | | | | |
| 工作经历（从第一份有收入的工作开始） | 工作单位、职务 | | 工作时间 | | 职涯成就 | | | |
| | | | | | | | | |
| | | | | | | | | |

续表

| 影响最大的三位家庭成员 | 关系 | 事件简述与评价 |
|---|---|---|
| | | |
| | | |
| | | |

| 生涯发展关键事件 | 体现美德 | 体现优势 |
|---|---|---|
| | | |
| | | |

| 该人物的职业锚与自己是否相似？ |
|---|
| 希望学习该人物的什么经验，解决什么问题？ |
| 从该人物身上学到了什么？有哪些启示？ |

### 三、生涯行动：测测我的职业锚

经历了一定的职场研究和社会实践，我初步了解了自己的才干和能力、动机和需求、态度和价值观这三个部件，具备了一定的职业锚倾向。职业锚测试工具可以帮助我获得测试结果，用表格显示如下：

职业锚测试结果一览表

| 序号 | 职业锚 | 该职业锚的描述 | 得分 |
|---|---|---|---|
| 1 | 技术/职能型 | | |
| 2 | 管理型 | | |
| 3 | 自主/独立型 | | |
| 4 | 安全/稳定型 | | |
| 5 | 创造/创业型 | | |
| 6 | 服务/奉献型 | | |
| 7 | 挑战型 | | |
| 8 | 生活型 | | |

### 四、生涯行动：我的职涯设计

#### 1. 我的职业锚倾向

根据我的职业锚测试结果，我倾向于_____职业锚（得分最高的职业锚类型）。

#### 2. 我的职业锚倾向验证的社会经验

职业锚倾向的选定不是纸上谈兵，是在过去的社会学习经验中获得了的初步验证。

（1）成就经验的支撑。我的_____成就经验验证了我排位第一的职业锚倾向的_____才干、_____需要、_____价值观这三个部件。

（2）替代经验的支撑。我已经找到了职业榜样——生涯人物＿＿＿＿＿（姓名/职业/关系），TA 的才干、需要和价值观和我的类似。

（3）社会鼓励的支撑。在＿＿＿＿＿活动中，我的＿＿＿＿＿才干和价值观已经获得社会的认可。

除此之外，我的身体和心理健康水平也能支持＿＿＿＿＿职业锚倾向所对应的职业岗位。

### 3.我的职业锚 SWOT 策略

通过自我分析、环境认知以及生涯人物访谈，利用 SWOT 方法对自己排位第一的职业锚倾向分析如下：

| | O 环境机会 | T 环境阻碍 |
|---|---|---|
| 我的＿＿＿＿职业锚的 SWOT 策略 | 职业发展的机会：＿＿＿＿<br>行业发展的机会：＿＿＿＿<br>宏观环境的机会：＿＿＿＿ | 职业领域的阻碍：＿＿＿＿<br>行业领域的阻碍：＿＿＿＿<br>宏观环境的阻碍：＿＿＿＿ |
| S 我的优势<br>个人身份优势（学历、党派、经历等）：＿＿＿＿<br>职业资本优势（道德、心理、人力、社会）：＿＿＿＿ | SO 策略（如何用优势抓住机会）： | ST 策略（如何用优势克服障碍）： |
| W 我的劣势<br>个人身份劣势（学历、党派、经历等）：＿＿＿＿<br>职业资本劣势（道德、心理、人力、社会）：＿＿＿＿ | WO 策略（如何抓住机会回避劣势）： | WT 策略（如何回避劣势和障碍）： |

注：参考课本第三章洞悉职场"小丁的 SWOT 策略图"。

### 4.我的职涯路径设计与觉察

（1）根据以上分析，我的最佳职业生涯路径方案是：

| 职业发展方向 | 倾向于将来在＿＿＿＿＿职业锚（得分最高）领域就业（创业） |
|---|---|
| 职业发展路径 | ＿＿＿＿＿（目前的状态）→＿＿＿＿＿职位（初始的理想职位）→＿＿＿＿＿职位（与职业锚相符的职位）→＿＿＿＿＿职位（职业顶峰职位） |

（2）我的次佳职业生涯路径方案是：

| 职业发展方向 | 倾向于将来在＿＿＿＿＿职业锚（得分次高）领域就业（创业） |
|---|---|
| 职业发展路径 | ＿＿＿＿＿（目前的状态）→＿＿＿＿＿职位（初始的理想职位）→＿＿＿＿＿职位（与职业锚相符的职位）→＿＿＿＿＿职位（职业顶峰职位） |

根据目前具备的条件,我的觉察是将先从_____方案开始尝试直至成功。

### 五、生涯行动:基于团队的行动学习

(1)全体同学复盘:第四章设计自我学习成果,总结价值塑造、知识学习、能力提升三大目标的实现程度,并将学习成果(带学号姓名水印的我的职涯设计及其附件截图)提交至所在团队,由本团队秘书长收集提交至领学团队。

(2)全体同学预习第五章规划自我,完成在线课程和教材预习,提炼亮点、重点和难点,完成三问三答,参与线上讨论。并将预习成果提交至所在团队,由本团队秘书长收集提交至领学团队。

(3)轮值团队领学:制订、发布并领衔执行复盘时间表与预习时间表,收集各个团队的学习成果,进行个人完成情况排名与团队完成情况排名,对排名前三的同学与团队奖励幸福花。轮值领学团队将以上内容整合制作成 PPT 进行课堂发布,合格的领学团队获得幸福花奖励。

(4)学习成果分享。请优胜团队和领学团队分享完成本章学习任务的做法(团队是如何完成如此艰巨任务的,被逼出了哪些绝招?)和收获(所提升的内驱力、合作力、学习力、前瞻力、健康力、审美力、执行力)。

### 六、生涯书目

1.埃德加·H.沙因、约翰·万·曼伦著,陈德金、冯展译,《职业锚:变革时代的职业定位与发展(第 4 版)》,电子工业出版社,2016 年版。

2.安晓辉、邓程天著,《职业复盘:如何拥有喜欢又有价值的工作》,人民邮电出版社,2022年版。

3.姚昆仑编著,《梦圆大地:袁隆平传》,中国地图出版社,2015 年版。

4.林超华著,《华为没有成功只有成长:任正非传》,华中科技大学出版社,2019 年版。

5.李彦宏著,《创新基因时代主音》,中国文史出版社,2020 年版。

6.蔡志忠著,《蔡志忠:动漫一生》,译林出版社,2021 年版。

## 第五章 规划自我

你的过去选择了你的现在，你现在所做的一切同样选择着你的未来。

——托马斯·弗里德曼

### 生涯案例

#### 毛毛虫的故事

毛毛虫们都喜欢吃苹果，有四只毛毛虫都长大了，各自准备去森林里找苹果吃。

第一只毛毛虫跋山涉水，终于来到一棵苹果树下。它根本就不知道这是一棵苹果树，也不知树上长满了红红的可口的苹果。当它看到其他的毛毛虫往上爬时，稀里糊涂地就跟着往上爬。没有目的，不知终点，更不知自己到底想要哪一种苹果，也没想过怎么样去摘取苹果。它的最后结局呢？也许找到了一个大苹果，幸福地生活着。也可能在树叶中迷了路，过着悲惨的生活。不过可以确定的是，大部分的毛毛虫都是这样活着的，没想过什么是生命的意义，为什么而活着。

第二只毛毛虫也爬到了苹果树下。它知道这是一棵苹果树，也确定它的"虫"生目标就是找到一个大苹果。问题是它并不知道大苹果会长在什么地方。但它猜想：大苹果应该长在大枝叶上吧！于是它就慢慢地往上爬，遇到分枝的时候，就选择较粗的树枝继续爬。于是它就按这个标准一直往上爬，最后终于找到了一个大苹果，这只毛毛虫刚想高兴地扑上去大吃一顿，但是放眼一看，它发现这个大苹果是整个树上最小的一个，上面还有许多更大的苹果。更令它泄气的是，要是上一次它选择另外一个分枝，它就能得到一个大得多的苹果。

第三只毛毛虫也到了一棵苹果树下。这只毛毛虫知道自己想要的就是大苹果，并且研制了一副望远镜。还没有开始爬时就先利用望远镜搜寻了一番，找到了一个很大的苹果。同时，它发现当从下往上找路时，会遇到很多分枝，有各种不同的爬法。但若从上往下找路时，却只有一种爬法。它很细心地从苹果的位置，由上往下反推至目前所处的位置，记下这条确定的路径。于是，它开始往上爬了，当遇到分枝时，它一点也不慌张，因为它知道该往哪条路走，而不必跟着一大堆虫去挤破头。比如说，当它的目标是一个叫"教授"的苹果，那应该爬"深造"这条路。如果目标是"老板"，那应该爬"创业"这个分枝。最后，这只毛毛虫应该会有一个很好的结局，因为它已有自己的计划。但是真实的情况往往是，因为毛毛虫的爬行相当缓慢，当它抵达时苹果不是被别的虫捷足先登，就是苹果已熟透而烂掉了。

第四只毛毛虫可不是一只普通的虫，做事有自己的规划。它知道自己要什么苹果，也知道苹果将怎么长大。因此当它戴着望远镜观察苹果时，它的目标并不是一个大苹果，而是一朵含苞待放的苹果花。它计算着自己的行程，估计当它到达的时候，这朵花正好长成一个成熟的大苹果，它就能得到自己满意的苹果，从此过着幸福快乐的日子。

扪心自问：你会是第几只毛毛虫呢？你想成为第几只毛毛虫呢？第一只毛毛虫是只毫无目标，一生盲目，没有生涯规划的糊涂虫，不知道自己想要什么。遗憾的是，有一部分人就是像第一只毛毛虫那样活着。第二只毛毛虫虽然知道自己想要什么，但是它不知道该怎么去得到苹果，在习惯的指导下，它做出了一个看似正确却使它渐渐远离大苹果的选择。曾几何时，正确的选择离它是那么接近。第三只毛毛虫有非常清晰的生涯规划，也总是能做出正确的选择，但是，它的目标过于远大，但它自己的行动过于缓慢，苹果对它来说，已经是明日黄花。同样，我们的人生也是有限的，我们必须做好规划。第四只毛毛虫，它不仅知道自己需要什么，也知道如何去得到自己的苹果，以及明确自己需要具备什么条件才能得到苹果。然后制订清晰实际的规划，在望远镜的指引下，它一步步实现了自己的理想。其实苹果就是人生目标——生涯幸福，爬树的过程就是职业生涯发展的道路。毕业后，我们都得爬上人生这棵苹果树去寻找未来，完全没有规划的职业生涯就是把自己的一生交由命运安排。现代社会，规划决定命运。有什么样的规划就有什么样的人生。我们的时间非常有限，越早规划自己的人生，就可能越早品尝到幸福之果。因此想要实现自己的人生理想，就要先从规划自己的人生开始。

本章承接上一章的职业方向选择和职业路径的设计，在时间和空间两个层面上进行更为综合的生涯规划。

## 学习目标

1. 价值：以正确的价值观凝练正能量的生涯主题，并对核心角色做出正确选择。
2. 知识：了解生涯彩虹图、生活广度、生活空间、生活设计的内涵。
3. 能力：生活设计的能力，重点提升内驱力、合作力、前瞻力、学习力、健康力、审美力和执行力。

# ▶ 第一节　我的生涯彩虹图

生命像一道彩虹，充满不同的颜色。影响职业生涯规划的因素十分复杂，因为我们的生命中并非只有职业，工作者只是我们一生中众多角色中的一个。所以，舒伯（1980）将职业扩展到生涯，因为职业蕴涵在生命全程中，也蕴涵在生活空间中，包含生活角色和生活方式。舒伯所谓生涯是指个人通过从事工作所创造出的一个有目的的、延续一定时间的生活模式。

## 一、舒伯的生涯彩虹图

舒伯认为，生涯是生活中各种事件的演进方向和历程，它统合了个人一生中依序发展的各种职业与生活角色，由此表现出个人独特的自我发展形态，它不仅具有时间性，还具有空间性。晚年的舒伯（1990）将时间性和空间性、环境因素和个人因素统合起来，用生涯彩虹图进行了形象化的描绘。这和我们所处的生活背景(性别、出身、民族、种族、阶层、精神和政党等)，所涉及的各种生活角色(工作者、休闲者、学习者、家庭成员和公民等)、所处的生活环境(家庭、学校、社区、住宅、工作场所、国家、世界、星球等)，以及我们一生中所发生的各种生活事件(上学、工作、结婚、升职、离婚、退休等)都有密切的关系。

　　如图5-1-1所示，生涯彩虹图将横跨人一生的生命历程称为生活广度，将人在这一历程中的各个发展阶段所扮演的各种角色称为生活空间；以生活广度为横向层面，以生活空间为纵向层面，诠释了生涯发展阶段与角色间的相互影响和发展状况。

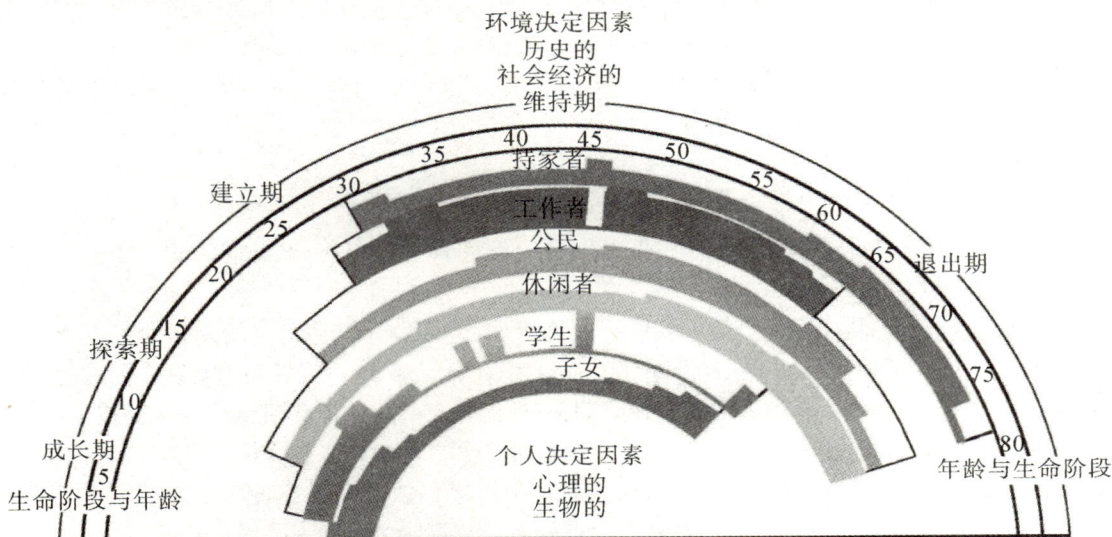

图5-1-1　生涯彩虹图

　　生命的成长是分阶段的，生涯的发展也不例外。在生涯彩虹图中，生活广度为时间的向度，划分为五个阶段：成长期(0—14岁)、探索期(15—24岁)、建立期(25—44岁)、维持期(45—64岁)、退出期(65岁以上)。生活空间为空间的向度，由一组角色组成。舒伯认为，每个人都会充当一系列的角色，个人在不同时期扮演着不同的角色并对其有不同程度的认同和投入，而此种投入和重视程度则以每一道厚薄不一、凹凸不一的彩虹来表现。生涯彩虹图在同一画面上直观地展现了个人生命的长度(发展阶段)、宽度(角色)和深度(个人对角色的投入程度)，展现了生命的意义所在。每一阶段都有一些特定的发展任务需要完成，每一阶段需达到一定的发展水准或成就水准，并且前一阶段的发展任务达成与否，关系到后一阶段的发展。

　　人生是七彩的，我们每一个人都拥有自己独特的生涯彩虹图。图5-1-1所示的生涯彩虹图就是一个独特的个案：其一，生涯彩虹图最里层子女的角色是一直存在的，在5岁以前是涂满颜色的，之后逐渐减少，10岁时大幅度减少，到50岁时开始增加。表明早期作为子女享受父母的照顾，慢慢与父母平起平坐，父母年迈之际，则要开始照顾、赡养父母。其二，生涯彩虹图第二层是学生角色，学生角色从5岁开始，10岁以后进一步增强，20岁之后大幅减少，25岁以后便戛然而止，30岁到50岁出现几次反复，65岁以后还有出现。这表明，学习是一生相随的，离开学习工作一段时间之后，如果感觉自己已不能满足工作需要，那么需要返回学校充电，这样可以开创生涯发展新局面。其三，生涯彩虹图第三层是休闲者角色，这一角色从5岁之后一直是平稳发展的，直到 55 岁之后显著增加。表明休闲者是贯穿人一生的，是平衡工作的重要砝码，工作讲究劳逸结合，生涯发展也不能少了休闲。其四，生涯彩虹图第四层是公民角色，这一角色从 20 岁开始，35 岁后得到加强，65 到 70 岁达到顶峰，随后慢慢减退。公民是一种法律上的含义，是承担社会责任、关心国家事务的一种政治表现。其五，生涯彩虹图第五层是工作者角色，这一角色大概从 25 岁开始，30 岁之后得到加强，表明该阶段工作达到了顶峰。到 45 岁后，工作角色进入空白期，对比发现，学生角色和持家者角色得到增强，表明该阶段进行了工作和生活重心的调整，更多关注家庭及自身的转型。两三年之后，学生角色和持家者角色恢复平均水平，工作者角色重新占据生活的中心，直到 60 岁之后开始减少，65 岁时终止工作者角色。其六，生涯彩虹图第六层是持家者角色，这一角色从 30 岁开始，刚开始投入了相当多的精力，之后维持在一个适当的水平，65 岁退休之后又加强了这一角色，75 岁之后则从这一角色退出开始安享晚年。

### 二、生涯彩虹图的绘制

生涯彩虹图既可以是人生的实录，也可以是生涯的规划。每一个人都有属于自己的彩虹图，那么如何绘制呢？

绘制生涯彩虹图将涉及两大要素：其一，年龄因素，这是最为容易确定的因素。只要画出从出生开始到实际（预计）生存的年龄即可。其二，生涯阶段因素，这一因素较为复杂。因为每一阶段的长短并非是一致的。有的人的职业建立期很早，比如有的运动员和演员十几岁即成名；他们的退出期也很早，比如 30 多岁就退役了，需要提前策划第二职业。有的人的职业维持期很长，比如投资人、咨询师、会计师、医师、管理者，可能在古稀之年仍然处在职业辉煌时期。股神巴菲特在鲐背之年，还和大其 6 岁的查理·芒格共同掌管着伯克希尔·哈撒韦公司。

**生涯**案例

#### 巴菲特的故事

沃伦·巴菲特（Warren Buffett），世界著名的投资商，生于美国内布拉斯加州的奥马哈市。他从小就极具投资意识，1941 年，11 岁的巴菲特购买了平生第一张股票，开始其投资生涯。经过近十年的职业探索，1956 年他回到家乡创办"巴菲特有限公司"，开始独立的投资基金运作生涯。1965 年 35 岁的巴菲特收购了一家名为伯克希尔·哈撒韦的纺织企业，现今已发展成庞大的投资金融集团。多年来，在《福布斯》一年一度的全球富豪榜上，巴菲特一直稳居前十名。92 岁仍然担任董事长兼 CEO。奥马哈一年一度的伯克希尔·哈撒韦股东大会，仍然是世界各地投资者朝圣之地，每年公开义卖"与巴菲特共进午餐"权的价格仍然在节节攀升，2022 年 6 月拍卖中标价格达 1900.01 万美元，再次创下历史纪录。

本节就以巴菲特为例，我们来学习绘制生涯彩虹图。根据巴菲特的传记和新闻资讯记载，我们可以完成生涯彩虹图的第一步：制作生涯年表。生涯彩虹图绘制的第二步：从生涯年表中提炼生涯阶段、角色与职业活动。对照舒伯所总结的应完成的职业发展任务和通常的职业阶段长度，可以发现巴菲特的生涯特色所在，巴菲特生涯阶段与角色如表 5 - 1 - 1 所示。

表5-1-1　巴菲特生涯阶段与角色

| 序号 | 职业阶段 | 年代起止 | 舒伯生涯发展理论中的对应阶段任务 | 巴菲特实际进行的职业活动 | 所扮演的角色 | 通常年数/巴菲特年数 |
|---|---|---|---|---|---|---|
| 1 | 成长期（0—10） | 1930—1940 | 认同并建立起自我概念，对职业的好奇占主导地位，并逐步有意识地培养职业能力 | 热衷于货币兑换器玩具、摆摊、送报、参观交易所 | 孩子、学生、休闲者 | 14/10 |
| 2 | 探索期（11—30） | 1941—1960 | 通过学校学习进行自我考察、角色鉴定和职业探索，完成择业及初步就业 | 购买平生第一只股票、绘制股价走势图、购买农场、攻读财经专业、拜师格雷厄姆、证券经纪人、基金经理 | 孩子、学生、公民、工作者、持家者、休闲者 | 10/20 |
| 3 | 建立期（31—54） | 1961—1984 | 获取合适的工作领域并谋求发展。主要任务是：通过尝试错误以确定前一阶段的职业选择与决定是否正确。若觉得决定正确，就会努力经营，打算在此领域久留 | 建立合伙人公司、收购纺织公司伯克希尔、清算合伙人公司、关闭纺织厂，集中精力将伯克希尔改造为金融王国 | 孩子、公民、工作者、持家者、休闲者 | 20/23 |
| 4 | 维持期（55—85） | 1985—2013 | 维护已获得的成就和社会地位，维持家庭和工作两者之间的和谐关系，寻找接替人选 | 永不拆股、永不派息，伯克希尔股票波动性不到市场平均水平。捐出个人资产85%，义卖午餐权 | 孩子、公民、工作者、持家者、休闲者、慈善家 | 20/30 |
| 5 | 退出期（86—?） | 2014—? | 发展出新的角色，先是变成选择性的参与者，然后成为完全的观察者 | 罹患癌症，开始物色与培养接班人 | 公民、持家者、工作者、休闲者、慈善家、人生导师 | ?/? |

　　生涯彩虹图绘制第三步：根据表5-1-1生涯阶段与角色表绘制巴菲特的生涯彩虹图。图5-1-2，大致描绘了巴菲特生涯发展各阶段的特点。我们职业生涯规划的方法与以上程序正好相向而行：第一步绘制生涯彩虹图。在前一章职业路径设计的基础上，进行时间和空间两个方面的拓展。一是加入时间元素，大致安排自己的职业生涯阶段；二是加入角色因素，将自己的时间在不同角色间进行分配，并保持不同生涯角色的平衡。第二步，编制与表5-1-1相仿的生涯规划任务表，安排各阶段的职业发展任务和角色。第三步，制订年度生涯发展计划。第一步将在本节的练习中学习完成，第二步将在第二节讨论，第三步则留待第六章计划自我中展开。

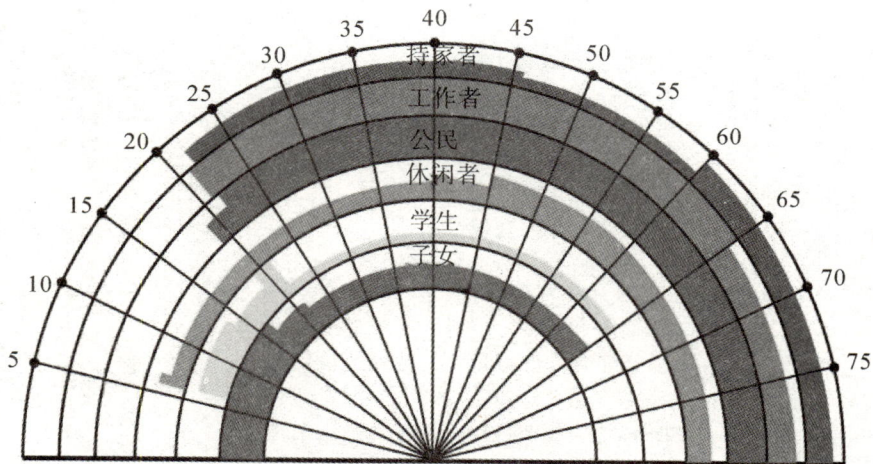

图5-1-2 巴菲特生涯彩虹图

### 三、生涯彩虹图的应用

舒伯认为，人的行为方向受到三种时间透视能力①（time perspective）的影响，其一是对过去成长痕迹的"省视"，其二是对目前发展状况的"审视"；其三是对未来可能移动行径的"揣视"。这三种透视能力的重要性不分上下，它们是相互影响的，过去是现在的肇因，现在又是未来的基础。对未来的时间透视能力较为重要，在这一点上，生涯彩虹图提供了一个最佳的透视工具。其实，生涯彩虹图被广泛灵活地运用在很多方面，例如，可以了解自己当下的生涯角色以及每个角色投入程度的情况绘制彩虹图，进一步梳理角色情况；也可以就大学阶段来绘制当下的阶段任务和角色组合情况的彩虹图；还可以就本学期的课程任务以及自己投入课程的精力等情况绘制彩虹图等。

绘制生涯彩虹图时，以下两点特别需要强调：①生命全过程的生涯发展，包括发展阶段、生活空间，以及生活方式等多方面内涵。透过生涯彩虹图，我们可以具体而清晰地了解到个体不同的角色是如何构建个人特有的生涯类型的，不同的角色组合如何在不同的发展阶段出现，角色的组合如何合理安排才能兼顾社会现实，完成自我实现。②要注意个体显著角色的部分与时机，协助我们预先设定下一步的生涯发展任务，设计具体的实施步骤，使得未来显著的角色能得到充分发挥。

在实际应用方面，其横向的发展阶段、发展任务（即生活广度的部分）和纵向的生涯角色的发展（即生活空间的部分），交织成一个具体的生涯发展结构。这对促进自我了解、自我实现，有很大的裨益。

---

① 金树人，《生涯咨询与辅导》，高等教育出版社，2007年版，第85页。

## ▶ 第二节　我的生活空间

当今社会飞速发展,互联网、大数据、智能化发展等正在改变着人们的生活,社会、经济、组织、家庭生活的综合变化呼唤一种全新的职业生涯模式和职业成功的概念。有学者称这种新的职业方向为多变职业[①]。多变职业管理和个人职业导航依赖个人的看法。这意味着,关键是要了解我们是谁,我们的优势是什么,对我们来说什么是最重要的。无论个体处于人生哪一个阶段,关键是要形成明确的自我身份认知,从而驱动并进一步规划自己的职业生涯。在舒伯的生涯彩虹图中,生活空间由一组角色组成。

### 一、生命角色的可能

舒伯认为人在一生当中必须扮演九种主要的角色[②],依次是:①子女,②学生,③休闲者,④公民,⑤工作者,⑥夫妻,⑦家长,⑧父母,⑨退休者。图5-1-1未将"退休者"列入;夫妻、家长、父母等角色则是并入"家长"这一类。不同角色的交互影响,塑造出个人独特的生涯模式(career patterns)。此外,角色也活跃于四种主要的人生舞台:家庭、社区、学校和工作场所。虽然个体也可能在其他舞台上扮演其他的角色,但基本在上述角色与舞台的范畴中。

仔细分析这九种角色,可以发现有的角色与家庭有关,如子女、夫妻、家长、父母;有的与职业有关,如学生、工作者、退休者;有的与自我有关,如休闲者;有的与社会有关,如公民。有些为关系角色,如子女、夫妻、家长、父母等;有些为活动角色,如学生、工作者、休闲者、退休者、公民等;有的是被动承担的角色,如子女;有的是主动选择的角色,如学生、夫妻、家长、父母等角色大多是可以自主选择的。

可见,在生涯角色的安排上我们拥有选择的自主权,这种自主权体现在两个方面:一是承担什么,二是承担多少。即使是不能自主选择的角色,也可以安排对其投入时间及精力的多少,彰显了生涯的主动性。生命角色的多寡,意味着生活空间的大小、人生舞台的宽窄。心有多大,舞台就有多大。若有心为社会服务,小区业委会委员、城市或乡村志愿者、人大代表、军人等,都是相应区域的重要角色。

### 二、生命角色的突显

角色的消长盛衰在图5-1-1中以阴影的部分表示。除受年龄增长和社会对个人发展任务的期待等影响外,还受个人在各个角色上所花的时间和情绪投入的程度影响。因此,从生涯彩虹图的阴影比例引出了"角色突显(role salience)"的观念[③]。

"角色突显"指一个人在这些角色位置上投入程度的星座图。角色投入的程度在不同的

---

　①　布莱德·哈林顿,道格拉斯·T.霍尔,《职业生涯规划与管理》,张星,张璐译,机械工业出版社,2013年版,第190页。

　②　金树人,《生涯咨询与辅导》,高等教育出版社,2007年版,第79页。

　③　金树人,《生涯咨询与辅导》,高等教育出版社,2007年版,第79-80页。

生涯阶段会有所变化，可由四项指标测定投入程度的深浅：承诺度（commitment）、参与度（participation）、价值期待（value expectations）和角色理解（knowledge of roles）。

在每个年龄阶段突显的角色组合都不同。角色突显的组合可以使我们看出在生涯发展过程中，工作、家庭、休闲、学习研究及社会活动对个人的重要程度，以及在不同发展阶段所具有的特殊意义。以图5-1-1为例，成长阶段最突显的角色是子女；探索阶段在15—20岁，突显的角色是学生；建立阶段在30岁左右，突显的角色先是家长，紧接着是工作者；维持阶段在45岁左右，学生的角色分量突然增加，工作者的角色中断，而公民与休闲者的角色分量逐渐增加。工作者角色发生在人生最精华的年龄段（一般在25—65岁），从阴影的长度、宽度、厚度来看，都占据了极其重要的部分。因此，工作者角色是大多数人一生的核心角色，需要特别关注。

**生涯案例**

### 男生宿舍的卧谈会

小波又失恋了，深夜回到宿舍俯身在床，痛哭失声。来自大城市的小波恋上一个同样来自大城市的校花娜娜。娜娜不仅颜值出众、家境优越，还是年级的学霸和社团的领袖，整天忙得像个陀螺。小波为了能经常见到娜娜，就自封全职随从，陪上课、陪活动、陪吃饭。尽管小波心甘情愿，娜娜却是三番五次地婉拒小波的"三陪"。这不，又吃了"闭门羹"。

来自东北农村的小岗为小波感到不值，他这样劝小波：拉倒吧。我们那疙瘩讲究"丑妻近地家中宝"。你一个响当当的大老爷们，干吗拜倒在女人的石榴裙下。

来自县城的晓平能够理解小波，他认为娜娜值得一追，但是应该"曲线救国"。比如要自我设计、自我发展，以靓丽的自己吸引娜娜，以便将来在各个方面能与娜娜并驾齐驱。

只有同是来自大城市的大鹏没有吱声，因为处于热恋中的他不想刺激小波。他在心里对自己说，没有必要现在确定什么。将来结婚后如果现在女朋友愿意以工作为重，自己就请家里人帮忙照顾家庭，自己也可以考虑多顾家一点。如果反过来，相信女朋友也可以接受。因为女朋友不仅通情达理，还是一个倾向于生活型职业锚的人。

这是日常中司空见惯的场景，但是其背后是生涯角色的选择与适应或冲突。娜娜也许不是不接受小波这个人，而是不接受小波呈现的角色定位。小岗传统的生涯角色定位，只适合与他有同样观念的女生。而晓平和大鹏的角色定位，在当今的社会中比较常见。

### 三、生活空间管理的方法

生活空间的角色管理涉及以下两个基本问题。其一，管理的目的：我所定义的幸福生活是什么？其二，管理的方法：如何适应我和重要他人的生涯角色？角色赋予了我们身份、期待和要求，生涯便是在这种生命角色之间铺陈、转换、递进的过程。生涯角色地图和工作家庭生活优先级网格，是施恩①教给我们的两种值得学习的生活空间管理方法。

---

① 埃德加·H.，等，《职业锚：变革时代的职业定位与发展》，陈德金，等译，电子工业出版社，2016年版，第102-122页。

## （一）生涯角色地图

我们即将面对一个需要对自己负责并对所在组织负责的职业世界，也越来越需要在家庭世界里对自己和他人负责。我们的角色需求是由家庭、职场、社会、自己四方共同决定的，并且有可能涉及朋友等重要他人的需求。

图 5 - 2 - 1 生涯角色地图提供了确定角色及其地位的思维框架。尝试明确所有重要他人的主要期望，特别是家人和职场中的关键成员。试着确定最基本的角色期望，这对自己获得整体幸福和生活满足感是绝对重要的。

图 5 - 2 - 1　生涯角色地图

## （二）工作家庭生活优先级网格

根据重要他人的期望规划自己的生涯角色，可能出现三个问题：角色模糊、角色过载和角色冲突。现代人需要工作也需要生活，解决这些问题的手段是集中关注工作者和持家者这两个角色，运用表 5 - 2 - 1 的工作家庭生活优先级网格[①]进行角色梳理。

表 5 - 2 - 1　工作家庭生活优先级网格

| | 未来的自己 | | | |
|---|---|---|---|---|
| | 项目 | 工作 | 均衡 | 家庭/生活 |
| 未来的配偶 | 工作 | 1 | 2 | 3 |
| | 均衡 | 4 | 5 | 6 |
| | 家庭/生活 | 7 | 8 | 9 |

注释：工作＝对职业的责任和投入大于家庭和个人生活及其他方面；均衡＝责任和投入在家族和个人生活两者之间平分；家庭/生活＝对家庭和个人生活及其他方面的责任和投入大于职业。

九个方格形成三种模式：①同等模式（第 1、5、9 格），反映双方的需求和职业锚类似。②适度差别模式（第 2、4、6、8 格），建立在双方个人需求和职业锚的差别比较适中的基础上。③极端不同模式（第 3、7 格），就是传统的"男主外，女主内"模式，当然也可以是现代的"超级奶爸"模式。

---

① 埃德加·H.，等，《职业锚：变革时代的职业定位与发展》，陈德金，等译，电子工业出版社，2016 年版，第 111 - 122 页。

### 四、生活空间的角色平衡

积极心理学家桑妮娅·吕波密斯基、劳拉·金和埃德·迪纳在研究报告中提出，"幸福的人在生活的各个层面都非常成功，包括婚姻、友谊、收入、工作表现以及健康状况"。报告也指出了幸福和成功之间存在强烈的相互作用：成功（无论是工作还是感情方面）可以带来幸福，而幸福本身也可以带来更多的成功。想要拥有幸福的生活，想要发挥追求终极财富的能力——幸福的能力，我们首先应当平衡好自己的各类角色，比如我们可以从与亲人相处、学习新知识及工作任务中获得意义与快乐。梳理好自己的价值观，可以利用平衡轮①等工具来关注自己的各个角色投入程度，达到自我的生涯满意度。

例如我们不仅是学生，同时也是子女、休闲者和公民，在外兼职打工并供养弟弟妹妹学习的人又是工作者和持家者。另外，在某一个角色上的成功，可能带动其他角色的成功。人生的每个阶段都有当下最重要的角色和任务。因此，角色安排要有轻重缓急之分。有时我们为了某一个角色付出太多，有可能导致其他角色的失败。例如曾有学生沉迷游戏无法自拔，最后因累计多门课程考试不及格，被迫退学。

一个人终其一生，必须同时在不同的舞台上扮演不同的角色。我们从毕业到谋得第一份职业开始，不同的角色先后或同时在人生的舞台上层见叠出。人生的大部分阶段都不会只有单一的一个角色，因此我们要学会角色间的调配与平衡，活出多姿多彩的人生。

## ▶ 第三节　我的生活广度

生命的成长是分阶段的，生涯的发展也不例外。舒伯认为，一个人的生涯要经历成长、探索、建立、保持和衰退五个横跨生涯历程的生活广度。舒伯将人的职业发展分成五个时期，即成长期（growth）、探索期（exploration）、建立期（establishment）、维持期（maintenance）和衰退期（decline），同时对前三个时期进行了详细的研究。

### 一、职业成长期

**生涯案例**

#### 席嘉琪的成长期

世界街舞锦标赛是街舞界的"奥林匹克"，代表着世界最高水平。与全球4000多位舞者同台竞技，14岁的席嘉琪实力不俗，在比赛中脱颖而出，获得HHI世界街舞锦标赛世界总决赛

---

① 平衡轮是生涯评估与决策的常用工具。它将一个圆平均分成若干等份（一般分成八等份），然后将自己的工作、生活或生命中一些并列的内容填写在图内，以帮助自己理清现状，觉察到平时忽略的部分，找出希望有所改变的内容，然后制定计划，采取行动。

popping 亚军。

与世界高手对决,嘉琪毫不怯场,她在世界舞台上的惊艳表演,博得了全场观众起立致敬的殊荣,很多世界舞者都被她的实力圈粉,在后台抢着和她合影。在比赛中战胜嘉琪的外国舞者说:"她跳起舞来像一个洋娃娃!可爱活力,又不输气场!"她的故事被人民日报、中央电视台等媒体相继报道,不仅因为她的街舞天分,更多的是由于她承受着这个年纪本不该承受的艰辛,却依然笑靥如花。

7岁那年,一场突如其来的变故将嘉琪的人生撕成两段。父亲的离开让家庭陷入困顿。母女俩只能相依为命,靠一个小小的服装店谋生,生活的拮据窘迫差点压垮了母女俩。为了帮妈妈,小嘉琪中午放学了就去街上捡塑料瓶,捡一中午卖一元钱。

妈妈舍不得嘉琪吃苦,希望女儿能和其他小朋友一样有着快乐而充实的童年,得到良好的教育。为了培养女孩子的气质,妈妈送嘉琪去学爵士舞。没想到她对爵士舞不感兴趣,反而对街舞一见钟情:"我喜欢的就是跳舞时的那种感觉,劲爆、热情,似乎体内有股能量将喷涌而出。"

上兴趣班对这个本就困难的家庭来说是笔不菲的花销。因此在学习街舞的路上,嘉琪是一刻也不敢松懈,生怕浪费了每一分钱、每一秒钟。每个周末她都要独自坐5个小时的车,去广州跟着老师学3个小时舞蹈。为了练出popping的震动感,她能像成年人一样举着两个哑铃练体能,一口气做十几个俯卧撑。嘉琪9岁练舞,其实起步已经落后于别人了。但惊人的天赋加上后天的刻苦,一年后就收获各大街舞比赛十几项大奖。随着她的名声传开,很多高额的商演自动找上门来,对于家境窘迫的母女俩来说,不失为一个赚钱的好机会,然而嘉琪从未参加过一次商演!年纪轻轻的小嘉琪已经明确知道自己想要什么:参加比赛是为了交流学习,而为了赚钱的商演纯粹是浪费时间。

"我要做一名职业舞者,长大后到世界各地跳舞"。虽然享有盛誉,但小嘉琪的梦想就是这么直接而简单。因此,她愿意花费时间做的事只有两件:学习和街舞。因为跳舞,嘉琪整个人的状态都变了。她开心、乐观、活力四射,她把街舞的"劲爆"从舞台带到生活中来。30平方米的小屋里摆放着她从小到大的奖状,《世说新语》《史记》书香四溢。她成绩优异,和同学相处愉快,不因为家境贫困而自卑,也不因为街舞成绩而沾沾自喜。

在舒伯的理论中,将成长期的年龄界定为0—14岁。这个时期儿童开始发展自我概念,开始通过各种不同方式表达自己的需要,经过不断的尝试,逐渐改变自己的角色。该时期的发展任务是发展自我形象,了解工作的意义,发展对工作世界的正确态度。席嘉琪的成长期故事可以让我们有所感悟:什么是生活的意义,什么是对工作世界的态度,什么阶段应该干什么事。

根据活动内容和形式的发展变化,舒伯将成长期又划分为三个阶段:一是幻想阶段(4—10岁),该阶段职业心理发展的特点是儿童以主观需要为主导,在幻想和模仿中实现自己对成人职业世界的追求,以玩具为工具,以玩伴为工作伙伴,通过角色游戏来实现自己对职业角色的认同。比如,席嘉琪通过才艺班的街舞练习,找到了职业街舞者的职业角色。二是兴趣阶段(11—12岁),该阶段的特点是爱好和兴趣成为儿童愿望和行为的主要因素,比如席嘉琪刻苦训练,能够证明她对街舞的兴趣。三是能力阶段(13—14岁),这个阶段的特点是人们开始考虑职业所需要的条件和必要的教育训练,开始关注自己能力的发展。在对家庭、学校与重要他人的认同过程中,逐渐发展自我概念,需求与幻想为此阶段最主要的特质。随着年龄的增长、学习行为的出现、社会参与度与接受现实考验的强度逐渐增加,兴趣与能力也逐渐发展。这一阶段结束的时候，就是进入青春期的青少年，形成了对自己兴趣和能力的某些基本看法，因此开始对各种可选择的职业进行带有某种现实性的思考了，这就是职业生涯规划的萌芽。比如席嘉琪不仅明确表示："我要做一名职业舞者，长大后到世界各地跳舞。"而且聚焦行动，因为她愿意花费时间做的事只有两件：学习和街舞。

### 二、职业探索期

舒伯将探索期的年龄界定为15—24岁，也划分为三个阶段。一是试验阶段（15—17岁）：该阶段的特点是开始出现生涯意识的萌芽，开始考虑自己的需要、兴趣、能力及机会，做出暂时的决定，并在幻想、讨论、学校生活及社会实践中尝试。二是过渡阶段（18—21岁）：该阶段的特点是进入就业市场或接受知识和专业训练，更重视现实，并力图实现自我概念，将一般性的职业选择转为特定目标的选择。三是试行阶段（22—24岁）：该阶段的特点是进入基本适合自己的职业领域，开始正式的职业生活，并试验其成为长期职业生活的可能性，若不适合则可能再经历上述各时期以确定方向。

**生涯**案例

#### "小江"的打怪升级之路

"你的大学生活，有点像打怪升级，也像充满曲折情节的剧本"。这句话是大四的李文苑写给大一的自己的。大一刚入学时，李文苑将自己大学期间打算做到的事情记了下来。"我想要照着这个目标去完成，尽量不要浪费时光"。现在，站在本科学涯终点的李文苑回望自己四年来的点滴，当初想要实现的目标基本都完成了：以新媒体工作室"小江"的身份参与制作了70多篇官方微博的推送；担任班委，也拿过奖学金、优秀班干部和三好学生奖；参加了很多社团，也有过报纸和电视台的实习经历；大学的收官之举是考研"上岸"，这场升级之路终于被她打"通关"了。

李文苑大学经历丰富多彩、主题鲜明：新闻传播职业的尝试和学业的升级。李文苑成为"小江"带着一些偶然，一些命中注定。社团统一摆摊招新的时候，新媒体工作室只摆了一张小桌子，毫不起眼地挤在各个社团中间。抱着试试看的心态，她填了报名表，通过了考试，顺利地成为温馨陪伴着大家的"小江"。作为"小江"的日子里，她参与制作了70多篇官方微博的推送。为了赶时间做推送，她曾一晚上写了四篇推文；为了保证图片质量，修图这项工作也让她辛苦地熬了很多夜。有许多活动会持续好几个小时，尤其是演出和比赛。篮球联赛连续一个月的比赛，她每一场都跟拍了，想要捕捉最精彩的瞬间。李文苑通过跟拍《三江考研人的一天》纪录片，还原了最真实的考研人的日常，令大家感慨万千，并在中国高校校报协会2018年度好新闻评选中荣获新媒体类二等奖。

"要想成为一个行业的全才，需要付出超过10000小时的努力。真正的全才又有多少呢？我觉得这个可以作为新闻人提升自己的标准。"谈到未来对摄影方面的期望所要达到的突破时，李文苑也有着自己的想法。她考入的南京航空航天大学有些导师就在研究无人机航拍。在这次疫情期间，也有很多的媒体直播和社会治理都用到了无人机。"我觉得未来有机会可以多探索一下如何创新无人机航拍的模式。"

"新媒体工作室是我大学里非常温暖的一片小天地,我在这里获得了成长,认识了志同道合的小伙伴,优秀的学长学姐还有可爱的学弟学妹……"李文苑也特别想把自己在新媒体工作室的一些感悟和体验,传递给新媒体专业的学弟学妹们,"如果你是一个对新媒体工作感兴趣的人,这里一定可以创造专属于你的大学记忆。"一起奋斗过的日子千金不换,李文苑也将带着她作为"小江"的那些收获,开启她全新的旅程。

李文苑在职业探索期的试验阶段选定了自己感兴趣的新闻学专业,成为"小江"的时候正处于探索期的过渡阶段。这个阶段的特点是接受知识和专业训练,更重视现实,并力图实现自我概念。将一般性的职业选择转为特定目标的选择,任务就是实现职业偏好并使职业偏好逐渐具体化、特定化,即形成一定的职业倾向。由于职业生涯规划具有明显的个性化特征,不同个体在进行职业生涯规划时,所考虑的因素有所不同。从"小江"的案例中我们领悟到:在探索期过渡阶段了解、选择和安排好自己的职业,通过专业学习、业余活动和实习过程等途径,与个人兴趣和优势匹配起来,完成择业和初步就业。从而在大学毕业后通过新闻传媒的研究生学习进入试行阶段,开始更为深入的职业生活,并试验其成为长期职业生活的可能性。

"小江"的故事告诉我们:你现在站在哪里不重要,重要的是你以后要往哪里去。这句话说明了职业生涯规划的本质与精髓。职业生涯规划的具体内容需要根据个人成长期以及探索期试验阶段任务的完成情况而定。很多同学没能像"小江"那样咬定了新闻学专业领域,而是做出一些带有试验性质的较为宽泛的职业尝试。

**生涯寄语**

一个人若是看不到未来,就掌握不了现在;一个人若是掌握不了现在,就看不到未来。(金树人)

**生涯案例**

### 利用大学期间的实习进行职业尝试

小明大学读的是建筑工程专业,实习期间他找到了一份专业对口的工作,在建筑公司担任施工管理员。因为工作性质的原因,要经常跟着建筑队去工地上安营扎寨,完成工作项目。由于长期在外工作比较辛苦,也没有假期,薪水福利也不是很高,所以在实习了三个月后,小明就放弃了这个工作。

当时他只希望能找份在写字楼办公、有固定假期、薪资也尚可的工作。他开始从事销售,后来还做过市场策划、办公室主任助理等工作。通过这些实习,最终他发现没有一份工作是轻松的。

他找到辅导员沟通自己的实习感悟。辅导员帮助他重新认识了自我:一方面进行了职业兴趣、职业价值观等测评,另一方面分析了行业环境、职业技能等要求。毕业时,他最终选择了自己喜欢的建筑工程设计师的工作。

小明尝试了很多实习岗位,最终明确了自己的职业目标。与小明类似,处于探索期的我们常常会面临很多不确定因素,在"知己"和"知彼"方面不甚清晰。在面对这种情况时,第一,必须"知己",即全面地了解自己的性格、爱好、特长、职业倾向等。第二,必须"知彼",即客观分析所处的外界环境,全面了解职业要求和发展机会。然后在这二者的基础上再做出自己的职业"抉择"，进而制订学习目标，设计学习方案，并努力采取行动，以实现自己的职业生涯规划。为了避免"生涯未决"的情况，可以像小明一样在大学期间利用实习进行职业探索，这样做的尝试成本相对较低。

生涯发展的目标与意义在于通过大学的历练，根据自身条件和社会需要选择未来的人生发展道路，进行人生规划与设计。成才之路总是和职业紧密联系，"求学"也是"求职"的前提和基础。在成才的道路上，通过职业探索，不断认识和评价自己及职业环境，修订最初的职业定位。随着个人对所选职业以及对自我的进一步了解，最初的选择往往会被重新界定。到了这一阶段结束的时候，一个看上去比较恰当的职业就已经被选定，我们也已经做好了开始工作的准备。

### 三、职业建立期

职业建立期也称为职业确立期。根据舒伯对"生涯发展形态"研究的结果，职业确立期大约发生在 25—44 岁这一年龄段上，它是大多数人职业生涯周期中的核心部分。在这个时期，我们已经进入了特定的工作领域，努力掌握该领域中职业发展的信息，力图开辟自己的职业发展通道，把已经基本适应的职业确定为自己的终生职业。这个时期又可以分为适应和稳定两个阶段。

适应阶段（25—30 岁），这个阶段因人而异，有些人较长，有些人较短，有些人不经过这个阶段能直接进入职业稳定状态。在这个阶段中，若个人一直不能适应本职工作，就有可能转换职业。而要转换职业，个人职业发展又会从探索期重新开始。如果探索阶段的任务完成得不好，许多人在这个阶段会出现各种各样的问题，陷入困境中难以自拔。小卢和大刚就是一正一反的典型例子。

**生涯**案例

#### 小卢和大刚

小卢和大刚是大学同班同学。上大学时，小卢非常腼腆，不爱说话，人长得瘦小，学习成绩一般，老师和同学们对小卢都没有太深的印象。而大刚则相反，他担任过学院学生会主席、班级团支部书记，性格开朗，高大帅气，学习成绩优异，篮球也打得好，是学校的"明星"。转眼间大学毕业了，大刚如愿以偿地找到了一份在某局机关办公室从事助理的工作。而小卢则勉强进了一家民营房地产公司做文案策划。

对进入房地产公司工作，小卢已经非常满意。出生农村的他没有太多的资源优势，但对人对事踏实、执着。小卢在文案策划的岗位上不断地积累，不断地推陈出新，成绩不菲，并得到了公司领导和同事们的一致认可。在短短的五年时间里就升任了策划部副经理，成为公司的中层。

开始的时候，大刚也很满意自己的工作，认为自己的工作有地位、有面子。然而，现实并没有他想象得那样完美。办公室助理的工作不仅枯燥无味，而且工作不规律。大刚经常加班写材料，还经常受到领导的批评。随着时间的积累，大刚工作上的动力消失殆尽，原有的雄心壮志在"论资排辈"的机关氛围里不知去向。大刚的心态越来越差，工作也越来越不开心。原本活泼开朗、充满阳光的帅小伙,渐渐失去了往日的激情和魅力,整天面对枯燥的工作无奈地撑着。

案例中的小卢获得了合适自己的职业,经过一段时间的努力呈稳定上升的态势。而大刚没有找到适合自己的职业,可能还需要再次选择。正如小卢认为的,适合自己的才是最好的。而大刚注重的是地位、面子,忽略了"工作单位和岗位究竟是否适合自己"这一重要的方面,结果对工作失去兴趣。这也是很多大学生就业选择时的通病。例如大刚这种情况与其无奈硬撑,还不如冷静思考分析。如果发现当下工作真的不适合自己,那就应该根据自己的个性、优势重新做出选择,最后也会找到适合自己的工作。在这个阶段,我们需要逐渐意识到自己的特长和各种能力,找到自己真正所适合的职业方向。

稳定阶段(31—44岁),三十而立,抛下职业锚,致力于工作上的稳定提升。人们明确自己在岗位上的责任和权利,能够成功、顺利地解决职业中的种种问题。

### 四、职业保持期

职业保持期在45—65岁,人们大多希望继续维持自己的工作岗位,同时会面对新人的挑战。所以,这个生涯阶段的任务是保持既有成就与地位。

**生涯案例**

#### 高先生的中年危机

48岁的高先生头脑精明、个性强硬。他是一家美资跨国通信公司的中国区销售副总裁。由于业绩一直非常出色,他被公司列为有潜力进一步发展的优秀人才。

然而自从中美贸易战以来,公司对中国的业务格外重视。面对来自公司的巨大期望,他开始日渐焦躁。在与总部新派下属的工作沟通中,他固执己见,难以控制情绪。事业之外,他的家庭生活似乎也陷入了危机。

在经历了多年的努力奋斗后,这个时期的我们在自己的工作领域中有了充分的话语权,能够自信地应对工作中所面临的各种问题,希望继续维持属于自己的工作成就。但是,年龄的增长意味着积累了丰富的经验,同时也意味着我们在不断老去。心理学家约瑟夫·坎贝尔(Joseph Campbell)提到的"中年危机",它包括对未来的担忧,对健康的不安,对婚姻的悲观,对工作的日渐消极,以及赡养父母带来的压力,正如上述高先生面临的中年危机。因而,保持职业的巅峰状态和身心平衡,是高先生这个年龄段职业人所需要直面的人生任务。

在职业保持期中,主要依靠我们多年积累起来的工作经验,来维持我们的工作岗位。但是社会继续快速发展,我们会不断面对新人和新事物的挑战。因此在这一阶段,我们想要维持现在的成就与地位,就需要发现新的挑战,更新知识和技能,创新工作方法。

### 五、职业衰退期

在我国,目前大部分人是根据法定年龄在55—60岁退休。根据舒伯的观点,职业退出期一般在65岁以上。由于生理及心理机能日渐衰退,个体不得不面对现实,从而隐退。这个阶段往往注重发展新的角色,寻求不同方式来替代和满足自己的职业需求。

生涯 案例

## 黄先生的退休规划

黄先生,59 岁,就职于某会计师事务所,担任主管一职。年轻时的他可以通宵赶工,但是现在年过半百的他渐渐发现没有了年轻时期的斗志,完成事情的效率已经大不如前,也不想再为了案子、为了业绩、为了任务而疲于奔命,他只想做好自己手头的工作。

而他所在的事务所也只是将一些比较简单轻松的案子交给他做,将工作量大的工作都交给了那些年轻员工,与此同时,事务所希望老黄在需要的时候协助这些年轻员工完成工作。

虽然刚开始的时候老黄有些郁闷,为什么自己还没有退休就似乎已经被领导丢弃在一旁了。但是后来老黄渐渐想明白了,这是每个人必须经历的过程,自己早晚是要退休的,以后事务所是年轻人的天下。他开始细心指导年轻员工如何有效地完成工作,并将自己积累的经验悉数传授给年轻员工。

退休后虽然会有一份稳定的退休保障,但是老黄考虑到未来还有很多不可预期的突发状况,因此决定将自己的一部分资金进行理财规划,一来赚点利息可以出去旅游,二来生病的时候可以给自己一个经济保障。

很多时候,我们会有这种感觉:当我们养成一种习惯之后就很难放弃。处于退休阶段的员工也是如此。他们早已经习惯每天用工作来充实自己的时间,突然离开自己的工作岗位,离开自己所熟悉的环境,会感到失落和无奈,面对退休后的生活会感到很不适应。如果退休之前是一个"工作狂",就更难从中解脱出来,闲下来会感到无所事事,害怕被社会和家庭抛弃,与此同时,不安全感也会增多。退休之后经济收入也会减少,社会保障体系还不够完善,退休后的生活来源就会成为一种精神负担。

生涯 案例

## 硬汉任正非的五年硬仗

如果按 60 岁退休,任正非早应该过上和老年人一起打打麻将、扑克,遛遛狗,送送孙子孙女上学的生活。但是即便年将八十,任正非仍然身处第一线应对美国想方设法的打压,为了华为的安危而思,为了华为的观念而战。

自 2018 年 5 月美国政府宣布华为列入实体清单以来,华为一直受到美国的打压和限制。九死一生的华为,过关斩将的任正非,忍辱负重的孟晚舟,他们在五年以来的战斗中凤凰涅槃,绝地新生。

根据欧盟委员会发布的《欧盟工业研发投资记分牌 2022》,华为的总成本高达 190 亿美元,位列世界第 4,排在谷歌、Meta 和微软之后,甚至还超过了苹果和三星。华为是我国目前唯一一家拥有世界上最大技术含量的公司,拥有 10 多万项通信技术,在 5G 技术上更是首屈一指,华为又一次成了世界冠军。这一次的成功,让不少外国媒体都对华为的顽强和任正非的先知先觉赞不绝口。

分属不同职业岗位的人,拥有各自不同的职业天地,在职业衰退期也有各自的追求。比如创造型职业锚的人,可能会一生追求创造的最高境界;属于自主/独立型和技术/职能型职业锚的一部分人也可能会如此;管理型职业锚的人,更是可能在这个时期向着职业顶峰冲刺;只有安全型职业锚的人才会按部就班、保持地位、静待退场。

职业生涯是一个相互影响、相互联系,不可截然划分的过程。对这个过程的前几个阶段的管理,会对后面几个阶段有一定的影响。不管我们目前处在哪个职业生涯发展阶段,不管遇到多少困难、多少障碍,只要拥有激情,目标明确,同样可以让自己的人生绽放别样的光彩。"昨天决定今天,今天影响明天",越早着手进行职业生涯的规划管理,就能为自己赢得更多的时间和机会。

# ▶ 第四节　我的生活设计

生活设计是一个围绕生涯主题(career theme),从生活空间和生活广度两个角度规划自我的过程。

## 一、生涯主题

生涯主题"代表一个动态的视角,对过去的回忆、当前的体验和未来的渴望赋予个人意义。"[①]这类似于维也纳古典音乐的乐旨发展,是生涯主体成就了生命之歌。

**生涯**知识

### 《命运》交响曲

贝多芬的《命运》全曲共有四个乐章。

第一乐章,明亮的快板。乐曲一开始就出现了命运敲门式的动机。这一动机发展出惊惶不安的第一主题,它贯穿着第一乐章,推动音乐不断向前发展。第一主题激昂有力,具有勇往直前的气势。接着,圆号吹出了由命运动机变化而来的号角音调,引出充满温柔、抒情、优美的第二主题。抒发着对幸福、美好生活的渴望和追求。在这一乐章的庞大结尾处,两个主题再次汇合,音乐的气势不可阻挡,进一步显示出战胜黑暗的坚强意志和必胜信念。

第二乐章,有活力的行板。双重主题变奏曲式。第一主题抒情、安详、沉思,是由中提琴、大提琴主奏。第二主题先是木管演奏,然后由铜管乐器演奏出英雄豪迈的凯旋进行曲。

第三乐章,谐谑曲。是决战前夕各种力量的对比:大提琴和低音提琴演奏出了跃跃欲试的音调,小提琴则是无可奈何的叹息。命运主题依然凶险逼人,决战的第一阶段仍由命运取胜。但是,黑暗必将过去,曙光就在眼前,伴随着低音弦乐奏出的舞蹈主题,引出了振奋人心的乐段,它象征着信心和乐观情绪。最后,第一主题在第一小提琴的演奏下,以一种不可抑制的力

---

[①]　马可·L.萨维科斯,《生涯咨询》,郑世彦,等译,重庆大学出版社,2015年版,第34页。

量把音乐直接导入那光辉灿烂的终曲。

第四乐章，快板。开始是雄伟壮丽的凯旋进行曲，先是由乐队全奏辉煌的第一主题，后是由弦乐演奏欢乐的第二主题，表现出获得胜利的无比欢乐。到发展到高潮时，狂欢突然中断，远远地又响起了命运的威吓声，但已是苟延残喘，再也阻挡不住历史前进的潮流了。于是，辉煌、明亮的第一主题再次响起，以排山倒海的气势，表现出经过斗争终于获得胜利的无比的欢乐之情。这场与命运的决战，终于以光明的彻底胜利而告终。

从命运在敲门这个简短的主题开始，贝多芬创造了第五交响曲的全部乐章。当人们倾听这首交响曲时，无意识地跟随主题的发展，穿越四个长长的乐章。但是我们听到的是一个协调、天然的整体。职业生涯规划也是如此的一首生命交响曲。

那么，这个神秘的生涯主题来自何方？萨维科斯①认为它来自早期回忆中的"执念"。比如罗琳的《哈利·波特》，主人公在每一部小说或在每一学年都会获得一些新的技能和更多的个人能量。然而哈利·波特追求的并不是这些能量和个人主义，爱和忠诚才是主题。

主题是生命故事中至关重要的东西。一方面，主题关乎个体，对我们的生活赋予意义和目的。另一方面，我们所做的事情和对社会的贡献会影响到他人。我们对别人是重要的，这一信念加速了个体的认同并促进了社会归属感。高级的意义模式可以表达为普遍的价值观，如力量、知识、美丽、平等、服务、关系和公正等主题。

## 二、生涯模式与家庭规划

生涯主题确定是生涯规划的第一步，随之而来的是生涯角色和生涯阶段的整体构建。生涯角色随着生涯阶段的更迭，其组合的形式也会有所不同。生涯角色和生涯阶段的整体变动历程形成了不同的生涯模式。

**生涯**案例

### 女人需要两个房间②

辞职以后，头两年的日子，我确实过得很滋润。无论睡到几点，几点干活儿，都没人来干涉；可以在孩子需要我的时候随时陪伴她。但一段时间以后，你就会明白，不参加生产只一味消费的人会受到何种待遇。

迄今为止，对全职太太惯用的说法是"在家里玩儿着呢"。从这样的表述方式上，我们难道还看不出人们对全职太太的态度吗？身为一个全职太太，却想要成为一个能够得到自己和他人认可的人，同时还要做到不迷失自我，这需要我们变得异常伶俐。

有一次，我正在一家咖啡厅干活儿，一个女人抱着一个看上去不满一周岁的孩子走了进来。她的身上背着一只装有纸尿布和婴儿食品的大袋子。她连一辆婴儿手推车都没有带，应该是坐公交车在某地办完事，顺路到咖啡厅来的。孩子的妈妈看上去还不到四十岁，但她显得非常疲惫。在我看来，她走进这家咖啡厅，几乎是出于生存所需。我想，在这家咖啡厅里，没有

---

① 马可·L.萨维科斯，《生涯咨询》，郑世彦，等译，重庆大学出版社，2015年版，第36-37页。
② 引自南仁淑，《读者》，阿南，译，2018年第5期，第13页。

人比她更迫切地需要咖啡因。然而,那个孩子根本不容他疲惫不堪的妈妈站起身到吧台去点一杯喝的东西。孩子似乎很不耐烦,只要抱着自己的妈妈站起来,就放声大哭。

就在我打算走上前去,问问是否能帮她点一杯喝的东西时,她突然抽泣起来。孩子依旧紧紧地搂住妈妈,使她动弹不得。妈妈无声地抽泣着,泪水一滴滴掉落在孩子的头顶。我很清楚她的泪水意味着什么,因此没敢和她对视一下。这种痛苦,只有那些曾被束缚在一个房间里、片刻不能离开的人才能深刻地体会。

在人生中,至少应该有两个属于自己的房间,只有这样,一个人才能在往返于两个不同领域的过程中得到休息。我的女儿正处于青春期,以至于我跟她说话都不得不谨小慎微,而老公有时候实际上与我心中所想相去甚远。每当对他们感到失望时,我就会到外面见见家庭以外的人,在和他们聊天的过程中恢复自己的活力。与此相反,如果是在外面遇到了烦心事,则会在"还是家里人能带给我温暖"这样的自我安慰中获得继续走下去的勇气和力量。这就是两个房间给我的生活带来的意义。

要想不在唯一的房间里窒息,房间的主人就需要变得更加精明和勤劳。她必须时时注意通风,也要不停地努力,以防止房间变得脏乱或遭到损毁。有时候,她甚至需要利用屏风,在房间里隔出一个相对独立的空间,以便临时获得两个房间的效果。我知道这项工作很难,所以我建议所有女人,干脆让自己拥有两个房间,以确保自己获得选择的权利。

同样是母亲角色,有人选择与工作者角色并行,通常认为工作者角色很重要,可对母亲角色起到补充与增进的作用;有人则选择全心投入母亲角色,将全部的精力都倾注到孩子身上,等到孩子长大后再重新承担起工作者的角色。无论如何,未来的规划都与自己、与重要他人的支持和阻碍相关。

电视剧《我的前半生》,讲述了原本生活优越安逸的全职太太罗子君和丈夫陈俊生的故事。罗子君离婚后一切归零,在闺蜜唐晶及其男友贺涵的帮助下打破困境,进入职场,在自我成长中走向人生下一程。电视剧的看点不仅在罗子君,还在陈俊生。离婚后的陈俊生虽然如愿以偿与凌玲结为伴侣,但是又面临新的矛盾和问题。类似这样的故事有很多,无论选择哪一种生活模式,前提是男女双方拥有和谐的生涯主题,这样才能收获琴瑟人生。

舒伯认为,女性和男性各有不同的生涯发展模式,女性的生涯发展模式有七种,男性则有四种,具体如表5-4-1所示。不过,随着时代的变迁,男性和女性逐渐相向而行,生涯发展模式有日益靠近的迹象。男性的生涯发展模式也出现了"双轨生涯型"和"间断生涯型"的案例。

表5-4-1 两性的生涯发展模式

| 序号 | 女性 | 男性 |
| --- | --- | --- |
| 1 | 稳定家庭主妇型 | 稳定生涯型 |
| 2 | 传统生涯型 | √ |
| 3 | 稳定职业妇女型 | × |
| 4 | 双轨生涯型 | × |
| 5 | 间断生涯型 | × |

续表

| 序号 | 女性 | 男性 |
|------|------|------|
| 6 | 不稳定生涯型 | √ |
| 7 | 多重尝试型 | √ |

来源：金树人，《生涯咨询与辅导》，高等教育出版社，2007年版，第80－81页。

### 三、生涯模式中的学习规划

现代社会发展变化，我们的生活已经不像学习—工作—成家这么顺理成章了。在终身学习模式影响下，学习和工作已经犬牙交错。学习规划既要考虑家庭情况，又要考虑职业选择。

先说家庭情况的不同。说白了就是需不需要你尽快养家糊口。如果有这个需要的话，别说深造就是职业选择也不可任性，先满足基本的生理需要再说别的。但是这也不意味着不需要规划，随便找一个高薪的工作足矣。至少需要在这两个方面有所考虑：什么样的职业既可以满足当下的需要，又能为心仪的未来职业作铺垫；是否有深造意向，安排在什么时段更为合理。

再说职业选择的不同。比如职业对学历的要求，医生、大学教师和研发人员工作专业性强，学历越高越好，所以可以规划自己直接读研读博。从销售人员向管理人员发展是许多人的职业规划安排，单独就销售人员而言学历并不需要很高，但是，修读工商管理硕士，可以让自己在职业发展更上一层楼。

此外，两种特殊的职业类型也需要安排好学习规划：①青春快速折旧型职业。四大会计师事务所的审计职位，由于没有专业限制、锻炼机会多、收入高，应届生趋之若鹜，但是这样一个职业也以加班多、离职多而闻名。因此生涯规划中不仅需要安排好后路，同时要有一个相应的学习规划。比如三五年之后，是国内读研转向一般企业从事会计、审计工作？还是留学海外？这需要根据自身优势和环境条件进行具体的规划安排。与之类似的还有金融交易员、各大公司的前台，等等。②童子功夫短暂型职业。大部分体育运动员或杂技演员都是从幼年开始训练，比一般职业更早展开成长、探索、建立、保持和衰退期，可以属于童子功夫短暂型职业。与常规生涯彩虹图不同，与青春快速折旧型类似，童子功夫短暂型的生涯彩虹图，是两个以上职业生命期叠合的模式，更加需要预先的学习规划。

人生最为重要的角色是工作者、持家者和学习者。学习、工作、结婚循序渐进，人生才能从容不迫。所以主动安排，生涯有道，是规划自我的真谛。

# 我的 5 号生涯加油站

## 一、生涯行动：幸福花开知几瓣？

### 1. 行动准备

(1)每个团队一张 A4 纸,平均分成若干条,每位同学一条;

(2)将纸条折成均等的十格,每格代表 10 岁,纸条代表人生百岁。

### 2. 生活广度

(1)将纸条撕掉已经过去的时间、不准备存在的时间;

(2)在纸条上从探索期开始划分生涯阶段,看看各个阶段可持续的时间长度。

### 3. 生活空间

(1)角色加法:在纸条的一面做角色的加法,可以用幸福花的形式,比如花心是子女——人生第一个角色,然后生发出花瓣,花瓣越多代表角色越多,角色数量排名前三的同学奖励幸福花;

(2)角色减法:全体同学给自己列出的角色做减法,减到第十次,看看有多少同学还有角色,最多还有几个角色?

### 4. 生活设计

(1)请还有多个角色的同学现场再做进一步减法;

(2)根据生涯主题遴选核心角色,进行角色组合;

(3)重新进行每一阶段角色的时间分配;

上述行动可以借助下面的表格进行。

生涯角色加减表

| 序号 | 角色加法 | 角色减法 | 理由 |
|---|---|---|---|
| 1 | 子女 | | |
| 2 | 学生 | | |
| 3 | 休闲者 | | |
| 4 | 公民 | | |
| 5 | 工作者 | | |
| 6 | 持家者 | | |
| 7 | | | |
| 8 | | | |
| 9 | | | |

续表

| 序号 | 角色加法 | 角色减法 | 理由 |
|---|---|---|---|
| 10 | | | |
| 11 | | | |
| 12 | | | |
| 13 | | | |
| 14 | | | |
| 15 | | | |
| 16 | | | |
| 17 | | | |
| 18 | | | |
| 19 | | | |
| 20 | | | |
| 21 | | | |
| 22 | | | |
| 23 | | | |
| 24 | | | |
| 25 | | | |

## 二、生涯行动：我的角色馅饼如何分？

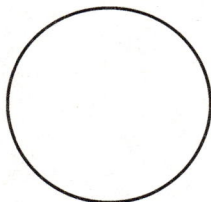

现在的角色馅饼

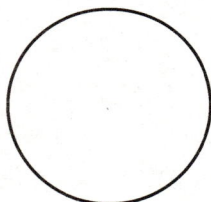

理想的角色馅饼

√ 在当下的生活里，你都扮演了哪些角色？

√ 以一个星期 100 小时为总体，在每一个角色上所花的时间是如何分配的？

√ 这个过程让你有什么发现？

√ 你对这种状况满意吗？

√ 理想的角色分配是什么样的？

√ 两幅作品发生了哪些变化？

√ 为了实现这种变化，你需要做些什么？

## 三、生涯行动：我的生涯规划

### 1. 我的生涯主题

根据我感知的人生意义，能串起我过去、现在和未来的人生故事的金线（生涯主题，考虑自己也需考虑他人）为：＿＿＿＿＿＿＿＿＿＿＿＿＿＿＿＿＿＿＿。

## 2. 我的生涯角色

目前,我已经具备了子女、学生、休闲者和公民四个生涯角色,正在为工作者和持家者两个角色做准备。根据我的_____ 生涯主题,我最看重其中的____ 角色,除了以上六个角色我还要增加_____ 角色。

## 3. 我的生涯彩虹图

根据自己确定的生涯主题、进行的生涯角色加减法以及所选择的职业特点绘制生涯彩虹图;自行决定角色的主题色,并涂在相应的角色轮中;自行规划角色的起止年龄,除了出生时间;自行规划角色在生活中的比重,以涂色的粗细表示生涯凸显与否;关注工作者角色,可以根据职业特点调整成长、探索、建立、保持、衰退五个阶段的位置;重点突出核心角色,体现其他角色与该角色的配合度。

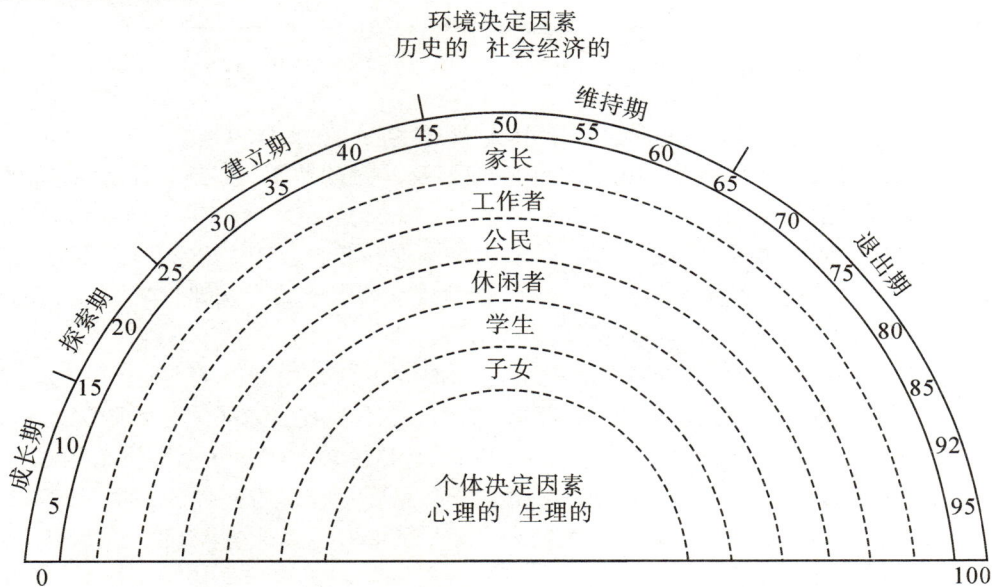

环境决定因素
历史的　社会经济的

建立期　40　45　50　55　60　维持期

探索期　25　30　35
20
15

成长期　10　5

家长
工作者
公民
休闲者
学生
子女

65　70　退出期
75
80
85
92
95

个体决定因素
心理的　生理的

0　　　　　　　　　　　　　　　　　　100

## 4. 我的十年生涯幻游

从现在开始的十多年,是我幸福生涯最基础、最关键的时段。在此阶段,我将立业持家,成为家庭脊梁、单位骨干与社会中坚力量,从而扮演所有的生涯角色。我要提前为下一阶段的新角色做充分的准备和恰当的时间安排,并考虑每一阶段多个角色之间的平衡与配合。

我的十年生涯幻游

| 时间阶段 | 我的生涯角色(其中关键角色用粗体) | 我要完成什么?(在不同角色上的事情或目标) | 我应具备什么?(专业能力与通用能力) | 我因此获得了什么?(职位、薪资、工作环境、生活条件) |
|---|---|---|---|---|
| 当下的我:____岁 | | | | |

续表

| 时间阶段 | 我的生涯角色（其中关键角色用粗体） | 我要完成什么？（在不同角色上的事情或目标） | 我应具备什么？（专业能力与通用能力） | 我因此获得了什么？（职位、薪资、工作环境、生活条件） |
|---|---|---|---|---|
| 开始工作的我：_____岁 | | | | |
| 确定职业锚的我：_____岁 | | | | |
| 立业持家的我：_____岁 | | | | |

生涯规划后我的觉察是_____。

### 四、生涯行动：基于团队的行动学习

（1）全体同学复盘：第五章规划自我学习成果，总结价值、知识、能力三大目标的实现程度，并将学习成果（带学号姓名水印的我的生涯规划及其附件截图）提交至所在团队，由本团队秘书长收集提交至领学团队。

（2）全体同学预习：第六章计划自我，完成在线课程和教材预习，提炼亮点、重点和难点，完成三问三答，参与线上讨论。并将预习成果（带学号姓名水印的在线课程学习成果截图）提交至所在团队，由本团队秘书长收集提交至领学团队。

（3）轮值团队领学：制订、发布并领衔执行复盘时间表与预习时间表，收集各个团队的学习成果，进行个人完成情况排名与团队完成情况排名，对排名前三的同学与团队奖励幸福花。领学团队将以上内容整合制作成 PPT 进行课堂发布，合格的领学团队获得幸福花奖励。

（4）学习成果分享。请优胜团队和领学团队分享完成本章学习任务的做法（团队是如何完成如此艰巨任务的，被逼出了哪些绝招？）和收获（所提升的内驱力、合作力、学习力、前瞻力、健康力、审美力、执行力）。

### 五、生涯书目

1. 吴沙著，《遇见生涯大师》，北京大学出版社，2017 年版。
2. 吴芝仪著，《我的生涯手册》，经济日报出版社，2017 年版。
3. 提摩西·巴特勒，詹姆士·沃德鲁普著，赵剑非译，《哈佛职业生涯设计》，中国商业出版社，2004 年版。
4. 戴维·范鲁伊著，粟志敏译，《生涯线》，浙江人民出版社，2018 年版。
5. 姚昆仑编著，《梦圆大地：袁隆平传》，中国地图出版社，2015 年版。
6. 李永宁著，《巴菲特传》，中国友谊出版公司，2017 年版。

## 第六章　计划自我

凡事豫则立，不豫则废。言前定则不跲，事前定则不困，行前定则不疚，道前定则不穷。

——《礼记·中庸》

如果你把所有的时间和精力都耗在小事情上，你就不会有时间去在意真正重要的事情，专注在那些真正能让你感到高兴的事情上。我们要学会计划人生、善用时间，规划好最重要的目标和每一步的具体行动，再付诸实践。只有规划好自我，我们才不会在大好年华挥霍青春，更不会将愿望变成幻想，使其永远没有实现的机会。

大学生活中大致有三种状态的同学：第一种是很忙，但是很盲目的人，盲目地随波逐流。别人考证他们跟着考证，别人考研他们跟着考研。东一榔头西一棒槌，努力不聚焦，无用功多多。这往往是职业方向不明确、职业目标不具体的缘故。第二种是很闲，但是很茫然的人。这种人上课静不下，睡觉醒不来，游戏拔不出。恋爱昏天黑地，翘课不假思索，考试红灯高挂。这是因为这种人失去了目标和压力。第三种是平衡有序的人。比如下面案例中的胖哥及其室友们，这种人对自己的大学生涯有行动计划，给了自己从容不迫的信心。

**学习目标**

1. 价值：在学涯计划中发展职业资本优势，践行家国情怀。
2. 知识：了解学涯计划的主要内容，理解专业能力与通用能力。
3. 能力：根据自己的生涯目标与学涯目标，有重点地提升内驱力、合作力、前瞻力、学习力、健康力、审美力和执行力。

## ▶ 第一节　我的学涯计划

**生涯案例**

### 胖哥和他的室友们

考上大学后，学习的方式由被监控式向散养式转变，胖哥有了更多的时间去完成他的梦想。他和其他的同学一样填报了很多学生组织，在学生工作和考证大军之中摸爬滚打，觉得十分充实。渐渐地，胖哥在学校里有了点小小的声望，成了学生领袖、考证达人、减肥达人。这个时候的胖哥很快乐，然而一次高中同学的聚会终结了胖哥的快乐。

聚会中胖哥惊愕地发现，同学们都关心的是诸如四大（国际会计师事务所）、世界500强的实习机会，研究生及CPA（注册会计师）和CFA（特许金融分析师）等证书的考学之路，而他关心的还只是学生组织的活动以及会计从业资格证等入门类证书的考试。聚会当天，平时乐观多语的他默不作声，仿佛走错了地方一般，无所适从。从聚会回来，有一种失落感悄然笼罩着他，他开始审视自己以及身边的环境。

一个以前从未考虑的问题——毕业后我该何去何从？他重新对自己进行认知：胖哥打小就喜欢在妈妈的单位里玩科目章，对会计这个职业有着很好的"启蒙教育"基础。一贯以来，他的行为作风都有些完美主义的影子，这是会计等"技术/职能型"职业的重要优势。于是，他浏览了许多求职网站，加强了与高中同学的交往。渐渐地，他发现他的目标不够明确，计划很分散。他决定改变，确定了学业计划的重心，那就是考CPA。

作为学业计划的组成部分，他毅然决然地搬出原先的寝室，制订了学习日程表，并开始了每天6~8小时的CPA课程学习。同时他也在寻找类似职业的实习机会，希望通过实习的经历和CPA通过门数来换取进入大型会计师事务所的"敲门砖"。"三个臭皮匠顶个诸葛亮"，胖哥的两个挚友也在晚上的"卧谈会"中明确了自己的学业方向——考研和考CFA。三个人相互激励，相互交流自己的学习状态，相互提出建议和调整计划方案。毕业那年，他们收获了预期的果实。胖哥CPA专业阶段6门全部通过，就职于国内名列前茅的会计师事务所。他的两个挚友一个考取美国西北大学金融系进行研究生阶段深造，一个获得CFA一级资格进入中国银行工作。

从某种程度上讲，大学生涯是未来职场生活的"模拟演练"。为了避免盲目和茫然，大学生需要制订大学四年的学涯计划以发展职业资本优势。就是像胖哥一样，在职业准备行动开始的时候，制订好学涯计划目标、策略和步骤。而学涯计划中最为重要的一件事莫过于毕业后何去何从。这是制订学涯计划核心内容的风向标，这里我们先从职业资本优势开始讨论。

## 一、我的职业资本优势

**生涯**案例

### 你最大的优势是什么？

明明大学毕业后顺利进入一家公关公司做了两年多的策划，由于公司业务的变化，老板找她沟通调整部分工作内容。一般人可能老板说干什么就干什么吧，但明明比较特立独行，她一听内容就觉得不喜欢，这么默默接受不是折磨自己嘛，又不能直接说不喜欢，所以改口说不擅长这块。老板顿了顿，问道："那你觉得自己擅长什么？你最大的优势是什么？"明明一时语塞，因为她几乎没有考虑过这个问题，自己也压根不知道答案。

明明做了两年多的策划，很好地完成了创意、文案、执行、渠道、跟稿各项工作，也积累了很多职业资本，可哪一样单拎出来又都不是她的优势，她本来还觉得自己样样都能干，还挺厉害的。被老板这么一问，明明没了底气，也对自己后面的发展感到困惑。其实明明老板问的问题，我们在毕业找工作时经常会被HR问到。职场竞争优势与五项资本紧密相关，这五项资本是经济资本、人力资本、社会资本、心理资本和道德资本。

就大学生而言，自己可以支配的经济资本无几，我们首要关注的是自己大有可为的人力资本、社会资本、心理资本和道德资本(第二章我们进行过盘点)。为了缩短大学毕业后的职业适应期,大学生需要从这四个方面着手制订学涯计划,也就是说将职业资本优势发展置于四维框架之下:第一维度对应人力资本,是职业发展所需要的知识与技能,知识与技能均包含可迁移部分和专业部分,因前文可迁移部分涉及较多,本章不再赘述。学习专业知识是求学期间的主旋律,但是知识只是让我们知道是什么和为什么。至于如何做,则需要制订专业技能优势计划,故本章第二节和第三节分别聚焦于开发专业知识优势计划和专业技能优势计划。第二维度对应社会资本,本章第四节聚焦开发职场人脉优势计划。第三维度对应心理资本,心理资本不仅包含情商,还包含其他个人特质因素。情商是必备的心理资本。同属于心理资本的积极情绪已经在第一章有所讨论,故本章第五节聚焦于开发职场情商优势计划。第四维度对应道德资本,本章第六节聚焦于开发职业道德优势计划。以上内容将于本章二至六节逐节讨论。

## 二、我的职业资本优势目标制订方法

**生涯** 案例

### 从应用型大学本科毕业生到大学副教授

朱皓轩,江苏泗阳人,2010年9月考入三江学院文学与新闻传播学院学习,专业为广播电视编导;2014年本科毕业后,进入黑龙江大学历史文化旅游学院学习,专业为专门史,2017年6月取得历史学硕士学位;2017年9月进入南开大学历史学院学习,2021年8月获得历史学博士学位;2018年4月,成为日本爱知大学中国研究科的博士生,并于2018年9月至2019年8月赴日本名古屋学习博士课程;现供职于南通大学文学院历史系,成为明史副教授。

进入三江学院前,他便暗暗下决心,一定要考研究生。他的英语特别差,就算频繁学习英语,英语四级考试依旧第二次才通过。当时他默默告诉自己:我一定会过线!回忆整个考研过程,他早上6点起床,晚上11:30准时睡觉。英语他只做真题,每一篇阅读理解他平均花8个小时,绝对不贪多、贪快,文章一句一句地、一个词一个词地分析,时至今日他对做过的阅读理解依旧能记得大体内容。他还下定决心好好背单词,选择一本乱序版的考研词汇书,规定自己每天背一课,除了第一次需要花半个小时记忆外,其他时间他疯狂地重复:中饭前、中饭后、午休前、午休后、晚饭前、晚饭后、睡觉前。早上起来第一件事,仍是把枕头边的单词书拿出来捂着汉语部分看单词,直接测试记忆效果。如此这般重复3天后,记不得的单词也就寥寥无几了。他对自己的要求是看到单词立马知道汉语意思,犹豫3秒就算不会。3天后还不会的,他便把单词的音标、意思抄写在一个本子上,平时继续循环记忆。平时做题遇到不认识的单词也记下来循环记忆。

2个月后,他已经把厚厚的词汇书背完了。下面就是疯狂地记忆之前不容易记住的单词。在考试前夕,每篇阅读理解中他不认识的单词基本不超过10个,正常维持在七八个,单词不再成为他理解文章的障碍。尽管如此,他在做新的真题时还是会遇到整篇文章全部读懂,但是五个选择题错四个的情况,当时的他欲哭无泪,可是他在内心告诉自己"没关系!坚持下去!我一定可以!"2个月后,成绩出来了。查到成绩的那一刻他对天长吼,把家人吓一跳。考试成绩比他自己的估分多出40多分。

2014年8月他进入黑龙江大学历史文化旅游学院,跟随明史专家胡凡教授攻读硕士学位。读硕士时,胡教授教所有学生一个学英语的方法:找一套好的教材,提前预习好几篇文章,耳朵里塞着耳机，跟着读，每读一遍，写"读"的一划，写完22划后，再开始读下面几篇文章。当时他安排在晚上读英语，但是读英语会打扰别人，肯定需要空教室。为了每天这一个小时，他时常跑遍整个教学楼才能找到空教室，好几次为此内衣被汗水浸湿。胡教授把学习外语的方法告诉了所有学生，只有他一个人足足坚持了两年半！整个硕士期间，他读完了新概念三、四册，还有一本 BBC 新闻、一本 VOA 新闻。一次跟外教聊天后，边上一位老师惊讶地问他是不是英语专业的学生，英语太流利了。他暗叹，付出终究是有回报的。

朱皓轩的职业生涯非常不一般，完美诠释了一个应用型大学本科学生逆袭成为学者的职业生涯发展过程。在毕业去向确定之后我们要确定学涯行动目标，比如是准备升学，还是留学？考哪一个专业？哪一所学校？目标越具体，准备越聚焦，梦想成真的可能性越大。朱皓轩的生涯几乎是 SMART 原则[①]的完美案例。

S（specific）是指行动目标要具体。目标的设置要有具体的事项与工作内容；计划要做哪些事情，计划完成到什么样的程度；目标要对标特定的工作指标，不能笼统。比如，完成×××课程作业，提高英语阅读速度和转化率。

M（measurable）是指行动目标要可以衡量。目标的可衡量性可以从数量、质量、成本、时间入手。如果目标不能衡量，可将目标细化成分目标后再衡量。目标仍不能衡量的，可将完成目标的工作流程化，通过流程化使目标可衡量。比如，完成不少于100人次的课程问卷调查，编写调研报告，通过老师审核。

A（attainable）是指行动目标要可以达到。目标是基于现实的并且具有一定的挑战性。设定目标要依照自身的能力条件、内外部可用资源、当前发展和未来可能发生的情势等情况，区分阶段按步骤设定。目标既要使工作内容饱满，也要具有可行性。比如，体育百米成绩达到18秒；寒假精选5本文学名著阅读，并写5篇读书感悟。

R（relevant）是指行动目标要与其他目标具有一定的相关性。目标的相关性是该目标的实现与制订的其他目标的关联情况。如果这个目标实现了，但与其他的目标完全不相关，或者相关度很低，那么意义也不是很大。个人目标与组织目标相关；长、中、短期目标相关；目标与岗位职责相关；目标之间彼此不冲突。

T（time-bound）是指行动目标应具有时限性，有明确的截止期限。我们应根据工作任务的权重、紧急程度设定目标达成的时间期限，在目标执行过程，设定中间检核点，依不同期限设定阶段性目标（年、季、月、周、日），定期检查目标的完成进度，及时掌握变化情况，以便及时进行工作指导。

目标刻在石头上，计划写在沙滩上，实施落实在行动上。虽然天赋很重要，但是拼天赋的时机更多是在努力程度已经相当的情况下。很多时候，人们本来通过努力可以达到的高度，但因拼搏不够而没有实现，这时天赋不足也就成为自己失利的借口。所以宁愿要笨笨的"大智慧"，也不要过人的"小聪明"。如果学习是一场游戏，那努力和勤奋应该是入场券，没有这张入场券，我们在入场时就已经输了。

### 三、我的学涯计划制订方法

#### （一）学涯计划七个内容

以本章开篇的生涯人物胖哥为例，为了完成学涯计划的目标，我们需要考虑以下七方面的

---

① SMART 原则是现代管理学之父彼得·德鲁克教授在目标管理领域最重要的贡献。

内容：

（1）我面临的任务。为了要达到学涯目标我需要做什么？（例如胖哥的学涯目标是进入大型会计师事务所做审计人员。因此面临的任务就是达到这一职位的要求。）

（2）我所预期的终点。完成预定目标的标志是什么？（以胖哥为例，大型会计师事务所审计人员职位的关键标志性条件是学习能力，以 CPA 通过门数来换取进入大型会计师事务所的"敲门砖"。）

（3）我现在的位置。我距离预期的终点还有多远？（例如胖哥是国贸专业，会计零起点，所以会计方面的学习是他大学剩余时间主攻的难题。）

（4）我的行动方法。怎样从现在的位置走到自己需要到达的地方？（胖哥搬出原先的寝室，找到志同道合的同伴，每天坚持学习 CPA 课程 6~8 小时。）

（5）我的备选方案。我还可以想出多少解决办法？（胖哥除了将进会计师事务所作为第一方案，还将进贸易公司做会计作为第二方案，留校先担任辅导员再考会计专业研究生作为第三方案）

（6）我完成任务的资源。我需要什么资源才能完成任务？我如何才能获得这些资源？（胖哥与高中同学加强联系，明确目标；与志同道合的室友相互砥砺，克服懒怠情绪。）

（7）我完成任务的优势。我有哪些优势？如何运用和发展这些优势来解决问题？（胖哥的能力优势有学习力、执行力、内驱力和合作力，除此以外，还有社会资本的人脉优势。）

### （二）我的学涯计划树形图

学涯计划目标的实现并非是一蹴而就的，需要将一个大目标分解为很多个小目标，正所谓"不积跬步，无以至千里；不积小流，无以成江海。"总计划树形图的功能是安排阶段和步骤，以便于实施行动。比如胖哥的学涯目标是毕业时成为大型会计师事务所的审计员，为了达成该目标他将大学最后两年目标分解成为树形图（如图 6-1-1 所示）。

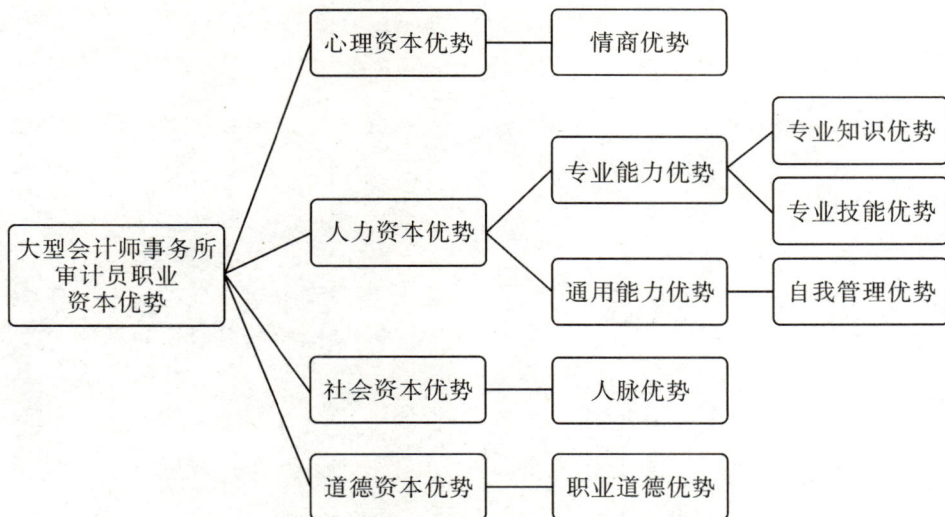

图 6-1-1　胖哥学涯职业资本优势总计划树形图

胖哥的职业锚类型是技术/职能型，具有精益求精的匠心职业道德追求。与此同时，他还兼备属于心理资本的情商、属于社会资本的人脉准备。由于胖哥计划从国际经济与贸易跨专业做审计，因而人力资本中会计学专业知识优势和专业技能优势是他学涯计划的关键所在。

### （三）我的学涯计划表

前述学涯总计划的时间可以跨越年份，甚至覆盖大学四年。继续以胖哥为例，他给自己制订了围绕 CPA 自学和考试的学涯计划。为了便于实施行动，需要把跨年份的安排分解到每一年，再把每一年的任务分解到月、周、日。

### 1.专业知识优势的年度计划

比如胖哥大三学年的首要目标是通过 CPA 会计、审计、税法科目，于是他将目标进一步分解后制订年度计划（见表 6-1-1）。

表 6-1-1　胖哥学涯年度计划

| 学涯目标:本年度通过 CPA 会计、审计、税法科目 | | | | 完成日期:9 月 23 日 | |
|---|---|---|---|---|---|
| 目标分解 | 需要采取的步骤 | 日期 | 协助者 | 完成标志 | 完成检查 |
| 目标分解一会计科目 | 1.通读教材及课程 | 1 月 1 日-3 月 15 日 | 网校 | 完成教材全部课程学习 | 每章节均已学习并相应记录总结及心得笔记 |
| | 2.精读及练习强化 | 4 月 20 日-7 月 1 日 | 网校 | 已结合精讲班次,对重点章节予以反复强化学习,并研究辅导教材习题,大量练习 | 完成辅导教材全部练习,错题标注、订正,重点课程已完成至少 3 次重复学习和记忆过程 |
| | 3.冲刺阶段强化 | 7 月 15 日-9 月 1 日 | 本人 | 已做错题汇总,完成冲刺班学习,重点章节熟练掌握,完成 10 套模拟卷 | 已整理第一版错题集,模拟卷已完成,重点章节完成汇总笔记 |
| 目标分解二审计科目 | 1.通读教材及课程 | 2 月 1 日-4 月 15 日 | 网校 | 完成教材全部课程学习 | 每章节均已学习并相应记录总结及心得笔记 |
| | 2.精读及练习强化 | 5 月 1 日-7 月 15 日 | 网校 | 已结合精讲班次,对重点章节予以反复强化学习,并研究辅导教材习题,大量练习 | 完成辅导教材全部练习,错题标注、订正,重点课程已完成至少 3 次重复学习和记忆过程 |
| | 3.冲刺阶段强化 | 7 月 25 日-9 月 1 日 | 本人 | 已做错题汇总,完成冲刺班学习,重点章节熟练掌握,完成 10 套模拟卷 | 已整理第一版错题集,模拟卷已完成,重点章节完成汇总笔记 |

续表

| 学涯目标:本年度通过 CPA 会计、审计、税法科目 | | | | 完成日期:9 月 23 日 | |
|---|---|---|---|---|---|
| 目标分解 | 需要采取的步骤 | 日期 | 协助者 | 完成标志 | 完成检查 |
| 目标分解三 税法科目 | 1. 通读教材及课程 | 3 月 1 日 - 5 月 15 日 | 网校 | 完成教材全部课程学习 | 每章节均已学习并相应记录总结及心得笔记 |
| | 2. 精读及练习强化 | 5 月 15 日 - 7 月 25 日 | 网校 | 已结合精讲班次,对重点章节予以反复强化学习,并研究辅导教材习题,大量练习 | 完成辅导教材全部练习,错题标注、订正,重点课程已完成至少 3 次重复学习和记忆过程 |
| | 3. 冲刺阶段强化 | 7 月 25 日 - 9 月 1 日 | 本人 | 已做错题汇总,完成冲刺班学习,重点章节熟练掌握,完成 10 套模拟卷 | 已整理第一版错题集,模拟卷已完成,重点章节完成汇总笔记 |
| 目标分解四 知识整合 | 整合阶段 | 9 月 1 日 - 9 月 23 日 | 本人 | 完成整合三大科目第二轮错题集,重大知识点考前专题回顾、背诵、强化,押题卷练习 | 已整理第二轮错题集并再次复习错题所涉及知识体系,对重点章节笔记已反复浏览并背诵,已完成押题卷及各类试卷练习 |

**2.学涯周行动日程表**

这样的计划表格式,还可以有更为具体的月计划、周计划。这些计划除了时段长短差别外,并没有什么实质性的不同。以胖哥的周计划为例,表 6 - 1 - 2 是胖哥以会计精读及练习为主体,同时兼顾学生工作和锻炼,而制订的一周的行动计划。

表 6 - 1 - 2 学涯周行动计划(胖哥案例)

| 行动安排 | 1 月 1 日 | 1 月 2 日 | 1 月 3 日 | 1 月 4 日 | 1 月 5 日 | 1 月 6 日 | 1 月 7 日 |
|---|---|---|---|---|---|---|---|
| 基础课程学习(网校课程及教材浏览) | 会计第一章概论学习 | 会计第二章金融资产学习 | 会计第二章金融资产学习 | 会计第三章存货学习 | 会计第三章存货学习 | 会计第四章长期股权投资学习 | 会计第四章长期股权投资学习 |
| 整理完成本日笔记 | 对网校课程学习及教材中的重点予以标注、记录、总结,形成笔记,对学习中的疑点难点问题未能解决的予以汇总并向网校老师予以提问,结合答疑结果整理笔记 | | | | | | |
| 本日学习例题研究 | 对网校课程学习的章节所涉及的例题予以总结,并遮盖解题过程,自行练习 | | | | | | |
| 学生工作 | 略 | 略 | 略 | 略 | 略 | 略 | 略 |
| 锻炼 | 跑步 | 跑步 | 跑步 | 跑步 | 跑步 | 跑步 | 跑步 |

同学们可以先通过本章的加油站内的"二、生涯行动：年度计划九宫格"感受一下学涯计划工具的效果。

**3.学涯行动日程表**

日程表的功能是把一周行动计划中每一天的任务分解到一天内的各个时段，从而知道一日之内的每一时段该干什么。如果不知道怎么行动，就说明我们计划分解不到位。表6－1－3为胖哥的学涯行动日程表。

表6－1－3 学涯行动日程表（胖哥案例）
5月10日（星期二）

| 序号 | 时段 | 任务 | 完成情况 | 应对措施 |
|---|---|---|---|---|
| 1 | 6:30—7:30 | 晨读 | 完成 | 对前一天的学习内容予以浏览复习，背诵 |
| 2 | 7:30—11:30 | 早餐、中餐、上课等规定性任务 | 完成 | 完成学校布置的课程学习，空余课程时间按CPA网校课程学习 |
| 3 | 11:30－13:00 | 午休、整理上午学习笔记 | 完成 | 将上午学习重点及心得予以汇总及标注 |
| 4 | 13:00－16:00 | 上课等规定性任务 | 完成 | 完成学校布置的课程学习，空余课程时间按CPA网校课程学习 |
| 5 | 16:00－17:00 | 晚餐、杂务 | 完成 | / |
| 6 | 17:00－23:00 | 晚间锻炼、网校学习 | 完成 | 保证2~3小时网校学习及1~2小时的习题时间，汇总及总结当天学习内容，列明第二天学习的计划 |

计划是用来实施的，简明而直观的计划图表方便提醒自己，可以将其放在最为显眼的地方（手机的首页或桌上、床边）。

# ▶ 第二节 我的专业知识优势计划

我们高中时期炉火纯青的应试能力已无法适应大学时期的核心能力——学习能力。"死记硬背"的惯性思维并不适用于大学专业系统学习和应用型人才的成长，也不利于职业优势的发挥与提升。克服懒惰情绪，养成良好的学习习惯，系统发展专业知识优势非常必要。不同的学涯目标，决定了不同的学涯任务。在大学，知识学习的优势计划需要根据考研、留学、就业、创业四大目标有的放矢地进行准备。

## 一、以考研为目标的专业知识优势计划

**生涯**案例

### 建筑小伙上岸厦大，看他如何筑人生之厦

三江学院 2016 级建筑学专业的学生陈允飞在 2021 年的考研大军中脱颖而出，成功上岸厦门大学建筑学专业。"我从没有在工作和考研这两者之间徘徊，我的想法很坚定，考上研究生之后看到的风景和现在看到的是不一样的。"

陈允飞的备考过程并不是一帆风顺的。疫情期间只能在家线上学习，他那时候正巧在攻克建筑学考研工程量最大的快题。每天起床后，陈允飞简单洗漱后就开始练习快题，画图、评图日复一日，枯燥又乏味。"那段时间我最害怕的就是晚上，因为一觉醒来又要练习快题。虽然这个过程非常痛苦，但这和高考一样，都是无法逃避的科目，只能一一攻克。"备考的这段时间里，他仿佛经历着拼耐力的"长跑"，也曾迷茫和疲惫，但信念坚定的人会将压力转化为动力，这便是最后的倔强与韧性！

陈允飞有着自己的考研学习方案："考研的这几门里面我最担心的就是我的英语。"英语一直是他的短板，所以"脚踏实地，稳打基础"这八个字对他来说格外重要。直至考试前一天，他都没有怠慢每一天的固定背单词任务，"其实不需要特意分时间去背，但一定要将零碎时间充分利用起来。"在背单词的同时，考研英语近二十年的真题也被他翻来覆去地做透、吃透。就这样日复一日的练习，英语基础不太好的陈允飞通过了厦门大学划定的英语分数线。

为了攻克初试中的难题之一：概念性快速建筑设计，陈允飞决定报班针对目标学院进行系统化学习。每天 8 点上课，23 点下课。常人看来机械化的痛苦训练在陈允飞眼里早已是家常便饭。经过半年艰苦卓绝地练习，陈允飞做快题已经形成了自己的方案造型套路，练习也得心应手。

长期的枯燥复习中，找到适合自己的复习方法是十分重要的。前期将知识点分列清楚，后期将有联系的知识点糅合在一起，综合起来记忆，省时又省力。"我没有研友，但我觉得每一个在图书馆奋斗的考研人都是我的研友。"学累的时候，抬头看看还有很多人和你一样在为着相同的目标而努力时，你就会重新充满动力。

陈允飞的案例告诉我们的是最后时段的计划安排。如果分年级计划，建议这样考虑。

大一阶段，大学生的任务是了解专业课程学习的教学培养计划和目标，明确学习方向。大一学生要了解大学阶段学习方式和途径，充分利用学校学习资源，树立以学习为主的中心观念，努力学好专业基础知识；阅读和职业生涯与发展规划有关的书籍，参与一些职业生涯规划课程和比赛，了解职业生涯与发展规划的必要性，增强自己的职业生涯管理意识；初步了解所学专业就业、考研情况，初步探索与专业关联度较高的职业发展情况。

大二阶段，经过大一时期的历练，大学生可以根据自我探索等的结果，确定是否选择考研道路。一旦选择了考研的道路，那么，就要进行针对性的准备了。大二可以结合专业学习，有针对性地为考研进行专业方面的准备，打下坚实的专业知识基础，毕竟专业成绩的好坏才是决定考研成败的关键。除了课堂上专心听讲、多向老师进行请教之外，还可以积极与师兄师姐进

行交流,获取相关的经验,少走弯路。

大三阶段,考研准备进入白热化阶段。这个时期,学生应该强化英语、政治科目的学习,这也是考研获得优秀成绩的重要因素。英语和政治的学习有一定的规律可循,学生应该掌握科学的学习方法,如制订严格的学习计划,正确选择参考资料,合理利用时间,适时进行总结,广开学习渠道等。我们一定要选择一套适合自己的学习方法。

大四阶段,是巩固和强化的阶段。经过大二专业知识和大三英语、政治科目的学习,大四要根据自己的具体情况,进行针对性的强化。同时,考研报名也拉开帷幕,选择合适的院校、专业、导师,都需要认真地思考和权衡,不宜盲目草率,不宜想当然。报考过程中,我们要多了解导师的情况,多向前辈打听相关的消息,这些都是成功的必由之路。

### 二、以留学为目标的专业知识优势计划

一旦我们确定要留学就要开始进行长期的准备。最先要具备的,就是良好的外语水平,外语水平是留学的基础。其次,如果是想获得奖学金的话,优秀甚至是优异的专业成绩,超强的综合素质及卓越的职业素养都是必不可少的。这些也是需要在留学准备期间必须通过各种途径去培养、提升和突破的。

一般而言,留学需要进行以下几方面的计划准备:①选择合适的课程,通过语言关。确定留学国家后,一定要选择合适的课程,提高语言能力。学好语言,并非考试成绩高就可以,而是要具备听说读写等各项能力。②参加语言测试。申请英美等国家,需要提供雅思、托福成绩;申请法国,则需要参加 TEF/TCF 考试。参加哪项考试,由招生国家决定。

### 三、以就业为目标的专业知识优势计划

大一阶段,我们要适应大学生活,树立职业规划意识;完成从中学生到大学生的角色转变;虚心请教师兄师姐,积极参加集体活动,建立新的人际关系圈;熟读学生手册,关注辅修专业和第二学位的申请条件,保证有较好的学习成绩。

大二阶段,我们要确定主攻方向,培养综合素质;虚心请教师长和校友,根据自己的发展意愿选定主攻方向;建立合理知识结构,注重专业能力的培养,参加英语、计算机等工具性证书的考试;积极参加学生会或社团工作,培养自己的组织协调能力和团队合作精神,提升自己的综合素质。

大三阶段,我们在加强专业知识学习的同时,应取得与职业目标相关的职业资格证书,学习求职技巧,学会制作简历、撰写求职信,了解面试技巧和职场礼仪。

大四阶段,我们要充分掌握资讯,实现就业目标;留意学校就业中心通知和其他重要招聘渠道,不要遗漏关键的招聘信息;登录招聘单位网站或通过咨询、访谈等方式,了解招聘单位的相关信息,为面试做好准备;选择实用性高的毕业设计(论文)题目,借机证明自己的应用研究能力。

对于专业知识的准备,我们需要像胖哥一样制订详细的知识学习的年度计划,并且将计划分解到月、周、日。

### 四、以创业为目标的专业知识学习计划

对于大学生来说,选择就业还是创业,关系到我们一生的职业起点。希望获得最理想的职

业发展状态,就需要认真地对自己进行完全剖析,知道自己真正希望得到什么,达到何种状态。

在学习创业知识的过程中,我们要认真思考,吸取前人的经验和教训,并将学习、思考、实践综合起来,经过自己的消化,为创业能力的形成和提高打下坚实的基础。首先,课堂、图书馆和社团是获得创业知识的一个重要途径。其次,纸媒体和网络媒体也是一个很好的获取信息的途径。最后,我们应培养良好的社会意识,主要包括与人协调合作、集体工作的意识和强烈的社会责任感以及竞争意识、环境意识、质量意识、品牌意识、安全意识等,这是提高创业素质的极其重要的社会基础。

值得提醒的是,知识学习形成职场优势并非只是大学四年的事情。过去的大学学历是"四年制",现在是"四十年制"。过去,学习是为了积累各种知识"以防万一"(just in case),现在是按需定制的"及时学习"(just in time)。这是一个终身学习的时代,我们要先设想好期望达到的效果;基于选择,设定现实的目标;再加入一个学习社群;排除干扰,全力以赴。

## ▶ 第三节　我的专业技能优势计划

**生涯案例**

### 如何成为行业精英——胖哥的自述

每一个行业都需要精英,往往核心技术和关键步骤都掌握在少数精英的手里,所以称为行业精英,我个人认为先得从技术入手,应了那句话"没有金刚钻别揽瓷器活",一钻在手方能遇事不怵,所以说技术也是积累的产物。

从业以来,我经历了审计、投行、资管三大领域,从前台部门转向后台部门,行业大类相近,但细分不同,侧重也不同。这些迫使你不断地学习和提高自己的技术水平。所以这些年虽说是工作,但也是不断学习的几年,或许自大学时期,我就开始了这段征程。

大学里及刚开始工作的一两年,我的大部分精力主要放在财会基础的积累和夯实上,大学期间自学财会知识,通过考证来督促和验证自己的学习成果,自易至难,从上岗证开始,到成功拿下注册会计师。但是,工作是讲究效率和效果的地方,之前的财会基础只是为了保障沟通时的无障碍,更多的还需要掌握工作的辅助工具,这些辅助工具的掌握也是一门技术,比如说Word、Excel、PPT,我想这些是大家最为熟知的,很多招聘单位都会要求熟练掌握这些技术,但是说实话,真正熟练的还真不多见。这些技术在我后来的工作中起到了很大的作用,也使我有了进入团队核心的机会。简单而言就是别人解决不了的东西,你能搞得定,信任便基于此。讲两个小事例:

一则是数据整理。审计,每天就是对着企业的账套,面对大量的财务数据,用到Excel的频率极高,但是,纵观全组大多是把Excel当作填表,只是填列数据,会的也多是加总、复制、粘贴,效率很低。比如开100封询证函,比如做借贷方分析可以耗去一个人1~2天的工量,这就启发了我,因为我想学想做更高级的科目,不想在这上面花费那么多的时间,我会带着问题,下班后回宾馆继续研究,直至解决,当时开函证我自己半抄半编弄了个小的宏,鼠标点击几下,十来分钟就能搞定这百来封的函证。

二则便是数据处理。这个对于一个金融从业人员来说实在是太重要了，给你一个表几万行数据，怎么整合处理？靠"＋"靠"SUM"？那估计你要 key 到手抽筋，再说要的数据口径很多，原始的处理方式你无法完成，数据统计函数比如 SUMIFS，引用函数比如 VLOOKUP、INDEX、MATCH，计算函数比如 IRR，数据透视，数组成了第二阶梯要求，我的一个 IPO 项目，收入成本一年几十万条销售数据配成本，我就是用数组完成的，这个难题当时成了我们是否能承接这个项目的瓶颈之一。

技术的掌握与提高需要具有一种能力，这个能力就是解决问题的能力，问题会推陈出新，我们需要对遇到的新的问题和状况进行归纳、分析与总结。在这个积累的过程中，我们要耐得住寂寞，常保持学习的状态，持续获取知识和技能，久而久之，我们便会成为行业的精英，乃至专家。

## 一、专业技能优势提升计划

技能可以分为与生俱来的技能——天赋和后天可以训练的技能两大类别。通过后天学习和练习而获得的技能分为专业技能和通用技能。专业技能，就是某一类甚至是某一种职业的专用技能，也就是不可迁移技能。通用技能，是非某一工作特定的，对所有工作、教育和生活都十分重要的技能，也称为可迁移技能。

对于大学生而言，我们的专业技能也可以分为两大类：①简单技能，比如柜员、会计点钞，传票翻打等。②复杂技能，比如平面设计、方案策划、价值评估、客户访问等。简单技能与学历关系不大，复杂技能则要求比较扎实的知识基础，再通过各种实践，得到提升。

因此，专业技能优势提升目标应该包含以上两者，并重点确立复杂技能优势的提升目标。建议大学生根据自己向往职业岗位说明书的信息或者生涯人物的意见确立具体的目标。

表 6-3-1 是某校酒店专业大一学生为自己制订的技能学习计划。虽然从格式上看是完整的，但是，针对性和具体性以及可行性还需要请教专业老师和酒店部门的资深人士。

表 6-3-1　酒店专业对口就业的技能优势计划

| 技能类别 | 通用技能 | 专业技能 |
|---|---|---|
| 现在拥有的 | 一定的英语口语交际能力；打扫卫生；做饭；简单的服务工作 | 较熟练的电脑操作能力；英语口语交流能力；普通话较标准；一般服务技能 |
| 缺少的部分 | 专业技能的学习；更高水平的口语交际能力；服务工作的专业性 | 更熟练的电脑操作能力；流利的英语口语交际能力；普通话等级认证；专业服务技能；促销、策划技能 |
| 打算如何获取 | 认真学习专业课；善于从身边的服务工作者身上积累学习经验；多与外教沟通交流 | 学好专业课，注意日常积累知识；多看美剧、英语电影、英语演讲等；普通话方面从每次广播台培训中积累专业知识 |
| 预算多少 | 专业课、外教课按如上算法4000左右 | 专业课、外教课按如上算法4000左右；普通话培训由学校安排，免费 |

## 二、"岗课赛证"：提升专业技能优势的方法

**生涯案例**

### 走进数学竞赛

2021年上海杉达学院2018级计算机科学与技术(数据工程方向)专业学生黄洪秉荣获第十一届全国大学生数学竞赛非数学类三等奖、第十一届上海市大学生数学竞赛(高教社杯)非数学类三等奖。黄洪秉对数学一直抱有极大的兴趣,并乐于尝试、喜欢接触数学的各个分支领域。他在了解到由中国数学会主办的全国大学生数学竞赛(The Chinese Mathematics Competitions,简称CMC)这一具有挑战性的赛事后,萌发了试一试的念头。大一期间他便开始目标明确地与CMC相伴。为了准备这次竞赛,每天早晨6点他会准时来到自习室开始赛题训练。除去上课时间,他利用好其他碎片时间,争分夺秒地做题,不敢有丝毫懈怠。班级里熟悉他的同学都说,他的手上一直捧着的就是竞赛书。整个大一期间,黄洪秉共完成了12本习题集,一年消耗的草稿纸有一本英汉词典那么厚。

竞赛中黄洪秉曾被一道证明题卡住,但他来不及沮丧,也没有服输,而是越挫越勇,坚持到底。他说,一年来的备赛经验教会他,若第一眼看到题目时无从下手,则应该及时调整心态,暂时跳过,抓紧时间完成后面的题目。一直到结束前的15分钟,他完成了其余所有题目,拦在面前的依然是这道证明题。但他的脑中根据以往的学习经验迸发出了一些新思路,他便赶忙在答题纸上写了下来。黄洪秉说:"感激自己当时在赛场上没有被负面情绪压倒,也很感激自己通过一年的努力积累的知识储备,让我在最后一刻还能有思路诞生。"

高技能人才已经成为国家的重要战略资源,培养高技能人才是应用型大学的必然选择。2021年4月召开的全国职业教育大会提出,"要一体化设计中职、高职、本科职业教育体系,深化三教改革,推进岗课赛证综合育人";同年10月中共中央办公厅、国务院办公厅印发了《关于推动现代职业教育高质量发展的意见》,提出"完善岗课赛证综合育人机制,按照生产实际和岗位需求设计开发课程"。可见,从国家层面,已把探索"岗课赛证"综合育人作为完善职业教育人才培养体系、提升人才培养质量的重要抓手。"岗课赛证"综合育人模式的核心是岗,岗是人才培养的出发点和价值皈依点,载体是课程改革,赛和证是人才培养质量提升的助力器和检验标准。"岗课赛证"综合育人模式以岗定课、以课育人、以赛领课、以证验课,综合提升职业教育的人才培养质量。当前很多高校基于岗位技能标准设计课程,定向培养高技能人才,借鉴世赛理念攀登技能人才培养之巅,加强证课融通对接行业标准,探寻高技能人才培养的有效途径。中国高等教育学会发布2021全国普通高校大学生竞赛分析报告,全国普通高校大学生竞赛榜单内竞赛项目名单包含56项竞赛,详见表6-3-2。目前,我国大力推行1+X证书试点工作,X证书,即职业技能等级证书。根据我国职业教育1+X证书制度,每个专业的学生可以通过考试获得的X证书具有若干种类,由不同的行业领域龙头企业开发设计考试内容,紧跟行业发展趋势。比如,会计专业类学生可以通过考试取得的X证书有智能财税(初级)、业财一体信息化应用(初级)、财务共享服务(初级)等职业技能等级证书。

表6-3-2　全国普通高校大学生竞赛榜单

| 序号 | 竞赛名称 | 序号 | 竞赛名称 |
|---|---|---|---|
| 1 | 中国"互联网＋"大学生创新创业大赛 | 26 | 世界技能大赛 |
| 2 | "挑战杯"全国大学生课外学术科技作品竞赛 | 27 | 世界技能大赛中国选拔赛 |
| 3 | "挑战杯"中国大学生创业计划大赛 | 28 | "西门子杯"中国智能制造挑战赛 |
| 4 | ACM - ICPC 国际大学生程序设计竞赛 | 29 | 中国大学生服务外包创新创业大赛 |
| 5 | 全国大学生数学建模竞赛 | 30 | 中国大学生计算机设计大赛 |
| 6 | 全国大学生电子设计竞赛 | 31 | 中国高校计算机大赛－大数据挑战赛、团体程序设计天梯赛、移动应用创新赛、网络技术挑战赛、人工智能创新赛 |
| 7 | 中国大学生医学技术技能大赛 | 32 | 蓝桥杯全国软件和信息技术企业人才大赛 |
| 8 | 全国大学生机械创新设计大赛 | 33 | 米兰设计周——中国高校设计学科师生优秀作品展 |
| 9 | 全国大学生结构设计竞赛 | 34 | 全国大学生地质技能竞赛 |
| 10 | 全国大学生广告艺术大赛 | 35 | 全国大学生光电设计竞赛 |
| 11 | 全国大学生智能汽车竞赛 | 36 | 全国大学生集成电路创新创业大赛 |
| 12 | 全国大学生交通运输科技大赛 | 37 | 全国大学生金相技能大赛 |
| 13 | 全国大学生电子商务"创新、创意及创业"挑战赛 | 38 | 全国大学生信息安全竞赛 |
| 14 | 全国大学生节能减排社会实践与科技竞赛 | 39 | 未来设计师·全国高校数学艺术设计大赛 |
| 15 | 中国大学生工程实践与创新能力大赛 | 40 | 全国周培源大学生力学竞赛 |
| 16 | 全国大学生物流设计大赛 | 41 | 中国大学生机械工程创新创意大赛－过程装备实践与创新赛、铸造工艺设计赛、材料热处理创新创业赛、起重机创意赛、智能制造大赛 |
| 17 | 外研社全国大学生英语系列赛－英语演讲、英语辩论、英语写作、英语阅读 | 42 | 中国机器人大赛暨 RoboCup 机器人世界杯中国赛 |
| 18 | 全国职业院校技能大赛 | 43 | "中国软件杯"大学生软件设计大赛 |
| 19 | 两岸新锐设计竞赛·华灿奖 | 44 | 中共青年创客大赛 |
| 20 | 全国大学生创新创业训练计划年会展示 | 45 | RoboCom 机器人开发者大赛 |
| 21 | 全国大学生化工设计竞赛 | 46 | "大唐杯"全国大学生移动通信 5G 技术大赛 |
| 22 | 全国大学生机器人大赛－RoboMaster、RoboCon、RoboTac | 47 | 华为 ICT 大赛 |
| 23 | 全国大学生市场调查与分析大赛 | 48 | 全国大学生嵌入式芯片与系统设计竞赛 |
| 24 | 全国大学生先进成图技术与产品信息建模创新大赛 | 49 | 全国大学生生命科学竞赛（CULSC）－生命科学竞赛、生命创新创业大赛 |
| 25 | 全国三维数字化创新设计大赛 | 50 | 全国大学生物理实验竞赛 |

| 序号 | 竞赛名称 | 序号 | 竞赛名称 |
|---|---|---|---|
| 51 | 全国高校 BTM 毕业设计创新大赛 | 54 | 中国高校智能机器人创意大赛 |
| 52 | 全国高校商业精英挑战赛－品牌策划竞赛、会展专业创新创业实践竞赛、国际贸易竞赛、创新创业竞赛 | 55 | 中国好创意暨全国数字艺术设计大赛 |
| 53 | "学创杯"全国大学生创业综合模拟大赛 | 56 | 中国机器人及人工智能大赛 |

### 三、心流：战胜复杂技能挑战的法宝

面向复杂技能的"岗课赛证"样样具有很大的挑战性。如何战胜挑战？进入心流状态是一种值得练习的方法。

### (一)心流原理

芝加哥大学的心理学教授把心流称之为幸福的终极状态。可能有人会说，我就是一个普通人，我可没有体验过心流啊。其实现实生活中很多人都有过心流的体验，只是没有留意过而已。比如饭不吃觉不睡打王者荣耀，打了一天还觉得体力倍儿好，精力充沛；熬夜看小说越看越精神，一不小心睁眼一瞧，天都亮了；有个跑步的同学经常在跑步的时候甚至感觉不到自己的存在。黄洪秉在回忆起数学竞赛时说："在短时间内集中所有的精力解决一道又一道的难题，和各高校学生同台竞技一起过招，感觉很享受。"备赛期间不断挑战数学题的过程，不仅让他的数学水平得到了很大提升，也让他从中学会了挑战和坚持。黄洪秉的案例告诉我们，心流是挑战和技能两相匹配的结果，下面我们通过沉浸模型来展示，如图 6-3-1 所示。

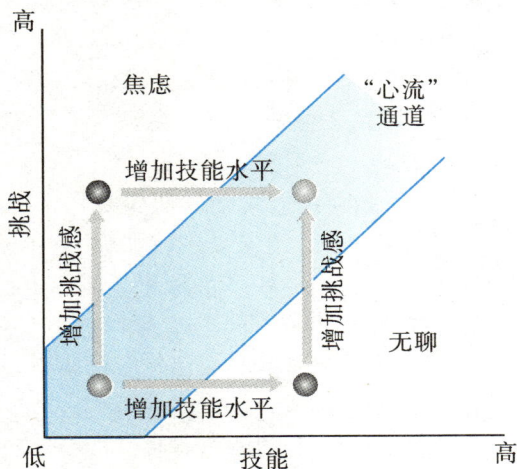

图 6-3-1 沉浸模型

沉浸模型是基于挑战与技能的搭配建立起来的。当技能高、挑战低时，人们处于无聊状态；当技能低，挑战高时，人们处于过劳状态；当技能低、挑战低时，人们处于无感状态；当技能高、挑战高时，人们沉浸于心流状态。

如何实现心流状态呢？有八种办法可以助力：第一，明确目标，比如"1 年内掌握数据整理

和处理技能"。第二，任务拆分细化，比如"上半年掌握数据整理技能，下半年掌握数据处理技能"。第三，平衡挑战难度和技能。第四，及时迅速得到反馈。第五，准备活动要有仪式感，比如深呼吸、听音乐或冥想。第六，减少外界干扰，如告知相关人等给自己预留一段时间，关闭电子设备，让自己处于相对独立空间等。第七，找到进入心流的高概率事项，发现自身真正的热爱。第八，跨越舒适区，进入学习区。

## ▶ 第四节　我的职场人脉优势计划

我们在制订职场人脉优势计划的过程中，深感社会资本（简称人脉）这一资源的匮乏。因而，开发人脉就成了我们学涯计划的关键内容。如果我们能明确计划，主动安排，就能收获期待的社会资本。

**一、我的人脉结构**

物以类聚，人以群分。不同取向选择的我们所需求的人脉结构也会有所不同。以下就就业、创业、升学三种取向做简要介绍。

（一）就业取向的人脉结构

如果大学毕业即就业，我们所需要的人脉大致由这样两个部分构成：一是帮助就业准备的人脉，二是帮助就业成功的人脉。

（1）帮助就业准备的人脉。就业准备内容丰富庞杂，所需要的人脉范围很大，但是责任不大、要求不高，比较容易获得。只要是对目标职业有所了解，对职业知识、技能、情商或人脉有所了解的长者甚至同辈，就可以提供有效的建议、信息和帮助。家族里的职业人，学校的老师、校友和同学，职场调研、志愿者服务、勤工俭学单位所接触的对象，都是帮助我们就业准备的人脉。

（2）帮助就业成功的人脉。能帮助到我们就业成功的人脉，一般分为三种类型：第一类，能直接决定给予我们就业岗位的人脉。这是最重要的就业人脉，也是最难的人脉。对于大部分大学生而言，这是不可能实现的童话。但是职场如球场，不可思议的事情也可能发生，就在我们为恨没有生在帝王家而沮丧的时候，也许有同学因为实习出色，就直接被老板留用了。第二类，能提供有效就业岗位信息的人脉。这样的人脉虽然不能决定我们的去留，但是却能提供准确信息、指点迷津，帮助我们有效地从准备简历到应对面试等一系列环节中顺利过关。这类人脉与我们就业的目标岗位有着直接的联系，多数就在提供职位的组织内部。第三类，能够帮助针对性就业训练的人脉。这样的人脉或许不能做决定，也无法提供就业信息，但是他们仍然能够给我们或多或少的就业帮助。哪怕是面试出门前仪容的把关，哪怕是心神不宁时的安慰和陪伴，都会助力我们就业的成功。

（二）创业取向的人脉结构

创业与就业相比，所需要的人脉更为广泛和迫切，大致可以分为以下几类。

（1）帮助创业启蒙的人脉。生涯早期的创业启蒙人通常是具有血缘关系的人脉，尤其是父母。如果不是出身商人世家，有创业取向的人通常具有老虎的性格和创造型职业锚倾向。这样的特点同样可以从血缘人脉中找到蛛丝马迹，而开始创业准备则往往来源于学缘人脉，即学校里从事创业教育的老师、创业比赛的同伴、实施创业的同学，等等。

（2）帮助创业咨询的人脉。帮助我们解答创业问题的人脉有以下几种，首先最方便的血缘人脉——家长。但是调查发现，创业的大学生很少咨询家长，或许是"熟悉的地方无风景"所致。我们通常更愿意与同辈交流、在网上搜索，但是交流容易、思路雷同，咨询的效果未必可取。创业教育的老师见多识广，但是往往缺乏操作经验。政府职能部门和社会创业促进组织专业人才济济，这些地缘人脉是很好的咨询对象，但是往往远在校外不够方便，但我们可以通过请进来走出去的方式获得帮助。

（3）解决创业资本的人脉。很多大学生通过打工获得第一桶金，然后开始创业。这样解决资本来源问题的人脉与就业类似。通过血缘人脉解决资本创业的大学生不在少数，由于学缘关系共同创业、共同出资的情况很是常见。除此之外，政府相关部门、社会公益组织以及创业投资基金（即天使基金）都有可能成为创业资本的来源。人脉广而深则资本来源广而深。

（4）帮助创业管理的人脉。创业管理包含创业准备、创业时机判断、创业项目选择、创业计划书撰写、创业行动开始、创业企业管理等一系列的行动管理内容。在这些环节能够给予帮助的人脉应当属于"过来人"，也就是创业管理经验丰富的人群。创业前辈和专业的创业咨询部门会予以比较有效的帮助。

（5）一起创业打拼的人脉。创业伙伴来自哪里？有一项误导了许多人的管理原则：要任人唯贤，而不能任人唯亲。其实对于创业者来说，一路同行的伙伴很可能是大学寝室里"上铺的兄弟"。打仗亲兄弟，上阵父子兵。创业艰难时，人脉可靠程度取决于缘分的远近，比如家族企业、同学企业、战友企业。

### （三）升学取向的人脉结构

在校大学生升学人脉相对比较容易获得。根据大学生的升学取向，升学人脉分为以下两种。

（1）帮助考研的人脉。在考研方面能够帮助我们的有三类人脉：①帮助录取的人脉。由于考研主要看考分，所以录取决策人主观意图左右的程度很低，难以起到实质性的作用。②提供考研信息的人脉。这类人脉的作用大大超出前者，无论是录取比例、推荐比重、面试信息，还是考研参考资料信息，抑或是主要的研究生导师信息都很重要，该校该专业的著作、教材、论文、历年考题都会对你有所帮助。③帮助考研复习的人脉。这方面的人脉首推考取该校研究生的学长、学姐，其次是在该校该专业读书的同学、同乡，最后是一起为考研志同道合的同学。

（2）帮助留学的人脉。境外留学人脉的获取难度因为费用、地理、时差和语言等因素超出境内升学。虽然有些家长可能会很早就为子女准备好一笔留学读书的费用。但是大学生可以靠自己的力量勤工俭学解决学费。例如，前几年一位学生申请加州名校的健康管理专业硕士，她凭借超人的沟通能力，不仅赴美签证异常顺利，还获得了助教资格，并且在入学前就获得了参与未来导师科研课题的机会。她的学费和生活费完全靠自己通过人脉搞定，而且研究生没有毕业就拿到了医院管理咨询公司数据分析师的职位。

## 二、跨圈式人脉开发——偶发事件策划

人脉开发固然要通过上述结构性的人缘脉络进行，但是这样的做法对于原先人脉不丰富、与自己职业选择关系不密切的同学来说是远远不够的。像下文案例中的晓成一样对偶发事件有着时刻准备着的计划，从而形成跨圈式的人脉开发行动，对这些同学来说是十分必要的。

**生涯**案例

### 晓成的银行业人脉是怎样开发的？

晓成来自安徽与湖北交界的大山深处的农村家庭，考进上海一所应用型大学就读金融专业。他没有学业优势，更没有任何亲戚朋友在金融机构工作。他所拥有的只是一双善于发现机会的眼睛和踏实肯干、敢打敢拼的态度。

为了和金融界结缘，他加入了学校的金融职业发展协会，并且因主持人工作崭露头角。一个偶然的机会他被老师派去建行帮忙，一天的工作时间就让建行的老师对他另眼相看，邀请他暑期去建行实习。

暑期实习结束，民生银行来学校举办学生手机银行业务体验活动，要成立一个工作室，晓成被老师指定为该工作室的领头人。带着十八位同学，晓成开始了为期两个月的奋斗。推广微信、给手机银行找茬、撰写手机银行体验报告，一路攀登走上了八所高校共同参与竞赛的最高领奖台。微信推广团体第一、找茬数个人第一、综合排名第一，三个第一奠定了晓成毕业后成为银行竞相聘用的"香饽饽"。

马克·格兰诺维特[①]的研究表明，83%以上起作用的关系不是亲朋好友类的"强关系"，而是不在当前社交圈的"弱关系"[②]。根据该理论，一个人在社会上获得的机会多少，与我们社交网的结构有很大关系。如果我们整天只与亲朋好友和背景相似的人交往，就很难获得人脉圈外的信息和机会。因此，如果我们的职业目标跨越了现有人脉圈，我们的人脉准备一定需要相同的跨越。

幸运绝非偶然。如果我们想考上某所名校的研究生，这所名校的人脉当然重要，那就计划去该校辅修甚至旁听吧，有可能偶遇未来的导师或者与未来导师有联系的人。如果我们想创业，创业社团、创业讲座、创业会议、创业大赛等要尽可能一个不落地参加，那么遇到能提供信息、咨询甚至资金、场地人脉的概率会大大提高。计划邂逅、善用机缘，可能会有收获职场贵人的机会。人脉作为职场优势的重要因素，整个计划需要循序渐进，而非一蹴而就。

## 三、我的人脉开发计划

有人说，只会读书的人是可耻的。虽然偏激，但是不无道理。因为我们不能一辈子读书不进入社会，永远做个"校园控"。所以大学生涯的时间必须总体安排，在校园内外合理分配，在

---

① 美国社会学家，斯坦福大学教授，马克·格兰诺维特于1973年提出弱关系理论。参见 Granovetter, Mark. 1973. "The Strength of Weak Ties", American Journal of Sociology, 1978。

② 万维刚，《万万没想到：用理工科思维理解世界》，电子工业出版社，2014年版。

人力资本开发和社会资本开发上统筹兼顾。在制订人脉开发计划时,我们可以使用人脉归档表、个人IP两种方法。

(一)人脉归档表

虽然学期中我们能用于人际交往的时间比较零散,但是不意味着没有交往的机会。上课和谁比邻,下课和谁相伴,都可以在日程里有所体现。课余的辅修考证、社团活动、打工兼职,更是我们跨出圈子获得人脉的绝佳机会,一定要在计划中精心安排。上述晓成的案例告诉我们,学期中也有跨圈结交人脉的机会。

另外,还有两种关系也需要列入人脉归档表(如表6-4-1所示),一是亲人,二是师长。与亲人的深入沟通可以对其拥有或潜在的人脉关系有清楚的了解,以便于接过人脉,为己所用。学校的师长大概是除了血缘人脉最愿意帮助我们的人了。他们与专业领域的人士多有交集,且具有较多专业人脉。

表6-4-1 人脉归档表

| 姓名 | 角色 | 职业 | 地区 | 行业 | 影响力<br>(弱-中-强) | 亲密程度<br>(疏-中-密) |
|---|---|---|---|---|---|---|
| ××× | 邻居 | 服装代购 | 深圳 | 服装、外贸 | 弱 | 密 |
| ××× | 老师 | 教授 | 北京 | 教育、高校 | 强 | 密 |
| ××× | 高中校友 | 钢琴师 | 上海 | 音乐 | 弱 | 疏 |

人脉归档表中,角色大致可以分为家人、密友、亲戚、朋友、同事与需要结交的人等几种类型,必要时可以在后面备注其昵称、生日、爱好、心愿、人生重要事件等。对于拟开发的人脉需要评估其可以链接的资源,以及通过谁可以在何场合以何理由进行结交。建议按季度进行定期更新人脉归档表形成人脉图谱(如图6-4-1所示)。

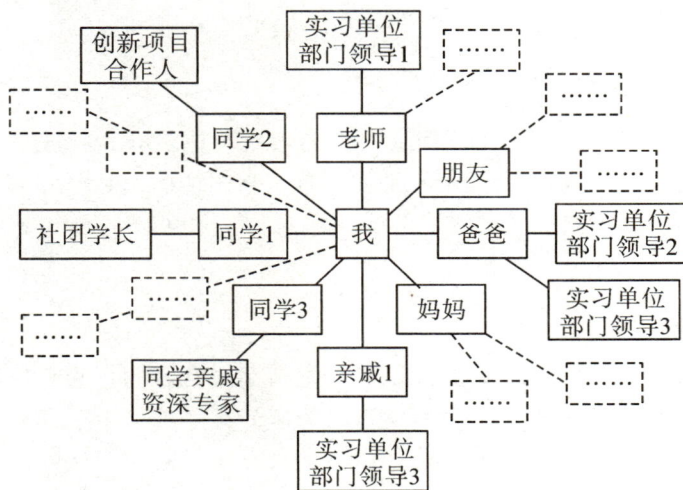

图6-4-1 人脉图谱

(二)个人IP

个人IP是一种网络用语,百度百科对它的解读是指个人对某种成果的占有权。在互联网时代,它可以指一个符号、一种价值观、一个共同特征的群体、一部自带流量的内容。如果说人脉归档表是对人脉资源的归纳总结,那么个人IP则是开发人脉资源的闪亮明信片。如何使用搭建这个工具就需要找到自己的优势,做专业的、有价值的内容,持续性输出。这个输出的过程需要每个人迭代记录、熟记、形成个人语言体系,并不断更新形成一个个人的IP故事,更好地向社交圈的人脉展示自己。

个人IP的整个过程就是个人通过性格、形象、技能（价值）标签化→进行个人价值优势提炼→输出专业内容→借助社交渠道宣传→影响他人→最终获取目标人脉,使个人从受欢迎到被需要。每个人都有适合自己的社交渠道与IP,如果你是内向者或钻研者,那最好的方式就是做自己擅长的事,做到极致,成为专家型,人脉就会不请自来。如果你是社交达人,可以丢掉无效社交,利用杠杆原理抓住身边"杠杆点",高效、高质量经营自己的社交圈。这样,大大降低了社交的频率,节省了社交成本。

人脉开发虽然重要却不能盲目,应当循序渐进。就职业准备期间而言,应当按照以下六个步骤的程序进行:①明确职业生涯规划,尤其是初始的职业目标;②根据提供目标职业组织的标准,评估人脉资源现状;③根据自身人脉现状与目标职业的要求之间的差距,明确人脉资源需求;④设计人脉资源结构,制订人脉资源开发行动计划;⑤分解人脉资源开发计划,开始实施行动;⑥对人脉资源开发计划执行情况进行评估和修正。

## ▶ 第五节　我的职场情商优势计划

高情商是职场的通行证,属于可迁移的通用能力,有助于自我管理和他人合作。如果我们有机会管理一个团队,那么对我们情商的要求就会更高。

### 一、我的一般情商计划目标

情商的水平也可以像智力水平那样用测验分数较准确地表示出来,只是暂时还没有系统、权威、成熟的测试方案。专家认为,一个人是否具有较高的情商,和童年时期的教育培养有着密切的关系。因此,提升情商应尽早开始。根据情商的内涵,可以从五个方面确立我们情商提升的计划目标。

#### （一）自知目标

知道自己有什么情绪,为什么有情绪,同时知道情绪对自己的行为有何影响;能准确地识别、评价自己和他人的情绪情感,能及时察觉自己的情绪变化,能归结情绪产生的原因,这就是自知目标。

#### （二）自律目标

自律就是能做到积极地管理（不仅仅是控制）好自己的情绪,适应性地调节、引导、控制、改善自己和他人的情绪。自律目标是能够使我们摆脱强烈的焦虑忧郁情绪,积极应对危机,并增进实现目标的情绪力量。

### （三）自励目标

自励的人以结果导向,会建立目标并为之奋斗。具体而言就是能够利用情绪信息,整顿情绪,增强注意力,调动自己的精力和活力,适应性地确立目标,创造性地实现目标。自励目标的确立就是能达到"求实坚毅"的境界,当面对困难时,能够一点一滴地从事自己的工作,坚定自己的信念,而不是抱着"干得了就干,干不了就算了"的心态。

### （四）识别他人情绪的目标

识别他人情绪,需要同理心。所谓有同理心,就是能进行换位思考,真正明白他人的想法、感受和经历。理解别人的感受,察觉别人的真正需要,具有同情心。识别他人情绪的目标就是能做到准确理解他人,从而提高行动方案的针对性和有效性。

### （五）处理人际关系目标

这里的人际关系是指能识别他人情绪,并有效地利用对他人情绪的理解来处理、建立和维系与他人的关系。处理人际关系,是为了我们未来在生活和工作中,能通过准确读出社交情境,进行说服、引导、沟通,从而避免冲突或解决争端。也就是说,处理人际关系目标的重点是实现和谐相处。

## 二、我的职业情商计划目标

与技能类似,情商也可以区分为一般情商和职业情商。前者是大学生视野中几乎所有职业都需要具备的情商,比如前面所言及的五种情商就属于一般情商。而后者则是一类或者一种职业所需要的职业情商,比如专业型职业的成就欲(服务类职业的人文关怀),管理型职业的影响力(管理类职业的领导力、公平与责任)。这需要研究自己目标职业的具体情商要求之后,再制订具体的有针对性的情商提升计划。下文就不同职业人员的情商调节与不同职位的情商组合进行讨论。

### （一）不同职业人员的情商调节

情商的一个基本特征在于调节力,即面对逆境能够保持镇定,坚强处理苦恼或消极情绪,引领个人在身处恶劣环境下懂得如何应对不利的局面,从而产生正面的结果,这种调节力也称作抗逆力。抗逆力是一个过程,可以通过学习而获得并且不断增强。抗逆力高的人能够以健康的态度去面对逆境。

从构成要素上,抗逆力有外部支持因素(I have)、内在优势因素(I am)以及效能因素(I can)三个部分。比如,逆转考试挂科就可以这样计划(如表6-5-1所示):

表6-5-1  逆转考试挂科的学涯计划

| 计划事件 | 外部支持因素 | 内在优势因素 | 效能因素 |
|---|---|---|---|
| 如何逆转考试挂科的现状 | 现在还有时间可以重修,老师会帮助指导我的 | 我的注意力不容易集中,但我对感兴趣的事情会很努力 | 我一定可以顺利过关 |

霍兰德所谓企业型的职业不仅包括企业主、经理、销售员,也包括文化组织里的制片人和政法领域的官员和律师。由于环境复杂、利益纠葛,在这些职位上遭遇逆境是家常便饭。毅力

和勤勉、自我控制和希望等优势是抗逆力的具体表现，抗逆力是当个人面对逆境时能够理性地作出建设性、正向的选择和处理方法。不同职业人员的职业情商培养计划安排要注重个体自身或其职业环境中具有适配的、得力的、恰当的保护因素，这样才能实现自我平衡和启动抗逆力，调整自我、应对压力，重构生命，获得职业生涯的良性发展。

**（二）不同职位人员的情商组合**

具体到我们个人，计划内容需要根据目标职业的不同情商要求而有所偏重或者忽略。一般从两个方面着手：一是自己与职业相关的情商短板，我们应当在职业选择时尽力避免这种情况的发生。二是关注目标职业的核心情商，进行重点修炼。图6-5-1显示了不同职业对情商的偏重情况。

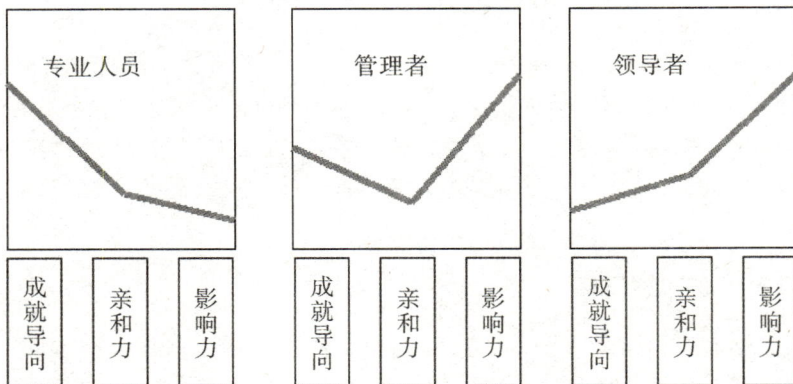

图6-5-1　不同职业对情商的偏重情况

大学生的职业起点一般是专业人员，成就导向、亲和力、影响力重要性依次递减。如果我们倾向于专业性的职业锚，应当把成就导向作为核心情商来重点提升。如果倾向于管理型的职业锚，在提升成就动机的同时，还应该重点提升影响力。其实，很多职业都有自己关键性的情商要求。比如销售职业需要的成就欲和锲而不舍的意志力，客户服务需要的同理心和亲和力，等等。需要我们根据自己的职业选择，深入调查研究。把握不同的情商重点，有利于自身优势在职场上有的放矢地发挥。

**三、我的情商提升行动计划**

情商培养与修炼是接受、思考、兴趣、热爱、品格形成的分阶段逐级推进的过程，如表6-5-2所示。

表6-5-2　情感领域学习水平分类

| 水平 | 具体行为 |
| --- | --- |
| 接受 | 1. 在适当的环境中注意对象的存在<br>2. 给予机会时有意地注意对象<br>3. 集中注意教师的讲解或演示 |

续表

| 水平 | 具体行为 |
|---|---|
| 思　考 | 1. 能遵照教师指示考虑有关问题<br>2. 能对感兴趣的问题主动进行思考,且与过去的经验发生联系<br>3. 能有意愿地、兴致勃勃地将问题深入钻研下去 |
| 兴　趣 | 1. 有深入研究的意愿<br>2. 愉快地和对象打交道<br>3. 不愿意立即停止自己的思考和动作 |
| 热　爱 | 1. 关心对象的存在和价值<br>2. 价值经过内化成为自己的坚定信念<br>3. 认识到对象的美,成为自己理想信念 |
| 品格形成 | 依据自己的价值观所形成的信念,内化为自己的品格,并用于指导自己的言论与行动 |

在制订情商提升计划时,表6-5-3所提供的动词可以选作其中的关键词。

表6-5-3　编写情感学习目标可供选用的动词表

| 目标层次 | 特征 | 可参考选用的动词 |
|---|---|---|
| 接受或注意 | 愿意注意某事件或活动 | 听讲、知道、看出、注意、选择、接受、赞同、容忍 |
| 反应 | 乐意以某种方式加入某事,以示做出反应 | 陈述、回答、完成、选择、列举、遵守、记录、听从、称赞、欢呼、表现、帮助 |
| 评价 | 对现象或行为作价值判断,从而表示接受、追求某事,并表现出一定的坚定性 | 接受、承认、参加、完成、决定、影响、支持、辩论、论证、判别、区别、解释、评价 |
| 组织 | 把许多不同的价值标准组成一个体系并确定它们之间的相互关系,建立重要的和一般的价值观念 | 讨论、组织、判断、使联系、确定、建立、选择、比较、定义、系统阐述、权衡、选择、制订计划、决定 |
| 价值体系的品格化 | 能自觉控制自己的行为并逐渐发展为品格化的价值体系 | 修正、改变、接受、判断、拒绝、相信、继续、解决、贯彻、要求、抵制、认为、以致、正视 |

以上的目标和行动内容,给了我们制订职业情商提升行动计划的两维空间。

表6-5-4是酒店管理专业的大一新生为自己制订的初步的情商提升计划,其中包含一般情商和职业情商两个部分。以职业客观要求为标杆,其中既评估了现在拥有的,也明确了缺少的部分,而且还包含了获取的途径和预算,只要分解到具体的年份、月份,再细化到每周和每日,就方便计划落实了。

表6-5-4　酒店服务职位情商提升计划表

| 类别 | 现在拥有的 | 缺少的部分 | 获取的途径 | 预算 |
|---|---|---|---|---|
| 一般情商 | 能认识自身情绪;知道如何管理自己的情绪;能够认知他人情绪;能够管理好人际关系 | 不断地自我激励;积极心理暗示;克服困难的决心 | 从图书馆借阅关于心理学、提高情商的书籍;从身边高情商者身上积累学习 | 图书馆借阅不超期限免费 |

续表

| 类别 | 现在拥有的 | 缺少的部分 | 获取的途径 | 预算 |
|------|-----------|-----------|-----------|------|
| 职业情商 | 作为服务人员能够面对不同客人，做出针对性服务；管理好自己的情绪，不影响客人心情；应变力 | 完美处理服务中遇到的突发事件；协调各部门更好运作；与上司打交道的能力；抗挫力 | 多向有经验的前辈请教；阅读相关书籍；观看一些酒店行业名人的经验交流视频 | 200 元 |

## ▶ 第六节　我的职业道德优势计划

道德有一般道德即美德，也有适用于职业领域的职业道德。它是个人综合素质的一个重要的组成部分，也是每个从业者自我实现的重要保证。随着社会的不断发展，整个社会对各类从业人员观念、职业态度、职业纪律和职业作风的要求越来越高。从业者提高自己的职业道德素养，既是社会的需要，也是个人的内在需要。我们要生存，就要使自己的行为符合社会需要。

### 一、建立职业道德优势的迫切性

《新时代公民道德建设实施纲要》中明确提出："推动践行以爱岗敬业、诚实守信、办事公道、热情服务、奉献社会为主要内容的职业道德，鼓励人们在工作中做一个好建设者。"

当前各行业中所谓的"灰色地带"，是指游走在职业道德边缘的一些行为；有些职业伦理失范行为甚至戴着善意的面具，实际是一种伪善行为。这种现象会降低职业公信力，以及人与人之间的安全感、信任感，败坏了社会风气。故每位大学生在职业生涯规划的计划阶段应重视职业道德优势的培养，以干劲、拼劲、闯劲，续写中国奇迹，靠辛勤劳动、诚实劳动、创造性劳动，开创美好未来。

> **生涯寄语**
>
> 历史承认那些为共同目标劳动因而自己变得高尚的人是伟大人物；经验赞美那些为大多数人带来幸福的人是最幸福的人。（马克思）

### 二、我的职业道德优势目标

**生涯**案例

#### 燃一盏灯，让学生们眼前有光

张桂梅 18 岁从黑龙江来到云南支援边疆。后考取师范学校，毕业后和丈夫来到云南大理教书。丈夫不幸因病去世后，1996 年张桂梅离开大理喜洲镇，调到条件相对较差的丽江华坪中心中学教书。2007 年，张桂梅当选党的十七大代表。在北京开会时，一篇《我有一个梦想》的报道，把她办女高的梦想传播开来。随后丽江市和华坪县各拿出 100 万元，帮她办校。

她是孩子口中慈爱又严厉的"张妈妈"，是将全部心血倾注在教育事业上的"燃灯校长"。

"七一勋章"颁授仪式上张桂梅说"只要还有一口气,我就要站在讲台上,倾尽全力、奉献所有,九死亦无悔!"这是怒放的生命,这是无言的奉献。扎根贫困山区40多年,张桂梅以弱小的身躯,托起了大山女孩们的希望和梦想。为筹款办学,她曾连续几个假期去云南昆明的街头募捐;她每天5点多第一个来到教学楼,直到深夜学生都已入睡才回到宿舍;长年累月的过度操劳,使她患上了骨瘤、血管瘤、肺气肿等20多种疾病,但她并没有退却……日复一日,她用平凡的坚守书写不凡。她是崖畔的桂,雪中的梅。

有人不解,没有子女,没有财产,张桂梅如此拼命图的是什么。用她自己的话说,当听到学生大学毕业后能为社会作贡献时,她觉得值了。教书育人的朴素心愿,正是支撑她坚持到底的不竭动力,豁出命来也要改变贫困山区女孩的命运。"捧着一颗心来,不带半根草去"。像张桂梅一样的乡村教师还有很多,一个个感人的故事,宛如一座座灯塔,指引着孩子们前行的方向,激励着更多教育工作者在前行的路上坚守初心、照亮他人。

在"张妈妈"筹办的云南省丽江市华坪女子高级中学,一段誓词震撼人心:"我生来就是高山而非溪流,我欲于群峰之巅俯视平庸的沟壑。我生来就是人杰而非草芥,我站在伟人之肩藐视卑微的懦夫!"在誓言的感召下,越来越多的孩子不认命、不服输,走出山区,回报社会,把张桂梅身上的精神之光传递下去。

张校长教书育人的燃灯精神,正是教师职业道德的榜样;她"坚韧纯粹、甘为人梯"的职责使命感,是用责任与担当为孩子插上飞出大山的"翅膀",为乡村振兴贡献青春才智一步一步践行出来的。基于张校长的职业发展过程,我们可以发现职业道德不是一蹴而就的,而是在日积月累中逐步实现一个个小目标汇聚而成的。

### (一)强化职业认知

强化职业认知,了解职业准则、职业礼仪、职业义务、职业责任、职业知识结构和职业能力结构,从而在计划制订中与其余优势的培养有机结合,有的放矢。

### (二)培育职业精神

提高自己的法治意识与诚信建设,形成良好的职业规范,保证职业生活正常运行,从而孕育良好的职业精神,培养良好的职业作风。值得注意的是,职业精神的保持离不开终身学习。

**生涯**知识

## 坚持立德树人、德技并修

为向世界介绍中国职业教育发展经验,教育部发布《中国职业教育发展白皮书》。其中关于职业精神的论述如下。

培养什么人是教育的首要问题。中国职业教育坚持立德树人,把育人和育才相统一,致力于培养高素质技术技能人才、能工巧匠、大国工匠。

——强调育人和育才相统一。人无德不立,育人的根本在于立德。中华民族历来崇尚道德修为,认为"德者,才之帅",重视人的品德塑造。职业教育继承和发扬中华民族崇德的传统,关注学生全面成长成才,将社会主义核心价值观培养融入人才培养全过程。深入推进课程思政,推动专业课与思政课同向同行,传授基础知识与培养专业能力并驾齐驱,理论与实践并重,技术与人文融通,保证职业教育学习者实现德智体美劳的全面发展。

——强调职业精神与技术技能培养相融合。国家大力弘扬工匠精神，着眼学生未来的职业发展以及社会和企业对职业人的素质要求，在课程开发、教学标准制定、职业能力规范之中融入职业精神培养要求，增强学生的职业认同感、自豪感，使每一个学生掌握技术技能的同时，树立正确的劳动观点和劳动态度，养成爱国敬业、诚实守信、勤勉尽责、精益求精、追求卓越、敢于创新等道德素养和工匠精神。

### （三）端正职业态度

端正职业态度，以保持职业理想和职业伦理，自觉践履职业过程中不断实现自我超越，推动职业活动朝着人类的理想目标前进。

## 三、我的职业道德提升行动计划

职业道德的提升过程是理论灌输与实践锤炼相结合，教师表率与学生自律相结合，个体自省与团体互动相结合，阶段教育与终身教育相结合的过程。故从以下几方面开展我的职业道德提升行动计划。

### （一）榜样学习，加强个人自律

了解职业道德的内涵，可以通过积极听取相关学术讲座和报告，向职业道德楷模看齐，分析榜样的职业生涯规划路径，获得对自我职业生涯的启发，树立自强不息的人生观，成为德才兼备的专业人才。多向学姐学长汲取学习实践经验，在同辈学习中不断强化自律能力，在计划的设置中应凸显自律的纪律指标和批判性思维指标是否达成。纪律指标体现在自己是否对各种社会、行业制度、规范的认同与认可，并主动承担这些规范对个体禁止性行为的约束。批判性思维不是对职业道德现状的不满和抱怨，而是在深刻认识的基础上，能够根据具体的精神环境和价值标准对所面临的精神冲突进行判断，是一种积极的理性行为，而不是一种激动的情绪的反应。

### （二）实践学习，加强个人自省

认同职业精神。积极参加学校的职业训练营等职业教育活动加强职业体验，到社会上考察行业现状，带着使命感、责任感去学习。积极参与全国普通高校大学生竞赛，积极参加志愿者活动，书写服务性学习日记，记录活动人数、次数、形式、学习掌握的技能，志愿服务对象掌握的技能，志愿服务的内容与效果等。

在实践中培育良好的职业作风。特别在见习、实习等专业实践中养成书写反思日记的学习习惯，记录实践过程的所思所悟，包括：①记录自己实践中获得的新知识；②描述了如何运用沟通技巧：成功与遗憾的总结；③发现了实际操作与课堂教学的不同之处，提出了思考建议；④对所学知识提出自己的思考与见解；⑤对带教老师带教方法的看法和评价；⑥对实践的专业和角色地位的认识和思考；⑦自己职业情感和专业价值观方面的变化与思考等。

**生涯** *知识*

### 寻匠人，悟匠心

虽然离毕业还有一段时间，但是二年级的武亦欣、蔡瑜、管玥、王莉、卢慧萍和单彤已经开始考虑起未来的职业规划。学长学姐毕业后,不少人都会去会计师事务所工作,但近年来频繁跳槽的人很多。为何工匠们能够一心一意专注在自己的手艺上?他们又是如何坚持下来的?带着这些疑问,她们组成了"寻匠人,悟匠心——中国生涯人物美德故事调研"暑期社会实践团队,走访了上海的5位退休老人,了解他们对匠人精神的看法,并为每位老人做了一本故事集,在大学生中传递老人们的故事。

从地铁站里卖栀子花的阿婆、城隍庙里雕刻葫芦的老爷爷到街道里传授麦秆画的阿姨和画水墨丹青的老师,这些退休老人几十年如一日,专注于自己的爱好和手艺。工匠要具备敬业、精益、专注等方面的优良品质,这些品质不仅存在于车间里,也出现在这些退休老人身上。老人们坚持的不仅是手艺,也是一种对传统文化传承的责任。

在实践总结中她们写道:"这些身边的退休老人对手艺的坚持和细心,就是我们要学习的工匠精神。不管我们学习什么,从事什么职业,都需要一颗不断磨砺自己之心,一颗持之以恒之心,一颗精益求精之心,一颗坚守原则之心。"在人心普遍浮躁的时代,一颗"匠心"能帮助我们找到安身立命的根本,也能帮助我们在一定程度上专注于生活,驱散心中的浮躁与不安。

该项目获得"知行杯上海市大学生社会实践大赛"三等奖。

不管是什么工作,都需要反复磨炼、坚定意志,才能在专业领域有所发展。在上述案例中可以发现社会实践对大学生来说是有重要意义的,是促进大学生与社会接轨的必然阶段,也向大学生弘扬了工匠精神中坚持不懈、精益求精的核心内涵,营造坚持不懈的社会风尚和精益求精的敬业风气,可以发展大学生思想品质和专业能力,让大学生成长为对社会有贡献的人。

### (三)终身学习,加强团体协作

通过终身学习不断巩固。终身学习是制订计划的持续性表现,除去个人的自律坚持,还可以借助团队学习的力量,在以往职业生涯教育职业道德的提升中,经常运用的团体学习方式有一般团体学习和专业团体学习。

一般团体学习,比如构建学习型组织的咖啡馆讨论法。这是通过一种简单而又创新的方式,将大家的思维和智慧集中起来解决问题、发现思考的共性的过程。这种方式有效地将组织成员们联系起来,通过循环式探讨,就组织中的重要问题或重大事件进行交流,并最终获得团体中个人新的认知及解决问题的方式。主要分为:①设计交流目标;②活动组织者创造宽松怡人的、热情的、人性化的交流环境;③组长运用合适的方法鼓励团队成员畅所欲言,各抒己见,并总结观点;④团队成员要从始至终参与发言、聆听、探讨,通过交流加深对问题以及小组成员的认识和理解,在所有参与者的自由碰撞共鸣中逐渐形成团体的观点;⑤组织应注意分享团队成果,学会不断运用团体的智慧解决组织遇到的或即将遇到的各种重大现实问题;⑥组织应适时适度奖励提出创造性解决问题建议的个人与团队,合适的激励是学习型组织得以持续的动力。

专业团体学习,比如医学专业的"巴特林小组",这是一种聚焦于医患关系的病例讨论形式,是建立职业化医患关系的一门技术,提升心身医学整体认识。通过巴林特工作引向心身思考,可有效缓解职业压力,避免职业耗竭,促进医务人员自我成长;体验心理生理整体关注的成就感,在团体学习中不断升华仁心仁术。

一个推崇敬业乐业的民族,必定是令人肃然起敬的民族;一个弘扬职业理想的社会,必定是一个活力涌流、文明进步的社会。新时代是奋斗者的时代。坚守职业道德,奋斗职业理想,我们就能以职业贡献为荣,追逐人世间的美好梦想,抵达生命里的辉煌时刻。

# 我的6号生涯加油站

**一、生涯行动：制作学涯计划图**

假如大学四年是一幅画，我希望是什么类型？内容有哪些？主题色是什么颜色？叫什么名字？为什么叫这个名字？

（1）在图画的左下角画上一个小山坡，画上自己，这是当下的起点。在图画的右上角画上太阳，写上自己的毕业去向目标（比如找到什么样的工作、考上什么大学的研究生、拿到某个国家某所大学的录取通知书、开始某一项创业）。这是大学四年的终点，它一定是令人怦然心动又可以实现的，从而可以源源不断地赋予主人内驱力。（可参考下图）

（2）在太阳与小山坡之间画一条S型的道路，这是从起点到终点的关键路线，将该路线等分为4段，对应大学四年。写出每个年级的阶段目标；将实现每一阶段性目标的三个行动分别写在每个年级附近；在行动后面，列出检验自己是否达成每个行动目标的可量化标准，完成对应检查工作的标志。也就是提高目标完成率，在目标展开阶段开展原因验证的工作至关重要，这对对策手段的选定大有帮助。请把检验标志列在行动后面。

（3）在图中画三朵乌云，每朵乌云下分别画一把伞。思考每一阶段可能遇到的三个障碍，并分别写在三朵乌云之上；思考每一阶段可能遇到三个障碍可采取的三个对策，并分别写在伞上；美化你的图画，画一些很有感觉的配图。计划必须将抵抗懒惰与增加吸引力相互结合起来，这些配图可以体现自己的角色感、游戏感，便于讨论。同时鼓励学生创造计划中多个角色，比如：常存希望的乐观；喜欢挑战；承担重任；在绝望中绝地反击，向负面思维挑战；坚持己见等等。这些角色是构成计划的重要戏剧元素。

（4）将画挂在自己的床前，让自己每天早晚看到它。早上看到激发自己满满的元气，晚上看到方便一天的复盘：今天我为学涯计划做了什么？

## 二、生涯行动:年度计划九宫格

### 1.每位同学一张空白 A4 纸,参考下图绘制年度计划九宫格

| 学习·成长 ☐ ☐ ☐ | 体验·突破 ☐ ☐ ☐ | 休闲·放松 ☐ ☐ ☐ |
|---|---|---|
| 家庭·生活 ☐ ☐ ☐ | ＿＿＿＿年<br>年度关键词:<br>＿＿＿＿＿＿＿＿<br>＿＿＿＿＿＿＿＿<br>＿＿＿＿＿＿＿＿ | 健康·身体 ☐ ☐ ☐ |
| 人际·社交 ☐ ☐ ☐ | 财务·理财 ☐ ☐ ☐ | 工作·事业 ☐ ☐ ☐ |

### 2.“年度计划九宫格”行动学习规则

(1)九宫格不需要一次性全部填满,可以一边补充一边删改。但是如果其中一个格子,你迟迟不知道填什么,或许就要思考一下,自己是不是已经忽略人生中这一板块太久了;

(2)目标落地能帮助我们检验目标设定是否可行,这是非常重要的一步。听起来好像很简单,但只要能坚持下来就是胜利;

(3)低头走路时,别忘了抬头看路。复盘时刻不要忘记展望未来,不能跑偏目标。

### 3.行动过程

第一步:平衡目标——这张图有 9 个格子,最中间一格可以写下这一年的关键词,剩下的 8 个格子分别代表了我们人生中的不同板块,每个格子建议写 1～3 个目标。

第二步:拆分目标——比如很多人减肥不成功的原因是没有行动,所以在九宫格上写下要减肥多少斤,或者体脂降到多少,接下来要把这个绩效指标分到每月、每周甚至每天,这样才能让目标落地。

第三步:每日问答——就是把你每天都期望自己尽最大努力做的事情列出来,然后给自己打分,0—10 分,10 分是满分,如下表所示。

| 每日问答(第　阶段:第 一 周) | | | | | | | | | | | | | | |
|---|---|---|---|---|---|---|---|---|---|---|---|---|---|---|
| 我尽最大努力做这些事了吗? | 第1天 | 第2天 | 第3天 | 第4天 | 第5天 | 第6天 | 第7天 | 第8天 | 第9天 | 第10天 | 第11天 | 第12天 | 第13天 | 第14天 |
| 1 | | | | | | | | | | | | | | |
| 2 | | | | | | | | | | | | | | |
| 3 | | | | | | | | | | | | | | |
| 4 | | | | | | | | | | | | | | |
| 5 | | | | | | | | | | | | | | |
| 6 | | | | | | | | | | | | | | |
| 总计 | | | | | | | | | | | | | | |

比如今天我阅读了 30 分钟,我就给阅读一栏打 6 分,如果阅读了 60 分钟,就打 10 分,如果今天干脆没有阅读,就是 0 分。

第四步:复盘展望——每周进行复盘"本周完成""本周突破""本周小确幸""本周小遗憾""本周感想"五项内容,更好地规划即将到来的下一个月。

第五步:咖啡馆讨论——基于这个活动如何实现计划自我的迭代优化?

第六步:收官表彰,小组评分前三的团队再次获得幸福花奖励。

**三、生涯行动:我的学涯计划**

**(一)大学阶段的计划目标**

为支持前述职涯设计和生涯规划的实现,在大学毕业时我的下一站是＿＿＿＿＿＿＿。为了在校期间做好该项准备,我将利用学涯计划,将积极情绪投入到有意义的学涯之中,在良好的人际关系帮助下,实现如下表所示的一系列学涯小目标。

| 角色准备 | 大学阶段的小目标 | 大学阶段目标实现的标志 |
|---|---|---|
| 为工作者而准备 | | |
| 为持家者而准备 | | |
| 为生涯特设角色而努力 | 特设角色名称:<br>该角色的学涯小目标: | |

其中实现工作者阶段性目标的能力,分为与目标匹配的专业能力和通用能力两个方面,需要持续 4 年不断地投入。为此,有必要制订提升专业、通用能力的具体行动计划。

**(二)提升核心专业能力行动计划**

人力资本中的专业能力是实现毕业去向的敲门砖,从＿＿＿＿＿拟就业职位招聘启事(或者拟创业项目要求,或者拟升学专业条件)看,＿＿＿＿＿、＿＿＿＿、＿＿＿＿是该职业前三位的专业要求,属于专业能力。除了完成学校规定学业任务之外,根据毕业去向的条件要求和自己的能力,我将_____(考研、留学、考证、第二专业、创业训练等等,选择其中最重要、难度最大、时间最长、花钱最多的一项)作为提升专业能力排位第一的关键路径。

| 年级 | 专业能力内容 | 已具备的基础 | 与计划目标相比的差距 | 弥补差距的措施 | 弥补差距的时间预算 | 弥补差距的资金预算 |
|---|---|---|---|---|---|---|
| 一年级 | | | | | | |
| 二年级 | | | | | | |
| 三年级 | | | | | | |
| 四年级 | | | | | | |

### (三)提升通用能力行动计划

雇主越来越重视人力资本中的通用能力,从_____理想初始职位招聘启事了解到,_____、_____是该职业要求的通用能力。因此,我将_____(志愿者、社团、比赛、班级工作、兼职、实习等等,选择其中最重要、难度最大、时间最长、花钱最多的一项)作为提升通用能力排位第一的关键路径。

| 年级 | 通用能力提升内容 | 已具备的基础 | 与计划目标相比的差距 | 弥补差距的措施 | 弥补差距的时间预算 | 弥补差距的资金预算 |
|---|---|---|---|---|---|---|
| 一年级 | | | | | | |
| 二年级 | | | | | | |
| 三年级 | | | | | | |
| 四年级 | | | | | | |

### (四)大学期间个性化的计划事项

以梦为马,不负韶华。我将确立以下十项与众不同的个性化事项,在大学期间进行。

| 序号 | 事项 | 已经完成时间 | 已经开始时间 | 准备开始时间 |
|---|---|---|---|---|
| 1 | | | | |
| 2 | | | | |
| 3 | | | | |
| 4 | | | | |
| 5 | | | | |
| 6 | | | | |
| 7 | | | | |
| 8 | | | | |
| 9 | | | | |
| 10 | | | | |

学涯计划制订后我的觉察是_____。

### 四、生涯行动：基于团队的行动学习

（1）全体同学复盘：第六章计划自我学习成果，总结价值塑造、知识学习、能力提升三大目标的实现程度，并将学习成果（带学号姓名水印的职业生涯规划书截图）提交至所在团队，由本团队秘书长收集提交至领学团队。

（2）全体同学预习：第七章创造自我，完成在线课程和教材预习，提炼亮点、重点和难点，完成三问三答，参与线上讨论。并将预习成果（带学号姓名水印的在线课程学习成果截图）提交至所在团队，由本团队秘书长收集提交至领学团队。

（3）轮值团队领学：领学团队制订、发布并领衔执行复盘时间表与预习时间表，收集各个团队的学习成果，进行个人完成情况排名与团队完成情况排名，对排名前三的同学与团队奖励幸福花。领学团队将以上内容整合制作成 PPT 进行课堂发布，合格的领学团队获得幸福花奖励。

（5）学习成果分享。请优胜团队和领学团队分享完成本章学习任务的做法（团队是如何完成如此艰巨任务的，被逼出了哪些绝招？）和收获（所提升的内驱力、合作力、学习力、前瞻力、健康力、审美力、执行力）。

### 五、生涯书目

1. 斯特拉·克特雷尔著，凌永华译，《个人发展手册》，北京大学出版社，2012 年版。

2. 约翰 D. 克虏伯、AI. S 列文著，泊洋译，《幸运绝非偶然》，长江文艺出版社，2006 年版。

3. 张培德、胡志民编著，《职业发展实验教程》，华东理工大学出版社，2010 年版。

4. 王莉、陈岩、吕化周编著，《大学生职业发展与就业能力培养》，武汉理工大学出版社，2013 年版。

5. 何光辉著，《职业伦理教育有效模式研究》，华东师范大学，2007 年版。

6. 何妍蓉、高红霞编著，《大学生职业生涯课程思政教改研究》，复旦大学出版社，2022 年版。

# 第七章 创造自我

风雨送春归,飞雪迎春到。已是悬崖百丈冰,犹有花枝俏。

——毛泽东

　　当下,作为在校生,我们几乎一无所有。我们憧憬未来的幸福工作、幸福家庭以及幸福社会,这都需要我们用勤劳的双手去创造。我们已经进入"百年未有之大变局"中,我们正面对着一个易变(volatility)、不确定性(uncertainty)、复杂(complexity)和模糊(ambiguity)的 VUCA 世界。因此传统的职业生涯管理方式逐渐式微,"赋能""敏捷""创造"是这个时代的关键词。常规性、重复性的工作日渐成为机器人的用武之地,求新求变是各行各业各类人的追求。因此,创造力对一个人、一个组织乃至一个国家都举足轻重。

## 学习目标

1. 价值:认知创造力在大变局时代,对于个人、组织与国家的空前重要性。
2. 知识:创造力的内涵、创意、创新与创业"三创"元素与过程。
3. 能力:察觉痛点,创造性地解决问题,创意能力、创新能力与创业能力的提升。

## ▶ 第一节　我的创造力

### 生涯案例

**鸡窝项目和 7.97 亿项目**

　　章同学是计算机专业的学生。入校以来她一直怀着一颗好奇心,观察生活中的方方面面,并且有心去挖掘自己感兴趣的事情。一年后她申报的两个双创项目获得上海市双创项目训练计划立项。她说记得在一次双创宣讲会上,一名导师说:"也许你现在觉得不切实际的想法,会是你未来的饭碗。"导师说的这句话直接击中了她内心的渴望:你不敢想象能成真的 idea,以后不仅能成真,还能创造价值,供给你的生活,供给其他人的生活,甚至改变一代人。从那以后她开始尝试把"我要创新创业"的思绪放在潜意识中。在随后的学习生活中看到知乎网友批判某短视频平台对其用户发布恶俗内容的文章,结合这个内容,考虑社会需求,提出了 7.97 亿农村用户短视频市场调研的创新创业项目，同时结合大学生生活和自身的专业，又提出了专打"去私人化"浅社交的"鸡窝"项目，两个项目的新颖性引起了学校有关专业的关注和肯定，最终申报的上海市市级双创项目成功立项，并开始一步步实施。

人们通常会把创造的产生过程浪漫化，比如被苹果"砸到"的牛顿。想象一个个伟大的创意超越环境的限制横空出世，天才的眼睛会从一些旧思想和僵化的传统中发现一些全新的创意。但实际上，原发性的创造并不多见。更多的时候，创造力就像一个个想法的拼接物，它们都是由思想的碎块拼组而成的。我们继承了前人的一些点子，也会在偶然之间闪现一些其他的想法，于是我们把两者加工，组合成一些新的形状。

## 一、什么是创造力

创造力，就是创造能力，是产生新思想、发现和创造新事物的能力。创造力由知识、智力和创造性人格组成。知识是基础因素，但知识的多少不能与创造力画等号，它包含吸收知识的能力、记忆知识的能力和理解知识的能力。所谓的智力，是指敏锐、独特的观察力，高度集中的注意力，高效持久的记忆力和灵活自如的操作力，也包括创造性思维能

> **生涯寄语**
>
> 在任何一个你没有察觉的时刻，包括现在，我们都可以通过行动去改变命运，机会一直都在。（张桂梅）

力等。而创造性人格是实施创造者个人的素质素养，如兴趣、动机、价值观、意志、情操、毅力等。

创造力的主要特点有综合性、独特性、变通性、流畅性和艰难性。拥有和掌握创造力能够让我们有诸多收益。比如：

- ◆ 寻求新颖、创新的方法和问题解决路径；
- ◆ 做出明确而有建设性的决策；
- ◆ 保持较高的学习和工作效率；
- ◆ 避免墨守成规或陷入思维的定势；
- ◆ 保持个人学业、事业和生活的平衡；
- ◆ 塑造富有个性的品位和风格；
- ◆ 以创意为个人和团体带来变化；
- ◆ 能够创造性地达成目标或开创事业。

## 二、创造力对职业生涯发展的意义

个人的一生大致要经历学习、工作和养老三大阶段。在养老阶段，个人的创新与创新思维能力十分有限，甚至无须创新思维。在学习阶段，个人先要接受幼儿教育、义务教育和高中教育，主要采用复现性思维方式，学习、掌握和积累基础知识，创新思维能力很弱，也无须从事创新实践活动。只有进入职业教育、高等教育阶段，个人才需要运用创新思维方式，学习、掌握和积累专业技能知识，并从事一定的创造力实践活动。因此，创造能力是个人完成职业教育和高等教育学业的关键，也是个人正确选择就业方式、勇于创业的关键。也就是说，如果没有创造力，个人的毕业论文、毕业设计、毕业作品和毕业实验成果等就不会有新意和价值；个人的职业理念、就业心态、职业选择和就业方式等就有可能出现偏差，难以取得好的结果；个人的创业积

极性、主动性和创业精神就会丧失。例如，有的大学毕业生缺乏就业抉择的创新思维，只希望到生活条件好、收入高和福利待遇好的大城市及大机关和大企事业单位工作，既不愿到急需人才但条件艰苦的小城市和基层单位工作，也不想在大城市或家乡寻求商机、自主创业，因此一些人变成怨天尤人的"啃老族"。而我们寻求就业机会、商业机会、自主创业都非常需要创新精神、创新意识和创新能力。

### 三、创造力倾向评价

高创造力的个体在进行创造性工作时更容易成功，低创造力的个体则倾向于循规蹈矩。威廉斯创造力倾向测量表是一个评价工具。该表通过测验个人的一些人格特点包括冒险性、好奇性、想象力和挑战性，来测量个人的创造力倾向。趋于冒险，好奇心强，想象力丰富，勇于挑战未知的人就是创造力倾向强的人。表7-1-1展现了四个特点的具体内容。

表7-1-1　关于创造力四个特点的描述

| 特点 | 高分者表现 | 低分者表现 |
|---|---|---|
| 冒险性 | 勇于面对失败或者批评；敢于猜测；能在杂乱的情境下完成任务；勇于为自己的观点辩护 | 缺乏冒险性、创造力 |
| 好奇性 | 富有追根寻底的精神；主意多；乐于接触暧昧迷离的情境；肯深入思考事物的奥秘；能把握特殊的现象并善于观察 | 不具备上述特征，影响创造力的发展 |
| 想象力 | 善于建立视觉化的形象；善于幻想尚未发生的事情；善于利用直觉推测事物的原因或结果；能够超越感官及现实的界限对已知信息进行分析、重组，产生新的创见 | 缺乏想象力，因而创造力不足 |
| 挑战性 | 善于寻找各种可能性；能够了解事情的可能性及现实间的差距；能够在杂乱中理出秩序；愿意探究复杂的问题 | 表现出因循守旧的特点，因而缺乏创造力 |

在第四章设计自我中，我们测试过职业锚，其中有创造/创业型。那么两相对照，内在联系如何呢？职业锚有动机与需要、态度与价值观、才干和能力这三个部件，属于创造/创业型职业锚的在四个特点中基本属于前两者，职业锚测试的目的在于区分是与否。表7-1-1的目的则在于评价创造力的高低，因而聚焦创造才干和能力，从冒险性、好奇心、想象力和挑战性四个方面考察。尽管有些人不属于创造/创业型职业锚，但是每个人都有创造力，只是高低不一而已。我们需要提醒自己的是："所谓创造力并不是与生俱来的，也不是天才们的专利，进行一些练习、养成一些思维特点，就能成为创意十足的人。"[①]我们需要的是尽早起步，提升自己的创造力，从而适应这个时代的需要。

### 四、大学生创造力实践

创造力的提升与一般的双创教育有所不同，它已经从思维层面走到了能力层面，到了要求动手的层面，到了要求出创造性成果的层面。因此，仅仅是进行与创造相关的课程学习是远远

---

① 美国斯科特·考夫曼和卡罗琳·格雷瓜尔对一些充满"创造力"的艺术家、作家、科学家和前沿企业家的行为习惯和思维方式进行了专门研究，并得出这样一个结论。

不够的,参与创造力相关的实践活动十分重要。与之相关的实践有双创训练计划项目、双创比赛与双创实战等方式,我们可以综合考虑和安排。根据难易程度,一般本着先创新再创业的原则,先申报双创训练计划项目,后参加双创比赛,再进入双创实战。双创比赛是一个门槛较低的发展创造力的途径,与此同时还可以发展诸多的通用能力。在这样的比赛中很可能获得心流体验与广泛的人际关系,收获属于大学学涯中的幸福。

表7-1-2是一个跨度约三个月的双创比赛工作流程。由于属于大赛初期,所以本着近细远粗的原则,对预备阶段的工作方法进行了细致说明。尤其充分体现了"双创项目从创意(点子)开始"的精神,对创意(点子)收集与提升进行了细致说明,使得工作的可行性大为提升。

表7-1-2 双创比赛工作表

| 阶段 | | 时间 | 方法说明 |
|---|---|---|---|
| 1.预备阶段 | (1)组队报名 | 1月20日-1月23日 | 1.学生个人或团队报名参赛<br>2.鼓励跨专业组队<br>3.选出组长(鼓励学生毛遂自荐)<br>4.组长带领组员创建双创团队组名和口号<br>5.组长填写和发出双创团队报名表草表(项目简介部分可待正式报名填写) |
| | (2)点子收集 | 1月24日-2月1日 | 1.组长负责使用各种方法搜集大家的点子,小组每人至少一个点子,无上限(原则:只要是点子即可,不能做任何评判或说不合理或否决,等等)<br>2.组长将该小组点子填写点子列表发给导师 |
| | (3)点子提升/改造 | 2月2日-2月13日 | 1.每位学生花5~10分钟介绍点子(假期可通过网络沟通)<br>2.导师和同学一起筛选出一些点子<br>3.小组成员负责搜集是否有相同和相似点子,改造点子,使得与现有创业项目有不同之处<br>4.点子提升后,组员与导师再次沟通<br>5.导师和学生一起确认双创项目 |
| | (4)提交正式报名表 | 2月14日 | 组长填写和发出正式报名表 |
| 2.计划书准备阶段 | | 2月16日-3月20日 | 小组成员分工撰写计划书,召开计划书找茬优化会,与导师共同定稿 |
| 3.预赛阶段 | | 3月21日-3月31日 | 校内选拔赛,决出优胜项目和团队,整合参赛团队,优化项目,准备决赛 |
| 4.决赛阶段 | | 4月17日 | 参加校际决赛 |

### 五、创意、创新和创业

虽然通常都是在说"双创"：创新与创业，但是实际上无论创新还是创业，其源头都是创意。也就是"三创"：先从创意到创新，再从创新到创业，这才是一个完整创造力展现的过程。

在本节开头的生涯案例里面，我们看到章同学在平时注重观察和挖掘自己感兴趣的事情，在农村用户短视频市场调研中，她发现大多数社交平台都涵盖了大量私人信息，但很多平台仅仅只是临时的交集，不需要分享大量的个人信息，所以她希望建立一个不需要分享大量个人信息的平台，这起初是她的"创意"想法。随着专业的学习，她在学习小组和专业老师的帮助下计划建立一个"去私人化"的浅社交平台，运用专业技术来实现，并且已经开始进行可行性的调查，这是创意进一步提升为"创新"的方案。在筹备一年不到的时间，恰逢学校鼓励大学生将自己的双创项目进行孵化，章同学进一步提高专业水平、组建自己的团队，申报市级双创项目，申请经费、人力和社会关注等资源，最终形成了一个全新的"创业"项目。这是一个典型的创意—创新—创业的"三创"过程，这个过程可以循环往复，不断推进。

创意是创造力的最初火花，创新是创造力的探索环节，创业是创造力的实现环节。创意是创造力的发端，其要义在于新颖性；创新是创意的科学化与系统化，其要义在于可行性；创业是创新方案的实施或商业化，其要义在于实用性。根据"三创"这样的定位，以下分节讨论创意力、创新力和创业力。

## ▶ 第二节　我的创意力

### 一、创意与创意力

创意是创造意识的简称，它一般是指有新意的点子、想法、主意、念头和打算。1986 年，美国经济学家约翰·罗默指出，新创意会衍生出无穷的新产品、新市场和创造财富的新机会，因此创意才是推动国民经济成长的原动力。

创意力是创意能力的简称。创意力是指在以一定的知识为其前提下，创意者充分发挥其主观能动性，积极调动智力和非智力因素进行创造性思维的能力。创意能力包括观察力、想象力、分析力、预测力等四个要素，根据一定的逻辑关系组成一个创意能力产生、发展、实践的全过程。95 后女孩的"奇幻漂流记"真实地经历了这样一个过程。

**生涯**案例

#### 95 后女孩的"奇幻漂流记"

小伊是一名普通的大四毕业生。虽然此前她参加过不少实习和活动，可那些经历显然没在关键时候为她指引出一条明路，无边无尽的焦虑随着毕业的临近如洪水般向她席卷而来。心灵和思想饱受折磨，甚至某天晚上，她梦见一个重症病人，躺在医院的 ICU 里。

"不能再这样了，"她想。她决定认真地向自己讨要答案，"如果我的生命只剩下最后一年，我希望给这个世界留下什么？"小伊的心终于沉静下来，她想要给自己留下一部作品。一切开始变得明朗起来，喜欢旅行的她连夜撰写了一版《一百种生活》的视频拍摄方案，并带着这些粗糙但真挚的想法找到曾任职公司的老板，希望用她的项目打动投资人。当她自信坦荡地陈述完自己的节目创意后，老板提供了十五万启动资金，帮助她完成拍摄梦想。

拿到第一笔资金后，小伊立刻开始奇幻漂流。当时的她想得很简单：成为一名旅行博主，带着热爱认识多样广博的世界，同时也借助这个契机，实现人生价值。为了寻求更多的资源支持，她开始带着自己的录制作品参加各类项目大赛，直到有一次一位独具慧眼的评委老师欣喜地对她说："你这真是个很有创意的创业项目啊。"此刻的她才豁然开朗，"哦，原来我是在创业。"

或许是渴求获得灵感，或许是为了换一种方式完成《一百种生活》的目标，或许是寻求更多的创业经验，她开始通过各种渠道邀请不同行业的朋友来到她的出租屋里，进行一场"圆桌会谈"。起初，六个陌生的客人来到家里做晚餐，大家在树下点蜡烛讲故事，交流想法。但后来，她敏锐地发现，这种交流会完全可以打造成一个新的项目。在几期的交流尝试后，小伊开始通过新媒体推广这类谈话活动，发布招募信息、报名、筛选后，再邀请有故事、有情怀的六个人来到她的小屋，开启畅谈。她给这个活动起了一个全新的名字"森林小屋"。作为流浪心灵的集聚地，小伊在森林小屋听到了很多有温度的故事，同时也让她坚定了继续拍摄因迷茫而中断的项目——《一百种生活》的初心。

不旅行的时候，小伊现身于各大宣讲会，将自己的生活和理念传递给更多的人。她经常是笑容满面地说："我就希望大家可以去打开你们的感知力，去发现生活的无数种可能。当你真的能够用心地感受生命的一切的时候，你会发现作为一个人真的非常的快乐。"

### 二、产生创意的五个步骤

那么，创意是如何产生的呢？美国的广告专家詹姆斯·韦伯·杨（James Webb Young）提出了产生创意的五个步骤。

（1）收集原始资料、数据。收集包括所面对问题的全部资料、数据和平时积累的一般性知识。

（2）研究内在联系。认真研究分析资料、数据，找出这些资料、数据之间的内在联系并开始产生不完整的构思。

（3）深思熟虑。让知识、信息和经验在你的脑海里融会贯通，不要急于求成，要有一个意外创造的过程。

（4）实际产生创意。创意有可能是突然出现的，也可能是经过再思考后慢慢形成的。

（5）发展和完善。听取不同意见，发展和完善创意方案，以使其能够实际应用。

### 三、创意力的提升

创意力的提升，应当从创意意识和创意技法两方面入手。当然，这两者的培养并非一朝一夕之事，而是需要日常的积累，才能厚积薄发。

#### （一）提高创意意识

创意意识，是创意者在产生创意前必备的一种心态。创意者只有具备了一种积极、主动的创意心态,才有可能产生比较前卫的创意。所谓创意意识是创意者受外界事物的激发而产生创意火花前的一种思维酝酿。其关键的一环在于突破思维定势,保持"空杯"状态。

**生涯**案例

### 保持"空杯"

有一个年轻学子向著名高僧南隐禅师请教如何求学。大师并没有直接回答他,而是拿起桌子上的茶壶,往学子的茶杯里不停地倒水。水很快就倒满了杯子,可禅师并没有停下来,他那双睿智的目光注视着学子面前的茶杯,任由水溢到桌面。

学子起初大惑不解。渐渐地,学子似乎明白了什么,于是他对禅师说:"师傅,我懂您的禅机了。"南隐禅师听罢,便放下手中的茶壶,问道:"你真的懂了?"

学子说:"您是在告诉我,要想学习新的知识,就要让头脑腾出空间来。想了解新的道理,就要先把旧的观念放到一边。否则,我的头脑就会像这只已经装满了水的茶杯,无法再容纳新的东西了。我说得对吗?"南隐禅师听后满意地微笑。

这就是"空杯心理",形象地阐明了一种恰当的学习态度,这对于开发创意意识尤为关键。如果不敢突破已有的思维观念和思维模式,创意意识将没有立足之地。

每个人在解决问题的思维活动中,都有各自惯用的思维模式,当面对某个事物、现象或问题时,便会不假思索地把它们纳入已经习惯的思想框架内,进行深入思考和处理问题,这是思维定势的常态。思维定势在日常事务工作中,对普通问题的思考和处理,尤其是讲究程序性、规范化地完成任务是快

> **生涯寄语**
>
> 想象力丰富的人都爱走神儿,很多好的创意都是走神儿的时候想出来的。(郑渊洁)

速高效的,但不利于开创性的改革以及突破性的创造,它阻碍了新思想、新观点、新技术和新形象的生发。因此,在激发创意意识过程中,首先需要突破思维定势。思维定势可以从以下三方面进行突破。

(1)突破专业定势。专业定势是指在从事某个行业或进行某项研究时,限于行业常规、权威人物的理论所形成的思维定势。突破专业定势,需要在思考问题时,敢于打破行业常规,不迷信权威,针对行业属性和现有情况具体问题具体分析,从而找到最佳解决方案。

(2)打破设计定势。设计定势是指在完成某项计划的时候,依据固有的设计思路、设计技巧、传统材料进行规划或创建。爱因斯坦曾说:"不怀疑不能见真理。"设计或技术上的完美性和先进性,往往是相对的。许多问题在设计之初并不总是十全十美。想要打破设计定势,就要敢于对原计划、原知识持怀疑态度,不因循守旧,不迷信书本,等等。

(3)摒弃负面心理定势。心理定势是指人们在长期的生活、工作过程中形成的心态。有些心理定势是负面的,容易让人产生自卑、自满等不良情绪。自卑表现为过分看轻自己,畏惧不前。自卑的人往往低估自身的能力,缺乏自信。此外,自卑也表现在对生活的厌倦,进而对周围的人和社会不抱有任何希望。在职场上,自卑表现为工作无力,不思进取。有自满心态的人总是虚骄自大,自以为是,觉得自己的所思所想都是正确的,做事盲目冒进。在生活、工作中一定要摒弃负面心理定势。

### （二）掌握创意技法

创意技法可划分为"四大家族"，其中联想是基础层次，类比、组合是进一步发展，属于中间层次，而臻美是最高境界、最高层次。

（1）联想族技法。这是以丰富的联想为主导的创意技法。其特点是创造一切条件，打开想象大门；提倡海阔天空，抛弃陈规戒律；由此及彼传导，发散空间无穷。虽然从技法层次上看它属于初级层次，但它是打开因循守旧堡垒的第一个突破口，因此极为重要。"头脑风暴法"是联想族技法的典型代表。

（2）类比族技法。这是以两个不同事物的类比作为主导创意的技法。其特点是以大量的联想为基础，以不同事物之间的相同或类似点为纽带，充分调动想象、直觉、灵感诸功能，巧妙的借助其他事物找出创意的突破口。"提喻法"是类比族技法的典型代表。类比包括拟人类比、仿生类比、直接类比、象征类比和幻想类比等。

（3）组合族技法。这是以若干不同事物的组合为主导的创意方法。其特点是把似乎不相关的事物有机地结合为一体，并产生新奇的创意。组合是想象的本质特征。"焦点法"是组合族技法的典型代表。它以一个事物为出发点（即焦点），联想其他事物并与之组合，形成新创意。

（4）臻美族技法。这是以达到理想化的完美性为目标的创意技法。其特点是把创意对象的完美、和谐、新奇放在首位，用各种方法实现之，在创意中充分调动想象、直觉、灵感、审美诸因子。完美性意味着对创意作品的全面审视和开发，因而属于创意技法的最高层次。

创意意识是从心理学方面来培养，学习创意技法、注重右脑的开发则是从生理学上提高创意力。

## ▶ 第三节  我的创新力

### 一、什么是创新

"创新"是当今世界出现频率非常高的一个词，企业家、政府官员、大学教授、各位同学等，几乎每天都在说创新。创新的英文是"innovation"，起源于拉丁语。它原意有三层含义：其一，更新；其二，创造新的东西；其三，改变。

#### （一）创新与创意的联系与区别

"创新"是紧密衔接"创意"的实践过程，往往与创意过程的最后一个环节重叠。如果将"创意"更准确地描述为"未经实践的点子"，创新则是在社会实践之前去促使原先的创意具有可行性和系统性。因此，创新离不开创意，同样创意也离不开创新。

#### （二）创新的分类

虽然创新的种类无穷尽，但是若按宏观环境要素的属性划分，我们可以将创新粗略地分为科技创新、经济创新、文化创新、政治创新四大类，其中科技创新和经济创新是"大众创新"的焦点。我们先来看一个典型的科技创新案例。

**生涯**案例

### 新冠核酸检测试剂有在校本科生弗里兹的功劳[①]

在新冠病毒的核酸检测中,专业人员是怎样判断样本呈阴性还是阳性呢? 科研人员就是通过 PCR(聚合酶链式反应),扩增可能在鼻咽拭子中存在的病毒核酸,当病毒核酸达到一定数值,即判定为阳性。凯利·穆利斯作为 PCR 项目的开发者,在 1993 年凭此获得了诺贝尔化学奖。

对于这样一个世界级的科技成果,穆利斯说:"我开发 PCR,并不是我真的创造了什么新的东西,而是只有我把那些已经存在的东西正确地组合运用起来了。"的确,这一科技成果历经几十年,汇聚了几代科研人员的努力。其中最值得我们关注的是,当时还是本科生的哈德森·弗里兹也有贡献。故事要从他的老师托马斯·布洛克说起。

1964 年,布洛克开车途经美国黄石国家公园,决定下来参观一番。作为地标性景点的彩色温泉,当然是必看的景观之一。布洛克当时是印第安纳大学的一位细菌学教授,作为内行人他一眼就看出了门道:温泉中的色彩多半是由带色素的微生物造成的。但究竟是什么样的微生物有这种"魔力"? 它们又是怎么在约 70℃ 的水中生存的呢? 无人知道。第二年夏天,弗里兹跟着老师布洛克,开始了"探究黄石国家公园温泉中的生物"暑期项目,现在听起来像一个简单的假期活动。但是他们在水温 70℃ 的泉水中,分离出一种粉橙色的细菌,并把它命名为"水生嗜热菌"。在当时"细菌能够承受的最高温度是 55℃ 左右"的普遍认知下,为什么水生嗜热菌如此特别? 生物都有它自身最适宜生存的温度范围,而一般决定这个范围的是该生物体内的酶。作为蛋白质,超过一定的温度,酶就会失活。因而,布洛克和弗里兹假设,水生嗜热菌带有的酶都有高于其他生物酶的温度范围,所以它才能耐住高温。事实也是这样。

1970 年,布洛克和弗里兹在《细菌学杂志》上发表了他们对水生嗜热菌的醛缩酶的研究成果——这种酶竟然在水温 95℃ 时活性最高,也就意味着它平常生活的 70℃ 的温泉,对它来说,并不算太好的生活场所。他们的发现逐渐引起了科学界的兴趣。随后,DNA 连接酶、转录酶等生物体内比较重要的酶也从水生嗜热菌里被提取出来。在其他酶都会支离破碎的高温条件下,这些耐高温的酶大放异彩。

从 1964 年布洛克和弗里兹产生"探究黄石国家公园温泉中的生物"的创意,到穆利斯作为 PCR 项目的开发者在 1993 年凭此获得了诺贝尔化学奖,这是典型的科技创新。美国哈佛大学的经济学与管理学教授熊彼特于 1912 年第一次把创新引入了经济领域。经济学意义上的创新,作为一种人类行为,其主体是企业家,创新关键是对生产要素进行重新组合,能否为企业带来超额利润是检验创新成功与否的标准。

**生涯**知识

### 经济学家眼中的五种创新途径

(1)开发一种新产品或提高原有产品的质量。

---

[①] 摘自 yab,你做的每一次核酸检测都离不开这种细菌的功劳,微信公众号物种日历,2021-09-12。

（2）开发一个新的市场。

（3）采用一种新的生产方法。

（4）获得一种原料或半成品的新来源。

（5）实现一种新的企业组织形式。

## 二、什么是创新力

创造者需要有很强的客观自我评判能力，能够在各种情形下跳出自己狭窄的思维束缚，模拟其他人的视角来看待自己所做的创意，这样才可能真的获得进步，否则不过就是在自己的精神世界里面自娱自乐，那样的"创意"是毫无价值的。从创意进阶到创新，创意者或者创意使用者需要提供把想法通过动手的方式做成简易版的原型，并不断自我探究以及和身边的人研讨这些原型，而且只有完全浸泡在相关的领域中不断尝试才能初步验证创意是否可行。

仅仅有想法只能叫作创意，只有经历了 N 次模型－原型研讨的想法，才能称得上是创新，才有可能进入研发阶段。"小规模实验"是判断的主要依据：人脑是基于外部刺激来进行思考和分析的，把创意做成简单的模型，模拟一下，其实马上就可以发现有什么问题。如果发现不了或者做不成模拟过程，那么就需要好好学习磨炼一下创新力了。

> **生涯寄语**
>
> 只有进了鸟巢，和现场产生各种联系后，你才真正看到了未来的雏形。这是最要命的，要不要、改不改？很多都是这个时候做的决定，因为前面都是纸上谈兵。（张艺谋）

有一个创新力公式：创新力＝K×（创造性人格＋创造性思维＋创新方法）×知识量$^2$。[①]首先是乘数因子"知识量"，即积累知识，扩大见识。往往很多自以为创意的创意，早就有前人实现过、验证过。第二是乘数因子"创造性人格＋创造性思维＋创新技法"。关于创造性人格和创造性思维，本章前面各节已经涉及，本节后续内容将围绕创新技法这一因子渐次展开。

## 三、创新力五部曲

创新能力或者说创新力的提升，是培养对创意的点子进行筛选、完善、整合的能力，力图创新与创意的衔接，使其可行性、系统性向前推进。

**生涯**案例

### 得到高度认可的创新方案是怎样形成的？

和所有的新生一样，当新鲜感耗尽，一种不知所措的迷茫感包围了董同学。一次偶然机会他参加了一个大学生创新创意大赛的团队。这个加入，改变了他大学生活的轨迹。团队五个人分别来自五个不同的专业，国贸、金融、艺术设计、计算机、新闻，这样多元化的组队模式让大家在思维碰撞上有了很大的优势。

他们参加了由工商银行主办的全国大学生创新创意大赛，团队最初的创意是"二维指纹码"。首先是网上提交计划书和产品方案，通过集赞以及专家评审的方式，最终选出上海赛区的

---

① 冯林，《大学生创新基础》，高等教育出版社，2017 年版。

优胜队伍进行决赛。但是第一次参赛,他们连海选都没有通过。一次比赛的失利并没有影响他们的信心。他们很快得到了第二个比赛机会,建设银行上海浦东分行的创新创意大赛。在准备这次比赛的那两个月,董同学和他的团队经常泡在图书馆写计划、进行头脑风暴,一天下来吃夜宵的时候还能有新的想法出来。经过努力,他们的项目获得了一等奖。紧接着,在原有的基础上,将一个稚嫩的方案逐步完善成为一套可行的项目,他们去参加了"挑战杯"并获得了上海赛区三等奖,又参加了第二年的"工商银行杯"并获得了华东赛区第四名的好成绩。

这个项目从最初的"二维指纹码"到最后的"生物识别",从简单的指纹二维码支付到最后的智慧银行生物识别系统,这里面的一点一滴的想法,都来自团队成员的创造力。董同学说:"我们的团队从最初的五人,逐步稳定在现在的四人。来自不同的专业,有着不同的强项,艺术设计负责产品的美化和讲稿的制作,国贸和金融则负责创意的完善和计划书的撰写,计算机主要负责将我们的想法通过计算机编程,直观地展示出来。团队没有闲人是我们的一条宗旨,组团比赛不是组团旅行或者组团开派对,每个人都要有各自的分工,且能够独立完成任务。定期开展头脑风暴和思想交流,会给创新插上翅膀。将天马行空的创意,变成可行性的创新方案。"

从案例中我们可以看到,一个主动思考的创新者能够带来无尽的创新力。那么如何激发个人和团队的创新力呢? 可以尝试下述的创新力五部曲[①]。

第一步,质疑一切。在社会日新月异的发展中,似乎唯一不变的就是变化,所以质疑在很多领域非常重要。苹果创始人乔布斯曾在访谈中说过:"创新只是把不同事物连接起来,当你问那些创新的人他们是如何得到新的创意时,他们会觉得不好意思,他们觉得自己真的没做过什么特别的事情。他们只是看到一些东西,随着时间的推移,这些东西越来越成型,对他们的作用也越来越明显。创新者们只是将以前的经验与新的事物连接了起来。他们能做到这一点的原因是他们有足够的经验,或者他们对自己的经验的反思多于其他人。"当我们不断地反思自己思考和坚信的是否真实的时候,我们就会充满创新力。

第二步,调查可能性。这一步要求我们带着全新的意识,以高度的敏锐和高度的聚焦能力,调查面前的世界。如图 7-3-1 创新的环境所示,调查可以从三个基本层面展开:广义的全球环境;你的行业、领域、范围;你团队、个人所处的情境。这与我们在第三章职场结构图的内容是一致的。

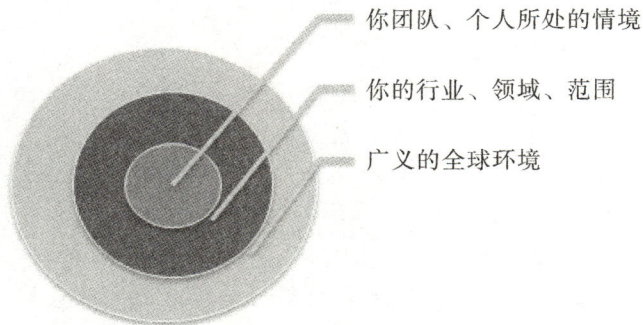

你团队、个人所处的情境

你的行业、领域、范围

广义的全球环境

图 7-3-1 创新的环境

① 吕克·德·布拉班迪尔,艾伦·因,《打破思维里的框:激发创造力只需五步》,林琳,译,机械工业出版社,2015 年版。

第三步，发散思维。找到好的点子的方法是先找到很多点子，然后把那些差的挑出去。发散思维不仅允许多样性，还积极鼓励表达多样性，包容反对的意见、信仰、观点和视野。鼓励大家回答经过设计的问题，思考各种真实和理论的约束条件和变量可能对假设产生的影响。但如果不预先界定和明晰探讨的主题，那么将很难找到有实践价值的好主意。图7-3-2就是发散思维的示意图。

图7-3-2　发散思维示意图

第四步，聚合思维。与发散思维截然相反，聚合思维要求评估自己的想法，选择其中最有希望的，并确定最终实施的那个，或者决定实施的优先顺序。这个过程需要逻辑性和实践力，自律而精明的策略，才能从很多框架中找到我们最终要实施的那一个。聚合思维要求最好的推理、聚焦、筛选能力，以及最后的决策能力。

第五步，持续再评估。不存在永远被称为"好"的点子。创新的过程是不变的，现在运用的五步法也是如此。我们需要来回地重复这些步骤，而不是一直停留在某个结论中。

以上五步措施的关系是：以质疑和调查为基石，之后往返于发散思维和聚合思维之间寻求答案，通过持续再评估，从而实现卓有成效的创新。

## 四、创新力的七大技法

**生涯**案例

### 曲别针的无数种用途

1983年在中国召开过一次创造学会，日本的创造学家村上信雄走上主席台拿出了一把曲别针，同时提出一个问题：这些曲别针有多少用途？请与会的中国学者回答。当时在场的一位中国学者说了30多种。这个日本人放了一个幻灯片，证明有300多种。大家为他热烈鼓掌。

这时台下有人递上来一张条子，上面写道，我明天将发表一个观点，证明这个曲别针可以有亿万种用途。这个人叫许国泰，他提出的这个方案后来被称为"魔球现象"。他是这么分析的：按曲别针最基本的因素列成一个横坐标；一个纵坐标就是曲别针在数学、文字、物理、化学、音乐、美术等各个方面的用途。

比如曲别针的重量可以做各种砝码；作为一个金属物，曲别针可以和各种酸类及其他的化学物质产生不知道多少种反应；曲别针可以弯成1、2、3、4、5、6、7、8、9和加减乘除、开方等各种数学符号，演变成所有的数学和物理学公式；曲别针可以弯成英文26个字母，可以是拉丁文，可以是俄文，于是乎，天下所有语言能够表达的东西，都能够用曲别针来表现；曲别针是金属，还可以导电；在磁场中有磁性反应；在艺术中把它绷直了，有琴弦的作用。至于其他的，做成夹子、绳索、挂链、项链，都是在一类中的某一项的亿万种的一种。

许国泰的演说轰动了这个创造学会。

有趣的创意难道只能靠灵光一闪吗？通过有效的方法，我们能够将转瞬即逝的创意逐步的落地，成为可行的创新方案。许国泰曲别针"魔球现象"的创新过程，就是一种代表性创新力技法。美国心理学家罗伯特·F·艾伯尔（Robert F. Eberle）提出的奔驰法（SCAMPER），可以帮助我们拓宽解决问题的思路。

（1）替代（substitute）。何物可被"替代"？我们可以去思考，原有的事物中有哪些部分是我们可以进行替代的。比如说，是否可以替换材料，是否可以改变形状，等等。举个例子，国庆出去旅游到处是人。我们过去会用成语形容，比如"人山人海"，现在朋友圈大家则喜欢把"人山人海"替换成更生动有趣的"人从众"，又或者是用表情来表达"人山人海"。

> **生涯寄语**
>
> 一个人再有本事，也得通过所在社会的主流价值认同，才能有机会。（任正非）

（2）组合（combine）。可与何物合并而成为一体？我们可以去思考，是不是有哪些元素是可以结合在一起的？举个例子，女生们视作能量补充剂的奶茶就是组合的产物。相传在十七世纪，荷兰使节来访时，广州官吏用加了牛奶的茶来招待。这种别出心裁的组合随着使节被带去了荷兰，并开始逐渐成为一种风潮。

（3）调整（adapt）。是否有需要调整的地方？我们可以去思考，原本的事物中是否有哪些元素是可以进行调整的？在其他领域是否有东西和它类似，可以借鉴？举个例子，网易云音乐的播放界面就借鉴了留声机的形态进行适当的调整，让用户的使用感受更优。

（4）修改（modify）。是否改变原物的某些特质？我们可以去思考，有没有哪些部分是可以更夸张的？这个东西原本的意义、颜色、声音等是否可以修改？举个例子，某品牌老花眼镜的广告，为了让用户更直观地感受到产品的功能，将手脚的长度修改成与正常长度不同的样子，通过冲突来引起用户的关注。

（5）其他用途（other uses）。该产品是否有其他非传统的用途？我们可以去思考，这样东西可以让其他人用吗？可以用作其他用途吗？

（6）消除（eliminate）。是否有需要精简的部分？我们可以去思考，哪一部分在去掉后不影响使用？是否可以把它压缩或者变小？"消除"本质上就是遵循着我们常说的"less is more"。再比如说，可口可乐在大家的心中一直都是"肥宅快乐水"，糖分高，易胖，不健康。然后，可口可乐就开发了去糖版本——零度可口可乐。以此来吸引对健康有需求但是又喜欢可乐口感的用户。

（7）逆向组合（reverse）。可否重组或重新安排原物？我们可以去思考，有哪些模式或者排列方式可以运用？可以交换某些部件吗？

人们常常认为，创新是某种心智活动，是一些特殊人物头脑中产生的真知灼见。然而这种观点具有误导性，混淆了创意与创新。尽管创新意味着新颖而有价值的观点，但是衡量一个人是否具有创新力不能以他个人的解释为准。我们还需要参考一些其他标准，否则我们就无法知道一个想法是否真的很新颖。除非通过了领域内的评价标准，否则我们很难评判它是否具有价值。因此，创新不是发生在某个人头脑中的思想活动，而是发生在人们的思想与社会文化背景的实践行动。它是一种系统性的现象，而非个人现象。因此创新者不是单数而应该是复数，创新力还应该包括团队合作力。

## ▶ 第四节　我的创业力

创意有新，创新有新，那么创业呢？我们先来看看亚马逊与当当网的案例。

**生涯**案例

### 亚马逊与当当网

1994 年，30 岁的杰夫·贝索斯有了一个令他惊讶的发现，那就是尚未成熟的互联网络的使用情况正以每年高达 2300% 的速度暴增。正如你现在看到的，一般人是"使用网络"，而杰夫·贝索斯却注意到了"网络的使用"。那时候的他正坐在曼哈顿一栋办公大楼 39 层的一台计算机前，对网络进行探索。这个发现让他很兴奋，他开始思考：既然有这样的一种趋势，流连于网络的人越来越多，那么能否在网络空间中创造一些商机呢？他毅然辞职了——为了这个不成形的想法！

但到底要在网络中做什么，卖什么东西，办一家什么样的公司，他对此还毫无清晰的思路。于是他就跑到大街上寻找灵感。终于，当他看到一家书店时，一个主意浮现在他的脑海中：为什么不在网上开办一家书店呢？于是"亚马逊"网上书店就这样诞生了！他用世界上流量最大的一条河流来给它命名。杰夫·贝索斯毫无争议地率先开启了电子商务的大门，并且亚马逊用自身的超速成长，引领了世界商业模式的革命，也诠释了到底什么叫电子商务。现在的亚马逊是个什么样子呢？咱们设想一下：有这样一家书店，有十几个平方千米的面积，备有 310 万种以上的图书，可以接待 500 多万人次的顾客，这该是多大的书店？你要想浏览完它所有的书目，恐怕必须开上汽车才行。

这样的设想可能让你感到吃惊，因为如此大的书店根本无法在现实中实现，然而，互联网能做到这一切，这就是亚马逊网上书店。当然，亚马逊现在不仅仅是卖书，它已经成为一家名副其实的"百货公司"。

1999 年 11 月，当当网上线了。这也是一家从网络书店开始的电子商务公司。现在已经拓展到各品类百货，包括图书音像、美妆、家居、母婴、服装和 3C 数码等多个大类。2010 年 12 月 8 日，当当网在纽约证券交易所正式挂牌上市，是中国第一家完全基于线上业务、在美国上市的 B2C 网上商城。当当网的注册用户遍及全国 32 个省、市、自治区和直辖市。2012 年，当当网的活跃用户数达到 1570 万，订单数达到 5420 万。2017 年，当当网注册用户增长 2.5 亿，年活跃用户达到 4000 万以上。一般图书行业转化率大概是 15%，当当网是 25%，比其他平台高出 10 个百分点，平均每四个顾客就产生一个购买者。

## 一、什么是创业

亚马逊和当当网创业都很成功。不过，我们有没有想到一个问题：亚马逊网站作为第一个真正意义上开启电子商务大门的商业模式，无疑可以称为创意、创新与创业的完美体现。当当网的创意则带有借鉴性质，也可以称为创新吗？如果按照熊彼得的观点当然算创新，因为当当网开辟了中国这个新市场。创新、创业和创意最大的不同在于其可行性与应用性。判断创业成功与否的关键，不是在于是否有创意，而在于有没有找到新商机，有没有满足新需求，有没有创造新价值。所以创业是创业者通过发现和识别商业机会，组织各种资源，提供产品和服务，以创造价值的过程。在这一定义中，包含以下四个要素。

### （一）创业者

创业者是置身于创业过程核心的个人或者团体，是创业的主体。创业者通常独自创业，但是在许多情形下创业团队是十分重要的。不同的团队成员扮演不同的角色并分担相应的责任，包括商业机会的识别，企业组织的创立、融资、产品创新、资源获取和有效配置及运用，市场开拓等。被誉为"全球风险投资之父"的风险投资家多里特有一句名言：我更喜欢拥有二流创意的一流创业者和团队，而不是拥有一流创意的二流创业团队。

### （二）商机

商机是当前服务于市场的企业留下的市场缺口，它意味着顾客能得到比当前更好的产品和服务。利用这种商机，是创业者进行创业的主要驱动力量。创业者利用商机并将其转化为价值的过程就是创业的过程。创业者往往从发现和识别商机开始创业，努力以现在不能的方式来做重要的事情，并且做得更好，这种改进的做事方式是创业者给市场的创新，如果市场认同这种改进，并且创业者可以有效地提供这种创新而且盈利，那么就可以创造价值。

### （三）组织

组织是协调创业活动的系统，是创业的载体。创业活动是在组织之中进行的，离开了组织创业活动就无法协调，创业的资源就无法整合，创业者的领导作用就无从谈起。人们现在从更广义的观点来看待创业型组织，即它是以创业者为核心形成的关系网络，不仅包括正式创新企业内的人，还包括这个企业外的人或者组织，如顾客、供应商和投资者。这种扩展的组织概念，有利于决定如何创建组织、确定和保持竞争地位。

### （四）资源

资源是组织之中的各种投入，包括人、财、物。资源不仅包括有形资产，也包括无形资产，如品牌、专利企业声誉等，所有这些资源都属于投资。创业者的关键职能之一就是吸引这些投资，将其转化为市场需要的产品和服务，实现商业机会的价值。

尽管创业者创业的动机不一致，但是成功的创业者主要是为了创造价值，将商业机会转化为社会需要的产品和服务。因此那些盲目的纯粹是以个人利益为目的的创业者，往往最后以失败而告终。

## 二、大学生创业力的基础因素

创业是一门手艺。它可以让创业者像学走钢丝一样，通过大量的刻意练习，成为专业人士。创业是一个不断提高自己能力的过程。创业力提高了，才能更好地应对创业风险。成功的创业者有一个共同的特点，就是尽量不冒风险，抓住非对称交易的机会。低风险创业就是一场典型的非对称交易。

**生涯**案例

### 徐洋的创业秘籍

喜欢探索与尝试的徐洋，在大学二年级，发现了学校快递有诸如服务点分散、不能送快递上门、学生人数众多取件慢等问题。于是，针对这些痛点，他尝试把"四通一达"的快递资源整合起来，为学生提供便利。虽然最终因为场地、人员、个人精力等现实条件的限制，没有取得成功，但对徐洋来说，这是一次非常难忘的创业初体验。

因为父母工作环境原因，徐洋有不少参加会展的机会。在他协助父母布展的过程中，徐洋发现参展商对广告投放的需求非常大，而上海的各大展览馆平均每三天就会举办一次展会。徐洋深知，难以计数的参展商，都有一个共同的需求，那就是广告。

跃跃欲试踏入广告界的暗潮在徐洋心中涌动，他回到学校冷静思索了几日，发现激动的心情依旧难以平复。就像杨澜说的那样，"宁可在尝试中失败，也不在保守中成功"。于是，徐洋定下大概思路，说干就干。

很幸运的是，徐洋有开明的父母作为坚强后盾，也有志同道合的朋友并肩前行。徐洋拿出了攒了很久的一万元，朋友拿了三万元，共同购买了一台机器，成立了"上海告世广告工作室"，创业便自此开启了。

他们对接到的第一笔业务订单记忆犹新，那是在困难的创业初期，学校给年轻人带来的莫大鼓励与支持。校就业指导办公室需要做招聘会的喷绘，老师下了第一个订单。徐洋表示很感慨，那时候既兴奋又紧张，在心里默念，一定要争取做到最好！于是，他花了很长时间一遍又一遍地重新搭建喷绘，直到自己满意为止。

就这样，从一个门外汉到内行人，经过四年的努力与磨炼，徐洋带领着工作室不断实现新的突破。现在校园里能看到的海报、喷绘，基本都是告世的作品。小小的工作室也已经发展成一家集户内外广告制作、楼宇亮化工程、会展搭建服务于一体的专业性广告公司，规模早就比初创之际扩大了好几倍，越来越多的订单极其让人欣慰。徐洋还会为在校学生提供勤工助学岗位，支付远高于市场价格的薪资招聘学生，为他们提供锻炼的平台，给他们带来收入。

创业过程中，徐洋需要面对各种挑战，也有考虑不周全带来的问题，比如，资金的再投入利用。从收获的第一桶金开始，虽然产生了不少流水，但是由于工作室没有进行合理的规划，造成了很多不必要的消耗与浪费。不过，在觉察到这一问题后，徐洋开始做详尽的财务报表，更加用心地探索适合工作室发展的经营模式。

作为小微企业，徐洋明白告世广告工作室的规模无法与 4A 广告公司相提并论，但是可以发挥优质服务的优势。产品服务定价上,与同行基本持平。工作项目管理上坚持小而精的原则,再小的单子也要做到精益求精,服务到位,让客户满意舒心,向来是告世的工作宗旨。所以,告世沉淀了一批忠实的客户,比如各大高校、会展公司,他们往往对广告或印刷有长期需求。

随着国家提出"大众创业,万众创新"的倡议,广告制作行业的小微企业如同雨后春笋一般蓬勃发展,想要在行业内长久地存续下去,就需要与同类企业有一定的差异。告世广告工作室,经过几年的探索和经历,初定往艺术广告制作方向发展。告世广告工作室曾承接举办复旦大学艺术设计学院刘毅教授的展览,也参与过虹桥天地回音壁的制作。通过这些项目,徐洋感受到广告与艺术相结合的巨大魅力,广告能够将艺术作品呈现在大众面前,而艺术能够帮助延伸广告制作的生命力与内在美感。

徐洋明白自己最大的优势就是性格,随性不失执着,也懂得感恩,能够与身边人保持着良好的人际关系。徐洋无论是在学习还是工作上,都有着一颗积极进取的心。他认为工作中人脉是非常关键的一个方面,因为做事情大多都需要与人打交道。只有维护好人与人之间的关系,事业才能源源不断发展。在大学广交朋友,建立坚固的人脉关系网,也是徐洋给学弟学妹们的一条小建议。

徐洋的创业故事与专家倡导的大学生应该具备的创业能力不谋而合。

### (一)亲子关系是创业的第一个准备

和父母关系的好坏,决定了创业顺利与否。每个人都有着自己的认知局限,我们必须理解父母在认知局限下做出的选择。对此,我们有一种正确的对待方式,那就是感谢。当我们能够发自内心地感谢父母,才能跟整个世界和解,淡定地走上创业的道路。即便是父母支持创业,也不要轻易拿父母的血汗钱创业。这方面,学长徐洋做出了很好的榜样。

> **生涯寄语**
>
> 互联网行业的创业往往是苦尽甘不来的,要随时做好失败的心理准备,人才和资金是所有创业企业都会面临的问题。(张本伟)

### (二)性格决定创业的风险

我们从上面的案例中得知:徐洋最大的优势是性格。其实,每个创业者到最后都会发现,性格对创业的影响是最大的,这也是创业的底层逻辑之一。有一句老话,叫"性格决定成败"。性格如果十分易怒,创业者总是处在与人争斗的状态中,肾上腺素就会分泌旺盛,皮质醇水平就会变高,就更容易焦躁不安、发怒。这是一个恶性循环,对于创业者而言也是一个"死结"。这不仅会让创业过程充满艰辛和风险,还会危及身体健康。反言之,如果性格较为平和,创业者带着爱与希望创业,那么更容易分泌大量的催产素,自然地接受新生事物,带着快乐的心情面对创业中可能出现的各种问题。

### (三)优雅地解决一个社会问题

创业的底层逻辑有很多,其中最为核心的当属"优雅地解决一个社会问题"。谷歌公司的优雅体现在"不作恶"上,而它也确实解决了互联网用户长期存在的搜索难题。如何解决一个社会问题?解决的前提是发现,只有找到这个问题,才有可能解决它。有句老话叫"方向比奔跑重要,选择比努力重要"。找到好问题是创业的第一步,主动去寻找问题,才能准确找到自己的创业方向,比如经常收集抱怨。当然很多市场机会无法从人们的抱怨中获得,这时就需要用到洞察。要想真正洞察低风险创业的机会,创业者必须进入客户的生活,从客户的角度来看待这个问题应该如何解决。徐洋从校园快递到喷绘到艺术广告产品线的厘清,应当是发现问题与创业能力的有机配合。

### 三、大学生创业力的基本功

创业过程,按照企业成长规律,一般包括三个环节:创业机会识别、新企业创立、新创企业管理(如图7－4－1所示)。一般而言,创业力包括创业机会识别的能力、创立新企业的能力与新创企业的管理能力。

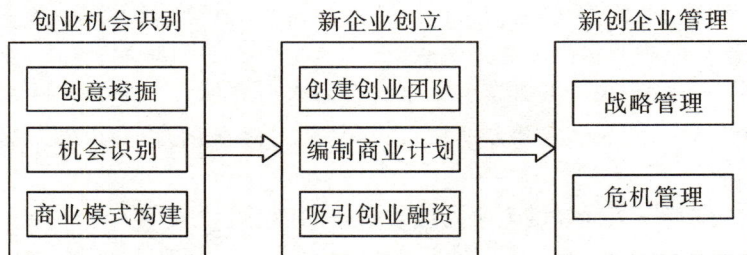

图7－4－1 创业过程

大学生由于缺乏社会阅历与社会关系,能拿来吸引投资者和顾客的关键是与创业者、商业机会相关的创意、创业团队的组建和创业计划书的编制。作为大学生,如何撰写创业计划书,相关文献众多。这里有一个开门见山的模板可以参考。

**生涯** 知识

## 大学生创业计划书纲要

1. 创业者和创业计划。具体包括两个方面:其一,创业者简介。重点介绍创业者的业务专长和已取得的业绩。其二,创业计划概述。应对产品(服务)和商业机会进行简要描述。

2. 市场分析。具体包括四个方面:其一,市场现状综述,应详细描述顾客、市场的现实需求,市场的容量和成长潜力,市场的细分及其特征。其二,市场发展趋势,应详细分析市场发展趋势,各影响因素及其对市场的具体影响。其三,竞争分析,要详细分析所有现实和可能的竞争对手的情况,包括他们的产品、销售额、市场份额、经济实力以及各自优势与劣势。其四,市场定位,应详细说明本产品(服务)的目标顾客、目标市场和市场竞争力,可能的市场地位和市场份额。

3. 产品(服务)。具体包括两个方面:其一,产品(服务)介绍,主要包括产品(服务)的技术原理、技术水平、新颖性和独特性,主要用途和应用范围,经济寿命和所处阶段,未来发展预测。其二,产品(服务)的市场保护措施,比如产品(服务)研发计划,产品(服务)生产计划。

4. 市场营销。包括营销方式和渠道、营销队伍、促销计划、价格策略。

5. 财务计划。财务计划主要是对创业前三年的财务情况进行预测、分析,具体包括三个方面:其一,资金需求和使用。其二,预计销售收入和经济效益。其三,财务分析,包括对投资额、经营成本和销售收入发生变动的影响分析。

6. 风险与对策。包括技术风险、市场风险、管理风险、环境风险。

7. 创业团队。具体包括两个方面:其一,主要成员。重点介绍成员经历和背景,能力与专长,拟任职务。其二,组织结构。包括企业的组织结构图、部门的功能、作用与职责,部门的负责人及主要成员。

8. 发展预测。对创业企业的发展前景进行可信的预估。

# 我的7号生涯加油站

## 一、生涯行动：识别我的创造力

通过威廉斯创造力倾向测量表可以了解自己的创造力。请注意：①每一题都要做，不要花太多时间去想。②所有题目都没有"正确答案"，凭你读完每句后的第一印象作答。③虽然没有时间限制，但应尽快完成，越快越好。④凭自己真实的感觉作答。⑤三选一，对每一题的选项只能打一个"√"。

| 序号 | 题目 | 完全符合 | 部分符合 | 完全不符合 |
|---|---|---|---|---|
| 1 | 在学校里我喜欢试着对事情或回答作猜测，即使不一定都猜对也无所谓 | | | |
| 2 | 我喜欢仔细观察我没有看过的东西，以了解详细的情形 | | | |
| 3 | 我喜欢听变化多端和富有想象力的故事 | | | |
| 4 | 画图时我喜欢临摹别人的作品 | | | |
| 5 | 我喜欢利用旧报纸、旧日历和旧罐头等废物来做各种好玩的东西 | | | |
| 6 | 我喜欢幻想一些我想知道或想做的事 | | | |
| 7 | 如果事情不能一次完成，我会继续尝试直到成功为止 | | | |
| 8 | 做功课时我喜欢参考各种不同的资料，以便得到多方面的了解 | | | |
| 9 | 我喜欢用相同的方法做事情，不喜欢去找其他新的方法 | | | |
| 10 | 我喜欢探究事情的真假 | | | |
| 11 | 我喜欢做许多新鲜的事 | | | |
| 12 | 我不喜欢交新朋友 | | | |
| 13 | 我喜欢想一些不会在我身上发生的事情 | | | |
| 14 | 我喜欢想象有一天能成为艺术家、音乐家和诗人 | | | |
| 15 | 我会因为一些令人兴奋的念头而忘记了其他的事 | | | |
| 16 | 我宁愿生活在太空站，也不喜欢住在地球上 | | | |
| 17 | 我认为所有的问题都有固定的答案 | | | |
| 18 | 我喜欢与众不同的事情 | | | |
| 19 | 我常想要知道别人正在想什么 | | | |
| 20 | 我喜欢故事或电视节目所描写的事 | | | |
| 21 | 我喜欢和朋友一起，和他们分享我的想法 | | | |
| 22 | 如果一本故事书的最后一页被撕掉了，我就自己编造一个故事，把结局补上去 | | | |
| 23 | 我长大后，想做一些别人从没想过的事情 | | | |

续表

| 序号 | 题目 | 完全符合 | 部分符合 | 完全不符合 |
|---|---|---|---|---|
| 24 | 尝试新的游戏和活动,是一件有趣的事 | | | |
| 25 | 我不喜欢太多的规则限制 | | | |
| 26 | 我喜欢解决问题,即使没有正确的答案也没关系 | | | |
| 27 | 有许多事情我都很想亲自去尝试 | | | |
| 28 | 我喜欢唱没有人知道的新歌 | | | |
| 29 | 我不喜欢在班上同学面前发表意见 | | | |
| 30 | 当我读小说或看电视时,我喜欢把自己想成故事中的人物 | | | |
| 31 | 我喜欢幻想 200 年前人类生活的情形 | | | |
| 32 | 我常想自己编一首新歌 | | | |
| 33 | 我喜欢翻箱倒柜,看看有些什么东西在里面 | | | |
| 34 | 画图时,我很喜欢改变各种东西的颜色和形状 | | | |
| 35 | 我不敢确定我对事情的看法都是对的 | | | |
| 36 | 对于一件事情总是先猜猜看,然后再看是不是猜对了,这种方法很有趣 | | | |
| 37 | 玩猜谜之类的游戏很有趣,因为我想要知道结果 | | | |
| 38 | 我对机器有兴趣,也很想知道它里面是什么样子,以及它是怎样转动的 | | | |
| 39 | 我喜欢可以拆开来的玩具 | | | |
| 40 | 我喜欢想一些新点子,即使用不着也无所谓 | | | |
| 41 | 一篇好的文章应该包含许多不同的意见或观点 | | | |
| 42 | 为将来可能发生的问题找答案,是一件令人兴奋的事 | | | |
| 43 | 我喜欢尝试新的事情,目的只是为了想知道会有什么结果 | | | |
| 44 | 玩游戏时,我通常是有兴趣参加,而不在乎输赢 | | | |
| 45 | 我喜欢想一些别人常常谈过的事情 | | | |
| 46 | 当我看到一张陌生人的照片时,我喜欢去猜测他是怎样一个人 | | | |
| 47 | 我喜欢翻阅书籍及杂志,但只想知道它的内容是什么 | | | |
| 48 | 我不喜欢探寻事情发生的各种原因 | | | |
| 49 | 我喜欢问一些别人没有想到的问题 | | | |
| 50 | 无论在家里或在学校,我总是喜欢做许多有趣的事 | | | |

请分类统计测量结果填写下面的表格。正向题目,完全符合 3 分,部分符合 2 分,完全不符合 1 分;反向题目,完全符合 1 分,部分符合 2 分,完全不符合 3 分。趋于冒险,好奇心强,想象力丰富,勇于挑战未知的人就是创造性倾向强的人。高创造力的个体在进行创造性工作时更容易成功,低创造力的个体更适合进行常规型的工作。

| 分项 | 题目 | 得分 | 高分者表现 | 低分者表现 |
|---|---|---|---|---|
| 总分 | 50 题合计 | | 得分越高,创造力水平越高 | 得分越低,创造力水平越低 |
| 冒险性 | 1,5,21,24,25,28,29,35,36,43,44;29,35 为反向题目 | | 勇于面对失败或者批评;敢于猜测;能在杂乱的情景下完成任务;勇于为自己的观点辩护 | 缺乏冒险性、创造力 |
| 好奇性 | 2,8,11,12,19,27,33,34,37,38,39,47,48,49;2,48 为反向题目 | | 富有追根寻底的精神;注意多;乐于接触暧昧迷离的情景;肯深入思考事物的奥秘;能把握特殊的现象并观察其结果 | 不具备上述特征,影响创造力的发展 |
| 想象力 | 6,13,14,16,20,22,23,30,31,32,40,45,46;45 为反向题目 | | 善于视觉化并建立心像;善于幻想尚未发生的事情;可进行直觉推测;能够超越感官及现实的界限 | 缺乏想象力,因而创造力不高 |
| 挑战性 | 3,4,7,9,10,15,17,18,26,41,42,50;4,9,17 为反向题目 | | 善于寻找各种可能性;能够了解事情的可能性及现实间的差距;能够在杂乱中理出秩序;愿意探究复杂的问题或主意 | 表现出因循守旧的特点,因而缺乏创造力 |

## 二、生涯行动:时间资源的创造力

作为一个在校生,拥有的最公平的资源是时间,完全可支配的时间资源也就是课外时间了,非常珍贵。如何发挥时间资源的创造力呢? 可以运用时间管理象限,发现与优化时间管理的水平。共分七步:

（1）统计上周可管理时间的分母。除去上课与睡觉,粗略估计大约有 80 小时（比如 7 点起床到 8 点上课 1 小时,11 点下课到 1 点上课 2 小时,4 点下课到 11 点休息 7 小时,每天大约 10 小时,从周一到周五大约 50 小时;周六、周日早 8 点到晚 11 点每天 15 小时,两天大约 30 小时;50 + 30 = 80）。

（2）回忆上一周这 80 小时的课外时间,自己干了哪些事情? 各花费了多少时间? 将这些事情按照“紧急且重要”“紧急且不重要”“不紧急且重要”“不紧急且不重要”分类,连同花费时间分别写进时间管理四象限。

（3）分别计算四象限花费的时间总量即分子总量与课外时间总量即分母的百分比,四象限百分比加总为 100%,填入下表。

| 分类 | A:碎石型事务 | B:石块型事务 | C:沙型事务 | D:水型事务 |
|---|---|---|---|---|
| 普通人士 | 25% ~30% | 15% | 50% ~60% | <2% ~3% |
| 卓越人士 | 20% ~25% | 65% ~80% | 15% | <1% |
| 自己 | ? | ? | ? | ? |

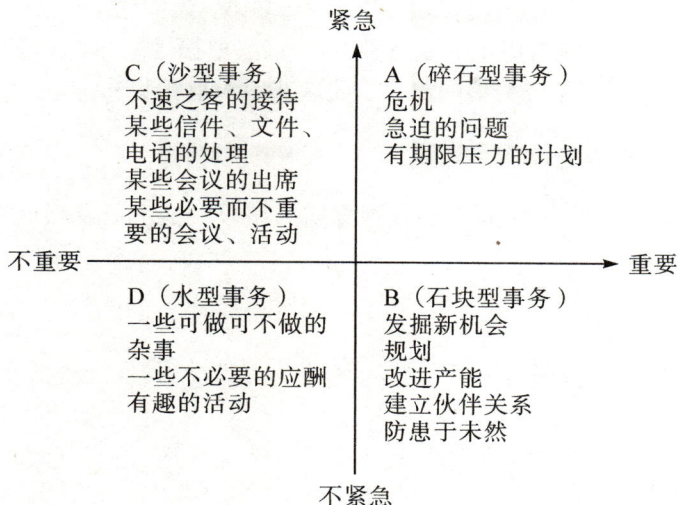

紧急

C（沙型事务）
不速之客的接待
某些信件、文件、
电话的处理
某些会议的出席
某些必要而不重
要的会议、活动

A（碎石型事务）
危机
急迫的问题
有期限压力的计划

不重要 ——————————————— 重要

D（水型事务）
一些可做可不做的
杂事
一些不必要的应酬
有趣的活动

B（石块型事务）
发掘新机会
规划
改进产能
建立伙伴关系
防患于未然

不紧急

（4）将自己各时间象限的百分比与普通人士、卓越人士的百分比相对照,找到自己与卓越人士的差距,提出时间管理的优化方案。

（5）对靠近卓越人士比重的同学予以幸福花奖励,并请其分享时间管理的经验。

### 三、生涯行动:打破框框砸核桃

#### 1.事前准备

每个成长私董会发一张空白 A4 纸(正面记录创意,反面记录创业计划),3 个没有裂纹的核桃。

#### 2.行动规则

（1）利用教室现场的条件,不伤身体、不破坏公物,进行创意砸核桃;

（2）通过现场摸索验证、反馈与激励,实现由创意升级到创新,形成砸核桃创新方案;

（3）以核桃为主题进行创业计划的撰写和路演,争取各成长私董会的投资;

（4）众望所归的团队和同学获得本课程的"XX 力铁核桃奖",并且获得"幸福花"奖励。

#### 3.行动过程

（1）纸上谈兵——各个团队头脑风暴,每一成员至少提出一个砸核桃的创意方案,越多越好。特别鼓励团队合作砸核桃的方式,创意方案最多的三个团队获得幸福花奖励。

（2）创意发布——各个团队代表现场发布纸上谈兵的创意,同学反馈最想看到的砸核桃方法(评价与反馈)。

（3）真刀真枪——各个团队轮流按照同学最想看到的创意砸核桃,通过尝试与团队配合,成功完成者予以幸福花奖励。如果某团队没有同学想看的创意,或者尝试没有成功,则无奖励。

（4）创业脑洞——各个团队集体制订与核桃相关的创业计划。用头脑风暴法迅速回答创业六问:①满足什么需求? ②抓住什么客户? ③提供什么产品或服务? ④需要什么投入? ⑤投入来源何处? ⑥获得什么社会效益或经济效益?

（5）创业路演——各个团队现场推广创业计划，争取天使投资。与此同时其余团队由学生变身天使投资人，每个团队有虚拟天使投资100万元，根据创意计划的价值分配投资金额。

（6）收官表彰——获得投资最多的前三个团队获得幸福花奖励。

### 四、生涯行动：我的调整评估

职业生涯规划是一个动态的过程，必须根据实施结果的情况以及因应变化及时进行评估与修正。

#### 1. 评估的内容

（1）生活需要评估（是否调整生活需要？）原先我的生活需要是_____，现在我将其调整为：_____。

（2）生涯目标评估（是否重新选择职业？）假如一直_____，那么我将_____。

（3）职业路径评估（是否调整发展方向？）当出现_____的时候，我就_____。

（4）实施策略评估（是否改变行动策略？）如果_____，我就_____。

（5）其他因素评估（身体、家庭以及机遇、意外情况的及时评估）_____。

#### 2. 评估的时间

一般情况下，我定期_____（半年或一年）评估规划；当出现特殊情况时，我会随时评估并进行相应的调整。

#### 3. 调整的原则

我将依据_____原则进行规划书的调整。

### 五、生涯行动：基于团队的行动学习

（1）全体同学复盘：第七章创造自我的学习成果，总结价值塑造、知识学习、能力提升三大目标的实现程度，并将学习成果（带学号姓名水印的我的评估调整及其附件截图）提交至所在团队，由本团队秘书长收集提交至领学团队。

（2）全体同学预习：第八章管理自我，完成在线课程和教材预习，提炼亮点、重点和难点，完成三问三答，参与线上讨论。并将预习成果（带学号姓名水印的在线课程学习成果截图）提交至所在团队，由本团队秘书长收集提交至领学团队。

（3）轮值团队领学：领学团队制订、发布并领衔执行复盘时间表与预习时间表，收集各个团队的学习成果，进行个人完成情况排名与团队完成情况排名，对排名前三的同学与团队奖励幸福花。领学团队将以上内容整合制作成PPT进行课堂发布，合格的领学团队奖励幸福花。

（4）学习成果分享。请优胜团队和领学团队分享完成本章学习任务的做法（团队是如何完成如此艰巨任务的，被逼出了哪些绝招？）和收获（所提升的内驱力、合作力、学习力、前瞻力、健康力、审美力、执行力）。

## 六、生涯书目

1.米哈里·希斯赞特米哈伊著,《创造力:心流与创新心理学》,浙江人民出版社,2015年版。

2.师建华、黄萧萧编著,《创新思维开发与训练》,清华大学出版社,2019年版。

3.俞敏洪著,《在对的时间做对的事:写给年轻人的8堂创业课》,中信出版社,2016年版。

4.姚昆仑,《梦园大地:袁隆平传》,中国地图出版社,2021年版。

5.叶依著,《你好钟南山》,广东教育出版社,2020年版。

6.文娟著,《乔布斯传》,吉林文史出版社,2020年版。

## 第八章 管理自我

自觉心是进步之母，自贱心是堕落之源。故自觉心不可无，自贱心不可有。

—— 邹韬奋

自我认知、自我规划、自我发展，是包括中国、印度甚至全世界大学生所面临的共同课题。未来进入职场后的竞争是不可避免的，但终究是和自己的竞争，只有战胜自己的人才是真正的胜利者。想要战胜自己首先要学会接受自己，管理好自己的大学生活，提升自己的竞争能力。

从广义角度来理解，大学生的自我管理是为了实现高等教育的培养目标、满足社会发展对个人素质的要求，充分调动自身的主观能动性，卓有成效地利用和整合自我资源、运用科学管理方法而开展的自我认识、自我计划、自我组织、自我控制和自我监督，最终趋向于自我完善的活动。

### 学习目标

1. 价值：家国情怀引导下的内驱力，源于集体主义的合作力。
2. 知识：理解自我管理的含义、五育并举的通用能力指标体系。
3. 能力：通过行动学习，围绕创造力实现内驱力、合作力、前瞻力、学习力、健康力、审美力和执行力的五育并举。

## ▶ 第一节　我的自我管理

### 一、数智时代的自我管理

### 生涯知识

#### "数智时代"的新发展

数智经济已经成为引领经济增长的新引擎。从人工智能、大数据、物联网、云计算到区块链，从无人驾驶、智慧医疗、机器人到计算机视觉，新的"风口"让人眼花缭乱、应接不暇。在技术革命浪潮下，平台经济、远程办公、人机共存系统等新经济形态和组织模式层出不穷。

随着数智技术的突破性进展，尤其是人工智能技术的广泛运用，社会上现有的诸多重复性、机械性的劳动以及简单的技能性工作将被人工智能所取代,未来的人类职业发展更加趋向于富有人文价值与创造性的工作。创造与创新则成为未来社会对人类素质的基本要求,职业发展的目标则由寻求知识转向聚焦核心能力,着力成为创新型人才。

虽然完全适应新时代的组织理念、模式、架构机制仍在探索之中,但基本趋势已经出现:组织从高度集权的金字塔模式逐渐扁平化、平台化、网络化、虚拟化,员工与组织的关系从雇员与雇主转到个体加平台,员工逐步走向自我管理模式。企业越来越看重通过影响个体的自我调节系统来达到预定目标。

在数智化时代,远程工作日益兴盛,职业自由度越来越高,自我管理也越来越重要。自我管理能够为个体的自主成长提供指引和保障,增强个体在新环境和新型组织中的竞争力。组织中员工的自主成长,能进一步提升组织的灵活性和抗风险能力。自我管理的能力高低,将在很大程度上影响个人职业的成功和生涯的发展。自我管理在数智时代背景下将有更深广的人文内涵,涉及自我认知、意义建构、价值观、自我成长、终身学习、情绪控制、人机结合、健康管理、财务管理、审美能力、创新能力、认同与信任、工作与生活平衡、虚拟世界和物理世界多元身份管理等内容。

## 二、自我管理与自我发展

"现代管理之父"德鲁克认为,管理的本质是自我管理。日本社会学家横山宁夫提出了"横山法则",其理念为最有效并持续不断的控制不是强制,而是触发个人内在的自发控制。自我驱动、自我教育、自我规划、自我调控、自我发展呈金字塔形排列,如图 8-1-1 所示。

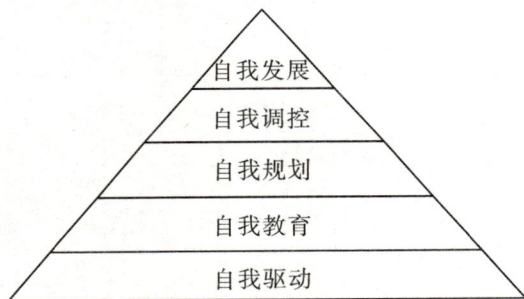

图 8-1-1 自我管理示意图

自我驱动是金字塔底部逻辑,是开展其他活动的基础,其他活动的实现都应建立在有效自我驱动的基础上。大学生自我管理的目的正是为了有效地调控大学生活的各种内外要素,充分利用大学所提供的实践条件,最大限度地提高自己的综合素质以适应社会发展的需要。

## 三、自我管理中的自主选择和承担选择责任

从幼年到成年,可以看成是从依赖走向自主、独立的过程,这个过程其实就是逐步学会自我管理的过程。人区别于动物的主要特征在于人的独立思维和自觉意识,正是这种独立思考、自主选择命运的独特性构成了不同的人千差万别、丰富多彩的人生画卷。在大学期间,人们的自我意识觉醒,并逐步从依赖走向独立。在这一飞跃的关键阶段,自我管理是保驾护航的利器。

存在主义心理治疗家弗兰克尔认为,人最终是自我决定的,尽管在很多时候外部环境支配着人,但是怎样对环境进行反应却是由我们个人决定的。人行使自由的意志包含两个方面:第

一，自由地选择。不论我们身处的环境如何，我们都可以自由选择自己的立场，选择我们对于命运的反应方式和我们的生活道路。第二，承担选择责任。我们一旦做出了选择，就要负责任地坚持下去。这个观点对自我管理具有重要的意义：每一个人都成为管理的主体，成为自我管理者；每一个人也必须担负起自我管理的责任，积极、有效地对自己的职业生涯、人生旅途实施管理。这样才能真正地实现自我，实现人生的幸福。

青年导师李开复说：所有的选择都可以分为三种。第一是你可以直接控制的问题；第二是你可以间接影响决定的；第三是无能为力的问题。对于无能为力的问题，不要浪费时间，专注于自己能够影响的事情上。自我管理实际就是我们能够认知自己、重要他人和社会的需要，充分挖掘职业资本，根据职业资本的要求比较出优势与不足，进行自主的选择，并对自己的选择承担责任，积极主动地调整策略和努力程度，不断提升自我的行为过程。

### 四、自我管理的能力指标

2020 年中共中央、国务院印发的《深化新时代教育评价改革总体方案》提出"改革学生评价，促进德智体美劳全面发展"。基于"评价即学习（Assessment as Learning）"①的理念，结合大学生的主客观环境，构建了基于雇主目标创造力的五育并举的通用能力指标体系。具体如图 8－1－2 所示。

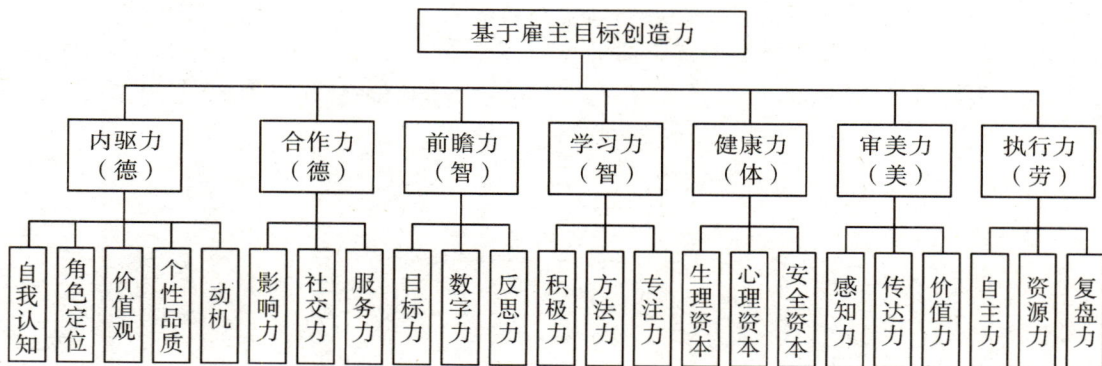

图 8－1－2　五育并举的通用能力指标体系

该指标体系从德智体美劳五个方面，以通用能力的提升实现自我管理能力的增强。事实上，以上这些指标已经有意识地渗透进了本书各章节。其中围绕创造力，就有专门的第七章创造自我；除此之外，从第一章"我的 1 号生涯加油站"开始了两个从无到有的创造力实践：一是成长私董会的创造；二是职业生涯规划书的创造。与德育相关的内驱力贯穿于第一章、第二章、第四章的正文，以及全书所有我的生涯加油站生涯行动之中；合作力行动学习重点安排在持续始终的成长私董会的创造与运作。与智育相关的前瞻力在第一章、第二章正文展开，职业生涯规划书创作更是前瞻力系统的行动学习；学习力提升的具体安排在全书"三问三答"，是团队领衔的预习与复盘。与体育相关的健康力体现在第一章、第二章及本章的正文以及全书的我的生涯加油站的行动学习之中。与美育相关的审美力则体现在正文、我的生涯加油站以及评价、计分与奖励的"幸福花"教学工具上。与劳育相关的执行力提升，持续体现在团队模

①　夏欢欢，《大学生学习评价的前沿趋势与中国路径》，《中国高教研究》，2022 年第 2 期，第 42－47 页。

式的领衔预习与复盘之中。限于篇幅,本章将集中讨论如何发展内驱力、合作力、健康力、审美力与执行力。

## ▶ 第二节 我的内驱力

**生涯**案例

### 上岸东南,达成理想

张同学是南京某二本高校电气工程专业的本科生,一直以来他就以父亲为人生标杆。父亲本硕博学位都是在东南大学读取的,所以他立志要考取东南大学的研究生。考研复习期间正处在疫情的严重期,学生们无法返校,只能在家自习,一切全靠自觉。当时他的第一感觉是无助与迷茫,能做的就是尽量减少外出,在家做点有意义的事。

张同学说:"只要有心,在家也能保证很好的学习效率,就算时间安排不是很规范,也要保证每天能有九个小时的学习时间。学习计划我没有特别制订,在我看来自己的想法就是最好的计划,通过每天的查漏补缺进行对症下药,也方便更好地去分析昨天欠缺了什么以及今天需要学习什么。"

榜样的力量是无穷的,张同学考研的内驱力来自父亲的言传身教。内驱力的威力如此强大,我们来一看究竟。

### 一、什么是内驱力?

内驱力是在需要的基础上产生的一种内部唤醒状态或紧张状态,表现为推动人们活动以达到满足需要的内部动力。内驱力与需要基本上是同义词,经常可以替换使用。调查表明现在部分大学生缺少学习的内驱力,也就是没有学习需求。过去的"佛系"和现在的"躺平",成了大学生的流行语,严重阻碍了个人能力的提升。激发内驱力需要清楚地了解个人需求,也就是在自我认知的基础上,有意识地进行自我管理。

**生涯**知识

### 胜任力素质的冰山模型

"胜任力素质的冰山模型"由美国学者莱尔·M.·斯潘塞和塞尼·M.·斯潘塞博士(Lyle M. Spencer Jr, Signe M. Spencer)提出。其中知识和技能是裸露在水面上的表层部分称为基准性素质(threshold competency)。潜藏于水下的深层部分是鉴别性素质(differentiating competency),由深到浅分别是动机、个性品质、自我认知、角色定位和价值观等。基准性素质是对任职者的基础要求,容易被测量和观察,也容易被习得。但它不能把表现优异者与表现平平者区别开来,而区分绩效优异者与平平者的关键因素是鉴别性素质。

具有鉴别性素质的人之所以绩效优异,是因为其具有强大的内驱力去克服困难、精益求精。潜藏于水下的深层部分的鉴别性素质要求,构成了内驱力的五个方面:自我认知、角色定位、价值观、个性品质、动机。下面我们就分别认识这五个激励因子。

## 二、自我认知

自我认知也被心理学家称作自我概念（self-concept），即一个人对自身存在的体验。它包括一个人通过经验、反省和他人的反馈，逐步加深对自身的了解。如果一个人没有正确的认识自我，看不到自我的真实需要，看不到自己的优势，就会觉得处处不如别人，就会产生自卑心理，做事畏缩不前等，比如电影《三傻大闹宝莱坞》中的拉加。相反，如果一个人过高地估计自己，也会骄傲自大、盲目乐观，导致失误。如果能够正确地认识自我，就会在生活中寻找到适合自己的方向。

## 三、我的角色定位

形成自我概念之后，顺理成章的就是在社会中进行角色定位。所谓角色定位，是指一个人对生涯的预期，是个人需要的角色化，因此可以激发人们的内驱力。在数智时代背景下，大学生进行角色定位更具有特殊意义：第一，强化自己的角色主体意识；第二，明确自我人生目标；第三，进行人格角色定位。进行角色定位可以增强我们对家庭、职业和社会期望的理解，领悟自己应负的责任，培养将来立足社会所需的知识能力和良好道德品质。那么，如何进行角色定位呢？过程如图 8 - 2 - 1 所示。

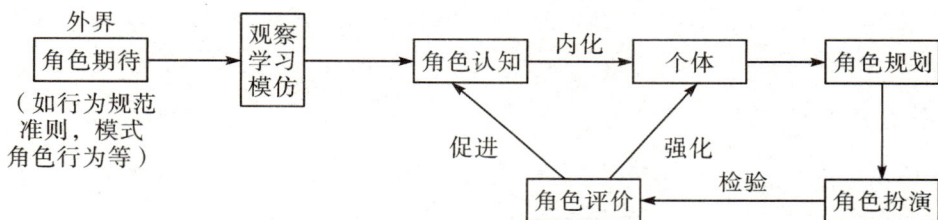

图 8 - 2 - 1　角色定位过程示意图

通过观察、学习、模仿个体，把外界的角色期待转化到角色认知环节，并加以内化进而通过角色规划、角色扮演和角色评价这些环节，不断进行强化，最后对角色认知进行调整优化提升的过程，就是我们进行角色定位的过程，后续则需要根据情况变化和认知调整进行多次定位。角色定位作为整体的行动体系，只有根据其要素间的运行规则及其所包含的特殊的心理运行机制，才有可能被执行好和实现好。在本书第五章，我们了解到了生活空间里的各种角色。在第五章的"我的 5 号生涯加油站"中，我们以六个角色（子女、学生、休闲者、公民、工作者、持家者）为基础，一方面通过加法铺陈出本人"角色集合"；另一方面通过减法发现自己核心角色并形成层次分明的"角色拼图"。

## 四、我的价值观

在前述角色定位做减法的过程中，我们选择的依据就是我们的价值观。价值观是一种让沙成为混凝土、让铁淬火成钢的力量；是让我们成就自己的"核心驱动力"。下面我们来看小金同学史海拾贝、坚持不懈的案例。

生涯案例

## 史海拾贝、坚持不懈

小金同学本科毕业于应用型大学英语专业,毕业后先后就读历史专业的硕士和博士。刚开始从事研究工作时,他总是抱着资料向导师请教,甚至追到了导师家里。这一路求学走来,也是这份肯钻研的毅力让他得以坚持下来。"我能力有限,所以研究范围就是在宋史和灾害史方面。博士导师一直和我说,只有抓住一点吃透、研究透,才能真正写出点东西。"

在常人眼里,做文献研究工作是十分浩大和枯燥的,但是他用自己的实际行动,磨炼出一种"板凳要坐十年冷,文章不写一句空"的学习态度,在学术研究中我们也看到了他每一份坚持背后隐隐闪现的价值观。历史的长河奔涌,只有专注把握一点,才能在其中抓住属于自己的精彩人生。

在学术研究方面,小金同学一直坚持自己的原则,那就是一丝不苟、严肃以待。他觉得就算只是翻译古代文献,也应该拿出十二分的精神去研究,哪怕错一个标点符号都不行。"应该对历史怀有一种敬畏之情,对学术也一样,不要让自己的学术生涯染上污点。我的每一任导师都不断跟我说要对自己写的东西负责。"从历史研究延伸到个人品德,金同学真正把学问做到了自己的生活中。

价值观是产生内驱力的源泉。小金史海拾贝、坚持不懈源于他对专业和职业高度的价值认同。我想从事什么职业?教师、律师、企业家还是其他?我为什么想从事这个职业?这个职业带给我的最重要的东西是什么?某个工作、某个职业或某家企业能满足我什么需求?职业价值观就是这些我们在职业中努力追求的东西,是超越了具体工作内容的一种满足。生活价值观也一样如此,它给了我们努力与坚守的理由和动力。

### 五、我的个性品质

个性品质是指我们成长过程中长期形成的、稳定持续的行为特征和心理状态。个性品质可以预测个人在长期无人监督下的工作状态。

我们能够通过职业胜任力冰山模型下的个性品质,了解需要具备什么样的良好品质,以及在具体的学习生活和工作中良好的品质有怎样的至关重要的作用,这样才能更客观公正的针对自身的品质进行科学合理的审视和正确的评价,使自己的思

**生涯寄语**

> 知之者不如好之者,好之者不如乐之者。(孔子)

想受到洗礼,在行动和实践方面做出与之相对应的变化。在遇到相关困难或者挫折的时候,我们能够自觉地迎接,进一步加强自身的胆识和魄力,并获得相应的成就。

### 六、我的动机

动机指人们在一个特定领域的自然而持续的想法和偏好,它们驱动、引导和决定一个人的外在行动。动机来源于目标感和人生梦想,是冰山模型中最深层的内隐素质,是驱动个人思想和行为的源头。

生涯 案例

### 经济学家和小男孩

经济学家住在一个小巷子里，每天晚上门口有一群不知疲倦的小男孩在踢球，大声喧哗，踢到很晚，让他无法安静地看书和睡觉。

经济学家想到了一个办法。他出门对这群小朋友说："我特别喜欢听你们踢球，你们踢一天球，我付5元，好不好？"小孩子将信将疑地收下钱。第二天经济学家说："今天我还给你们付钱，但是我钱不多了，只有3元。"男孩子们有点失望，但还是收下了。

第三天经济学家说："抱歉，今天实在没钱了，给你们1元好吗？"小男孩说："什么？1元就想让我踢球？做梦去吧！兄弟们撤！"

经济学家心满意足地回到家，泡上一杯茶，打开灯，安静地看起书来。

这是一个反例：经济学家引导踢球小孩把自娱自乐的动机转变为服务他人的动机，然后用服务报酬逐日递减的方式引起踢球小孩服务动机的下降直至消失。职业动机是推动并维持人的职业活动以实现一定职业目标的心理过程，可在一种或以一种为主的多种职业需要的基础上产生。由于激发因素不同而存在不同的职业动机：产生于个体对工资、福利待遇、工作环境、安全条件等物质方面的需要；产生于个体对成就感、荣誉感、事业心、人际交往等精神方面的需要。职业动机由长者、权威、领导、群体等外部影响而引起，由个体对职业活动本身感兴趣，如求知、求新、求奇等内部因素而引起，等等。动机也有大有小，所以"家国情怀"会产生巨大无比的内驱力。正如第一章第二节生涯知识中的三个工匠就分别具有养家、职业发展、服务社会三层不同动机，从而具有不同的规划，导致职业发展最终获得不同的结果。

以上属于内驱力的五个因素均具有共同的作用机制：内驱力由需要产生，受外界环境影响，可以推动个体活动。内驱力形成和发展的因素是多样的，最终通过个体需要、个体自我意识、个体意志品质这三个要素得以体现。需要产生动机；个体自我意识对内驱力方向进行主动选择和控制；个体意志品质对内驱力的强度进行自我调控。

## ▶ 第三节　我的合作力

随着社会的发展进步和数智时代的到来，不同的工作方式带来了社交方式的迭代更新。同时随着社会竞争的加剧，加强团队合作和协调，激发团队的智慧与合作力至关重要。

### 一、合作力的价值

合作力全称团队合作力，是指建立在集体主义基础之上，发挥团队精神、互补互助以达到团队最大工作效率的能力。有机构专门对工作场所进行调研并测定年轻人成功应对工作所需要的技能，包括学会处理工作团队内部成员之间的关系，表现为与大家共同参与、教授他人、领导他人以及与不同文化背景的人共处等；学会与工作团队外部人员之间的交往，表现为顾客服务、谈判等。

**生涯**知识

## 合作力是最贵软实力

合作力，它能把独行侠融入团队，把能力转变成执行力，再把执行力转变成最终的胜果。合作力是企业发展的强劲推动力，是个人进阶的最强竞争力。如果一个企业的发展需要的仅仅是几个业务能力超强的精英，那这很容易就能办到，因为这个时代从不缺少高智商、高学历、高能力的人才。然而，当一个企业需要进一步发展壮大时，更需要一个具备超强合作力的团队，因为它需要执行者，需要生产力，需要高效率，这可不是一两个精英能够解决的问题。因此，合作力是企业和员工的最贵软实力①。

三国时期孙权言："能用众力，则无敌于天下矣；能用众智，则无畏于圣人矣。"团队合作自古以来都是兵家的重要策略，一场战争的胜败很大程度上由团体决定。合作绝不仅仅在军事战争中有所运用，当代社会团队精神出现在生活工作的方方面面。在提倡携手共进、合作共赢的今天，人人都要具备合作力。

毕业生在求职面试时，几乎人人都会碰到有关团队合作的问题。HR 也往往从面试对象是否具有良好的团队合作意愿与能力，来判断其品德是否达到录用标准。作为高校大学生，我们在求学阶段更要有团队合作的意识和能力。

> **生涯寄语**
>
> 把自己的私德健全起来，建筑起"人格长城"来。由私德的健全，而扩大公德的效用，来为集体谋利益。（陶行知）

合作力内容丰富，至少包含了影响力、社交力和服务力，也就是说靠影响力和社交力形成团队，团队成员一起做好自我服务和社会服务。

## 二、我的影响力

影响力是领导力的核心内容，无影响力即无团队与合作。大学是培养大学生影响力最好的实验室，因为高校有诸多的学生组织，为我们在学生组织中学习、实践和提升影响力提供了一个独有的"实验室"。在学生组织中，我们可以更好地在认识他者中认识自己；可以更好地理解影响力是为了"引领积极改变"；可以更好地体会认同"服务"能

> **生涯寄语**
>
> 如果你有行动力，你就会成功；如果你有创造力，你就会卓越；如果你有影响力，你就会有成就。（佚名）

带来的非权力影响力；可以更好地体会认同"真实"更能获得团队成员的认可；可以更好地体会认同"合作""包容"与"友善"的价值；可以更好地理解何为"责任"②。如何提高我们影响力的广度和深度？让我们从认识影响力维度开始。

---

① 祈莫昕，《合作力》，华夏出版社，2012 年版。
② 陶思亮，《中国大学生领导力发展与教育模型研究》，华东师范大学出版社，2015 年版，第八章。

**（一）影响力的维度**

在盖洛普34优势中，其中9项优势归属于影响力维度。它们分别是审慎、行动、适应、统率、纪律、积极、信仰、公平和责任。无论是工作还是生活，只要与人打交道就需要影响力维度的优势。而对于销售和管理类职位而言，影响维度的优势是其核心技能。

**（二）影响力的深度**

影响力的深度在于对自我的锤炼，即对自己发起更高的要求，梯度进步。影响他人的行为如表8-3-1所示。

表8-3-1　影响他人的行为

| 级别 | 行为描述 |
|---|---|
| A.-1 | 为了维护个人的地位而搏击企业/组织的利益 |
| A.0 | 未表现出试图影响、说服别人的意图 |
| A.1 | 有影响意图但未采取行动。希望对他人有影响力，但只表达了对名誉、地位、外表等方面的关切 |
| A.2 | 采取单项行动说服他人。在讨论与陈述中运用直接说服法，或者使用直观教具，列举案例、数据等，但并没有采取明显去适应他人兴趣与能力的行动 |
| A.3 | 采取多项行动说服他人。没有表现出明显适应他人兴趣与能力的意图，但是采取了两个或两个以上的行动步骤做说服工作 |
| A.4 | 对个人言行对他人的影响有所准备。调整陈述方式或讨论内容以特别适应他人的兴趣与能力，对他人的反应有期待和准备 |
| A.5 | 采取典型行动。为了生产一种特定影响，而采取一些典型行为或不寻常的、戏剧性的行为 |
| A.6 | 采取两个步骤影响他人。每一个步骤都适应特定对象的需要或有特定的效果 |
| A.7 | 采取间接影响。利用专家或其他第三方影响他人 |
| A.8 | 运用复杂的影响策略。或政治上的同盟，或运用"群策技巧"，或寻求"幕后支持"等 |

**（三）影响力的广度**

影响力的广度在于如何带动周边的人，形成更大的影响力，将个人目标转化为集体目标，从而获得更多的支持与监督。影响力广度一览表如表8-3-2所示。

表8-3-2　影响力广度一览表

| 级别 | 广度描述 |
|---|---|
| B.1 | 个人 |
| B.2 | 工作小组或团队 |
| B.3 | 部门 |
| B.4 | 部门或中型企业/组织 |
| B.5 | 大型企业/组织 |
| B.6 | 市级政府的专业组织 |
| B.7 | 省级政府的专业组织 |
| B.8 | 国家级政府的专业组织 |
| B.9 | 国际级政府的专业组织 |

就影响力而言,主动性优势可以支持影响力的发挥。人际关系的建立也可以支持组织层面上的影响力(B.3 级以上),以成就某种间接的影响力。管理者的素质(例如培养他人、团队合作等)也都可以视为一种特殊的影响力,只是各自目标有所不同而已。

### 三、我的社交力

所谓社交力就是指处理社会关系的一种能力,其中包含了处理人与人之间关系的能力、处理信息的能力、处理复杂事务的能力等。社交能力是指对人际关系的感受、适应、协调和处理的能力,主要包括表达能力、认知能力和控制能力三个层次。

第一层,表达能力,是指个人能在人际交往中借助语言和非语言方式恰当的表达思想、情感,增进相互了解的能力。

第二层,认知能力,是指对人际关系的认识能力,包括通过他人外表和行为认知他人内心世界的能力;对自己在别人心目中的地位认识;对自己与他人的关系现状以及他人与他人的关系现状的认识。

第三层,控制能力,是指个人能够根据情境随机应变,调整控制自己的语言与非语言性的表达和对情感加以必要掩饰的能力。

大学生的社交能力与人际关系紧密相连。人际关系是人在交往过程中心理上的直接联系和距离,是社会人群因交往而构成的相互依存和相互联系的社会关系,反映了个人及社会需求的心理状态。大学时期是社会化及心理逐渐成熟的重要时期,我们对于人际关系的需要尤为强烈。更重要的是,人际关系问题也是当代大学生在自身发展过程中面临的主要困扰之一,需要通过行动学习来解决。

> **生涯寄语**
>
> 如果你要别人喜欢你,或是改善你的人际关系;如果你想帮助自己也帮助别人,请记住这个原则:真诚地关心别人。(卡耐基)

### 四、我的服务力

什么是服务力? 服务力已经不是单纯为顾客提供需要的产品、提供需要的帮助的能力,而是每一个人和每一个组织必须具备的综合能力。这种综合能力体现在企业,就是能提供各种顾客需要的产品,让顾客在享受产品或服务时,得到内心的愉悦感,这是顾客愿意记住这家企业和产品的关键,也是促使顾客向亲朋好友做宣传的关键。这种综合能力体现在个人,不仅仅是服务好所在组织的顾客,还包括服务好社区、社会和国家等。总而言之,服务力是决定个人及组织业绩表现、品牌力、创新力以及竞争力的关键。

**生涯知识**

#### 汽车推销大师乔·吉拉德的"250 定律"

伟大的汽车推销大师乔·吉拉德曾提出一个著名的"250 定律",他认为每一位顾客的背后都站着 250 个人,这 250 个人都是与他关系比较亲近的人——同事、邻居、亲戚和朋友。

如果一个推销员在一个星期里见到50个顾客，其中只要有两个顾客对他的服务态度感到不愉快，由于连锁效应，经过一段时间后，将导致至少5000个顾客不愿意和这个推销员打交道，因此，优秀的推销员都知道一件事：每个人的背后都有一个团队，糟糕的推销员将反映出糟糕的企业和产品。

顾客一次不愉快的经历，可以推翻企业努力几十年建立起来的所有形象。这就是乔·吉拉德的"250定律"。

作为大学生，我们如果能够及时觉察到服务力的关键作用，能够认识到服务力是一种能力、功力、定力和态度，服务力是细致的心思，是最实质的效益，就能提升我们的通用能力。"金杯银杯，不如客户们的口碑。资源背景，不如自身能力过硬。"服务力已然成为创造价值的关键力量。

### 五、如何提升我的合作力

合作力的培养体系是一个多维度体系（如图8-3-1所示），主要包括课程学习、专业学习、兴趣爱好和专业项目等。其中课程学习包括课堂作业、实验课程和上机课程，在培养大学生动手实践能力的同时，也要培养自身的团队协作能力。专业学习是从不同阶段不同层次实现理论与实践相结合，并进行真实场景的团队实践。兴趣爱好是自由式的，用以培养自身的良好性格。专业项目是非常实际的团队合作能力的锻炼机会，我们可以通过不同的专业项目获得相应的职业资格。

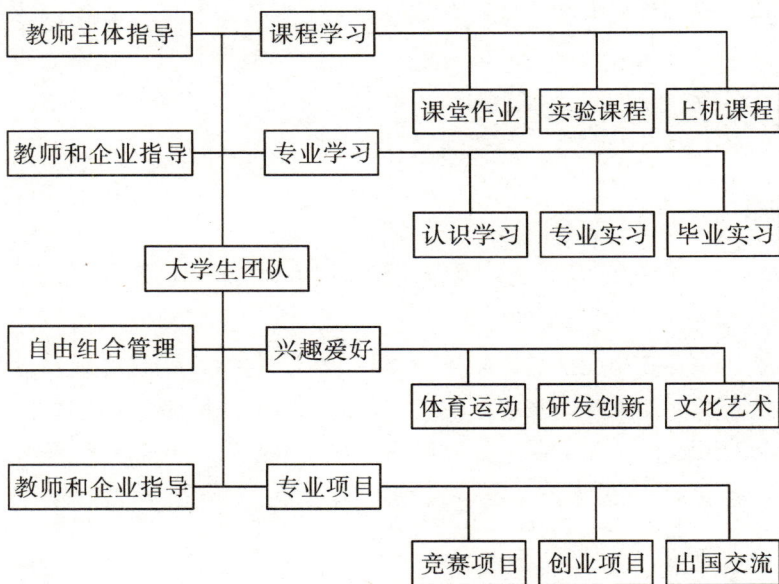

图8-3-1　合作力培养多维度体系图

我们应将该体系运用于学涯中，通过创造积极的氛围、维持积极的人际关系、促进积极的合作、构建积极的意义来获得"向阳效应"。

生涯**知识**

## "向阳效应"

生命系统往往滋生于释放生命的向阳之地并远离消耗生命的土壤。向阳效应的例子包括趋光植物的生长，以及人们在得到更多积极信息而不是消极信息后会学习得更快并记住更多知识，关注积极因素可以形成"向阳效应"——所有生命系统都有一种获取积极能量、避免消极能量的趋势。在大自然中，树木向阳生长。人类能更快、更准确地记住和学习积极信息。积极因素比消极因素更能激活人类大脑。积极状态下的生理机能也远远好于中性或消极状态。在面对看似难以逾越的巨大障碍时，采取积极策略和做法能够提振组织全体员工的士气，帮助组织安然渡过难关。

重点通过以下三个途径来提升我们的合作力。

（1）经验。在磨炼和错误中学习。我们可以运用"利用你的优势进行影响"（Leading with Your Strengths）讨论会，让每一个人都能够通过鉴定、开发和利用他最擅长的五个优势促使讨论会参与者完成生涯规划和个人成就。在大学里可以以班级为单位开展"当日班长"活动，每位班级成员负责在一堂课开始时提出一个思想观点或者一份练习，通过团队协作的方式完成观点的阐述，帮助团队成员开阔视野、体会获得，同时扩大个人的影响力，并在讨论会的交流分享中扩大社交面。

（2）榜样。在观察他人中学习。我们身边的榜样从小到大、从内到外、方方面面的都很多。细致的观察、刻意的练习能让我们的行动有所改变。我们通过向榜样学习，能够了解他人带来的影响力，了解真诚的服务能够获得他人的认可和尊重，了解社交魅力带来的资源共享。

**生涯寄语**

回首过往，我的生活似乎是一条漫长的充满重重障碍的道路，而我自己却是其中最主要的障碍。（杰克·帕尔）

（3）教育。在正式的训练中学习。从教育中学习合作力，就是从正式训练中学习。我们通过参加相关课程或工作坊、阅读相关书籍，能够拓展知识、提高技能；通过和老师、导师或者教练一起就自己期待提升的部分进行探讨，能够提升自己的合作力。

## ▶ 第四节 我的健康力

生涯**案例**

### 200斤到135斤的小赵

大学生活相对轻松自由，没有高中时应试教育的束缚，也没有家长和老师的严格督促，所以较为容易滋生"散漫"的劣性。而对于小赵这个吃货来说，最明显的莫过于体重上的变化。暴饮暴食成了他的常态，体重曾一度到达 200 斤。

减重的过程是艰辛的。你需要管住自己的原始食欲，抵挡住朋友圈的"夜间放毒"、好友们的亲切邀请。需要坚持日复一日的 5 千米跑步、200 个俯卧撑、200 个仰卧起坐。需要做许多自律的事，但当你发现自律已成为一种习惯时，生活中的许多事都会变得容易。而通过 3 年的时间，小赵做到了。

他还将自律运用于自身的每个方面，学习上的懒惰、工作上的拖沓、生活上的堕落都会在自律面前发生翻天覆地的变化。小赵不仅减掉了身上整整 65 斤的体重，还从一个上台讲话就会脸红害羞、手抖个不停、极度不自信的男生蜕变成了现在敢于在台上展现最完美的自己，为学校、为自己取得荣耀的自信者。他不仅组建了团队代表学校参加"挑战杯"大赛获得上海市三等奖等各项荣誉，还收获了对未来职业生涯发展方向的坚定信念，这些是通过在大学阶段不断尝试、严于律己、不断选择而实现的。

《"健康中国 2030"规划纲要》明确提出"将健康教育纳入国民教育体系，把健康教育作为所有教育阶段素质教育的重要内容"。我们看到校园里部分同学存在健康意识淡薄、维护和促进自身健康能力不足等问题，比如锻炼不够、睡眠不足、作息不规律、膳食不合理、缺乏社会交往、不知心理保健，等等，这些不良生活方式正在成为影响大学生健康的危险因素。

## 一、如何理解健康？

### （一）什么是健康？

长期以来我们把健康单纯理解为"无病、无伤、无残"，注重的只是表面。

**生涯知识**

### 健康的定义与标准

世界卫生组织明确指出，健康不仅仅是没有疾病或虚弱，它是一种在躯体、心理和社会等各个方面都能保持完美和谐的状态。其健康的标准，共以下 10 条。

（1）有充沛的精力，能从容不迫地应付日常生活和工作，而且不感到过分紧张。
（2）处事乐观，态度积极，乐于承担责任，事无大小不挑剔。
（3）应变能力强，能较快地适应外界环境的各种变化。
（4）善于休息，睡眠好。
（5）能抵抗一般性感冒和传染病。
（6）体重适当，身体匀称，站立时头、肩、臀位置协调。
（7）头发有光泽，头屑少。
（8）眼睛明亮，反应敏锐，眼睑不发炎。
（9）牙齿清洁，无龋齿，无疼痛，牙齿颜色正常，无出血现象。
（10）肌肉丰满，皮肤富于弹性。

显然，现代意义上的健康，已经大大超出了"无病"的范畴。一个人健康与否，应从身体、心理和社会适应三个方面来评价。身体健康＋心理健康＋社会适应良好,组成了健康力"铁三角"。我们是否符合健康的标准? 我们是否已经具备健康力? 如何提高我们的健康力? 这些问题我们将在本节中得到进一步的了解和学习。

### (二)什么是亚健康?

亚健康(sub-health,SH)是指人的机体虽然没有明确的疾病,但呈现出活力降低,适应能力呈不同程度减退的一种生理状态,是介于健康与疾病之间的过渡状态,表现为过早出现疲劳增加、活力反应能力降低、适应能力减退等症状。它的潜在危害引起社会广泛关注。大学生正处在青春后期,这个特殊的时期,由于受到种种因素的影响,常常表现出注意力不集中、苦恼、疲劳等症状,这种亚健康状态已对大学生的身心健康构成威胁,所以要引起重视。

### 二、我的生理健康

**生涯案例**

#### 身体的容纳度是有限的

2022年2月26日有网友发布讣告称,一年仅27岁男子突发急病去世。他经常头疼,并且开始出现持续的高烧,但没有足够重视,炎症转移至心脏,再送医时已回天乏术。

回顾该男子的行动轨迹,每天暴饮暴食、熬夜不睡觉等现象比比皆是。越来越多的人似乎把暴饮暴食视为解压的方式。不高兴了,放肆地大吃大喝一顿才叫爽快。殊不知身体的容纳度是有限的,一旦超过承受力,灾难就降临了。

影响健康的因素有成千上万种,与行为和生活方式因素有关,与生物学因素有关,与环境因素有关,还与健康服务有关。成都某高校对1240名大学生进行了生理普测,结果表明该校大学生生理健康风险为74.42%,身体健康风险为33.18%,亚健康风险为61.72%。对此次测试结果中涉及的25个风险事件的重要程度进行了排序,其中排名前5的风险事件依次为人际关系紧张、上呼吸道感染、适应困难、立定跳远不合格和急性胃肠炎。从在校学习、生活状态看,大学生更应注重三个基本健康习惯的养成。

### (一)培养良好的卫生习惯

大学时期是人生中比较重要的阶段,培养良好的卫生习惯有利于我们的身体健康。我们说的"卫生"的含义是大学生在宿舍内个人和公共的卫生状况,"卫生习惯"是指个人和宿舍的卫生清洁习惯。在大学期间,锻炼自理能力,形成一个良好的习惯,无论对个人还是整个社会都有无比重要的意义,特别是对于个人来讲,将终身受益。

> **生涯寄语**
>
> 习惯是一种顽强而巨大的力量,它可以主宰人生。(培根)

卫生习惯是生活习惯的主要组成部分,是一个人生活素质的重要体现。我国现代著名教育家叶圣陶曾说"教育就是习惯的培养"。在大学生活里,我们除了接受高深层次的科学文化技术教育外,也要注重人生观、价值观的形成,许多教育学者提出,应该在大学阶段学会如何生存、如何生活。大学生生活素质是大学生生活观念、生活知识、生活技能和习惯的总和。生活素质教育关系到个体的生活质量、身心发展和事业成就。良好的卫生习惯有利于自身的健康、快乐成长，有利于他人的身体健康，有利于形成讲卫生的社会风尚，有利于校园文明的建设，更利于社会主义物质文明、精神文明的建设。

**生涯**案例

### 不爱干净的周同学

学生周某是 2018 级旅游管理专业学生，进入顶岗实习期间后该生在生活、工作上出现不好的表现，具体有：生活上——长期不洗澡、不刷牙、不换洗衣服和被子，导致宿舍有异味；生活上——在宿舍经常打游戏到夜里一两点，导致第二天上班迟到甚至旷班。导致实习单位认可度不高。

班级辅导员知道了周同学的情况，及时与他沟通，并与其家长沟通。辅导员了解并帮助周同学分析当前问题，并分阶段、分目标解决问题。以约定的方式来确定每一个小目标，比如夏天每天洗一次澡，每周洗一次衣服，轮值打扫寝室，每天 12 点前休息。经过一段时间的坚持和督促，周同学的生活卫生习惯有了明显的改善，在实习单位也慢慢获得了认可。

（二）培养良好的睡眠习惯

通过多年教学观察发现，大学生的睡眠状况不容乐观，睡眠时间不够、睡眠质量不高，从眼睛就能看出来，没有光泽、无神、缺少灵动。大学生普遍没有一个良好的作息习惯，失眠、睡眠很轻、入睡困难等都是大学生睡眠中存在的问题，导致上课精神不集中、产生倦意困意，上课睡觉等现象。

大学生睡眠不好的原因有学业压力、热衷于网上聊天、沉溺于网络游戏、恋爱、追剧、平时不学习考前不睡觉等，由于远离父母，少了老师的时时严格看管，学生缺乏自制力，于是就开始日夜颠倒、浑浑噩噩不规律地生活。

睡眠是让人休息放松、恢复体力最好的方法，睡眠时全身放松，血液集中回流到心脏、肝脏、肾脏等重要器官，滋养各脏器，大脑神经得到充分休息放松。睡眠不足会导致学生身体疲劳和心理抑郁等问题出现，所以要养成良好的睡眠习惯。作为一名大学生，我们可以通过有效的时间管理，有序地组织我们的学习与生活。这样我们晚上才能更好地入睡，睡眠质量也会提高。

（三）培养良好的锻炼习惯

科学研究表明，规律运动可以为人们带来令人吃惊的健康收益，而且这种收益可以受益终身。对于大学生来说，一副健康的体魄不仅能够使我们以最佳状态投入学习生活，还能为我们未来进入职场储备最佳体能。

生涯**案例**

### 帅气的小倩同学

　　小倩同学2022年在泰国留学,留学期间她每天坚持到健身房健身,每天跑步5千米,喜欢参加橄榄球比赛,还学会了专业冲浪。在国内就读本科时,她慢慢体会到运动带来的乐趣,从校园的晨跑到健身房的专项训练,从体能训练到持续很长一段时间的拳击特训,她从一个文弱的小女生,慢慢转变成一个留着短发帅气的女汉子。不只是对运动的专注,她对朋克音乐显露了独有的偏爱,在运动和音乐中对生命有着自我灵动的感悟。

　　培养良好的体育锻炼习惯,能够为我们带来很多正向的影响。

　　(1)对运动系统的影响。坚持体育锻炼,对骨骼、肌肉、关节和韧带都会产生良好的影响,锻炼可以增强运动系统的准确性和协调性,保持手脚的灵便,使人可以轻松自如、有条不紊地完成各种复杂的动作。

　　(2)对消化系统的影响。体育锻炼可以加速机体能量的消耗,能量是通过摄取食物获得的,因此,运动后会促进消化系统的功能变化、饭量增大、消化功能增强。

　　(3)对心理方面的影响。体育锻炼对心理的发展(如增强信心、培养稳定的情绪、培养独立和处事果断的能力、提高智力发展等)有巨大的推动作用。相反,不积极的从事体育活动导致不良情绪得不到彻底宣泄,对心理健康有负面影响。

### 三、我的心理健康

生涯**案例**

### 快乐是一种能力

　　一家跨国公司招聘策划总监,在层层筛选后,最后只剩下三个佼佼者。最后一次考核前,三个应聘者被分别封闭在一间设有监控的房间内,房间内各种生活用品一应俱全,但没有电话,不能上网。考核方没有告知三个人具体要做什么,只是让三个人耐心等待考题的送达。

　　最初的一天,三个人都在略显兴奋中度过,看看书报、看看电视、听听音乐。

　　第二天,情况开始出现了不同。因为迟迟等不到考题,有人变得焦躁起来,有人不断地更换着电视频道,把书翻来翻去。只有一个人,还跟随着电视节目里的情节快乐笑着,津津有味地看书、做饭、吃饭,踏踏实实地睡觉。

　　五天后,考核方将三个人请出了房间,主考官说出了最终结果:那个能够坚持快乐生活的人被聘用了。主考官解释说:"快乐是一种能力,能够在任何环境中保持一颗快乐的心,可以更有把握地走近成功!"

　　心理健康是指人在知、行、情、意等方面保持持久、稳定的健康状态。心理健康的标准分为以下三个方面。

　　(一)人际关系方面

　　(1)能够客观地评价他人,懂得尊重和关心他人,与同学建立相互信任的关系;

（2）与同学交往中能够真诚地赞赏对方的优点，善意地批评对方的缺点；

（3）在保持个性的前提下，采取积极主动的沟通方式，能够与他人和谐相处。

## （二）学习方面

（1）具有学习的积极性和自觉性；

（2）能够从学习中获得满足感，并因此增强自信心；

（3）能够合理用脑，张弛有度，并逐渐形成良好的学习习惯。

## （三）自我方面

（1）善于正确地评价自我，能够虚心地接受别人对自己的评价，并从中认识自我；

（2）对新事物充满兴趣并勇于尝试，根据自己的能力水平确立目标，并以此激励自己；

（3）具有自制力，能适度地控制自己的情绪和行为；

（4）能够摆脱焦虑、悲伤等消极情绪的困扰。

我们有的时候会陷入对自我的否认，遇到挫折和困难的时候不愿意去面对。如果我们总是关注那些自己无法控制和改变的部分，就会陷入一种"无助——绝望——无助"的恶性循环。即越做不好越去做，越去做就越做不好，最终彻底让自己丧失信心。我们要拥有积极的认知（cognition），即怀抱积极的心理预期，通过感知当下，把注意力集中在自己能掌控的部分，从而设法改变现状。

## 四、我的社会适应

**生涯案例**

### "西部计划"的诸葛大神

双脚丈量土地，让青春之花绽放在祖国和人民最需要的地方。诸葛大神带着这样的初心，在大四的时候选择了大学生志愿服务西部计划（简称"西部计划"），投身西部工作两年时间。

初到新疆，要过饮食气候关，因为在大学期间就有着良好的体育锻炼习惯，他在初期适应环境时，硬是靠着强壮的体魄，适应了完全不同于南方的环境，迅速习惯风沙和炽热的环境。

他不仅工作出色，还成了单位的篮球主力选手。凭借着强大的适应能力，诸葛大神在美丽的新疆开启了自己的摄影之旅、徒步之旅。他利用工作之余，记录新疆的美好风光，他的摄影作品多次获奖。

## （一）什么是社会适应

社会适应是指个体对所处的社会环境的认识及自己与社会环境间所保持的均衡关系。社会适应能力指的是一个人在生理和心理上适应社会生活和社会环境的能力。社会适应能力的高低，从某种意义上说，表明一个人的成熟度。达尔文指出："适者生存。"环境是人类赖以生存的场所，人们必须尽最大的努力去适应环境，才能生存和发展。

一般认为社会适应能力包括以下一些方面：个人生活自理能力、基本劳动能力、选择并从事某种职业的能力、社会交往能力、用道德规范约束自己的能力。同时社会适应能力是反馈一个人综合素质的间接表现,是个体融入社会、接纳社会的能力的表现。

### (二)社会适应的过程

社会适应是个体与各种环境因素连续而不断改变的相互作用过程。它有 3 个基本组成部分。

(1)个体,社会适应过程的主体。

(2)情境,与个体相互作用,对个体提出了自然的和社会的要求,而且也是个体实现自己需要的来源,人际关系是个体社会适应过程中情境的重要部分。

> **生涯寄语**
>
> 明白事理的人使自己适应世界;不明事理的人想使世界适应自己。(萧伯纳)

(3)改变,是社会适应的中心环节,不仅包括个体改变自己以适应环境,而且包括个体改变环境使之适合自己的需要。

在大学期间,我们需要了解和掌握的是人的社会化与社会适应,就是要了解人是如何由一个自然的人(生物)逐渐转化(成长)为一个社会的人(社会成员)的,以及这个过程的必然性和必要性。

### (三)体育是提高社会适应能力的有效途径

体育不仅能够提高生理健康和心理健康水平,对学生的社会适应能力提升也有积极的效果。

(1)充分利用体育运动提供的相互交流合作的机会和场所。体育有竞争性、集体性和规则性等不同的特点,它大部分的运动场所为户外。这个社会运动的场所能够培养人与人交往的适应能力,我们可以在其中学习与别人交往的技能,增加与他人合作的机会。通过参加体育运动,我们可以体验和学会如何处理好人际关系。"体育的本质是人格教育",运动会令我们精神饱满、精力充沛,能够更加自然地与同学和朋友交流、交往。

(2)在体育运动中体验角色承担和角色学习。在体育运动中,我们会展现出能力的高低、修养的好坏、魅力的大小,从而对自我有一个比较符合实际的认识,也会通过与他人的体育合作,正确认识与他人的关系,在团队合作中理解和适应各种人际关系。通过参与体育竞技,我们还能在竞赛活动中学会服从法纪、尊重裁判,学会约束自我,公平竞争等。同时在体育比赛中遇到失败受到挫折的过程,也是一个心理调适的过程,抗逆力是社会适应能力的重要方面。

部分大学生之间流传着一句话"毕业即失业"。为什么会有这样的感叹呢? 归根到底还是不适应社会需要和社会变化。所以提高社会适应能力,对大学生来说至关重要。

## ▶ 第五节　我的审美力

新时代人们向往美好生活。什么是美好生活? 如何创造美好生活? 这是大学生审美力的价值所在。审美是人类的特殊精神领域,是人工智能无法超越的特质之一。因此,审美力是当代大学生最重要的职业通用能力之一。

## 一、什么是审美和审美力?

所谓审美,主要是指美感的产生、体验、创造和运用。它是一种品质和修养,是一个人的文化素养、生活环境以及所有经历和三观构成的一种认知,也决定了个体的职场胜任力水平,它是通用能力的具体体现。

对于审美,中国青少年研究中心首席专家孙云晓曾有一个感悟:"不仅创新的基础和动力是审美,健康人格的培养也离不开审美。"很多父母认为,孩子就应该专注于学习,着装打扮、欣赏艺术那一套,长大后自然就懂了。然而从小缺乏对审美能力的培养,长大后又怎么会变成有审美能力的人呢?

审美力是人们在学习、训练、实践经验、思维能力、艺术素养的基础上形成与发展的,是以主观爱好的形式体现出来的对客体美的认识、评价和创造,是感性与理性、认识与创造、文化与价值的统一。它既具有鲜明的个性特征,又具有历史性、文化性、社会性、时代性、民族性。审美力的提高,有助于人们以美的规律和美的理想去改变世界,形成文明的、健康的、科学的生活方式。

大学生中有相当一部分人的心理状态、审美境界、审美情趣、人生态度与他们所具备的专业知识水平不相匹配,束缚和制约着他们向高层次发展。审美力其实是可以后天培养的,由于其内涵丰富、品味高尚,有必要进行系统的"美育",所以发展审美力是大学生"德智体美劳"五育并举中极其重要的内容之一。审美感知力、审美传达力和审美价值力是审美力的主要内容。

## 二、我的审美感知力

罗曼·罗兰说过:"生活中不是缺少美,而是缺少发现美的眼睛。"世界上存在着许多含有审美价值的事物,但是倘若不以一种审美方式来对待它们,它们就不可能自动地进入人们的感觉世界。审美感知力就是指人们发现美的能力,这是进而欣赏和创造美的必要条件,这个能力是审美能力发展的主要组成部分。拥有审美感知力的人能够看到别人看不到的东西,能够领悟别人领悟不到的东西,能够欣赏自然、社会和人的真、善、美。

数智时代的到来,使得大学生有更多机会接触外部世界,大学生的头脑里充满了对美的追求。他们的审美思维中有主观能动性、实证精神和独立思考成分,他们的审美意识在一定层面上折射了时代的审美意识。大量的心理学研究表明,人工智能可以对人类历史上的经验教训进行总结、升级,不断迭代,但是,审美这种抽象概念的能力却无法提升。至少到目前为止,在感悟情绪、欣赏美、创造美的能力上,人工智能是远远达不到人的水平的。比如,当我们走过一片水塘,看到水中的美景时,可能会想到"半亩方塘一鉴开,天光云影共徘徊",当我们看到边陲大漠中壮阔雄奇的景象时,会吟诵"大漠孤烟直,长河落日圆",而机器目前是达不到这种审美水平的。

培养审美感知力,不是提升人们对外界刺激的接受力,而是培养一种与世界的交流能力。

中国传统美学对前者保持了足够的警惕,如老子曰:"五色令人目盲,五音令人耳聋,五味令人口爽。"后者被称为"感物动情""神与物游",具体表现就是"以物观我""以我观物""物我互现"。在西方美学中,后者被称为移情能力,或者感同力。有关学者认为审美感知力包括三个层面:一是"换位体验,是一种情感移入的过程,是通过他人的眼睛或心灵来理解他人心态或情感状态的能力";二是"设身处地地感受他人的创伤、困境或悲哀"(感同身受);三是"自我认知和反思"。

人和人是否同频,其实是始于美感,终于才华,美感代表着修养,也代表着生活态度和生活品质。审美的感知体现在个人身上就是品味,小到服装搭配,大到对知识的选择性涉猎,都能折射出一个人的品性和文化素养。而恰巧人类又喜欢从这些细节去推敲这个人是否值得交往。在职场交往中我们如果能够及时感知到商务对象对美的需求,在职场也就具备了一定的优势。

### 三、我的审美传达力

**生涯案例**

#### 某公司前总监审美传达不当被开除

在2016年顶级的国际体验设计大会上,某公司用户体验部门总监发表了演讲,主要从中国互联网用户体验发展历程来回顾、介绍相关职位的诞生,顺便为该公司用户体验部门打了一个广告。

在这场国际顶级体验设计大会上,该总监穿着随意、谈吐轻浮。甚至连PPT的质量都有些低劣,被指配色混乱、图片低俗。作为行业的一场顶级盛会,该总监休闲T恤大短裤的装扮实在很难和"国际体验设计大会"沾边。这样的审美传达引起了现场观众的嘘声,被众人吐槽"太LOW"。此事发生后,被推至风口浪尖的不仅仅是该总监本身,连带其身后的公司也成为网友调侃的对象。

对此,该公司高层回应称"该总监事件已经引起了公司高层的高度重视,经过公司职业道德建设部和公关部的调查,由于该总监并未事先向公司报备演讲信息,并且给公司品牌形象造成严重伤害,公司认为该总监不再具备总监岗位的资格,决定将其从管理团队中除名。"

人生活在社会中,就必不可少的要面对众人,与众人打交道,所以尊重别人是必需的。要尊重别人,让别人接受你的审美观,这也就是我们提出的审美传达力。如果别人对你的审美无法接受,那么交流是很难继续下去的或是很难深入进行的。在正式场合,一身非常不正式的休闲装束,一口低俗的言语,一套低劣的PPT,肯定是不合适的。别人对你的审美观就会产生怀疑,对你审美观背后的个人素质和所代表组织的印象就会大打折扣。

正确的审美传达力体现在两个维度,一方面是自身形象传达美,另一方面是组织形象传达美。如何设计和修炼自身成功的个人形象,在这里要传达的是把"自己"作为一个品牌来分析、经营、管理,并以管理者的姿态推销自己。只有既注重内在的素养,又重视外在形象塑造的人才能获得成功。表8-5-1所列举的护士服颜色就是这样内外兼修的形象塑造,既可以体现个人的美,又可以展现医院这个组织的正面形象。

表 8 - 5 - 1  护士服颜色里的秘密

| 科室 | 颜色 | 象征 |
|---|---|---|
| 大部分科室 | 白色 | 神圣、信任 |
| 产科、儿科 | 粉色 | 梦幻温馨，带来家一样的温暖 |
| 手术室、急诊室、ICU 男护士 | 绿色 | 绿色通道，象征生命力 |
| 特需病房、老年科 | 浅蓝色 | 平静理智，青春活泼 |
| ICU 女护士、导医台护士 | 紫色 | 兼顾生命，有女性特色 |

身边不同年级同学的着装，也在传达不同年级的不同特点：大一的新生穿着很朴实，不怎么打扮，服饰搭配较简单。而高年级的同学服装明显就有很多亮点，往往很有层次感，再加上一些小饰品，简约而不失线条美，颜色和谐，很有质感和气质，体现自身的个性美。可以看出随着年龄和知识增长，对于服饰搭配的审美认识会越来越深，在服饰上能体现新一代大学生的审美观。同时随着实习和就业的要求，我们在迈入社会之前，随着环境对自身的要求，会逐步对个人形象的传达进行改变，以适应职场的需求。

### 四、我的审美价值力

审美力不仅有审美的感知、审美的传达，还需要落实到精神价值和物质价值实现上。前述总监负面案例所带来的是其个人和其所在公司以及业界的价值损失。所谓审美价值力指承载审美传达的作品（服务）所能满足个人和组织需求的能力，审美价值力是审美力的目的所在。审美价值力通过审美系统设计和依从，实现个人和组织形象力、品牌力的提升。显然，大学生对组织的形象能够清晰识别，并且感知，进而传达，是十分必要的综合能力。所以大学生应具备审美价值力，用美来提升工作效率，用美来实现个人与组织的价值目标。这也是探索职场环境、提升职场竞争力的有效途径之一。

#### （一）组织形象的审美价值力

**生涯**案例

#### 恒大冰泉的市场覆灭记

恒大冰泉曾经以 500 毫升水要价 5 元，被消费者戏称为"土豪水"，如今价格与农夫山泉等普通矿泉水持平，但是销量远远不如农夫山泉等品牌。在进入快消市场时，恒大集团陆续投资了 60 亿元的广告费用，先后邀请明星代言，但依然没有提升恒大冰泉的销量。其中原因之一就是品牌包装没有特色，没有实现集团的组织目标。像农夫山泉的红色包装和怡宝的绿色包装，虽简单但非常便于消费者辨认，而恒大冰泉尽管标榜自己是高端矿泉水，但它的包装并没有体现出这瓶水的"高贵"美，不够高端大气，这是最失败的一点。

组织形象（CI, corporate image）包含了组织理念形象（MI, mind identity）、组织行为形象（BI, behaviour identity）和组织视觉形象（VI, view identity）。其核心是 MI，它是整个 CI 的最高决策层，给整个系统奠定了理论基础和行为准则，并通过 BI 与 VI 传达出来。所有的行为活动与视觉设计都是围绕着 MI 这个中心展开的,成功的 BI 与 VI 就是将组织的独特精神准确表达出来,从而形成心灵美、行为美、视觉美相统一的组织形象的审美价值力。

对在校大学生而言,培养组织形象的审美价值力要从对组织形象的理解、认同和遵守的提升入手。对组织形象深入地学习和研究,判断组织文化是否与自己一致,从而进行职业选择。进入职场后,则要通过个人及其工作的审美传达与组织审美传达保持一致,杜绝有损组织形象的审美价值力的事件发生。

**生涯寄语**

感觉是一种肉体的天赋,是与生俱来的,而审美是可以后天习得的。(赫伯特里德)

### (二)个人的审美价值力

**生涯知识**

#### 树立正确的个人形象意识

精英教育向大众化教育深入推进的今天,大学生就业已经从卖方市场步入买方市场,"酒香不怕巷子深"已经过时,再优秀的个体都有可能被淹没在海量人才信息中。可见,个人形象塑造已是大势所趋,大学生需要充分认识个人形象塑造对个体发展的重要性,做好人生职业规划和个人发展定位,打造个人品牌。在信息不对称的条件下,充分发挥个人品牌的信号传递作用机制,传播个人价值,实现人才供需快速对接。这种个人形象意识不是无源之水,大学生应该在科学的职业规划基础上,正确认识所学专业,激发自身潜能,增强学习动力,培养学习习惯,让个人形象塑造成为一种自觉行为,从日常学习生活中的"有意注意"转变为"无意注意"。这样大学生才能为以后的职场竞争做好准备,让"首因效应"成为个人竞争力的重要组成部分,达到促进"自我销售"和个人价值增值的目的。

培养审美力从自身做起。从现在开始,对自我的形象进行设计。掌握 CI 的形象设计原则,从理念识别、行为识别和视觉识别的角度对个人形象进行多维度考虑,正确认识自我,塑造良好自我形象,实现形式与内涵、外在与内在的和谐统一。从专业需要和职场要求,对自我形象进行评估、设计和修正再设计,注重自身的美,追求自身的完美。这种美不仅包括外表的美、行为的美,还包括心灵的美。也许你没有别人美丽或帅气的外表,但你可以努力完善自己,使自己有一颗美好的心灵。这就要求个体在平常工作、生活中要保持健康及整洁,注重自然清纯,追求充实高雅的美,不断完善自我。

## ▶ 第六节　我的执行力

执行力是为了实现个人理想和个人目标,与自己达成的一种内心约定。这种约定是一种坚定不移的自我承诺。事实上,任何人都可以拥有执行力,关键在于自己是否愿意兑现自己的承诺。职场上，执行力又称行动力，是指有效利用资源，保质保量达成目标的能力，指的是贯彻战略意图，完成预定目标的操作能力。执行力包括个人执行力、团队执行力和组织（系统）执行力。职业规划执行力隶属于个人执行力，是指把生涯规划行动方案转变成大学生的实际行动的过程，在实际行动中塑造正确自我认知、职业认知和社会认知的能力，以及在这个过程中所体现出的一些特质和特性。

### 一、我的自主力

古希腊哲学家泰勒斯指出："做什么事情最容易，向别人提意见最容易；做什么事情最难，管理好自己最难。"自主力更加强调主动性，注重主动作为、主动解决问题和自我控制的能力。

### （一）主动作为的能力

**生涯案例**

#### 老师眼中的"张同学"

张同学是杭州一所学校的大三学生，入校以来，他就积极参与学校的各项活动。特别是在与各位老师的交流沟通中，他都是第一个冲在前面，主动和老师进行深入交流，主动参与老师开展的各类活动，主动参与课堂上各类分组讨论。在很多老师眼中张同学眼里总是有一种光，当你跟他交流的时候，他眼里的光会感染对方，这种光就是主动求知、主动探索、主动作为的光。因为"主动"，张同学不仅获得了很多学习和活动机会，更是在参与中不断提升自身的能力，最终在毕业时以优异的简历和面试排名取得世界500强的offer，与他竞争的是来自"双一流"大学的研究生，但他以卓越的软实力获得了公司的青睐。

主动作为在现今"躺平"的时代，依然是弥足珍贵的能力之一。我们大学生要像张同学一样，主动作为，主动融入大学生活的方方面面，主动去获得资源帮助。

时间管理的箴言就是：现在就做。我们如果能够遵循即时处理原则，做起事来就会得心应手，并且心情舒畅，工作做得干脆顺利。在遇到需要交涉的问题时，我们不会拖延时间或拒绝登门拜访，也不会寻找借口把今天的计划拖到明天。因为我们已养成了习惯，要做的事情立即行动，想做的事情马上就做。立即动手，不仅节省了记忆、记载或重做的时间，而且卸下思想包袱与心理压力。

在现实的生活、工作中，许多成功人士都将"立即行动"当成通往成功的秘诀。如果按照"立即行动"的准则行事，我们必然从一开始就注意提高工作效率，有明确的目标，能够分清事情的轻重缓急，从而有条不紊地实现自己的目标。反之，一个人如果办事拖拖拉拉，往往无法在规定时限内完成自己

> **生涯寄语**
>
> 执行力，就是能让你坚持梦想，贯彻始终，不达目的决不罢休的力量。（青茶）

的任务，并且令各种良机擦身而过，那么将很难在事业上有大的成就。戒"拖"的妙方就是学会如何同正在溜走的"现在"打交道。

### （二）问题解决的能力

这个时代永远不缺少提出问题的人，对于很多同学来说，他们缺少的不是目标，而是实现目标的执行能力。

**生涯**知识

## 一万小时定律

一万小时定律是作家格拉德威尔在《异类》一书中指出的定律。"人们眼中的天才之所以卓越非凡，并非天资超人一等，而是付出了持续不断的努力。一万小时的锤炼是任何人从平凡变成世界级大师的必要条件。"莫扎特之所以能成为莫扎特，主要不是因为他在音乐方面有独特的天赋，而是因为他从幼儿时期开始就把所有的时间都用来练习他的天赋。世界级国际象棋选手并不是思路比别人快，他们对棋路也并非有着非同寻常的好记性。他们只是经验太丰富了，能比一般的象棋选手更好地识别出棋盘布局的模式。世界一流的钢琴家在 20 岁时已经有 10000 小时的练习，对比之下，次一级的钢琴家只有 5000 小时的练习，而那些业余级别的钢琴家只有 2000 小时。来自佛罗里达州大学的教授安德斯·埃里克森认为，高深的专业知识的基石并不是上帝赐予的天才，而是有意的练习——你在练习中所花费的时间与精力。此间的建议很简单：如果你想在任何一个方面达到世界一流的水平，你必须在 10 年内每周花 60 个小时来练习。

当代社会推崇"创造性地解决复杂问题"为核心能力。解决简单问题靠熟练，解决复杂问题靠创造力。简单问题解决的主力将日益由机器人唱主角，解决复杂问题靠人的大脑创造力。麦肯锡公司前高级合伙人罗伯特·麦克林提出了七步法解决问题[1]：①如何准确定义问题以符合决策者的需要？②如何分解问题并提出可供探索的假设？③如何在该做和不该做的事情中分出轻重缓急？④如何制订工作计划，分配分析任务？⑤如何决定收集和分析事实来解决问题，同时避免认知偏差？⑥如何综合分析结果，提出自己的见解？⑦如何表达自己的见解，说服他人？

### （三）自我控制的能力

要管好自己，我们首先需要有强大的自我控制的能力（简称自控力）。这是我们自我管理的基石和支撑。自我控制是对学习和事业的承诺，它包括制订个人的目标以及达到这一目标需要的具体步骤。自控力是靠后天习得的，它不是与生俱来的，很多成功人士通过学习获得并保持这一素质。自我控制的水平可以通过一个人是否能有效地完成那些他并不感兴趣的事情来衡量。

> **生涯寄语**
>
> 任何时候，一个人都不应该做自己情绪的奴隶，不应该使一切行动都受制于自己的情绪，而应该反过来控制情绪。（罗伯·怀特）

---

① 查尔斯·康恩，罗伯特·麦克林，《所有问题七步解决》，杨清波，译，中信出版社，2021 年版。

大学生身心相对成熟、精力充沛、对新鲜事物充满好奇和热情，但很容易冲动，所以情绪的控制对大学生来说就显得更为重要。正确对待自己的成功与失败，合理管理自己的情绪对大学生来说是很迫切的问题。只有善于自我控制和约束，大学生才能真正成为自己情绪的主人。大学生的自控力是自我管理的基础和支撑。学校里的规章制度是利用外力来约束和监督大学生的，学生对这些规章制度的认识往往停留在表面，不是发自内心的理解和支持。如果没有自控力，大学生在行为举止上就会对规章制度和教师产生依赖心理，在没有外力教育和监督时行为就有可能失控。因为只有自觉和自愿，外界的规章制度才能内化为学生内心的信念，规章制度才能真正成为学生的行为准则和道德标准，从而发挥应有的作用。

生涯寄语

毫无疑问，创造力是最重要的人力资源。没有创造力，就没有进步，我们就会永远重复同样的模式。（爱德华·波诺）

在学校需要自控力，在职场更是如此。当今的时代是一个社会化的时代，科学技术的迅猛进步、生产力的飞速发展及电子计算机等现代生产手段的使用，生产由集中趋向分散，生产过程中的人际关系也随之发生变化。互联网发展的时代，越来越多的人从事创造性的脑力劳动，生产的分散化、社会化，需要有独立工作能力、组织能力、自我意识比较强的劳动者。人类的创造性造就了先进的生产力，生产力又要求有新型的人才。培养造就一大批能够独立工作、富有创新精神和自我意识的人是时代的要求，也是自我管理的最基本的职能。

## 二、我的资源力

资源力是将自身所能支配的资源进行挖掘、转化、整合与配置的管理能力。

首先，自身资源的挖掘。作为大学生，我们的资源是初级资源：时间、初级的专业技能和初级的通用技能。其次，资源转化。将初级资源转化为社会资源，也就是如何把时间和专业才能出售给社会上需要它的人或组织，从而获得等价交换的筹码。这个时候我们的职场竞争力不是一个个体，而是其背后所携带的社会资源的总和。再次，资源整合。我们要根据需要，选择相关独立的资源，以某种方式进行横向集聚，使之成为能够满足需要的新的资源组合。资源整合包含内部资源与外部资源的整合、个体资源与组织资源的整合、横向资源与纵向资源的整合。最后，资源配置。如何分配自己有限的资源？时间管理矩阵就是一个时间资源管理的工具。要想管理好自己的资源，就要把握七大关键问题：①我有什么？②我缺什么？③我缺的东西谁有？④别人为什么把他有的东西给我？⑤我愿意付出什么样的代价来得到我想要的？⑥我如何找到他？⑦如何使用这个资源？

生涯案例

### 桌游三国杀

风靡全国的桌游三国杀的创始人黄恺正是一位标准的大学生创业者。黄恺2004年考上中国传媒大学动画学院游戏设计专业，他在大学时期就开始"不务正业"模仿国外桌游设计出了具有中国特色、符合国人娱乐风格的桌游《三国杀》。2006年10月，才上大二的黄恺开始在淘宝网上贩卖《三国杀》,没想到大受欢迎,毕业后的黄恺并没有任何找工作的打算,而是和朋友一起花 5 万元注册了一家公司,开始做起《三国杀》的生意,2009 年 6 月底《三国杀》被移植至网游平台的一款桌上游戏,2010 年《三国杀》正版桌游售出 200 多万套。

在黄恺成功的创业故事里我们可以看到他能够很快地把握资源的稀缺点,并在整合拥有的资源后,迅速出击获得市场的占有率。当我们一步步走进职场,就会慢慢发现比工作更重要的是自己需要和更多的人一起去完成工作。这也就是我们提到的整合资源把握的七大关键问题,在我们对资源进行清楚认识,进行深入挖掘时,我们要思考在这个存量的世界里,如何在变量的过程中,尽可能地实现资源最大化。作为大学生,如果能够较早地管理好自己的资源,就能在今后的职业生涯中获得先机。

### 三、我的复盘力

"复盘"原是围棋术语,本意是对弈者下完一盘棋之后,重新在棋盘上把对弈过程摆一遍,看看哪些地方下得好,哪些地方下得不好,哪些地方可以有不同甚至更好的下法等。这个把对弈过程还原并且进行研讨、分析的过程,就是复盘。通过复盘,棋手们可以看到全局以及整个对弈过程,了解棋局的演变,总结出适合自己和不同对手的套路,或找到更好的下法,从而实现自己棋力的提升。

#### (一)复盘与总结

所谓复盘,就是在头脑中把过去所做的事情重新"过"一遍。它通过对过去的思维和行为进行回顾、反思和探究,实现能力的提升。复盘的关键是推演,通过推演这个动作,可以对各种可能性进行探讨。正是因为推演这个动作,将复盘与总结从本质上区别开来。

> **生涯寄语**
>
> 好习惯让你实现"较高层次的自我"的愿望,而坏习惯是由"较低层次的自我"控制的,阻碍前者的实现。(瑞达利欧)

(1)复盘是结构化的总结方法。总结是对一定时期的工作或某个事件的梳理、汇报,每个人依自己的习惯和悟性,对已经发生的事件、行为及结果进行回顾、描述,通常并没有固定的模板和结构,并不必然包括对目标与事实差异原因的分析,以及经验总结等要素。但复盘具有明确的结构与要素,必须遵从特定的步骤进行操作,不仅回顾目标与事实,也要对差异的原因进行分析,得出经验与教训。

(2)复盘是以学习为导向的。复盘的目的是让个人和团队能够从刚刚过去的经历中进行学习,因此必须有适宜学习的氛围和机制,包括不追究个人的功过得失、不批评、不表扬,只是忠实地还原事实、分析差异、反思自我,学到经验或教训,找到未来可以改进的地方。而一般的工作总结往往会以陈述自己的成绩为主,不提或少提缺陷与不足。特别要指出的是,这里所讲的"学习"不只是获得一些知识或经验,更重要的是提高人们未来行动的效能。因此,也可以说复盘是以行动为导向的,其目的是实现未来绩效的提升和改善、促使个人、团队和组织达成目标。

(3)复盘通常是以团队形式进行的。虽然个人也可以进行复盘,但更多情况下,由于现代组织中许多活动都是多人、多部门协同完成的,因此复盘通常是以团队形式进行的。

如图 8-6-1 所示,复盘是一种非常重要的团队学习与组织学习机制,通过集体深度会谈,团队成员不仅可以相互了解彼此的工作以及相互关系,而且可以超出个人的局限性,让成员们看到整体,并激发出新的观点。而工作总结往往只是个人的观点,不可避免的是片面、局部和主观的描述。

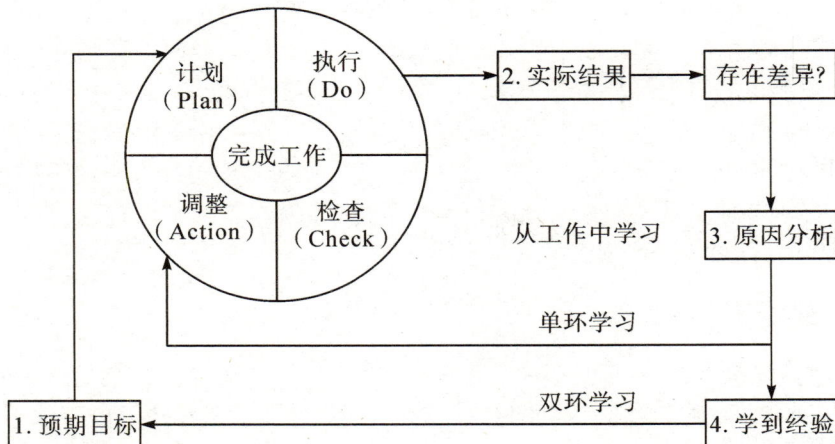

图 8 - 6 - 1   复盘的学习机理

## (二)复盘与 PDCA 的整合

复盘与 PDCA 整合的要求包括以下四个方面。

(1)复盘的第一步要求明确预期目标,这是"计划"(Plan)的先导或产出。

(2)复盘会还原"执行"(Do)过程,评估执行的"实际效果",并将其与"预期目标"进行对比。这本身就属于一种"检查"(Check)工作。

(3)复盘会对"检查"中发现的偏差成因进行深入分析。这个原因的查找也是执行力的最佳体现,只有经过审慎的分析,发现或找到根本原因,才能更有效地拟定对应措施(Action)。

表 8 - 6 - 1 为复盘模板。

表 8 - 6 - 1   复盘模板

| 主题 | | 时间 | |
|---|---|---|---|
| 地点 | | 参加人 | |
| 事件/活动<br>概况描述 | | | |
| 1.回顾目标 | 2.评估结果 | 3.分析原因 | 4.总结经验 |
| 初衷: | 亮点: | 成功关键因素: | 关键发现: |
| 具体目标/里程碑: | 不足: | 失败根本原因: | 行动计划: |

　　成功与失败不是一个结果,而是一个过程。在这个过程中,真正有价值的是我们采取的所有行动,以及对行动的反思。一场精彩的复盘,一定程度上体现了一个人思想真正的深度与广度。在此植入复盘的概念,是希望在学习的过程中,我们可以从身边的小事开始复盘。复盘是有技巧的,我们可以先学会使用技巧,再关注思考方式,一步步按照步骤,让我们的时间和精力真正成为更有效果、更有深度的成长养分。

# 我的 8 号生涯加油站

**一、生涯行动：我的领地**

**1. 事前准备**

（1）以成长私董会为单位；

（2）准备一条粗绳子，满足组员圈进去且有活动余地的长度（绳子长度＝组员人数×1 米）。

**2. 行动过程**

（1）宣布行动教学名称："我的领地"；

（2）发放材料：把准备好的教学工具粗绳发给秘书长；

（3）行动教学过程：①大家在教室里默默选定自己心目中的领地；②进入绳圈，不许语言交流；③每人都力图引导同伴去往自己心目中选定的领地。④看哪一个团队率先到达某一领地。

（4）请优胜者分享心路历程：①你要的是什么？②这个领地对你意味着什么？③你是靠什么力量实现的：目标坚定？以身作则？共启愿景（身体语言）？使众人行（影响别人甘愿成全你）？激励人心（激励大家坚持到最后）？④你因为什么而没有实现：目标坚定？以身作则？共启愿景（身体语言）？使众人行（影响别人甘愿成全你）？激励人心（激励大家坚持到最后）？⑤跟随者分享：你因为什么愿意跟随？你心目中的愿意跟随的领导是什么样子的？哪些人会影响你的决定？

**二、生涯行动：判断我的健康水平**

从下面问题简单了解自身健康状况。

（1）请问自己一周是否能有 3 次及以上不吃早餐。

（2）请问自己晚上入睡时间是否通常是在 11 点以后。

（3）请问自己平均每天的睡眠时间是否不足 6 个小时。

（4）请问自己是否平均每天用电脑、手机的时间在 8 小时以上。

（5）请问自己是否愿意吃烧烤等风味小吃。

（6）请问自己是否有抽烟、酗酒、节食、熬夜、暴饮暴食等习惯。

（7）请问自己每周参加体育锻炼的次数是 3 次以下吗？

（8）请问自己是过敏体质吗？知道自己对什么过敏吗？

（9）请问自己是否经常有心律失常现象。

（10）请问自己进行剧烈运动时是否发生过晕倒、晕厥现象。

（11）请问自己每次洗头时是否有一大堆头发脱落。

（12）请问自己是否有"将军肚"早现。

（13）请问自己心算能力是否越来越差。

（14）请问自己是否易于疲乏，或无明显原因却感到精力不足，体力不支。

（15）请问自己是否注意力不集中，不明原因地走神，集中精力的能力越来越差。

我们可以对照以上15道题自我检查评估一下自己的身体健康状况，（1）-（7）题考察生活习惯是不是合理化，（8）-（12）题考察身体机能如何，（13）-（15）题考察心理和精神面貌。如果有一半以上都回答"是"，那就确定为"疲劳综合征"，说明你处于亚健康状况，需要调整和改变，努力达到健康的标准。

### 三、生涯行动：我的形象我设计

通过调查研究和自我设计，完成"我的职业形象设计"，该任务必须是从企业及其面试官的视角进行设计，促使对方"像是自己人"的结论。具体内容如下。

（1）职业名称（招聘启事上正式的岗位名称，可以是初始职位、职业锚职位或者职业顶峰职位）。

（2）职业简介（工作内容与职责，需要的文凭、证书、专业能力和通用能力）。

（3）职业外形设计：①职业仪态；②职业发型；③职业着装；④职业行为。

（4）职业内涵设计：①职业道德；②职业理念；③职业价值观；④职业气质。

（5）职业视觉传达：①职业形象照；②工作场景照。

### 四、生涯行动：我的结课复盘

即将告别幸福生涯课，我想复盘一下个人在本学期的成长。

#### 1. 我的幸福增值力复盘

幸福花五片花瓣标注了我们开课时的实际分值和计划分值。对比开课时与结课时的分值，得出幸福增值幅度，填入下图（增值1分的非常棒，增值0.5分的也很不错）。

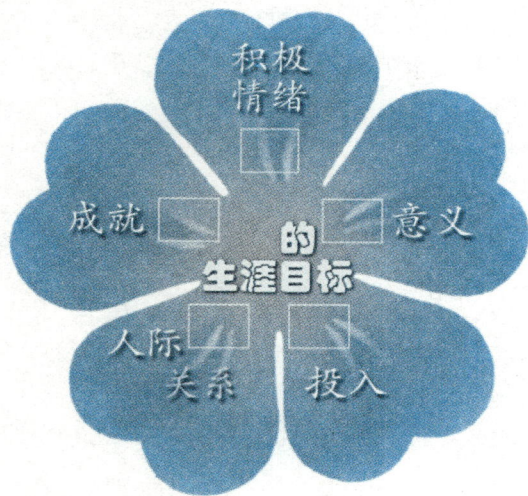

我的幸福增值力体现在期末实际与期初实际分数的对比上，完成与超额完成的有_____；有待加强的是_____。

**2. 我的计划执行力复盘**

我的计划执行力体现在完成与超额完成期初计划：＿＿＿＿＿＿＿＿＿＿＿；有待加强的是＿＿＿＿＿
＿＿＿＿＿＿＿。如果用 1～10 来打分，在规划书开头我提出希望在本课中学到：①＿＿＿＿＿＿＿
＿＿＿，实现程度是＿＿＿＿＿分；②＿＿＿＿＿＿＿＿＿＿＿＿＿＿，实现程度是＿＿＿＿＿＿＿分；③＿＿＿＿＿
＿＿＿＿＿＿＿，实现程度是＿＿＿＿＿分。除此之外，超预期的收获是：＿＿＿＿＿＿＿＿＿＿＿＿，＿＿＿＿＿
＿＿＿＿＿＿＿＿＿，＿＿＿＿＿＿＿＿＿＿＿。

**3. 我对幸福生涯课的感言（对父母、老师、同学、私董会、自己，等等，不限内容）**

此时此刻，我想说的是＿＿＿＿＿＿＿＿＿＿＿＿＿＿＿＿＿＿＿＿＿＿＿＿＿＿＿＿＿＿＿＿＿＿＿
＿＿＿＿＿＿＿＿＿＿＿＿＿＿＿＿＿＿＿＿＿＿＿＿＿＿＿＿＿＿＿＿＿＿＿＿＿＿＿＿＿＿＿＿＿＿＿＿
＿＿＿＿＿＿＿＿＿＿＿＿＿＿＿＿＿＿＿＿＿＿＿＿＿＿＿＿＿＿＿＿＿＿＿＿＿＿＿＿＿＿＿＿＿＿＿＿
＿＿＿＿＿＿＿＿＿＿＿＿＿＿＿＿＿＿＿＿＿＿＿＿＿＿＿＿＿＿＿＿＿＿＿＿＿＿＿＿＿＿＿＿＿＿＿＿
＿＿＿＿＿＿＿＿＿＿＿＿＿＿＿＿＿＿＿＿＿＿＿＿＿＿＿＿＿＿＿＿＿＿＿＿＿＿＿＿＿＿＿＿＿＿＿。

## 五、生涯行动：基于团队的行动学习

（1）全体同学复盘：第八章管理自我学习成果，总结价值塑造、知识学习、能力提升三大目标的实现程度，并将学习成果（带学号姓名水印的"我的结课复盘"截图）提交至所在团队，由本团队秘书长收集提交至领学团队。

（2）全体同学预习：第九章实现自我，完成在线课程和教材预习，提炼亮点、重点和难点，完成三问三答，参与线上讨论。并将预习成果（带学号姓名水印的在线课程学习成果截图）提交至所在团队，由本团队秘书长收集提交至领学团队。

（3）轮值团队领学：领学团队制订、发布并领衔执行复盘时间表与预习时间表，收集各个团队的学习成果，进行个人完成情况排名与团队完成情况排名，对排名前三的同学与团队奖励幸福花。领学团队将以上内容整合制作成 PPT 进行课堂发布，合格的领学团队获得幸福花奖励。

（4）学习成果分享。请优胜团队和领学团队分享完成本章学习任务的做法（团队是如何完成如此艰巨任务的，被逼出了哪些绝招？）和收获（所提升的内驱力、合作力、学习力、前瞻力、健康力、审美力、执行力）。

## 六、生涯书目

1. 彼得·德鲁克、上田惇生著，杨剑译，《卓有成效的个人管理》，机械工业出版社，2014年版。

2. 富田和成著，王延庆译，《高效 PDCA 工作术》，湖南文艺出版社，2018 年版。

3. Staffan Noteberg 著，《番茄工作法图解：简单易行的时间管理方法》，人民邮电出版社，2011 年版。

4. 苏珊·R.·库米维斯等著，张智强译，《学生领导力发展手册》，北京大学出版社，2015年版。

5. 丹尼尔·平克著，龚怡屏译，《驱动力》，中国人民大学出版社，2012 年版。

6. 彭凯平、闫伟著，《孩子的品格：写给父母的积极心理学》，中信出版集团，2021 年版。

# 第九章 实现自我

> 求知是自我实现的前提,求美是自我实现的过程,自我实现让人兴奋激动,天人合一使人宁静和谐。
>
> ——佚名

大学阶段的我们正处在生涯的探索期,如何在这个探索阶段确定自己最终的人生目标,这就取决于我们是否在学业、社团、实践、求职生涯中取得超越性的体验,从而获得满足感和幸福感。因此本章的自我实现并非终极的自我实现,而是我们在社会环境的作用下,充分地、活跃地、集中全力地、全神贯注地利用自己的天资、能力、潜能等优势,去体验和完善自己的学业生涯、社团生涯、实践生涯和求职生涯的过程。

## 学习目标

1. 价值:廓清职业价值观和职业需求,考虑自己及其他人的幸福。
2. 知识:了解职业锚的三个部件,八类职业锚的内涵、特征及职业发展路径。
3. 能力:社会化能力,重点提升基于组织价值创造力的内驱力、合作力、前瞻力、学习力、专业力、健康力、审美力、执行力,实现五育并举。

## ▶ 第一节　我的自我实现

### 一、我的梦想

梦想是什么?梦想是一想到就能让我们热血沸腾的东西,是支撑我们不因闹钟而起床的动力。有梦谁都了不起,无论是街舞天才席嘉琪,还是新东方创始人俞敏洪。后者曾说道,梦想是让你一直坚持,觉得特别幸福的事儿,梦想是将来回忆时让你热泪盈眶的事儿。有梦想的人非常多,但能够坚持的人却非常少。做自己梦想的事情,能够充分激发一个人的潜能,使其更容易在事业和人生中取得成绩。

梦想不是幻想,不是空想,它是结合自身条件和客观现实能够通过努力去实现的。到了大学阶段,能够清楚地知道自己梦想的同学是幸福的,也是幸运的。由于各种原因,有的同学不知道自己的梦想是什么，甚至不知道自己有没有梦想。那我们至少需要先找到一个自己奋斗的方向。

尽早确定或者选定自己将来可能从事的领域是非常有必要的（可参考表9-1-1）。这是大学期间打好基础、做好准备的必要前提，避免到毕业时的茫然无措或者草草选择了毕业后的生涯。

表9-1-1　我的梦想与毕业打算

| 我的梦想是： | | | |
| --- | --- | --- | --- |
| 我毕业以后的打算 | | | |
| 工作 | 创业 | 读研 | 其他 |
| 国企、民企、外企、家族企业、公务员、教师、事业单位、西部计划、三支一扶，等等 | 自由职业、工作室、个人企业、控股企业、参股企业 | 国内读研、国外读研 | 休养、旅游、学习，等等 |
| 和专业相关、和专业不相关 | 和专业相关、和专业不相关 | 就读学校、专业 | |
| 我想从事的行业和细分岗位是什么？通过在前几章中对自己认知以及相关行业的岗位细分，我认为适合我的岗位是什么？ | 我想在哪一个行业创业？通过在前几章中对自己认知，适合我的位置是什么？我的权利和义务有哪些？ | 学成以后的工作选择有哪些？ | |

### 二、自我实现与职业生涯管理

马斯洛的需求层次理论，从低级需求到高级需求分别是：生理需求、安全需求、归属与爱的需求、尊重需求和自我实现需求（如图9-1-1所示）。其中自我实现需求是人最本质的需求。从广义上来讲，自我实现是人自我发挥和自我完善的一种欲望，是一种使自己的潜能得以实现的倾向。从狭义上来讲，自我实现是指实现我们的理想和抱负，发挥个人的能力到最大程度。

**生涯寄语**

生活的真正成就来自我们自己的高级需要的满足，特别是自我实现的需要的满足。（马斯洛）

我们的生涯是阶段性的，不同的生涯阶段存在自我实现需求的共同内容，而这些共同内容可以分解为既相互继承又相互区别的阶段性内容。比如就职业而言，不同的职业发展阶段，职业路径上具有不同的目标节点，这些节点的内外职业生涯内容就是自我实现的具体内容和衡量指标。本章所讨论的自我实现，主要关注处于职业探索期的自我实现。其衡量标准是：在大学毕业时，在内职业生涯方面，我们能否达到预定的职业资本优势的目标；在外职业生涯方面，我们是否进入了预定或者相近的初级职业岗位。大学四年的职业生涯管理，要围绕上述内外职业生涯进行。

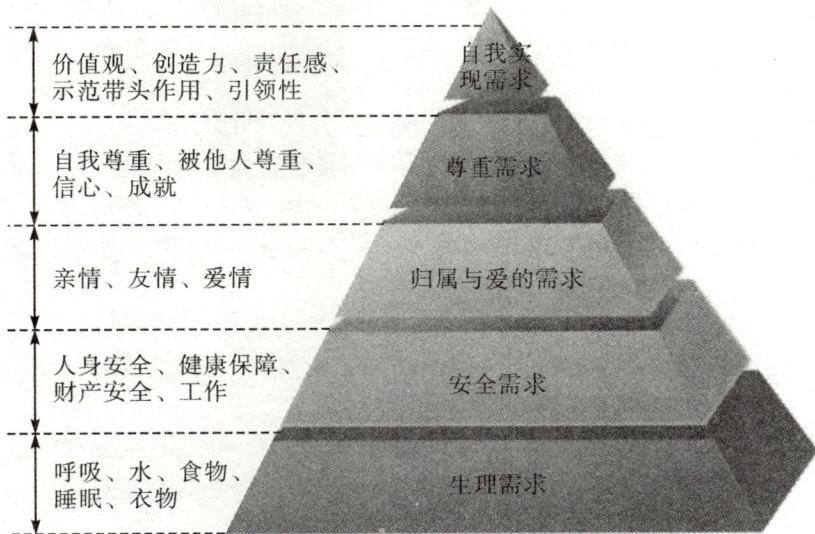

图 9 - 1 - 1　马斯洛需求层次金字塔

## 三、大学生自我实现的若干特征

人本主义心理学大师马斯洛认为自我实现的人有以下十五种特征①。

(1)能够接受自己、他人和自然；

(2)能与人建立深厚、融洽的关系；

(3)能洞察现实，保持知觉与现实的和谐关系；

(4)不以自我为中心；

(5)不断更新水平；

(6)自主性；

(7)创造性；

(8)民主型的性格结构；

(9)高峰体验；

(10)返璞归真；

(11)不受文化和环境的束缚；

(12)同情和爱的情感；

(13)善意的幽默感；

(14)辨别善与恶、区分手段与目的的能力；

(15)超然独立、离群独处的能力。

一个自我实现的大学生，能够接受自己也接受他人，解决问题的能力增强，自觉性提高，善于独立处事并完成与自己能力相称的事情，是一个成熟、健康、不断自我完善的人。具体表现在以下四个方面。

----

① 马斯洛，《自我实现的人》，生活·读书·新知三联书店出版社，1987 年版。

第一，全面性。爱因斯坦说："一个学生离开学校的时候应该是一个和谐的人，而不仅仅是一个专家。"作为一个自我实现的大学生，我们除了要拥有一定的专业知识，更重要的是全方位发展。

第二，主体性。一个自我实现的大学生应该是充分发挥个人能动性和自律性的人。从需要层次讲，我们要把进取、成就、自我实现的需求当作是自己大学时期的主导需要，要有将大学生活过得充实的信念，并能将这种信念转化成行为的动力。从意志上来讲，我们必须要具有顽强的毅力，能够经得起诱惑、耐得住寂寞、忍受得住中级需求甚至低级需求的匮乏，不断向自我实现迈进。

第三，价值性。一个追求自我实现的学生，是一个努力实现全面发展的学生。在这个努力过程中，我们的人格不断地向自主性、自律性、竞争性、开放性、创造性发展，形成能够正确指导生活、学习乃至长期人生规划的终极信仰和价值观。

第四，创造性。一个自我实现的大学生，既要有扎实的专业知识，也要有应用知识的能力；要有强烈的好奇心和求知欲，敢于尝试、敢于创新、敢于结合自身的专业知识，在实践中创造。

### 四、大学生自我实现的过程——社会化

大学生从学生到职业人的过程，是一个社会化过程。在这个过程中，首先，我们要努力学习文化知识，掌握技能，提升情商，以便为今后的社会角色做准备。其次，我们要开始适应社会环境，而不能待在象牙塔中，不问世事。最后，我们要承担社会使命，不做精致的利己主义者。因此，大学生的自我实现过程，很大程度上可以用社会化程度来度量。因而，我们可以借鉴专家的社会化模型，为实现自我寻求系统化的思考。根据专家的社会化模型结合应用型大学特点进行扩展，如图9-1-2所示。

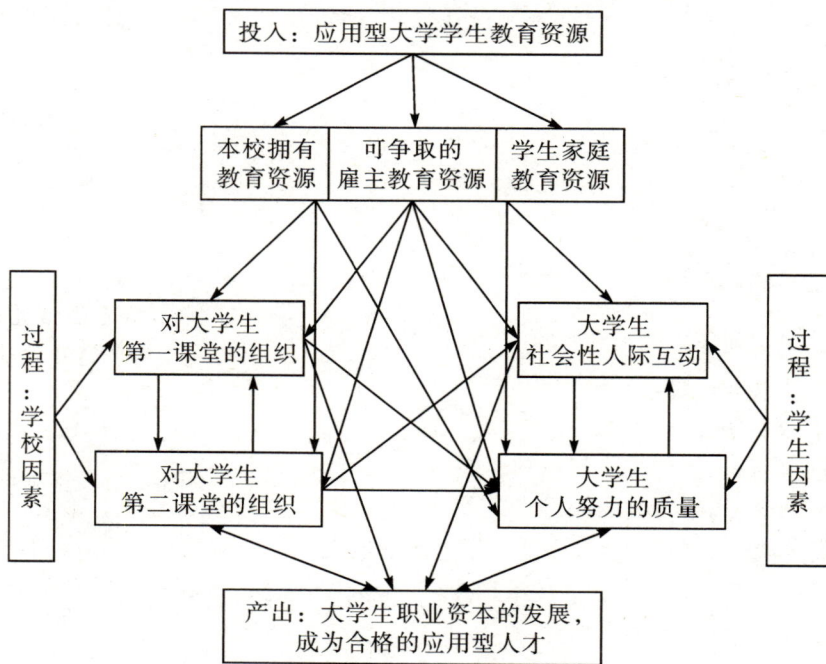

图9-1-2 应用型大学生社会化扩展模型

在社会化研究领域专家众多,成果丰富。与职业生涯管理关系最为密切的研究成果,当推美国加利福尼亚大学教授阿斯汀①的相关研究。阿斯汀基于系统论和控制论等管理学原理,提出了高等教育的输入－环境－输出模型(I-E-O:Input-Environment-Outcome)。他将大学生学习成果(学生个性、知识、技能、态度、价值观、信念等)视为学生投入(个人特征、家庭背景、学生入学前的教育、社会经历、人际经验等)与大学环境(项目、课程、设施、院校环境、教学风格、同伴、课外活动、文化、经验等)的函数②。根据以上原理,高等教育的输入－环境－输出模型可以扩展成投入－过程－产出模型。

从图9－1－2中我们得到的启示是:其一,投入决定产出。在大学期间的投入不仅直接影响产出的变化,而且受投入的影响不同我们会产生不同的成长变化。其二,注重资源的聚合。我们不能单纯依赖显性资源,更应该挖掘潜在资源;不仅要注重利用学校资源,还应当凝聚社会资源和家庭资源,从而实现投入端的1＋1＋1＞3的功能。其三,注重第二课堂对大学生社会化的主导作用。通过我们的个人努力和人际互动,丰富和优化大学阶段的社会化过程,提高这一过程的效率。其四,按照职业胜任力的要求提升我们的职业资本。以终为始,成为被社会所广泛需要的应用型人才。

大学生的社会化过程贯穿我们整个大学生活,主要由四大部分组成:学业、社团、实习以及最后的求职。这四个部分分属三个课堂,其中学业属于第一课堂,社团属于第二课堂,实习则是直接的社会课堂,成功求职的录用函就是我们社会化的合格证明。在大学期间如何让自己的学业、社团、实习以及求职生涯得到自我实现呢? 以下各节将分别进行讨论。

## ▶ 第二节　我成功的学业生涯

**生涯**案例

### 父母还在为你拼搏,你有什么理由不好好读书

小许的父母是部队出身,年轻时吃过很多苦,如今都是政府高官,小许考入大学后,父母由于工作繁忙,长期不在身边,因此他的大学生活非常"如鱼得水"。他始终坚信凭着父母的关系,他要找一份轻松、钱多、离家近的工作不是什么难事。他有一句"名言":睡觉诚可贵,爱情价更高,若为游戏故,两者皆可抛。大学四年里,他是"身体力行"这句话,睡觉、谈恋爱、打游戏。大学四年里,小许除了考了一张驾驶证之外,其他证书都没有。大四那年,当班级其他同学都在实习,他还在学校里重修,重修课程总共有11门,其中还包括了1门体育课,同学们戏称他为"一修哥"。面对儿子荒诞的大学生活和不堪入目的成绩,父母十分寒心。每个孩子都是父母努力拼搏的动力,但作为子女千万别挥霍父母努力挣下的资本。

① 1991年,美国加利福尼亚大学高等教育研究所的阿斯汀教授,提出了高等教育的输入－环境－输出模型。
② 石卫林,《大学生成长变化的院校影响理论述评》,教育学术月刊,2011年第7期。

无疑小许的学业生涯是失败的，而且这种失败最终影响了他的求职。我们肯定都不希望步小许之后尘。对于家庭来说，我们成功的学业生涯既是对家人的一份责任，也是对家庭的一种贡献。对于我们个人来讲，具有学业优势是开启职业生涯大门的第一把钥匙。

通过前几章的学习，我们对职业生涯有了一定的了解，知道了职业生涯是一个人终身经历的所有职位的整个历程，是一个人在工作生活中发挥自己、发现自己和发展自己的过程。了解了这些之后，我们是不是该开始考虑今后要选择什么样的职业道路，如何让我们的职业道路发展得顺利呢？这

> **生涯寄语**
>
> 追求知识是一件无比幸福的事情，没有什么比自己的成长更让人感到开心和满足。（俞敏洪）

些问题似乎时不时地在我们脑海里浮现，但始终理不出头绪，最后"豁达"地说一句："船到桥头自然直，就让这些问题留到以后再说吧。"对于有这种想法的同学，我们还是要担心一下，最后船是不是真的能靠岸？还有，船到了桥头，我们是否还有能力上岸。因此，作为一名大学生，我们一定要把握好船的方向，不让自己偏离航道。另外，我们一定要不断地为自己增加燃料，让自己驶得更好更远，经得起风浪的考验，最终到达自己心仪的那个港口。

**生涯案例**

### 不是天生优秀，而是一直在努力

小张，某应用型大学2016级英语专业学生，性格活泼开朗、勇于挑战自我，初入大学时就对自己的学业及各方面成长有着较为清晰的目标。

当身边的同学还在感慨之前没有好好复习迎接四六级考试时，四六级、专业英语四级、教师资格证，小张都以优异的成绩一次通过。"尽力做好选择的每一件事情，心中有学习，一定可以有不同程度的进步"，她这样说道，"不是天生优秀，而是一直在努力，所以才会成为更好的自己。"

提到学习英语有什么诀窍，小张坦言学习语言还是要注重平时的积累。她在娱乐时间也会看美剧，但绝不是单纯意义上的看剧，看剧情的同时要听懂人物在说什么，结合字幕，慢慢就会发现学习到的词汇表达越来越多，也能学到更正宗的英语发音，正所谓在娱乐中学习，寓学于乐。例如，英剧《傲慢与偏见》，她刷了不下八遍，她也十分推荐给想学英式发音的同学们去看。在校期间，她多次获得综合及单科奖学金。当谈及所获奖项时，她表示学习到深夜几乎是常态，成绩不会辜负努力的人。

课余时间，小张积极走出自己的舒适圈，勇敢去尝试新事物，结交新朋友。大一进入团委新媒体部，大二担任学生传媒中心主任兼新媒体推广部部长、参与学校组织的甘肃兰州市榆中县的支教活动，大三担任外语学院分团委学生会主席，每一件工作她都以精益求精的态度去完成。虽然辛苦，但锻炼了她的工作能力，也让她学到了很多处理问题的方法。

充满正能量的小张说，大学生活就是要充实起来，不管是学习还是工作，你觉得忙碌才是正常的。当你觉得忙并快乐着时，那就对了，因为这才是大学生活正确的打开方式！

### 一、我们为什么要关注学业

大学首先培养的是专业人才，而专业具体体现为学业。学业是大学的主旋律。把学业完

成好是一个大学生能够抓住重点、能分清主次的主要体现。其他方面的优秀有时难以弥补学业不良造成的影响和损失。按照什么节拍起舞,舞姿是优美还是别扭,就看我们的自主性和自控力了。对于小张来说,想要充实地度过大学生涯,学业生涯的成功是最为重要的奠基石。比其他同学更早地考取四六级、专业英语四级、教师资格证,探索学习英语的诀窍,还有证明自己学业成功的各类奖学金,最后换来了充实的大学生活。这些无一不是大学四年学业生涯计划成功实施的证明。

从小到大,是不是总有一个"别人家的小孩"与你做比较,哪怕是读了大学,你的父母甚至老师还是会说:"人家在大学里拿奖学金、被评为优秀学生、出国做交换生、进入世界 500 强企业工作,你呢?"那些"别人家的小孩"为什么能有这些成绩? 是不是他们掌握了什么成功的秘籍? 如今大学生的身份几乎没有优势,更何况我们是一所普通本科院校的学生,似乎注定了我们没什么竞争力,所以成为衬托"别人家小孩"的绿叶,久而久之我们也就习惯了,但是我们真的甘心吗?

我们按部就班地从小学读到高中,如今步入大学。我们或是为了父母的期望而读书,或是为了今后能有更好的生活而读书,于是我们追求排名。有这个想法的人应该不在少数,我们太渴望在学习成绩上取得成功了。于是考试只是为了一个分数,升学只是为了一个面子。所以当我们今天进入一所不是一流的学校,分数上低人一等,面子上略失光彩时,我们彷徨了,我们不知所措了,甚至迷失了自己。

## 生涯 知识

### 方法论,还是价值观?①

如果我们去查"知识改变命运""知识就是力量"这两句话的出处,就会发现其中微妙的差异。"知识改变命运"是李嘉诚说的,而"知识就是力量"是培根说的。前者只是一个方法论,后者才是一种价值观。李嘉诚说过很多名言,大部分都是改变命运的方法。培根也有很多名言,随便列几条:"读书使人成为完善的人。""读书使人充实,讨论使人机智,笔记使人准确,读史使人明志,读诗使人灵秀,数学使人周密,科学使人深刻,伦理使人庄重,逻辑修辞使人善辩。凡有所学,皆成性格。""读书不是为了雄辩和驳斥,也不是为了轻信和盲从,而是为了思考和权衡。"

是的,不少大学生的心思早已不在读书上了,因为他们在读书时期经历着"票子"和"房子"改变命运的时代。所以他们入校选专业时,重就业而轻兴趣;毕业找工作时,又重薪水而轻专业。如果觉得上大学只是为了买学区房,买学区房只是为了上名校,那么"太傻太年轻"的你,只是找到了一个方法论,并没有拥有一种价值观。的确,我们读大学不是为了跟别人比较,而是为了完善人生。成功的标准不光光是拿奖学金、进入世界 500 强企业工作。事实上只要我们在进步,在完善自我,那便是幸福。所以无论我们现在站在什么样的起点上,只要我们努力,幸福自会在不经意间赶上我们。

**二、我们的学业任务是什么**

大学学业的任务是建立起一个与我们毕业去向高度关联的知识体系。比如小张的毕业去

---

①　临江仙,《有没有一种价值观让我们安身立命》,《读者》,2017 年第 11 期,第 40 - 42 页。

向是成为英语教师,跟着《傲慢与偏见》学英语、考取教师资格证都在大学四年中一一得到落实。小张的学业安排一步一个脚印,最终踏过了英语教师的门槛。

**（一）应用型的知识体系**

在大学阶段规定性的学业里,知识体系也是一个知识链条:从基础到理论再到实务,呈现出一个逐级推进、由广入专的过程。对以培养应用型人才为目标的课程体系而言,还应该考虑进行与专业相关的技能操作性课程,作为从知识到应用的过渡。形成由专业基础课、专业理论课、专业实务课、专业技能课四个部分构成金字塔(如图9-2-1所示)。

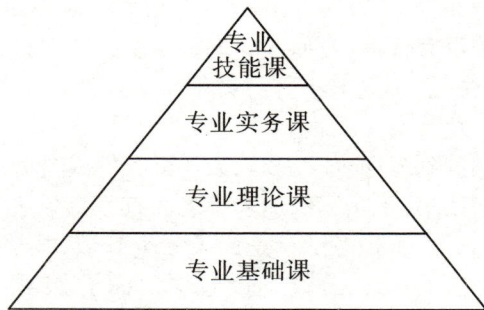

图 9-2-1　应用型大学的专业知识体系金字塔

了解本专业知识体系的构成,一方面明确知识体系的内在联系,以便于系统掌握;另一方面,明确本专业学校教学计划安排的知识体系,是不是需要根据科学技术的进步和业务的发展去补充。比如数智化方兴未艾,同学主动学习 AI、Python 等课程。

**（二）就业关联的知识体系**

有些专业和职业关联,比如园林设计、服装设计、工程造价。有些专业和职业并非直接关联,比如新闻、金融、机械工程、土木工程专业所对应的是行业而非职业。虽然我们可以通过专业学习获得某一行业的通用知识体系,但是就职场就业所需而言,比较缺乏子行业更为具体的知识,尤其缺乏与具体职业关联的知识体系。其实,学校所开设课程,只是"师傅领进门",还需要通过自学落实"修行在个人"。

知识体系不仅各个专业不同,即便是相同专业,也会因为职业选择不同而不同。再以金融学专业为例:选择客户经理职业与柜台服务人员职业,需要分别弥补不同的职业知识;选择银行业就业和选择证券业就业,也需补充不同的行业知识。更何况,一些小众的金融行业:典当、担保……,眼下新兴的金融行业:P2P、众筹……,专业课程基本没有涉及。新兴行业就业前景不可限量,如果我们能够先学一步,就能独辟蹊径,带来职业发展的崭新天地。

与金融专业不同,会计、营销、贸易、商务、人力资源、工业设计、工程造价等专业与职业密切关联。我们毕业之后如果选择专业对口的职业,本专业所提供的知识体系似乎已经完备了。其实不然。如果说学习金融专业的课程体系,可以让我们具备行业知识而缺乏职业知识的话。会计等专业恰恰相反,需要我们根据计划进入的行业,弥补行业知识。以会计专业为例,一般的知识体系以制造业为蓝本。但是金融业会计、商业会计就会有很大的不同,其基础知识及行业会计知识显然需要自己来安排学习。

### 三、职业资格认证的拾遗补阙

在确定了职业目标之后,我们就要对想从事的职业进行一定的调研,包括了解从事该职业所应具备的知识、技能以及职业资格证书。利用职业资格认证,可以弥补大学规定学业课程与职场就业最后一千米的缺憾。所以大学四年里,除了要认真学好自己的专业知识,还要了解自己将来想从事职业所需的资格证书。这里需要区分需要的是国家职业资格证书还是培训机构的职业培训证书,前者分为准入类和水平类两种。只有表9-2-2列举的准入类国家职业资格证书才是必备的,而水平类要看招聘企业的具体规定。至于许多培训机构的职业培训证书则参差不齐,有的是货真价实,有的则是鱼目混珠。

表9-2-2　专业技术人员职业资格(准入类)①

| 序号 | 职业资格名称 | 实施部门(单位) | 设定依据 |
|---|---|---|---|
| 1 | 教师资格 | 教育部 | 《中华人民共和国教师法》<br>《教师资格条例》<br>《〈教师资格条例〉实施办法》 |
| 2 | 法律职业资格 | 司法部 | 《中华人民共和国法官法》<br>《中华人民共和国检察官法》<br>《中华人民共和国公务员法》<br>《中华人民共和国律师法》<br>《中华人民共和国公证法》<br>《中华人民共和国仲裁法》<br>《中华人民共和国行政复议法》<br>《中华人民共和国行政处罚法》 |
| 3 | 中国委托公证人资格<br>(香港、澳门) | 司法部 | 《国务院对确需保留的行政审批项目设定行政许可的决定》 |
| 4 | 注册会计师 | 财政部 | 《中华人民共和国注册会计师法》 |
| 5 | 注册城乡规划师 | 自然资源部<br>人力资源社会保障部<br>相关行业协会 | 《中华人民共和国城乡规划法》 |
| 6 | 注册测绘师 | 自然资源部<br>人力资源社会保障部 | 《中华人民共和国测绘法》<br>《注册测绘师制度暂行规定》 |

---

① 引自人社部,国家职业资格目录(2021),http://www.mohrss.gov.cn/SYrlzyhshbzb/SYgundongxinwen/201710/t20171024_280005.html。

| 序号 | 职业资格名称 | | 实施部门（单位） | 设定依据 |
|---|---|---|---|---|
| 7 | 核安全设备无损检验人员资格 | 民用核安全设备无损检验人员 | 生态环境部 | 《民用核安全设备监督管理条例》 |
| | | 国防科技工业军用核安全设备无损检验人员 | 国防科工局 | 《中华人民共和国核安全法》 |
| 8 | 核设施操纵人员资格 | 民用核设施操纵人员 | 生态环境部<br>国家能源部 | 《中华人民共和国民用核设施安全监督管理条例》 |
| | | 国防科技工业军用核设施操纵人员 | 国防科工局 | 《中华人民共和国核安全法》 |
| 9 | 注册核安全工程师 | | 生态环境部<br>人力资源社会保障部 | 《中华人民共和国放射性污染防治法》<br>《注册核安全工程师执业资格制度暂行规定》 |
| 10 | 注册建筑师 | | 全国注册建筑师管理委员会及省级注册建筑师管理委员会 | 《中华人民共和国建筑法》<br>《中华人民共和国注册建筑师条例》<br>《建设工程勘察设计管理条例》<br>《关于建立注册建筑师制度及有关工作的通知》 |
| 11 | 监理工程师 | | 住房城乡建设部<br>交通运输部<br>水利部<br>人力资源社会保障部 | 《中华人民共和国建筑法》<br>《建设工程质量管理条例》<br>《监理工程师职业资格制度规定》<br>《注册监理工程师管理规定》<br>《公路水运工程监理企业资质管理规定》<br>《水利工程建设监理规定》 |
| 12 | 房地产估价师 | | 住房城乡建设部<br>自然资源部 | 《中华人民共和国城市房地产管理法》 |
| 13 | 造价工程师 | | 住房城乡建设部<br>交通运输部<br>水利部<br>人力资源社会保障部 | 《中华人民共和国建筑法》<br>《造价工程师职业资格制度规定》<br>《注册造价工程师管理办法》 |
| 14 | 建造师 | | 住房城乡建设部<br>人力资源社会保障部 | 《中华人民共和国建筑法》<br>《注册建造师管理规定》<br>《建造师执业资格制度暂行规定》 |

| 序号 | 职业资格名称 | | 实施部门（单位） | 设定依据 |
|---|---|---|---|---|
| 15 | 勘察设计注册工程师 | 注册结构工程师 | 住房城乡建设部<br>人力资源社会保障部 | 《中华人民共和国建筑法》<br>《建设工程勘察设计管理条例》<br>《勘察设计注册工程师管理规定》<br>《注册结构工程师执业资格制度暂行规定》 |
| | | 注册土木工程师 | 住房城乡建设部<br>交通运输部<br>水利部<br>人力资源社会保障部 | 《中华人民共和国建筑法》<br>《建设工程勘察设计管理条例》<br>《勘察设计注册工程师管理规定》<br>《注册土木工程师（岩土）执业资格制度暂行规定》<br>《注册土木工程师（水利水电工程）制度暂行规定》<br>《注册土木工程师（港口与航道工程）执业资格制度暂行规定》<br>《勘察设计注册土木工程师（道路工程）制度暂行规定》 |
| | | 注册化工工程师 | 住房城乡建设部<br>人力资源社会保障部 | 《中华人民共和国建筑法》<br>《建设工程勘察设计管理条例》<br>《勘察设计注册工程师管理规定》<br>《注册电气工程师执业资格制度暂行规定》 |
| | | 注册电气工程师 | | |
| | | 注册公用设备工程师 | | 《中华人民共和国建筑法》<br>《建设工程勘察设计管理条例》<br>《勘察设计注册工程师管理规定》<br>《注册公用设备工程师执业资格暂行规定》 |
| | | 注册环保工程师 | 住房城乡建设部<br>生态环境部<br>人力资源社会保障部 | 《中华人民共和国建筑法》<br>《建设工程勘察设计管理条例》<br>《勘察设计注册工程师管理规定》<br>《注册环保工程师制度暂行规定》 |
| 16 | 注册验船师 | | 交通运输部<br>人力资源社会保障部 | 《中华人民共和国船舶和海上设施检验条例》<br>《中华人民共和国渔业船舶检验条例》<br>《注册验船师制度暂行规定》 |
| 17 | 船员资格<br>（含船员、渔业船员） | | 交通运输部<br>农业农村部 | 《中华人民共和国海上交通安全法》<br>《中华人民共和国船员条例》<br>《中华人民共和国内河交通安全管理条例》<br>《中华人民共和国渔港水域交通安全管理条例》 |
| 18 | 执业兽医 | | 农业农村部 | 《中华人民共和国动物防疫法》 |
| 19 | 演出经纪人员资格 | | 文化和旅游部 | 《营业性演出管理条例》<br>《营业性演出管理条例实施细则》 |

续表

| 序号 | 职业资格名称 | | 实施部门（单位） | 设定依据 |
|---|---|---|---|---|
| 20 | 导游资格 | | 文化和旅游部 | 《中华人民共和国旅游法》<br>《导游人员管理条例》 |
| 21 | 医生资格 | 医师 | 国家卫生健康委 | 《中华人民共和国医师法》 |
| | | 乡村医生 | | 《乡村医生从业管理条例》 |
| | | 人体器官移植医师 | | 《中华人民共和国医师法》<br>《人体器官移植条例》<br>《关于对人体器官移植技术临床应用规划及拟批准开展人体器官移植医疗机构和医师开展审定工作的通知》<br>《国务院关于取消和调整一批行政审批项目等事项的决定》 |
| | | 职业病诊断医师 | | 《中华人民共和国职业病防治法》<br>《国务院关于取消一批职业资格许可和认定事项的规定》 |
| 22 | 护士执业资格 | | 国家卫生健康委<br>人力资源社会保障部 | 《护士条例》<br>《护士执业资格考试办法》 |
| 23 | 母婴保健技术服务人员资格 | | 国家卫生健康委 | 《中华人民共和国母婴保健法》 |
| 24 | 注册安全工程师 | | 应急管理部<br>人力资源社会保障部 | 《中华人民共和国安全生产法》<br>《注册安全工程师职业资格制度规定》 |
| 25 | 注册消防工程师 | | 应急管理部<br>人力资源社会保障部 | 《中华人民共和国消防法》<br>《注册消防工程制度暂行规定》 |
| 26 | 注册计量师 | | 市场监管总局<br>人力资源社会保障部 | 《中华人民共和国计量法》<br>《注册计量师职业资格制度规定》 |
| 27 | 特种设备检验、检测人员资格 | | 市场监管总局 | 《中华人民共和国特种设备安全法》 |
| 28 | 广播电视播音员、主持人资格 | | 国家新闻出版<br>广电总局 | 《国务院对确需保留的行政审批项目设定行政许可的决定》 |
| 29 | 新闻记者职业资格 | | 国家新闻出版署 | 《国务院对确需保留的行政审批项目设定行政许可的决定》<br>《新闻记者证管理办法》 |

续表

| 序号 | 职业资格名称 | | 实施部门（单位） | 设定依据 |
|---|---|---|---|---|
| 30 | 航空人员资格 | 空勤人员、地面人员 | 中国民航局 | 《中华人民共和国民用航空法》 |
| | | 民用航空器外国驾驶员、领航员、飞行机械员、飞行通信员 | | 《国务院对确需保留的行政审批项目设定行政许可的决定》 |
| | | 航空安全员 | | 《国务院对确需保留的行政审批项目设定行政许可的决定》 |
| | | 民用航空电信人员、航行情报人员、气象人员 | | 《国务院对确需保留的行政审批项目设定行政许可的决定》 |
| 31 | 执业药师 | | 国家药监局 人力资源社会保障部 | 《中华人民共和国药品管理法》《中华人民共和国药品管理法实施条例》《国务院对确需保留的行政审批项目设定行政许可的决定》《药品经营质量管理规范》《执业药师职业资格制度规定》 |
| 32 | 专利代理师 | | 国家知识产权局 | 《专利代理条例》《专利代理师资格考试办法》 |
| 33 | 拍卖师 | | 中国拍卖行业协会 | 《中华人民共和国拍卖法》 |

职业资格证书能够在我们的求职道路上锦上添花，但它并不是万能的。我们绝对不要盲目去考证，不是证书多，就能够坐拥一切，万事不愁的。我们与其对各个领域都泛泛了解，不如想清楚今后究竟想要从事哪一领域，可以对该领域内的专业知识进行更深层次的了解，专攻该领域的职业能力。

### 四、我们应该怎样完成学业

（1）注重知识的积累。经常会听到一些同学说："这门课学了也没有什么用"，于是逃课或者在课上做其他事情。一般来说，完全只以"实用"或者"有用"为目的的学习，是在职业培训学校或者技工学校里完成的。大学并不单单只是为了教授实用技能而设立的，有一些看似不实用的课程，譬如人文类课程，却对丰富知识、开阔眼界、客观而完整地认识世界、锻炼品性、学会权衡具有潜移默化的影响。

生涯 案例

## 小庄的成绩单

小庄，电子商务专业学生，立志毕业后要在电商行业中大干一场，所以对专业知识潜心钻研，得到了不少专业课老师的好评。但是小庄有一个认识上的误区，他觉得体育课和高等数学课没什么用，为此大一大二的体育课没少旷课，高数课则是"人在课堂，心在机房"，到了大四，他的体育成绩和高数成绩依然是大红灯笼高高挂。在大四第一学期，正好有一个世界 500 强企业向小庄伸去了橄榄枝，在办理入职手续的时候，企业要求小庄提供一份在校成绩单，当看到小庄成绩单的时候，企业拒绝了小庄。这是为什么呢？因为这家企业是做零售电商的，工作压力非常大，需要良好的体魄，小庄的体育成绩恐不足以承担此工作。除此之外，高数成绩又是小庄的另一个致命硬伤，零售行业需要做大量的数据分析，公司对员工的数字分析以及应用能力非常看重，小庄虽有良好的计算机能力，却没有坚实的数学功底，所以最后小庄与自己梦寐以求的工作失之交臂了。

小庄的案例告诉我们，大学期间不要轻易地给任何一门课程贴上"学了也没用"的标签。首先你不能保证足够了解市场需求，小庄自认为要在电商行业大展拳脚，只要计算机能力和商务知识够好，就会有美好的未来。他之所以最后没能进入理想的企业，是因为他还没有真正了解市场的需求，没有用发展的眼光去了解这个行业。其次，知识是否有用，不是当下就能判断的，学习和应用之间可能会有一个时间差。如果等到要用了，再去学，那么很有可能你会错失良机，所以在大学期间，一定要尽可能的把握时间去学习，注重知识的积累。今天看似"无用的知识"，说不定有朝一日成为支撑自己未来发展的核心因素。乔布斯在学习美术字课程的时候，他当时觉得这个好像没有什么实际应用的可能，但是十年之后，他把所学的美术字都设计进了第一台 Macintosh 电脑中，那是第一台使用了漂亮印刷字体的电脑。菲茨杰拉德说过："你学过的每一样东西，你遭受的每一次苦难，都会在你一生中的某个时候派上用场。"

（2）注重学习能力的培养。美国心理学家斯金纳说："如果我们将学过的知识忘得一干二净，最后剩下来的东西便是教育的本质。"那么这个"剩下来的东西"究竟是什么呢？举个例子：老师上课问你什么叫职业生涯，你忘了职业生涯的定义。那么你会怎么做呢？你可能会根据自己的生活经验来尝试给它定义，或者问同学老师，或者上网查阅资料，那么这些其实就是教育的本质——获取知识的能力，它让你举一反三或者是无师自通，也就是学会学习。

李开复先生在哥伦比亚大学任助教时，曾有位中国留学生的家长向他抱怨说："你们大学到底在教什么，我孩子读完了大二的计算机课程，居然连 VisiCalc 都处理不了。"李开复回答道："电脑的发展日新月异。我们不能保证大学里所教的任何一项技术在五年以后仍然管用，我们也不能保证学生可以学会每一种技术和工具。我们能保证的是，你的孩子将学会思考，掌握学习的方法，这样，无论五年以后出现什么样的新技术或新工具，你的孩子都能游刃有余。"

生涯案例

## 小秦的应用能力

小秦,电子商务专业学生,学习成绩优异,年年获得学校奖学金,但平时与同学不太交流,一心只读圣贤书。大四毕业的时候,她求职屡屡被拒,看着其他同学一个一个找到工作,她心里很不服气。后来,老师就给她介绍了一份工作,毫不意外,她又被拒绝了。后来从企业那边得知,该同学实际操作能力太差。HR先对她进行第一轮上机笔试,笔试内容是让她在一小时之内进行文档处理,主要考察的是她的Excel的处理能力。发现她对Excel的函数了解甚少,表格处理能力较差。而做电商工作,要对数据进行分析,必须要有一定的表格处理能力。但事实上,小秦的考试成绩虽然很好,但她不善于学以致用。

(3)要学以致用。小秦和前一案例小庄的优劣势正好相反。职场上,小庄还是能够降格以求找到操作性的职位。小秦找工作会更加周折,因为企业不是学校,老板不是老师。没有哪一家企业愿意找小秦这样应用能力不及格的员工。而应试型的大学教育中,像小秦这样的同学不在少数。虽然我们都曾经学过某种知识,但是在找工作时,我们却因为不会应用而屡屡被拒。我们有时候会感叹,曾经我们会背唐诗宋词、会做三角函数、会背化学元素、看得懂电路图、知道细胞的组成。而现在,我们对这些东西一无所知了。原因归结于,我们并没有通过实践去加深对这些知识的记忆。而在"已知"与"能用"之间还是有一大步要走的,这也是最后拉开差距的关键一步。学习成绩好,只能证明我们了解过这个知识,但知识的学习,主要还是为了最后的应用以及创造。

(4)学习要耐得住寂寞、放得下欲望、舍得了一时的享乐。大学生活是丰富多彩的,可能很多人可以陪你吃饭、唱歌、玩游戏,参加各种娱乐活动。但没有人陪你去图书馆占座,没有人陪你背书,没有人陪你写作。一个人早起晚睡不难,但在一群晚起晚睡的人中早起晚睡不简单。学习就是孤独的,但是很多了不起的事情都是在你一个人的时候完成的。有一个著名的理论:人的差别在于业余时间,而一个人的命运决定于晚上8点到10点之间。

> **生涯寄语**
>
> 每一个优秀的人,都有一段沉默的时光。那一段时光,是付出了很多努力,忍受了很多的孤独和寂寞,不抱怨不诉苦,只有自己知道。而当日后说起时,连自己都能被感动的日子。(佚名)

每晚抽出2个小时的时间用来阅读、进修、思考或参加有意义的演讲、讨论,你会发现,你的人生正在发生改变,坚持数年之后,成功会向你招手。别人睡懒觉、别人玩游戏,这些都不足以成为影响你学习的借口。在大学里,要坚持学习,无论它是多么的寂寞,因为没有人能帮你读书,没有人能帮你背单词,没有人能帮你积累知识。

## ▶ 第三节　我的社团生涯

**生涯**案例

### 大学生村官的大学生涯秘籍

小潘，安徽某应用型大学通信工程专业2011届毕业生。大三的时候，在辅导员的推荐下，小潘参加了安徽省选聘考试，最终成功通过，光荣地成了一名大学生村官。他从基层的大学生村官做起，到镇长助理，再到镇党委委员、纪委书记。

回忆起大学生活，小潘感慨万千。在校期间，小潘在努力刻苦学习之外也不忘锻炼自己各方面的能力。大二时，他成功当选了计算机协会会长，同时也借助学校的相关平台和其他学校进行沟通，成立了安徽省计算机协会联盟。

他建议学弟学妹们把握好在校的学习生活，踏踏实实学习。同时结合自己的职业理想，关注社会对相关专业技能的需求，通过社团经历争取练得"一指禅"，在未来能够更好、更快地适应岗位需求。

"5＋2＞7"是心理学的一个定律，言下之意是5天的学习生活加上2天的课余储备要大于7天全部用来学习的效果。因此在安排自己的学习生涯的时候，我们必须把课余生活也考虑进去。而大学的课余生活，其中最重要的一部分是社团活动。原密西根大学校长杜德斯达说，"当校友们被问及真正的大学教育是什么，他们几乎从未提到过课程，这些东西在期末和毕业以后很快就消失了。相反，他们记得的是参加过的社团，所遇到的老师和同学以及他们所结交的友谊。"社团活动在国外被看成是大学教育的最重要部分，因为这是能够长期改变学生、并被校友长期记忆的东西。相对于课堂知识讲授与技能操练而言，公益类社团可以更好地培养助人的品德；体育类社团能培养吃苦和不怕失败的精神，还能强壮体魄；表演艺术类社团能陶冶情操，培养沟通能力；科技专业类社团可探索个人兴趣，培养创造力。总而言之，社团及其安排的各类活动是拓宽知识面、提升情商、演练技能的一个主要的平台。

### 一、学生社团的定义和功能

社团是由具有共同兴趣爱好的在校生，按一定的组织程序形成的群众性学生团体。社团类型繁多，广义的学生社团除了官方色彩的团学联、学生会等，还有学生自发创建的社团。学生社团是开展政治活动、学术研讨、科技开发、文艺体育交流、社会实践、社区公益服务等活动的阵地，是实现综合发展的基地。

**生涯**知识

### 社团功能

林至善提出社团功能主要有以下几点：①发展多元化的兴趣；②培养学生服务的热忱；

③领导力的培养；④人际关系的建立；⑤训练学生自治自律的能力；⑥自我了解与成长；⑦组织经营的学习。并敏珠认为社团的功能有以下几点：①学生的需要与社会需要的满足；②德、智、体、群四育的均衡发展；③民主生活的训练；④自我的充分发展；⑤领导力的培养；⑥安定学校环境。王洪法认为社团可以帮助学生增强交往、传播信息、沟通感情、锻炼才干、完善人格等，以帮助学生培养、学习、欣赏、呈现及发掘人生的意义与价值。

对于学生来说，社团的价值不亚于学业本身。比如周恩来在南开大学期间，参加了爱国学生进步团体——觉悟社，执笔写了《"觉悟"的宣言》。还有很多人的职业生涯是从社团活动开始的。例如，撒贝宁读的是北大法学院，但他从大一开始就参加学校广播电台，每天负责学校新闻的播报，之后他又加入了戏剧社，这些为他今后的主持生涯奠定了一定的基础。社团总是和我们的大学生活联系在一起，为我们追求梦想撑起了一片天地。我们可以在社团中成长，在活动中成熟，为我们的职业准备提供助力与平台。

## 二、投入社团的目的和意义

新文化报记者曾采访过中国、美国、澳大利亚、日本等国家的大学生。美国的大学生不会随着年级的增长而减退参加社团的热情，即使到了大四，还是会继续参加社团活动。澳大利亚的学生花大量时间参加社团活动，用人单位看重大学生社团经历，因此社团参与度颇高。日本很多社团从小学、初中开始一直延续到大学，伴随着一个学生的全部学生生涯。中国的教育管理部门及高校大学生也日益重视学生社团，2022年10月北京发布全国首个高校学生社团发展状况蓝皮书。的确，正如人们所总结的那样：无社团，不大学！对于很少有机会接触职场的同学而言，学生社团里蕴藏着职业生涯的秘密。教育家苏霍姆林斯基说："只有促进自我教育的教育才是真正的教育。"投入社团追求的目的和意义，大致有以下几个方面。

### （一）培养和发展自己的兴趣爱好

电视剧《何以笙箫默》中男主人公何以琛，大一时是辩论社的四辩，大二时是辩论社社长，大学毕业后，与辩论社的学长向恒以及学长"老袁"一起创办了律师事务所。这部电视剧让很多观众对他的大学生活羡慕不已，他是辩论社的王牌，是法律系的大才子；有着最靠谱的友情，一起追逐着律师梦，辩论社是何以琛成功人生的开始。其实，我们也无需羡慕何以琛，我们每个人都有可能成为何以琛，只要我们能够好好经营我们的社团生活。

**生涯**案例

### 在书画社找到兴趣

小王是计算机学院的一名学生，他在大一的时候加入了学校的书画社。他打算通过参加书画社活动提升自己的色彩敏锐度，因为他在审美方面有所欠缺，所以他希望在这方面有所改进。

通过一系列的社团活动，他对画画产生了浓厚的兴趣。之后他又在校外报名了一些绘画课，凭借着一些绘画功底，他毕业后找了一份设计师的工作。他觉得大学最快乐的事情就是加入了书画社并找到了自己的兴趣，而毕业后，最值得庆幸的是他能继续做自己喜欢做的事，并且靠这个养活自己。

相信我们每位同学都有自己的兴趣,而社团就是培养和施展我们兴趣爱好的第二课堂。它能帮助我们延伸求知领域,扩大交友范围。在社团里能够与一群志同道合的朋友做自己喜欢做的事情,让自己的潜能得到最大化的挖掘,是一种最好的求学状态。

## （二）用人单位注重社团经历

上海某应用型大学曾对156家用人单位进行过问卷调查,在提到单位注重学生哪些方面的能力时,排在第一位的是抗压能力,然后依次是人际交往能力、沟通能力、团队合作能力。北森[①]总结了近1000家用人单位的校园招聘考查素质指标,发现用人单位对当代大学生最为担心的方面依次是责任心、抗压能力、积极主动、学习能力、社会适应能力以及团队合作能力。我们是否拥有这些能力呢？如果没有,我们通过什么渠道可以提升这些能力呢？答案很简单,一是实习实践,二是社团体验。这里,我们先来讨论社团。

对于用人单位而言,大学生没有真正踏上工作岗位,他们衡量我们是否有这些能力,就看我们是否有实习和社团经验。他们往往把小社团映射成大企业,如果你曾举办过社团活动,这就可能代表着你有一定的组织力、协调力、谈判力、团队合作力等；如果你曾担任过社长,这就有可能代表着你有一定的领导能力。所以,社团经历对于今后的求职有着至关重要的作用。

## （三）社团体验有利于完善自己的个性

社团是一个群体,在这个群体里,大家必须学会合作去完成一些活动,因此参加社团活动有利于提高学生的创造能力、组织能力、行动能力、判断能力以及解决问题的能力,增强学生的责任感和适应能力。与此同时,同学们在社团里必须学会尊重不同的价值观,尊重多样化的现实,增进相互了解、理解和谅解,加强对相互依存关系的认识。这在很大程度上影响了学生为人处世的态度、与人合作的态度、对待不同文化和价值观的态度,大大提高了学生与人合作的能力,有助于扩大交际范围,改善人际关系。

**生涯案例**

## 小彭的社团生涯

小彭,信息管理与信息系统专业学生。2012年中国银行招应届毕业生,在录取的同学中,大部分都是银行派遣员工,而小彭却与中国银行签订了劳动合同。通过了解得知,原本银行跟小彭签的也是派遣制合同,但他们觉得小彭的沟通能力、协调能力非常好,比其他实习生表现要好,所以最后决定与小彭签订正式合同。小彭原本是一个内向的男生,家境一般,相貌平平,非常不起眼。他觉得他之所以能够获得这样的机会,主要是因为大学四年里,他在社团活动中得到了充分的锻炼。他在大一加入了社会实践部,参加各种各样的志愿者服务活动,在活动中,他练就了耐心、责任心。大二他成了部门的领队,在这个岗位上,他的协调能力得到了锻炼。大三他成了部长,他学会了如何去领导别人,合理分配工作。小彭说："四年的社团活动造就了一个全新的自己,并开启了通向职业生涯的大门。"

---

① 北森全称北森控股有限公司Beisen Holding Limited,目前中国最大的云端人力资源管理解决方案商,在高校的职业生涯教育服务方面也走在前列。

### （四）社团活动有利于社会资本的储备

进入大学,肯定有不少人会建议你要多交朋友。李开复曾对自己的女儿说:"最重要的是在大学里你要交一些朋友,快乐生活。大学的朋友往往是生命中最好的朋友。"俞敏洪也说:"在大学里要多交朋友,要结交比自己优秀的朋友。"那么去哪里结交朋友呢? 参加社团无疑是一个很好的选择,在那里你能结交到志趣相投的朋友。在我们的校园里,不少同学通过社团结交到了志同道合的朋友。

**生涯案例**

#### 团学工作中发挥集体力量

一个人的成长空间有多大,发展的可能性有多少,这与其施展才能的平台密不可分。现任管理学院团学联副书记的小胡,向我们讲述了丰富多彩的大学时光,诉说了许多团学工作的故事。

进入大学以来,她先后担任了学校演讲平台的负责人,管理学院分团委组织部干事,后又成为管理学院团学联副书记。一路走来,她和她分团委的小伙伴们经常加班加点地进行头脑风暴。"虽然经常会忙到很晚,但是大家一起分析问题、解决问题的氛围让我感受到了家一般的温暖。"

成为管理学院团学联的副书记不久,团队便承接了"旅游节"这项大任务。展期虽然只有短短一星期,但准备却是个漫长的过程。团学联的小伙伴们以及演职人员干劲十足,共同呈现了一场具有专业特点的精彩晚会。

"学校中学习到的专业知识以及从团学联工作中学到的处事方法,给我的实习帮助很大。我始终心怀感恩。因此,更要好好地为团学联传帮带。团学联是个温馨的大家庭,期望将来能越来越好。"

### （五）社团的校园正能量

社团大部分以丰富学生业余生活为主,传播积极向上的正能量。比如王山山和他的无线电测向协会。

**生涯案例**

#### 无线电测向协会的摸索和传承

王山山是南京某应用型大学2018级电气工程及自动化专业的学生,2015年他第一次接触无线电测向这项运动,觉得这项越野型运动充满着科技感,在强身健体的同时还可以学习专业性知识,交到更多的朋友。六年来他一路摸索,斩获多个比赛名次。

进入大学后,他发现学校里的社团很多,趣味相投的同学们聚在一起做喜欢的事,于是他萌生了创立无线电测向协会的想法,而之前的经验都为他创立无线电测向协会、获得各类冠军奠定了夯实的基础。2021年4月,无线电测向协会正式成立。成立之后,王山山带着队员们进行各项技术训练和体能训练，队员们从零基础到深入体会到这项运动带来的乐趣。随后，王山山带领队员们连续两年参加了江苏省无线电测向锦标赛，均取得了优异的成绩。

对王山山来说，无线电测向是一项充满阳光、健康向上的运动项目，同学们的体魄、精神、掌握技术的本领都可以得到锻炼加强。"我们秉承着一个理念，就是把无线电测向协会做大做强，作为学校的一面旗帜，把它传承下去。"

### 三、还有一种社团叫团队

因为一个共同点——宿舍、项目、比赛……，我们走了到一起。为了同一个目标，我们一起努力着。或许我们没有正式申报成立组织，但是我们这个集体也同样能起到社团的功能，甚至比社团更加灵活有效。

#### （一）有一种团队叫室友

当我们在为与室友生活习惯或个性不同而闹得一地鸡毛的时候，有没有想到我的室友就是"上铺的兄弟""姊妹团"。还记得胖哥和他的室友们吗？我们再来听听女大学生宿舍的故事：小史和她的姐妹们，一个房间四个姑娘，也一起逛街、一起吃饭，但是她们更多的是一起讨论学业和时政，经常为意见不同而互不相让，非得弄一个水落石出，否则谁也不善罢甘休。于是学业在这样相互砥砺中出色，思想在相互碰撞中升华。其实如果我们走出宿舍这个物理空间，着眼我们的生涯发展，同室而居是多么难得的成长私董会，一起同过窗的是多么铁的人脉。

#### （二）有一种团队叫项目

听说过团委的暑期社会实践项目吗？听说过高校创新创业训练计划项目吗？何不组团申报一下。还记得小徐申报暑期社会实践项目获得的锻炼和成就吗？其实组队申报还有一个收获就是团队本身。因为"抱团打天下"的经历会让团队成员之间学会通力合作克服困难，这样的团队比起只是上课的同伴，自然会更进一步。

高校创新创业训练计划项目是一个在校学生可以企及，分层次的双创项目。我们可以从学校项目起步，进而申报市级甚至国家级的项目。如果脑洞够大，就负责创意吧；如果文笔好，那就负责撰写计划书；如果擅长财务，那就负责预算；如果能言善辩，那就负责主讲；如果喜欢营销，那就负责推广；如果有组织专长，那就负责凝聚力量，等等。这是一个在团队中尝试、提升自己角色优势的绝佳机会。

#### （三）有一种团队叫比赛

如果说项目还是校内PK，学科竞赛则可以从校内逐步走到校外，去体验自己不比邻居家孩子差的喜悦。通过比赛为自己赢得自信、为学校赢得荣誉。

生涯 案例

### 你的闪亮就是我们坚持的力量

在浙江省第八届大学生生命科学竞赛中，浙江某应用型大学生物与环境工程学院多支代表队进入决赛，经过参赛师生的精心准备，最终斩获了 2 个一等奖、5 个二等奖、3 个三等奖的好成绩,再次为学校赢得了殊荣,获奖率和获奖数创历史新高。

自比赛启动以来,该校 11 个参赛队伍 55 名参赛学生共完成实验记录 1000 余篇,实验方案、文献综述和研究论文各 11 篇。最终,经过紧张的答辩展示,"鲜肉队"和"创色小组"两支队伍在强手如云的竞赛中,双双获得一等奖。

本届比赛,吸引了包括复旦大学、山东大学等国内著名高校。竞赛过程历时 8 个多月,参赛队员克服课题难度大,参赛时间紧(赛期又包括期末考试、暑假以及 G20 峰会召开)等困难,团队成员在指导老师的帮助下,认真查阅文献、设计实验、撰写综述、实验研究和撰写论文,经历了完整的科研设计和探索过程。从刚开始磕磕绊绊确定研究课题,到后来一气呵成完成课题总结论文;从刚开始进实验室的手足无措,到后来在答辩现场上的娓娓道来;从刚开始组员间的互不了解,到后来成为团结一心的战友。半年多的项目研究培养了崇尚科学、勇于实践、挑战自我的精神,提升了专业技能和动手能力。

## ▶ 第四节 我的实习生涯

就应用型大学而言,校内的专业实践和校外的社会实践是从大一到大四全过程的要求。尤其是社会实践,我们需要独立应对更加复杂的情况,但能得到更为全面的锻炼。世事洞明皆学问,人情练达即文章,而这些东西不是纸上谈兵就能够掌握的,还是要通过在实践中去体验,去成长。社会实践包括社会调研、志愿者、兼职、实习等多种方式,这里主要讨论最被企业看重的实习。

### 一、实习的意义

很多同学也重视实习,甚至高考一结束就开始实习。但是并非所有的实习都有意义,比如刘华的实习就很无聊。

**生涯**案例

#### 刘华 15 天的实习生活

新民晚报曾采访过上海某大学管理专业本科学生刘华,他在一家国有企业实习过 15 天。实习结束后,刘华把这 15 天的生活列了一个表格,内容简单到一张小小的 A4 纸就可以囊括。

第 1 天认识新同事,无事可做,在楼下逛了一圈。

第 2 天在办公室坐了整整一天。

第 3 天有人要给一摞证明敲章,拉我做了"壮丁"。

第 4 天本来无事,想先走,管我的人就问其他人有没有事让我做,结果帮另外一个人跑腿送了一次文件。

第 5 天今天忙了一早上,公司要做演示,让我帮着装运电脑(还好今天的工作稍有技术含量)。

第6天无事,聊天。

第7天帮一个老师整理档案,录入上年档案的文号,比较忙。

第8天继续整理档案。

第9天见有人打印文件,主动帮着打,其他时间无事。

第10天今天秘书没来,我客串做了一次会议记录,吸了一下午二手烟,不过在这次会议上还是听到一些行业信息,不错。

第11天上午将刻录的DV给公司送过去了,下午无事可做,看报纸消遣。

第12天上午还是无事可做。下午帮着统计了周六事业说明会的请帖。

第13天终于有事情做了,啊,是帮着把运货的小推车推过来。下午无事可做,看报纸。

第14天上午看了早上买的报纸,下午看了中午买的报纸。

第15天实习结束了。

那么实习是不是真的这么无聊呢?实习是学生在学习期间根据自己的专业方向、今后的打算而进行的就业体验。在管理学中有一个蘑菇定律,指的是在企业中,初学者经常被置于阴暗的角落、不受重视的部门,只做一些打杂跑腿的工作,有时还会受到无端的批评、指责,甚至代人受过。组织或个人任其自生自灭,初学者得不到必要的指导和提携,这种情况与蘑菇的生长情景极为相似。但是蘑菇即使得不到阳光的照射,它依然能够在角落里暗暗地吸收养料。那么,当我们在实习岗位上,被安排端茶倒水,跑腿打杂时,我们是否也能够得到"养料"呢?

实习期间,无论我们遭受什么样的待遇,是蘑菇待遇还是受到重用,这对我们来讲,都是一次体验,在这过程中,我们能学到很多东西。而且,现在的"就业竞争"已经提前到"实习竞争"。从企业角度来看,他们更偏爱有实习经验的学生,因为这些同学都经历过社会化,懂得如何去适应社会,明白

> 生涯寄语
>
> 把一件简单的事情做好就是不简单,把每一件平凡的事情做好就是不平凡。（张瑞敏）

如何与他人沟通合作,相对于那些毫无实习经验的同学来讲,有实习经验的同学就有明显的就业优势。所以,当我们在一些不起眼的实习岗位上,做一些简单重复的工作时,我们也不要抱怨,我们要将实习经验收获最大化。

## 生涯案例

### 倩茜的华丽逆袭

倩茜签约德勤了!消息不胫而走。疫情持续,就业低迷,人们羡慕的同时也颇有意外。

的确,倩茜虽然是会计学专业出身,但是绩点不到3.0;出身贵州农村家庭,缺乏人脉资源;在一般人的眼里,个头不高,颜值平平。她唯一突出的是做过15份工作,接触过餐饮业、零售业、服务业、制造业、金融业。干过最久的一份兼职长达14个月,最久的实习周期有五个月。倩茜这样描述她实习与兼职的经历与感悟:

"在这段经历中,我也记不得什么时候最累了。可能是我2017年末在嘉善送外卖的时候,一个人要拿着两大筐二十几份外卖,爬23栋楼还没有电梯;也可能是2018年从白天一点工作到凌晨两点,最后在仓库垫了件羽绒服凑合睡了几个小时还不断被冷醒,等着天亮上第二天八

点的班;还有可能是我去韩国做代购,每天睡四个小时左右,却要拖着一个26寸的行李箱奔波于韩国各个免税店;也有可能是这半年多来同时兼顾实习、兼职,唯一可以休息的就是公司放假的时候,曾经为了实习的培训,大半夜跨越了两个城市,为了在实习中取得优异的表现坚持加着班。可能是时间久了,也可能是习惯了,甚至觉得把时间表安排满了的人生非常有趣,工作也非常有趣。"

"在这段生涯中,自己从一个不太敢于与外界人接触、不知道怎么去与他人建立交流的人,走到今天,能够独当一面,且不再畏畏缩缩,具备了相当的处理事情的能力。遇见了许许多多有趣的人,或领导或同事,在工作之外我们会成为朋友,有的对我来说甚至像家人一样的存在,我们会并肩作战,会一起讨论生活中的一点一滴。我也非常喜欢听别人讲他们当年的故事,感觉别样的人生也可能有我借鉴的地方。我非常感谢我过去的店长,很荣幸成为她手下的员工,并与之共事了一年多;谢谢我五百强实习的领导给了我职业生涯极大的鼓励和引导。这些都给我的人生带来了一笔非常重要的财富值,而我今天的成就也有着和她们千丝万缕的联系。"

丰富的社会实践经历,会让我们对学习、对社会有新的认识。很多时候我们坐在课堂里并不能真正认识到学习的意义,为什么我们要努力读书?为什么我要学这些知识?它到底有什么用?为了考试?为了高分?为了给父母一个交代?其实这都是片面的,真正对我们人生起到的积极作用应该是为工作打下坚实的基础,良好地推进我们工作效率、进度等。真正工作以后,就会发现那些课本上的知识没掌握会一定程度的拖拉工作进度,增加重复劳动的可能性,还需要花额外的时间去重新学习那些本该在学校就应该掌握的知识。当我们真正接触社会时,就会发现人与人之间的差距,当同一期的同事来自众多名校的时候,看看他们的生活和工作状态、工作习惯、思维逻辑;当和一群业界的大佬接触的时候,看看他们的谈吐、思想格局、各项规划、反应速度。这些体验都无数次地告诉我们:要努力,要不断地提升自己。

## 二、如何挑选实习单位

在挑选实习单位时,我们可能和小马、小城和小雪一样,产生以下几种想法。

**生涯案例**

### 小马、小城和小雪

小马学生物工程,实习期间,他进了一家房地产公司跑起了市场调查。当问到他学到了些什么,对以后的职业发展有什么帮助的时候。小马不以为然地回答道:只是为了让简历更好看一点,所以做什么工作都无所谓。

计算机系的小城在一家软件公司实习,也就是做做网管,活儿轻松。在他看来,公司用他们这些实习生,只不过是图个便宜,等实习期过了,肯定就让自己走人。而对于自己来说,不过是这段时间找个地方去罢了,所以,干好干坏也没什么差别了!

法学专业的小雪,实习期间并不是像其他的同学一样去找了与专业对口的公司。而是把时间花在了做促销上,在她看来,那些工厂和公司个个吝啬得要命,一个月才三四百块钱,还被人呼来喝去,哪像自己现在,工作既轻松,到手的钱又多。她的想法是,实习而已,哪里钱多就去哪里。

以上三位同学对实习的看法代表了一部分同学的想法，但是这些想法或多或少都存在着一定的问题。他们忽略了自己的特长、兴趣、能力以及价值观，盲目地参加实习，忽略了个人能力的锻炼和培养。事实上，一段好的实习生涯是职业生涯的良好开端，所以在挑选实习单位时，我们要认真考虑以下几点：一、个人的兴趣、价值观及职业资本优势；二、职业目标；三、专业匹配；四、行业愿景等。为自己找寻适合自己的职业方向，储备经验和人脉，磨炼技能和情商，最终把实习变成职业。

### 三、如何对待实习工作

**生涯**案例

#### 多留几份心

沪上应用型大学的小林同学，就读的市场营销专业，之所以报考这个专业就是听大家说这个"万金油"专业好找工作，而他的职业目标也比较明确，想去教育培训机构做销售。

他平时也比较上进，在大一的时候就在一家培训机构兼职。从发传单开始做起，有几次发单子和家长交流得不错，最后家长们报名了，他也拿到了提成。机构认可他的能力，小林从寒暑假去，慢慢到周末去，最后是没有课就去，基本上已成为机构的"半个"员工。小林原本自身目标明确，也进行了非常好的实践，获得了成就感和不错的收入。

可是在大四正式就业前却出现了问题：这家机构在"双减"后"跑路"了。这个时候他才醒悟到：该机构在教研方面投入得比较少，机构中大多数老师也是兼职的或者与外面合作的。其他都是销售人员，平时话术中的一些介绍也过于夸张了。这家不靠谱的培训机构，关键的时候更加不靠谱。

小林不得不重新求职了。但是，重新找工作谈何容易！因为他的竞争力实在有限：小林过去主要就是靠"背"机构给的话术和一些招生的技巧，不断练习提升熟练度。作为一个培训机构的准工作人员，他对机构的课程内容和教研都不关心，对于这份职业背后的价值、意义和责任都认识不足，更加谈不上对国家相关政策导向和教育培训行业的发展趋势有多了解。

与刘华比较，小林的实习状况与大多数同学类似：努力，但是停留于工作表面。缺乏深入把握所在行业、企业和职位的观察、思考与准备。种瓜得瓜，种豆得豆。我们如何对待实习工作，我们就会相应地收获什么。如果我们敷衍实习，实习也会敷衍我们，从而所获无几。如果我们追求在实习过程的成长，我们就会收获职业竞争力提升的回报。想要获得实习过程的成长，我们应关注以下三个方面。

#### （一）观察和尝试心仪职业

实习帮助我们验证职场选择。在实习过程中，我们不断地认识自己，看看自己是否真的喜欢这份工作，是否能胜任这份工作，所以实习的过程也是一个不断更新和更换职业目标的过程。实习是一种职场的体验，有利于我们加深对职业与行业的了解。实习能给我们一个直观的感受，让我们知道这个职业究竟是做什么的？这个岗位在企业链中究竟属于哪一块？我在这个岗位上可以发挥我的哪些优势？如果能在不同的岗位上体验职业的酸甜苦辣就再好不过了，比如行政、人事、客服、销售、生产、技术职位，这样的目的比较容易实现。但是涉及责任重大或组织机密的职位，比如出纳、会计、设计、预算、银行柜员、信用评估、风险控制等职业就很难有上手的机会。曲线救国的策略或许可以帮到我们，即便不可把玩，也要就近观察。

## （二）增加简历的含金量

实习帮助我们丰富经历、增强了竞争力。在我们毕业求职的时候，实习经验是用人单位考虑是否聘用我们的重要依据。如果我们有相应的实习经验，并学有所得。一个拿来就能用的大学毕业生，对于企业来说是不可多得的财富，因为可以节约培养新人的时间、人力、物力。其实对我们自己来说先上车后买票，先发优势很可能在同批新人中脱颖而出成为领头雁。其实即便是参加该企业组织的比赛，都有可能获得职业发展的先机。

## （三）积累人脉资源

实习有助于积累人脉，让我们加入新的交际圈。在实习中，我们要让自己职场化，与其他同事积极合作，主动与其他同事交流，给大家留下好的印象，将自己的同事、老板甚至公司外部的客户都发展成自己的人脉，成为今后职业发展道路上的合作伙伴。

我们或许不能当上心仪企业、职业的实习生，但是可以退而求其次，争取到其他单位和其他实习职位。利用"地利"创造"天时"与"人和"，迂回曲折地结识该职业的前辈。哪怕他们毕业没多长时间，也属于过来人。第一，他们的经验教训可以使我们少走弯路；第二，他们的职业知识和技能可以传授给我们；第三，他们在本单位的内部推荐，或者是同业人脉推荐，都会令我们有更多的收获。

**生涯案例**

## 小孟的三级跳

小孟所学的专业是行政管理，一个很宽泛的专业。大三的时候，他看到中国移动招聘暑期实习生，立志花大力气去拼这个实习机会。为此，他详细分析了移动对暑期实习生的需求，结合招聘启事的要求与网上的一些信息，小孟发现移动主要需要实习生来帮忙做数据统计分析，所使用的软件是 SPSS 统计分析软件。

为此，小孟赶制了这样一份申请材料：① 在大学里曾经用 SPSS 统计分析软件做过一份作业：为了显示自己对 SPSS 的熟练程度，小孟特意熬了两个通宵把报告从 4 页多加长到 10 页，而且到一间专门做标书设计和制作的打印社用 Photoshop 做了排版。② 一份求职信：介绍自己对 SPSS 统计分析软件的使用心得，以及如何利用 SPSS 为移动分析大量的用户数据。③个人简历：主要突出自己的学习成绩中上等、在社团活动中主要扮演"得力助手"角色、擅长打乒乓球等特点。之所以突出这些优点，是因为名企向来偏爱三类学生：成绩好的、执行力强的、有文体特长的。

小孟的申请材料理所当然地让中国移动和 HR 颇为惊喜，他也因此顺利地通过了面试关，成为中国移动当年在本市招聘的三名实习生之一。翌年，小孟再次以类似的申请方法，通过了同样竞争激烈的面试，拿到了中国移动的正式 offer。

### （三）把握就业机会

实习有助于我们获得就业岗位。小孟花大力气去拼中国移动的实习机会，目标是铆定就业机会。愿意招收实习生的单位，一般也愿意将合乎自己需要的实习生转为正式员工。把实习工作当作正式工作来做，不问薪酬、不问投入，很可能收获目标工作，节省了大量的"相亲"时间。这种类似于"试婚"的实习，对于找到匹配的职业和单位，能大大提升成功率。对于大型机构而言，由实习生转为员工比较难，但却提升了获得正式招录流程的面试机会的可能性，降低了简历海选被拒的风险，小孟的案例就是明证。即便是没有面试机会，你所认识的人脉，也会带来其他就业机会。

总而言之，实习是我们从学生向社会"人"转变的过程。实习提供了一个机会，让我们接触到真实的职场。有实习经验的学生，毕业后能更快、更好地融入新的环境，完成学生向职业人士的转变。

## ▶ 第五节　我的求职生涯

### 生涯知识

#### 为什么不用刚毕业的大学生？①

一些用人单位的老板声称：坚决不用刚毕业的大学生。记者将这些老板们反映的主要问题归纳整理了一番：

眼高手低。一位从事房地产开发的赵老板坦言："现在大学生刚毕业都期望找个好工作，至少得是坐办公室的，挣钱还是多多的。可是，实话实说，你刚从学校毕业，什么都不懂，什么也不会做，怎么就敢开高价？"刚毕业的学生个个说话头头是道，人也长得蛮机灵的，但就是不会做事。不知道替公司考虑，赵老板曾让刚进公司的大学生去买一些画图用的纸，本来公司有长期客户，打个电话就解决了，可是这位学生不问清要求，跑出去按照自己的想法买了，比平常贵了不说，还找赵老板报销打车费，一箱纸的成本平白增加了100多元。

不切实际。从事调味品代理的一家贸易公司的张经理讲："现在的年轻人不踏实，这山望着那山高，不愿踏实做事。往往是新人来了两三个月后，我想让他们担任某个重要岗位锻炼一下时，他们就跑过来对我说，干这个岗位可以，但是现在要交女朋友、要买房、要买手提电脑、要穿名牌西装……我就问，你是不是要求加工资？这时他好像很不好意思地说，不是他想加，是社会逼得他想加。"还有的老板哭笑不得地讲，刚招来的学生常常好高骛远、不切实际。他们觉得公司应该怎么做，动不动举的就是世界五百强的例子，书上的东西是好，可得从实际出发啊，现实和理论是有相当差距的。

———————————

① 摘自李雅丽，《为什么不用刚毕业的大学生》，山西晚报，2005年03月14日。https://news.sina.com.cn/c/2005-03-14/03575353348s.shtml.

不拘小节。不少招聘单位的负责人还共同提到一个问题:工作时间煲电话粥。打电话打个不停,天天打长途电话,一个电话可以打一个小时,结果业务电话进不来,一家单位的负责人表示,曾经有过一次,招了三个大学生后一个月电话费涨了2000多元。这虽然是小节,但是这些小节问题不注意,就影响到了单位对你的看法。"有好几次招来了大学生,刚来才一两个星期,上了几天班,人却不见了,问谁也不知道,原来他们是找到别的工作,走了。不通告一声就走,吓我一大跳,因为他是在我公司工作,人突然不见了,我总得有个交代的。后来我明白了,不见了就十成是到别的公司去了,我也习惯了。"赵老板无奈地摇摇头。

看了记者的采访之后,感觉应届生求职前景不容乐观。虽然这些看法有些偏激,但正在求职或已经求职成功的大学生不妨对照一下自身,有则改之,无则加勉。怎么样可以让我们在毕业之后,成为老板想要的员工,找到一份自己满意的工作,实现自我呢? 平时多实践,求职多用心。求职过程中,一定要遵循一定的原则、运用一定的方法促进双方的相互了解和统一,最终达到个人与职业的匹配。

## 一、确定自己的求职目标

如何确定自己的求职目标呢? 一般的逻辑是根据兴趣和天赋确定所学专业,再根据自己的专业及职业资本优势来确定职业。在这过程中,关键在于你是否了解自己,包括个性特点、兴趣爱好、价值取向、知识、技能和情商的储备、个人理想、对职业发展的预期和愿望等等。但是,也有很多人没有按照这样的逻辑行事。毕业后,并不能按照自己所学的专业来选择工作。

所以在读大学期间,一定要认真考虑,选择适合自己的职业岗位。我的兴趣在哪里? 我能从事什么样的职业? 我的职业倾向是什么? 父母对我职业的期望是什么? 这就要求我们对自己的职业资本、薪资期望、心理承受度等进行全面分析,然后再进行定位:是寻求专业对口的职业,还是跨专业求职。

眼下很多同学把薪资高低或轻松与否作为确立职业目标的依据,我们需要明白的是第一份工作最要紧的是发展空间的大小和学习机会的多少,否则眼下的薪资可能只是难以成长的平行线。

## 二、关注求职信息

大学四年里,我们认真准备着,就是为了在毕业时遇见最适合自己的职业。遇见不是美丽的邂逅,而是用心的关注。现今就业信息渠道畅通发达,面对海量的就业信息,你需要很好的选择加工,善于区分出有用的信息。就业信息的选择加工过程是将职业与自我进行匹配的过程,要准备了解不同时间段的具体求职信息(参考表9-5-1)。

表9-5-1　高校毕业就业月历

| 月份 | 关注的内容 |
| --- | --- |
| 8月 | 考研:关注公共课考试大纲<br>求职:暑期实习,制作并完善简历<br>留学:完成各项外语语言考试<br>村官:关注相关省市报名及考试信息<br>入伍:应征入伍新兵体检、政审 |

| 月份 | 关注的内容 |
|---|---|
| 9月 | 考研：关注招生简章和专业计划，应届生预报名考试<br>求职：校园招聘高峰期到来，关注企业信息<br>留学：寄出联系信，索取申请表<br>公务员：关注相关省市公务员报名信息<br>村官：关注相关省市报名及考试信息<br>入伍：应征入伍新兵体检、政审 |
| 10月 | 考研：网上开始统一报名<br>求职：校园招聘高峰期，关注企业校园宣讲会、招聘会及网申信息<br>留学：准备自荐信和推荐信、成绩单<br>公务员：国家公务员考试开始报名，关注招考公告及职位表 |
| 11月 | 考研：进行现场确认<br>求职：校园招聘高峰期，关注企业校园宣讲会、招聘会及网申信息<br>留学：根据意向学校，填写申请表格<br>公务员：国家公务员考试 |
| 12月 | 求职：校园招聘高峰期，关注企业校园宣讲会及网申信息<br>留学：寄出申请材料<br>公务员：查询国家公务员考试成绩 |
| 1月 | 考研：研究生招生考试<br>求职：总结经验，为节后求职做准备<br>公务员：关注国家公务员考试笔试成绩和面试通知，关注各省市公务员招考报名及考试时间 |
| 2月 | 考研：初试成绩陆续公布，及时关注查询进行复试准备<br>公务员：国家机关和省市录用考试开始，关注报考单位相关信息 |
| 3月 | 考研：分数线出炉，关注复试名单<br>求职：大学生求职高峰期，关注企业招聘信息<br>公务员：关注各省市公务员招考报名及考试时间<br>"三支一扶"：报名—资格审查—考试—体检—公示—聘用—培训上岗 |
| 4月 | 考研：分数线出炉，关注复试名单及时间<br>求职：关注企业招聘信息，积极投递简历参与面试<br>村官：各省市根据本省安排在4~9月进行报名及考试工作<br>入伍：登陆"大学生应征入伍网上报名平台"进行报名<br>"三支一扶"：根据报考公告，参与考试等环节，关注相关考试信息<br>西部计划：4~5月为网上报名时间（按照公开招募、自愿报名、组织选拔、集中派遣的方式）<br>公务员：地方省市公务员联考省考开始 |

续表

| 月份 | 关注的内容 |
| --- | --- |
| 5月 | 求职:抓紧时间投发简历并参与面试<br>村官:关注相关省市招录公告安排<br>"三支一扶":关注相关省市报名及考试信息<br>西部计划:根据公告要求参与笔试、面试<br>应征入伍:登录"大学生应征入伍网上报名平台"进行报名 |
| 6月 | 考研:接收录取通知书<br>求职:完成学校就业手续办理,领取报到证<br>留学:办理护照,申请签证<br>公务员:部分省市考试成绩可查询,关注相关信息公告<br>村官:关注相关省市招考公告安排<br>应征入伍:登录"大学生应征入伍网上报名平台"进行报名<br>"三支一扶":关注相关省市报名及考试信息<br>西部计划:统一体检、公示、录取 |
| 8月 | 留学:进行身体健康免疫检查,办理各公证文件<br>村官:关注相关省市招考公告安排<br>应征入伍:网报通过的学生参加政审、体检,合格的确定为预征对象<br>"三支一扶":关注相关省市报名及考试信息<br>西部计划:集中派遣培训 |

### 三、成功销售自己

当我们掌握了就业动态后,接下来要做的就是成功销售自己,获得适合自己的那份职业。在销售行业有这么一句话:一流的业务员销售自己;二流的业务员销售产品价值;三流的业务员销售产品;四流的业务员销售不出任何东西。那么对于我们大学生而言,怎么样可以销售自己呢? 首先是简历。简历是一份能将自己推销出去的广告。简历不是单纯地写出来的,而是大学期间做出来的。简历的内容就是基于我们前面所讲的学业成就、社团成长以及实践经验,如果没有前面这三样基础,简历无论如何都是写不像样的。其次是面试。在面试前,一定要先对企业的文化、应聘的岗位有所了解,要有充分的准备。在面试过程中要知彼,要清楚面试官的问题和用意。回答问题要有逻辑,要有自己的回答思路,能够"自圆其说",尽量用事实与细节说话,回答要言简意赅。在面试过程中,要展示自己对工作的了解和热情,不要过分谦虚,要有信心。面试过程中,除了"言"之外,还有一个非常重要的细节,那就是"行"。在面试过程中,一定要注意自己的行为举止。要保持微笑,要集中注意力,不要四处张望,不要因为紧张而做出一些"小动作"来。

### 四、保持良好心态

在求职过程中应该始终保持良好的心态。有时求职失败不是因为个人能力不足,而是由于机遇等客观原因。求职有时候就像谈恋爱，不是你足够优秀，就一定能够战无不胜，还要看双方是否都有对彼此的需求。在求职时，双方的速配指数是否能够达到100%，除了双方要有足够的魅力指数外，还要看双方是否"门当户对"或者互相"有眼缘"。所以，求职时每一次都被企业中意，这是不太可能的。有些同学看到其他同学都找到适合自己的工作了，而那些同学可能成绩或平时表现还不如自己，这时候就变得非常急躁，心态也变得很差。从而忘记了自己职业目标，忘记了自己的生涯规划。病急乱投医，随便找家公司来证明自己"被需要"。甚至有些同学一蹶不振，丧失信心，不愿意再出去找工作。事实上，在找工作过程中，被拒绝是很正常的一件事情，这时，我们就要有强大的内心，卧薪尝胆，勇敢面对。从失败中吸取教训，准备更好的自己。当然，我们也有可能碰到企业中意我们，而我们并不中意他们的情况。这时候，我们拒绝企业的时候也要大方得体，不要因为拒绝企业而觉得高人一等。就算双方不能最后"共结连理"，但彼此还是可以做朋友，这何尝不是一种人脉储备呢？

　　成功求职，是大学阶段职业发展的合格证明，也是我们登上职业生涯的第一个阶梯，可喜可贺。职业之路已经在我们的脚下，未来的职业前景已经在我们的面前展开。让我们向着更加美好的明天启航。

# 我的 9 号生涯加油站

## 一、生涯行动：自我实现计划安排

**自我实现学涯计划表（示例）**

| 学期 | 学业 | 社团 | 实习 | 求职 |
| --- | --- | --- | --- | --- |
| 大一上学期 | 课程全部及格 | 了解自己、了解社团相关情况，加入 3 个左右的社团 | | 了解自己，了解将来可能从事的工作 |
| 大一下学期 | 课程全部及格、通过英语四级、通过计算机一级 | 加入 3 个以内的社团，为社团的发展贡献力量 | 关注实习信息，为暑期实习做好准备 | 大致明确自己将来要从事的行业和岗位 |
| 大二上学期 | 课程全部及格、通过英语六级 | 关注社团事务和发展，成为社团的骨干 | 通过暑期实习进一步了解社会和相关行业 | 进行职业探索 |
| 大二下学期 | 课程全部及格、通过计算机二级 | 成为社团的骨干，关注社团发展 | 在加强对自我的了解和对相关行业了解的基础上，缩小自己的实习范围 | 进行职业探索 |
| 大三上学期 | 课程全部及格、学好专业课 | 成为社团的管理者，关注社团发展 | 明确自己的实习倾向和选择 | 聚焦就业信息，提早准备 |
| 大三下学期 | 课程全部及格、考取相关资格证 | 为社团发掘和培养后备人才，担任社团顾问或退出 | 参加对自己未来职业密切相关的实习，为求职做准备 | 关注目标企业或岗位信息，及时把握 |
| 大四上学期 | 完成毕业论文 | 退出社团 | 参加能够在毕业后有用的实习 | 通过面试，找到满意工作 |
| 大四下学期 | | | 毕业前实习 | 满意签约 |

　　学业、社团、实习、求职，这四个部分，表格中的内容仅供参考，可结合自己的情况有所调整或侧重，每个学期的各部分内容也可以调整或叠加。

## 二、生涯行动：撰写我的简历1.0版①

（针对个人理想初始职位的招聘启事撰写）

姓名（求职意向）

照片

联系方式：＿＿＿＿＿＿＿＿＿＿＿＿＿＿＿＿＿

（提示：手机、微信、邮箱等，完成后删去此行）

教育背景：＿＿＿＿＿＿＿＿＿＿＿＿＿＿＿＿＿

（提示：时间、学校、学位、绩点、排名、奖学金、辅修、第二学位等，完成后删去此行）

实践经历：＿＿＿＿＿＿＿＿＿＿＿＿＿＿＿＿＿

（提示：时间、单位、职务、工作内容、工作成果，注意动词开头和量化，完成后删去此行）

工作技能：＿＿＿＿＿＿＿＿＿＿＿＿＿＿＿＿＿

（提示：技能证书、资格证书、参加培训，与招聘启事相关等，完成后删去此行）

自我评价：＿＿＿＿＿＿＿＿＿＿＿＿＿＿＿＿＿

（提示：自我促销的点睛之笔，与招聘启事关键要求搭边的成就故事标题，不超过三条，完成后删去此行）

附上进大学以来得到的鼓励证明（含证书复印件、实习证明复印件、推荐信、成就故事等）。

## 三、生涯行动：求职罗盘

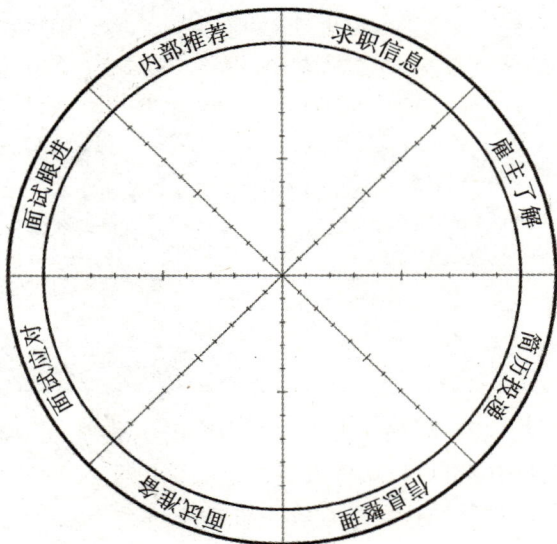

---

① 除此之外，OFFICE WORD有自带模板，OfficePLUS、五百丁、简历本、乔布简历也可以参考。

### 1. 现状整理

根据你的现状,依次填写你求职的各个方面的打分。并尝试回答下面几个问题。

(1)请给你现在的每个领域打分。(1 – 10 分,1 分最差,10 分最满意,结合现状打分)

(2)哪个部分分数高? 为什么? 哪几部分分数低,为什么?

(3)如果你想提升求职质量,哪个区域分数提升会让你有明显的进步?

(4)这个领域分数提升到多少会变成你的满意状态?

### 2. 寻找重点

请关注罗盘中你最想改变的方面并开始思考。你需要做到什么才会让这个方面分数提升。写下来你目前可以做的三件事。

(1)第一件:

(2)第二件:

(3)第三件:

### 3. 确定行动

如何知道你已经做了这些行动?

(1)你的行动计划是什么?

(2)你会什么时候开始行动?

(3)你行动计划的第一步是什么?

## 四、生涯行动:我的第一部自传(我的职业生涯规划书)

前几章我们已经分别撰写了"我的职业生涯规划书"的一部分,这里是我的第一部自传。现在应该做的是汇总、整合、理顺逻辑、保持整体的一致性,最重要的是匹配你的职业资本优势和当下多变的职场环境。这本自传的主目录是:

一、我的幸福愿景

二、我的自我分析

三、我的世界分析

四、我的学涯计划

五、我的职涯设计

六、我的生涯规划

七、我的评估调整

八、我的结课复盘

此外,上述每一部分都有一个附件,许多附件是做好正文的前期工作、比如三档职位的研究、专业与行业的研究、生涯人物访谈、生涯角色加减法、时间管理矩阵、创造力测试,另外的附件是正文的延伸,比如三件好事打卡、学涯计划图、简历、职业形象设计,等等。

## 五、生涯行动:团队结课复盘

(1)全体同学复盘第九章实现自我的学习成果,总结价值、知识、能力三大目标的实现程度,并将学习成果(带学号姓名水印的职业生涯规划书)提交至所在团队,由本团队秘书长收集提交至领学团队。

（2）各个团队准备结课PPT,提交领学团队。内容包括：①团队成长历程回顾；②团队成员收获感言；③团队秘书长表白队员；④团队成员共同完成、共同朗诵——因为有你。朗诵诗模板：

因为遇见了你,我_____

因为有你温暖的眼神,我_____

因为有你的鼓励,我_____

因为有你的协助,我_____

因为你的直言不讳,我_____

因为你为我,我_____

因为你给我,我_____

我,因为有你！

（3）领学团队制订、发布并领衔执行复盘时间表,收集各个团队的学习成果（职业生涯规划书和结课PPT）,进行个人完成情况排名与团队完成情况排名,对排名前三的同学与团队奖励幸福花。领学团队邀请班长共同主持结课仪式,合格的领学团队获得幸福花奖励。

（4）全体同学觉察"基于团队的行动学习"所提升的内驱力（德）、学习力（智）、前瞻力（智）、协作力（智）、健康力（体）、审美力（美）、执行力（劳）。

## 六、生涯书目

1. 王仁伟、贾杏主编,《大学生就业指导》,人民邮电出版社,2022年版。

2. 李秀红、邵曦主编,《大学生涯之旅手册》,中国农业出版社,2013年版。

3. 李卫森著,《大学生涯漫画》,河北大学出版社,2008年版。

4. 俞敏洪著,《愿你的青春不负梦想》,中信出版社,2022年版。

5. 杨雪琴主编,《大学生活导航：新生入学教育读本》,苏州大学出版社,2019年版。

6. 何权峰著,《格局》,江苏凤凰文艺出版社,2015年版。

# 附录：职业生涯管理的理论与教材、教学

　　职业生涯管理是一个行动过程，PDCA 循环是行动过程的框架。为了强调实践性，本教材安排了大量的案例和行动学习方案，即便是各章标题也特意以动词领先。淡化教材的理论性，并非意味着职业生涯发展没有规律，职业生涯管理不言科学。事实上本学科有着历史悠久、与时俱进的职业生涯理论基础，并且还在不断向前发展。为了不影响教材实践性的整体风格，系统阐释职业生涯理论以及各章所对应的主要的理论线索这一重任被赋予附录。

　　职业生涯理论从 20 世纪初萌生，到 50 年代成型，再经历此后 50 余年的不断发展，已经跨越了百年历史。国外许多专家学者都重视这项研究工作，在西方，职业生涯教育被看作是民族进步的表现，因为它涉及了政治、经济、教育、哲学和社会的变革。因此百余年来专家学者们孜孜不倦，所提出的理论汗牛充栋，所进行的试验和实证研究不计其数。这些理论按照职业生涯所涉及因素，大致可以梳理成四个理论单元。根据其产生的先后顺序排列分别为：匹配取向的职业生涯理论、发展取向的职业生涯理论、社会取向的职业生涯理论以及积极取向的职业生涯理论。值得强调的是，各种理论并非相互替代关系，而是相互交织、相互补充，在相互促进中共同发展成为职业生涯理论的参天大树。即便是具有百年历史的人职匹配原则，仍然在不断发展，至今保持着能够指导实践的青春活力。

## 一、匹配取向：职业生涯理论的原则从匹配到调适

　　历史背景：19 世纪末的西方发达国家都已经完成了资产阶级革命，建立了资产阶级民主政权和资本主义生产方式，形成了全国统一的生产资料和自由劳动力市场，克服了职业流动的超经济强制，自由选择职业成为可能。工业的高速发展带来了高度分化的社会分工，建立了庞大的产业结构，形成了金字塔状的复杂的职业体系。西方发达国家都建立起了包括职业教育在内的国民教育制度，先后颁布了禁止童工的法令和义务教育法，使教育分流和就业安置成为现实的社会问题。世界大战和经济危机交替出现，劳动力供需状况是时而大量失业、时而人力供不应求。于是如何消除上述矛盾，引起了当时一些热心于社会改良的有识人士的关注。20 世纪初，人们试图通过实现人职匹配的方法，来帮助工人解决结构性失业和企业劳动力结构性短缺问题，所解决的问题主要属于生存层面。

　　主要理论观点及其代表人物：提出"人职匹配"原则并有专著传世的是弗兰克·帕森斯，先经明尼苏达大学的威廉姆逊发展成为"特质 – 因素理论"[1]，再经霍兰德扩展为职业及其环境的"人格 – 职业类型理论"，又经施恩[2]通过实证研究发展而来的"职业锚理论"，此外还有

---

　　[1]　Nadene Peterson，等，《职业心理学：工作在人们生活中的作用》，第二版，时勘，等译，中国轻工业出版社，2007 年版，第 71 – 76 页。

　　[2]　施恩，《职业的有效管理》，仇海清，译，生活·读书·新知三联书店，1992 年版，第 127 – 165 页。

追求动态人职匹配的明尼苏达"工作调适理论"①。

"特质－因素理论"的诞生以 1909 年弗兰克·帕森斯的遗著《选择职业》（*Choosing a vocation*）的出版为标志。帕森斯当过工程师、大学教授和律师，这是其成为职业生涯管理理论和实践的先驱者得天独厚的根源。他真正的兴趣在于社会改革与帮助个人选择职业，这些兴趣在 20 世纪初他回到波士顿才浮现出来。1908 年 1 月 13 日，在帕森斯的领导下建立了波士顿职业局，实践着他提出的选择职业的三条原则：第一，清楚地了解自己的态度、能力、兴趣、智慧、局限和其他特性；第二，成功的条件及所需的知识、在不同岗位上所具有的优势、不利和补偿、机会和前途等；第三，上述两个条件的平衡。这样的思想在接下来的半个世纪里占据着职业生涯管理领域的统治地位，帕森斯因此被称为"职业指导之父"。随着应用心理学引入职业选择领域，逐渐形成一门新的独立学科——职业心理学，其中最为著名的代表人物是明尼苏达大学职业心理学家威廉姆逊。1939 年威廉姆逊将帕森斯职业选择三原则发展成"特质－因素理论"。他认为：每一个个体都有独特的能力与潜质，这些特性都是与不同的工种的要求相关联的，不同的职业岗位需要不同特性的人；心理测验可以获得对个体特性的认识，以使个体找到最能体现和发挥其特性的工作。"特质－因素理论"是职业生涯管理理论的基石，跨越百年仍然不断有学者进行不懈的研究和发展。例如 Brown 在 2002 年的研究中就明确指出：个人特征与工作需求之间越匹配，在生产效率与满意度方面成功的可能性就越大。Shraf 在 2003 年将帕森斯的三原则重新表述为：第一步，理解自己（性向、成就、兴趣、价值观、人格），第二步获得工作世界知识（职业信息类型、职业分类系统、特质与因素要求），第三步，整合自己与工作世界知识，包括确定职业选择和制订行动计划。上述发展赋予了"特质－因素理论"在职业生涯管理实践中历久弥新的品质。

"人格－职业类型理论"（personality typology theory）是在"特质－因素理论"的基础上发展起来的学说。它由美国学者霍兰德（Holland）于 20 世纪 50 年代提出，并且在随后的四五十年中不断吸收新的理论营养使其不断完善。人格－职业类型理论假设：第一，在美国的文化中，大多数人的人格都可以区分为六种类型：现实型、研究型、艺术型、社会型、企业型与常规型。第二，有六种对应的环境类型；第三，人们寻找一种发挥技能和能力、表达其态度和价值观并承担适当的问题与任务的职业环境；第四，行为由人格和环境交互作用决定。霍兰德在实验中发现，上述人格类型和职业类型的匹配并非绝对。由于个人有着广泛的适应能力，其人格类型在某种程度上相近于另外两种人格类型，也能适应另外两种相应职业类型的工作。也就是说，某些类型之间存在着较多的相关性，同时每一类型又有一种极为相斥的主要环境类型。霍兰德认为，最为理想的职业选择是个体能找到与其人格类型重合的职业环境，这称为"一致性"（consistency）。如果一个人不能获得与其人格类型重合的职业，则寻找与其人格类型相近的职业环境。但个人如果选择与其人格类型相斥的职业环境，则既不可能感到乐趣，也很难适应，甚至无法胜任工作，这称为"非一致性"（unconsistency）。霍兰德的人格－职业类型理论与"特质－因素理论"同属于人职匹配理论，但是后者更注重人与职业环境的相互作用。这里的人职匹配是一种人格类型与较为广阔的职业环境之间的匹配，而不是人的具体特性与具体职业要求之间的匹配，因而具有更为广泛的适应性和灵活性。它既延续了"特质－因素理论"系

---

① Nadene Peterson,等,职业心理学：工作在人们生活中的作用,第二版,时勘,等译,中国轻工业出版社,2007 年版,第 91－94 页。

统性、实用性和便于操作等优点,又克服了"特质－因素理论"的机械、狭隘和刚性的匹配模式,因而成为职业生涯管理实践中最受欢迎的学说。因而本教材的第二章和第三章就是以霍兰德的人格－职业类型理论为主要的理论支持。

在20世纪60年代到70年代,施恩(Schein)和他的团队,对美国麻省理工学院44名毕业研究生进行了长达十多年跟踪研究。他发现虽然这些人的工作经历中变换工作的种类没有一致性,但是选择变化工作的原因有很大的一致性。而且随着工作经历的积累,原因越来越清晰,越来越连贯。于是,职业锚(career anchor)理论用来解释可归为一组的原因模式,上述研究样本的反应模式可以归为五种类型:①技术/职能型、②管理型、③安全型、④创造/创业型、⑤自主/独立型。施恩后来在对其他人群的研究中,发现了另外一些职业锚类型。故于20世纪90年代又增加了服务型、挑战型、生活型,从而使职业锚扩展为八种类型。与霍兰德理论类似,职业和职业锚均可以这样分类。按照施恩的说法,职业锚是一种"更加清晰的生涯自我观",这种自我观由"三个部件"合成:自省的才干和能力;自省的动机和需要;自省的态度和价值观。他指出,职业锚定义比工作价值观或作业动机的典型概念更宽泛,强调由实际经验带来的演变、发展和发现,强调完整的自我观中的能力、动机和价值观之间的相互作用,并认为职业锚只有在早期生涯的若干年后才能被发现(通常是正式进入就业领域10年内)。施恩的"职业锚理论"引入了相互作用的思想,拓展了匹配的探索过程和决策过程,把职业选择由一个时间断面扩展为一个较长的时间段,从事前匹配,转变为人与职业交互作用后的再决策过程。不过施恩的职业锚理论对职前初始决策同样具有重大的指导意义,因为即便是职前也会产生自我观的"三个部件",只不过尚需在职业实践中加以确认和优化。后面将要介绍的舒伯的职业生涯发展理论,其中的18~21岁,就是个体从职业尝试到产生特定的职业偏好的时期。所以,在大学阶段产生一定的职业锚倾向,得到了舒伯观点的印证。本教材的第四章设计自我,就是借施恩的职业锚理论进行职业方向的初步选择、职业路径的初步设计,从而实现人职匹配理论与职业发展理论的对接。

明尼苏达的工作调适理论(theory of work adjustment, TWA)起源于特质－因素理论,由明尼苏达大学的Rene、Dawis、Llooy、Lofquist及其同事于20世纪60年代共同创立。他们发现很多人并不花费时间来选择职业,并且长期固定在一个地方上班。如果没有事先的人职匹配选择或者因为双方的发展变化人职匹配已经时过境迁,事后的工作适调就成为适应工作与环境、获得满意感的途径。所谓工作调适是一个"连续的、动态的过程,通过这一过程,人们寻求实现并保持与工作环境的协调一致"(Dawis,Lofquist)。Dawis和Lofquis列举了六大类可能在工作环境出现强化双方关系的因素:安全、安慰、地位、利他、成就、自主。工作调适理论的主要观点为:①工作者的人格必须与工作环境一致。②个体需要关注如何融入工作环境中。③为了工作稳定和更长期任职,个体需要与工作环境的强化系统相一致。④当工作者的特质与工作环境的要求相匹配时,工作环境安置最有效。工作调适理论可以看作是事后的人职匹配理论和"动态化"的人职匹配理论,如果因为种种缘由而没有"人职匹配",也不用大惊小怪,工作调适理论可以发挥作用。该理论在本书中的指导意义是为第二、三、四章提供自我认知和环境评价的准则,对第五、六、七、八、九章提供预先调适的职业规划和职业准备。同时对于尚不能做出职业选择、非自主职业选择或者被动就业的大学生,工作调适理论无疑也可以消除其焦虑。毕竟人是有能动性的,工作调适理论大大提高了人职匹配的容错度。

理论评价:该领域的理论家们运用手术刀——理论定义和测评方法,在职业生涯决策的某一特定的时点上,对人和职业两个基本元素进行横向解剖,先分别考察个人的素质以及需求结构与职业乃至职业环境的需求结构,然后进行同类匹配。可以给该阶段理论一个统一的称谓:人职匹配理论。人职匹配理论是工业革命的产物,许多理论和方法都是适应工业社会职业发展的需要的。当以手工业为传统的劳动市场让位于工业化劳动市场,职业生涯管理的任务是帮助人们选择职业,因而人职匹配理论的意义不言而喻。只是该理论的前期强调人尽其才,发展到后期更加关注职业满意度。但是人职匹配理论基本上是有时点的、静态的,这显然与人生的持续性和动态性相互抵触。于是,职业生涯管理还需要另外一种理论的支持。于是,职业发展理论横空出世了。

## 二、发展取向:职业生涯理论关注范围由职业扩展为生涯

历史背景:匹配取向的职业生涯理论占据主导地位的期间,大经济危机和世界大战交替出现,职业环境动荡不堪,时代的考量可以理解。在 1929 年至 1933 年的大危机之后,职业的外部环境终于迎来了长期的稳定时期。人们的立足点从现实的生存跃升为长期的发展,学者们关注点也自然从生存扩展为需求层次的发展。因而,做出持续的动态的考虑,或者说规划职业生涯成为可能和必要。与此同时,为职业发展理论奠基的"需求层次理论"有了突破性的进展。1943 年,著名的人本主义心理学家亚伯拉罕·H.·马斯洛(Abraham H. Mallow)出版了《人的动机理论》一书。他认为人的行为和发展的动机来自不同的需求,他按照需求层次的高低、重要程度和发展的顺序把人的需求从低级到高级分成五个层次:生理需求、安全需求、归属与爱的需求、尊重需求和自我实现需求。马斯洛指出,低级需求的满足与否直接制约着高级需求的产生与实现,从而也影响人的发展和自我实现。在社会环境和理论基础双重催生之下,职业生涯管理领域的另一核心理论基础"职业发展理论"应运而生。

主要观点:职业发展理论认为,一个人的自我概念——人如何看待自己——受年龄和生活经历的影响,随时间而变化。因此职业生涯决策不可能一蹴而就,而是一个持续的管理过程,并因此获得职业生涯的终身发展。该领域的代表人物主要有:发展心理学家创始人埃里克森[1],重要贡献者经济学家金兹伯格(Ginzberg)[2],生涯发展理论集大成者舒伯[3],在匹配理论和职业生涯发展理论两个领域均有卓越建树的施恩[4],以及舒伯的学生、提出生涯建构理论的萨维科斯(Savickas)。

最先进发生命全程思想的代表人物是发展心理学家埃里克森,他以自身成长经历为基础,提出关于成长和发展的生命全程阶段理论。其代表著作有《同一性:青春期与危机》,人的每个发展阶段都在职业发展过程中起着重要作用,但是其中最为主要的阶段是青春期和青春后期。他的理论主要依赖于三个同一性:职业、意识和家庭。20 世纪 50 年代初期,金兹伯格等学者对美国上层社会、富裕家庭的白人男性由童年到青少年的职业心理发展、职业选择进行了

---

① Nadene Peterson,等,《职业心理学:工作在人们生活中的作用》,第二版,时勘,等译,中国轻工业出版社,2007 年版,第 106 页。

② Nadene Peterson,等,《职业心理学:工作在人们生活中的作用》,第二版,时勘,等译,中国轻工业出版社,2007 年版,第 107 页。

③ Nadene Peterson,等,《职业心理学:工作在人们生活中的作用》,第二版,时勘,等译,中国轻工业出版社,2007 年版,第 108 - 122 页。

④ 杜映梅,《职业生涯管理》,中国发展出版社,2006 年版,第 21 - 22 页。

调查研究。结合实际的调查研究结果,1951 年,金兹伯格发表了著作《职业选择:一般理论途径》(*Occupational Choice:An Approach to a General Theory*)。金兹伯格尝试在划分生涯发展阶段的视角下对个体的职业选择、职业决策等职业行为进行考量,对个体的人生发展进行了阶段的划分,提出了个体生涯发展的阶段划分理论。金兹伯格的生涯发展阶段理论,强调个体就业前的职业意识形成和职业追求的变化发展过程。金兹伯格认为:"职业选择是个体在面对幻想与实际可能性而做出的妥协,职业选择是一个长期的阶段性积累过程。"基于此,他将职业选择分为三个时期,出生到十一岁的"幻想期"、十一至十七岁的"试验期"以及十七岁之后的"实际期"。最初的"幻想期"是以儿童的游戏爱好、职业好奇感为导向来影响个体未来的职业选择。"试验期"可以分为四个子阶段,即以兴趣爱好为主导的"兴趣期",以自身能力倾向为主导的"能力期",以自我满足、自我价值体现为主导的"价值期",以及认识到职业选择实践重要性的"转换期"。金兹伯格很强调职业选择的早期阶段,他认为个体不会返老还童,因而职业的选择不可逆转,所以幻想期、试验期在个体的职业选择中至关重要。伴随着时代的发展,1971 年金兹伯格重新审定、完善了自己的生涯发展阶段理念,开始关注后期阶段个体的职业经验、信息反馈、家庭状况等因素对个体一生的职业生涯发展的影响作用。

从 20 世纪的 50 年代到 21 世纪,舒伯进行了跨越 60 年的研究工作,提出了从职业生涯概念到职业发展阶段到职业发展任务到生活空间等一系列理论,并且提出了两个著名的模型:拱门模型和生涯彩虹图。舒伯的理论不仅延伸到宏观层面,具有涵盖职业发展各种因素的特点,而且在微观上也匹配有具体的测量工具,旨在测量人格特质或性向之外个体所关注的问题、价值观和信仰,是目前职业生涯管理领域核心的理论支持之一,舒伯也因此被称为"职业生涯发展之父"[1]。1957 年,舒伯在《职业生涯心理学》一书中首次提出职业生涯的概念,将职业生涯定义为一个人终生经历的所有职位的整个过程。在经过 20 年跨国研究的基础上,将生命全程划分为五个发展阶段[2]:①成长阶段,该阶段从出生至 14 岁。个人在这一阶段,自我概念发展成熟起来。成长阶段又可以分为"空想期""兴趣期"和"能力期"三个小的阶段。②探索阶段,该阶段为 15 岁至 24 岁。个人在学校生活与闲暇活动中研究自我并进行职业上的探索,它可以分为暂定期、过渡期和试行期。③建立阶段,该阶段为 25 岁至 44 岁。就职以后的人发现真正适合于自己的领域,并努力试图使其成为自己的永久职业。这一阶段又可以分为试行期和稳定期。④维持阶段,该阶段为 45 岁至 64 岁。这一阶段人们主要是想保住现有的职业位置,按既定方向工作。⑤衰退阶段。该阶段为 65 岁及以上,是精力、体力减退时期,也是人们逐步退出职业劳动领域的时期。一方面,这五个阶段是循序渐进的过程,如果一个人跳过了其中的一个阶段,就会产生负面的影响。比如略过探索阶段直接从成长期跳到建立期,很可能的结果是会不会选择职业或对选择不满意。另一方面五个阶段均内含有成长、探索、建立、维持、衰退五个小阶段。这样大循环与小循环,环环相扣,从而实现职业生涯不断优化。一个人经历的职业生涯发展的阶段不同,就会面临不同的发展任务。所谓发展任务就是个体在生涯中的某点上需要面对的责任或者说应当取得的成就,此任务的完成会带来幸福和成功。表 1 列出了生命全程中主要阶段的五个发展任务。

① 蔺桂瑞,《舒伯的生涯发展理论与我国的职业指导》,大学生心理健康教育与心理咨询研究,2001 年版,第 234 页。

② 姚裕群,《生涯的演进过程分析》,中国人才,2014 年版,第 41－42 页。

表1　舒伯的职业生涯发展任务

| 序号 | 任务 | 年龄 | 一般特征 |
|---|---|---|---|
| 1 | 结晶化 | 14－18 | 通过资源、偶然事件、兴趣和价值观的认识而形成一般职业目标，并为所偏好的职业做出计划的阶段 |
| 2 | 规范期 | 18－21 | 个体从职业尝试期到产生特定的职业偏好的时期 |
| 3 | 执行 | 21－24 | 完成职业偏好培训，进入雇佣期 |
| 4 | 稳定 | 24－35 | 利用实际工作经验来履行自己喜欢的工作，并用自己的才华来证明自己的职业选择是正确的 |
| 5 | 巩固 | 35岁以上 | 由晋升、地位、自立来体现 |

舒伯认为，发展和完善职业的自我概念是个体生涯发展历程的核心。1990年舒伯提出的拱门模型①统合了与自我概念相关的各种因素，如图1所示。

模型整合了完整的自我概念有关的各个方面。左边的柱子代表个性特征，右边的柱子代表社会特征。两根柱子之间的门阶代表个体发展的生物－地理基础，顶部的拱就是由基础和两根柱子所产生的自我概念。

1980年，舒伯在英国经过四年跨文化研究，提出了生涯彩虹理论。该理论从时间层面（生活广度）和空间层面（生活空间），将人生描绘成一个多重角色并存、演化的生涯发展的综合图形，即"生涯彩虹图"（如图2所示）②。

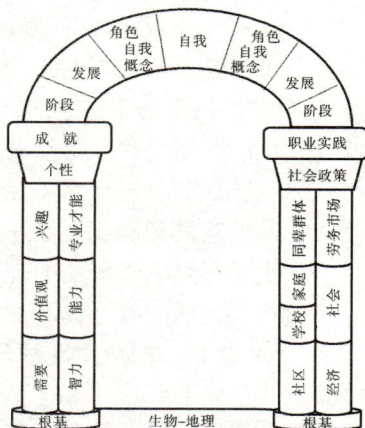

图1　舒伯的拱门模型

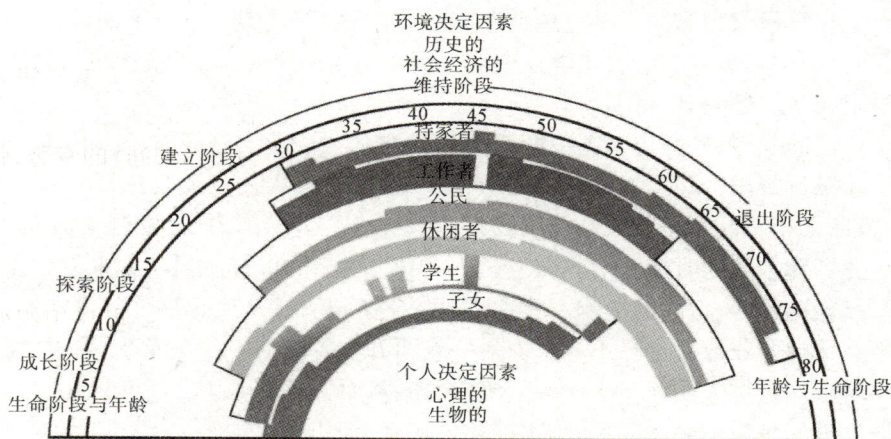

图2　舒伯的生涯彩虹图

①　Nadene Peterson，等，《职业心理学：工作在人们生活中的作用》，第二版，时勘，等译，中国轻工业出版社，2007年版，第112页。

②　Super. D. E. A life—span，life—space approach to career development. Journal of Vocational Behavior，1980，16(2)：282－298。

舒伯认为,人的职业发展除了与年龄因素有关,还与人在一生中扮演的各种角色有关。"生涯彩虹图"展示了职业只是生命活动的一个部分,人们所扮演的各种生活角色直接影响职业生涯管理。因此将职业发展与生活角色在各阶段做出适当调配,对于人生的发展与成功是非常必要的。如此,舒伯职业生涯发展理论有力地支持了本教材第五章规划自我。

美国著名心理学家施恩所划分的职业生涯划分阶段与前述专家不同,他所描述的职业生涯八个阶段不是平滑衔接,而是如犬牙般相互交错,因为不同人的生涯发展也各有不同。此外他还指出沿着年龄阶段的线索,人的一生交织在由三个生命周期构成的心理－社会生活空间当中。这三个生命周期是生物－生活周期、工作－职业周期以及家庭生活周期,如图3所示。施恩的人生发展周期理论为本教材第四章设计自我和第五章规划自我,提供了一个十分有用的设计职业发展路径的参考框架。

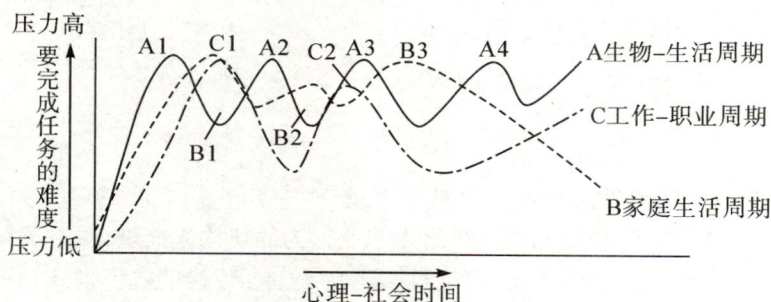

图注:
A1—青少年期危机　　　　B1—进入职业组织　　　C1—结婚、生孩子
A2—30岁而立之年的危机　B2—取得任职　　　　　C2—子女成长、离家
A3—中年危机　　　　　　B3—适应退休
A4—晚年危机

图3　施恩的生命发展周期模型

20世纪90年代以来信息技术和知识经济的迅猛发展,组织结构出现了信息化、分散化、虚拟化、小型化等多元发展趋势,传统的长期雇佣代之以更具弹性的雇佣形式。阿希提出"无边界职业生涯理论"[1],并且和Rousseau在1996年出版了名为《无边界生涯》的专著,弥补了前辈们专注长期雇佣而对弹性雇佣的忽略。

图4解释的是无边界生涯状态下职业发展的状态。从事无边界职业的人往往是为某一行业的不同公司完成"项目",并且以完成一个一个的"项目"为基础而获得职业的发展。因此,雇佣者不再考虑施恩们所谓的"组织承诺",而是考虑职业的"个人承诺"。既然组织变化成为常态,因此要对自己的行为与选择负责,培养自己的"元胜任力"。为了确保自己不失业和另找一份工作更容易,"know-why(信念与身份)""know-how(知识与技能)"和"know-whom"(人际互动)是三种应具备的职业能力。面对机器人来势汹汹的职场,无边界生涯理论给予我们的警醒日益重要。

① Defillippi R J, Arthur M B. The boundaryless career: A competency-based perspective. Journal of Organizational Behavior, 1994, 15(4):307－324.

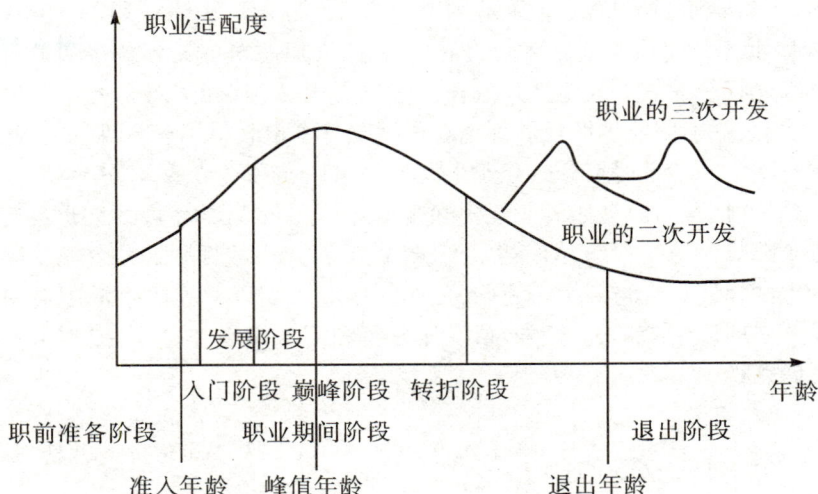

图 4　无边界生涯发展阶段

　　萨维科斯①通过把生涯发展理论汇聚进一个框架，突出它们之间的联系并阐释其对于评估和干预的意义。这个聚合的框架最终演化为职业行为的建构主义理论，它关注人格特质、发展任务以及生命主题。基于建构主义，萨维科斯建立了生涯建构的咨询模式，并且认为生涯咨询与职业指导和生涯教育并驾齐驱、各司其能，如图 5 所示。

| 职业指导 | 生涯教育 | 生涯咨询 |
|---|---|---|
| • 表演者（actor）<br>• 得分（score）<br>• 特质（traits）<br>• 相似度（resembtance）<br>• 匹配（matching）<br>• 客观（object） | • 主导者（agent）<br>• 舞台（stages）<br>• 任务（tasks）<br>• 准备程度（readiness）<br>• 实施（implementing）<br>• 主观（subject） | • 创作者（author）<br>• 故事（stories）<br>• 主题（themes）<br>• 反思性（reflexivity）<br>• 建构（constructing）<br>• 设计（project） |

图 5　生涯服务：由职业指导、生涯教育和生涯咨询组成

　　萨维科斯对于生涯理论的贡献有多个方面，被同行津津乐道还有"生涯五问"和"生涯四C"。其中"生涯四 C"就是生涯适应力（career adaptability）的四维结构（见表 2），分别为生涯关注（career concern）、生涯控制（career control）、生涯好奇（career curiosity）和生涯自信（career confidence）。

表 2　生涯适应力的理论建构模式②

| 向度 | 生涯问题 | 信念 | 能力 | 态度 | 因应行为 | 生涯干预 |
|---|---|---|---|---|---|---|
| 生涯关注 | 我有未来吗？ | 计划的 | 计划 | 不关心 | 觉察、投入、准备 | 生涯导向练习 |

① 马可·L.·萨维科斯，《生涯咨询》，郑世彦，等译，重庆大学出版社，2015 年版，第 8 页。
② 赵小云，等，《国外生涯适应力研究述评》，心理科学进展，2010 年。

续表

| 向度 | 生涯问题 | 信念 | 能力 | 态度 | 因应行为 | 生涯干预 |
|------|----------|------|------|------|----------|----------|
| 生涯控制 | 谁拥有我的未来? | 确定的 | 做决定 | 不确定 | 自信、有条理、执着 | 决策训练 |
| 生涯好奇 | 未来我想要做什么? | 好奇的 | 探索 | 不真实 | 尝试、冒险、询问 | 从事信息搜集 |
| 生涯自信 | 我能做到吗? | 有效的 | 问题解决 | 抑制的 | 坚持、努力、勤奋 | 建立自尊 |

萨维科斯认为,生涯关注能够帮助个体确立未来,生涯控制能使个体拥有自我选择未来的权利,生涯好奇能够加速个体对可能自我和职业的探索,而生涯自信则能促使个体建构完美的未来并克服困难。

理论评价:传统的理论把职业看作是一个固定的工作(job),而不是一个人一生一系列连续的生活过程(careers),同时忽视了人的职业心理也存在着发展过程。职业生涯发展理论以发展心理学为基础,以发展的观点来探究职业生涯观,研究生涯阶段、生涯任务、生涯角色和生涯成熟,成为现代最为重要的职业生涯管理基础。第一,它用动态的观点来研究人的职业选择行为,把它看作是一生连续的发展过程;第二,它把职业发展与人生发展联系起来,拓宽了职业生涯管理的范围;第三,它引进"自我概念"(self-concept),把职业选择和发展看作是自我的形成和发展过程,通过职业生涯管理促进个体自我意识的发展,从而进一步拓展了职业生涯管理的功能。第四,产生于信息时代的无边界生涯理论和生涯建构理论,将职业生涯发展理论带入了新时代。人的生涯发展从依托组织转为依托"元胜任力",生涯规划从文字描述变为故事构建。如果说匹配论从横向上拓展了职业生涯管理的深度,那么,发展论则从纵向上拓展了职业生涯管理的广度,这无疑是职业生涯理论发展历程的一个里程碑。该理论作为生涯教育的最主要的理论基础之一,对本教材的所有章节起着强有力的支撑作用。

### 三、社会取向:职业生涯理论关注从个体到社会

历史背景:该方面的理论产生于 20 世纪 80 年代。80 年代以来,世界发展变化的主导力量是信息化和全球化。首先,计算机和数字化操作在各行各业的广泛应用,这被称为第三次工业革命带来的信息化。信息化的社会影响不是局部的细枝末节的变革,而是一系列变量的快速演化,包括基本生产资料、生产过程以及所附属的机械化模式,劳动分工、组织和公司结构、特殊分销模式的货物供应、消费模式、生活和休闲方式以及价值观念都在发生经常性的变化。随着计算机科学技术的迅猛发展以及科技成果转化生产力周期的缩短,产业结构和职业结构调整的速度越来越快。手机、电子邮件、有声邮件,每时每刻都在包围着人们,让人们无处藏身。工作和休闲的界限模糊了,非传统的工作方式出现了。其次,互联网技术和电子通信技术提高了国家间的信息交流,加速全球化的进程。全球化使得上述的变化在更大的范围内发生,即便是信息技术领域也要受到全球化的影响,因而人们对多元文化环境适应能力的重要性日益突出。新旧职业更迭加速,职业要求日益复杂化,职业的专业和地理界限也日益模糊,人力资源配置在全球范围内进行。这些多变性、复杂性,使青年一代在择业时产生更多的困难,长期的决策和规划的有效性日益受到质疑。"摸着石头过河"这句俗语也体现在西方学人的观念之中,于是社会取向的职业生涯理论应运而生。

代表人物及主要观点:社会取向的职业生涯理论关注那些被人们带入工作环境中的以及社会传承的特质,这些特质与环境因素相互作用形成了一些自我观,进而影响个体与工作有关

的行为。本领域的主要专家及其理论包括：班杜拉①的社会认知理论、克鲁姆波兹②的职业决策的社会学习理论、社会认知职业生涯理论③、终生生涯发展理论④和认知信息加工理论⑤。

班杜拉的一般的社会认知理论（social cognitive theory）强调在人的行为的过程中，自我效能和社会过程是相互作用的，即所谓的"三元交互决定论"。交互决定是指人、行为、环境三者之间具有双向的互动和决定关系，并且具有因果关联。图中：P 代表人的主体因素，B 代表行为，E 代表环境，箭头代表因果关系的作用方向。三元交互决定论模型如图 6 所示。⑥

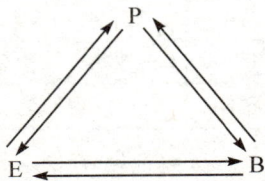

图 6　三元交互决定论模型

自我效能理论以社会认知理论为基础，它将注意力集中于"三元交互决定论"中的 P 和 B 这两个因素。所谓自我效能是个体对自己能够成功执行某一特定任务或行为的直觉判断能力。可以用图 7 来概括。

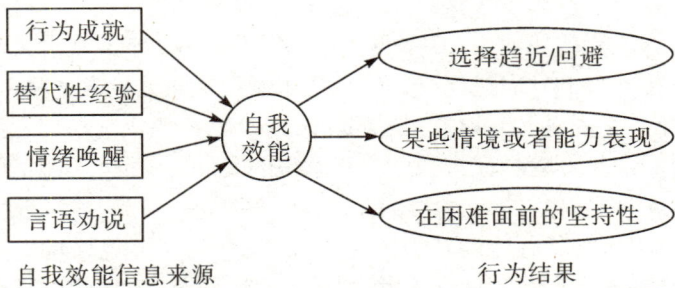

图 7　班杜拉的自我效能模型

图 7 的左侧显示了自我效能信息的来源：行为成就、替代性经验、情绪唤醒、言语劝说，在右侧列出了三种行为结果：选择趋近/回避、某些情境或者能力表现、在困难面前的坚持性。

以美国斯坦福大学克鲁姆波兹（Krumboltz）教授为代表，将班杜拉的社会学习原理运用于职业生涯管理领域，提出职业决策的社会学习理论（social-learning theory）。该理论认为每个人职业生涯的选择是依据个体因素和社会环境因素来共同决定的。下述四个因素相互作用，使个体沿着某一或其他职业生涯路径发展⑦：遗传因素和特殊的能力、环境状况和事件、学习

---

①　Bandura A. Social Foundations of thought and action: A social cognitive theory. Englewood Cliffs, NJ: Prentice-Hall, 1986.

②　Krumboltz J D, Mitchel A M, Jones G B. A social learning theory of career selection. The Counseling Psychologist, 1976, 6:71-81.

③　Lent R W, Brown S D, Hackett G. Toward a unifying social cognitive theory of career and academic interest, choice, and performance. Journal of Vocational Behvior, 1994, 45:79-122.

④　Norman C. Gysbers,《职业生涯咨询：过程、技术及相关问题（第二版）》，侯志瑾，译，高等教育出版社，2007 年版，第 9-15 页。

⑤　Nadene Peterson 等,《职业心理学：工作在人们生活中的作用》，第二版，时勘，等译，中国轻工业出版社，2007 年版，第 112 页。

⑥　肖虹,《班杜拉社会学习理论的认知与融合性特征研究》，山东大学，2007 年，第 20 页。

⑦　Nadene Peterson,等,《职业心理学：工作在人们生活中的作用》，第二版，时勘，等译，中国轻工业出版社，2007 年版，第 143 页。

经验、工作取向的技能。以下分别进行简略的展开：①遗传天赋和特殊的能力。个人由于遗传的一些特质，在选择上学读书或者工作的时候会在一定程度内受到约束。这些约束包含：外貌、民族、性别、智力特征等。自身遗传的特长优势也会决定未来在学习领域、工作领域中所获得的收获与经验，并决定个体的发展方向。这些特殊的能力是与生俱来的，如音乐才能、艺术才能、肌肉协调能力、易患某一特定疾病的体质倾向。②环境状况和事件。个人在做出职业抉择和职业目标时除了个人因素外，还会受到许多客观环境因素的影响，这些影响非个人所能改变。环境条件指：工作机会的数量和性质；培训机会的数量和性质；选择受培训人员与工人的社会政策和程序；各种职业的收入比率；劳动法和工会法规；自然事件（如地震、干旱、洪水、飓风）；自然资源的可获得性及需求；技术的发展；社会组织的改变；家庭教养、经验和资源；教育系统；邻居和社区的影响以及其他社会、文化、政治和经济因素。③学习经验。有两种基本类型：一种是工具式学习经验，当个体采取作用于环境的方式时获得的满意的结果。另一种是关联性学习经验，当个体将一种以前属于中性的情景与一种积极或消极的情景匹配时，就会产生关联性学习经验。④任务取向的技能。上述各种因素交互作用，使得个体锻炼出特有的任务指向的技能。如专业技能、人际关系技能、理论思辨技能、时间管理技能等①。

　　社会认知的职业生涯理论（social cognitive career theory, SCCT）是对班杜拉和鲁姆波兹的社会学习理论继承与整合。该理论描述如图 8 所示②：SCCT 将职业选择和发展视为一个复杂的系统工程，同时将职业选择对开放的系统，合理引入了社会、经济、自然等因素对职业自我效能形成、选择的作用，突出了人的主观能动性。

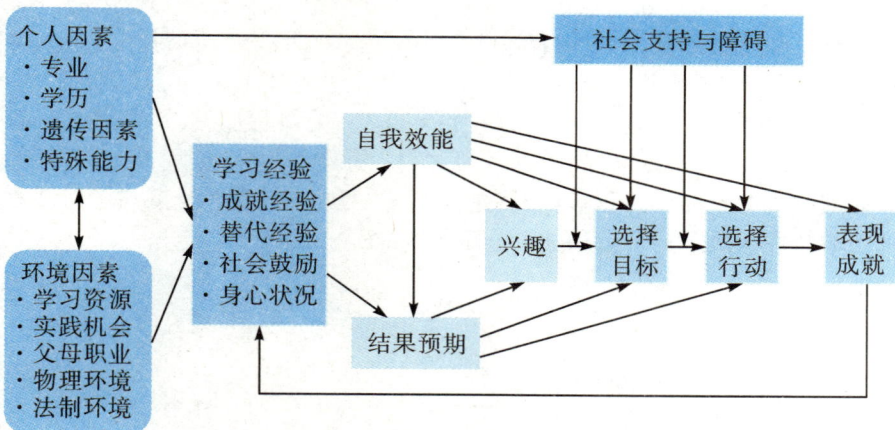

图 8　社会认知职业生涯模型

　　教材的第二章和第四章通过个人因素的测量进行初步的认知，利用学习经验进一步加以验证，从而形成自我效能和结果预期，进而产生目标和行动选择的兴趣，最终表现出一定的成就。这是不断循环往复的过程，进而推动社会认知和职业生涯的不断发展。因而，在职业生涯教育中，除了每一章的语言劝说、情绪唤醒之外，还应当重视大学生通过生涯人物访谈获得替

----

　　①　乔志宏，《课程设计重构与社会学习理论》，全国高校骨干教师课程建设高级培训班，第三讲，2014 年 4 月。

　　②　乔志宏，《课程设计重构与社会学习理论》，全国高校骨干教师课程建设高级培训班，第三讲，2014 年 4 月。

代经验（第三、四、五章），尤其应当引导他们更多地参与各种类型的活动从而获得成就经验（第七、八、九章）。

"终生生涯发展"最初由吉斯伯斯（Gysbers）等人于1973年提出，是指个体在其一生中，通过各种角色、环境以及事件间的相互作用和整合而达到的自我发展。如果个体看未来的视角过小，就不能捕捉到他们终生发展的全景，以至于很多维度、很多动力、很多关系不能被描绘出来。"终生生涯发展"理论的价值不仅在"终生"和"发展"，还是将舒伯的生涯角色放到社会生活环境中加以考察，为个体观察其生涯发展提供了更广阔的视角。从而为个体提供强大的探索力量，以帮助他们理解自己终生生涯发展的动力。

终生生涯发展"广角镜"扩展了人们对生涯的看法，个体可以将自己的历史与涉及的参照群体的历史放在一起考虑，可以看到这些因素是如何直接或间接地影响人们对自己的看法、对他人的看法、对自己所生活世界的看法，能够意识到各种生活环境对生活角色可能造成的影响。从而超越马斯洛，"把自我实现是人类最高动机这一过于简单的想法放到一边，就可能留有空间考虑家庭成员的感受、社区成员以及精神如何成为人类发展中卓越的目标（Mirvis&Hall）"[1]。也正因为如此，生涯使命（第一章）、生涯环境和背景（第三章）生涯角色和事件（第五章）在本教材中时隐时现。

佛罗里达认知信息加工理论（cognitive inpormation processing，CIP）是以人职知识认知为基础的职业生涯决策全景图。这个以佛罗里达州立大学为中心的群体所做的研究和实践的拓展，为本教材的职业决策提供了一个系统的工作方法。认知信息加工理论是桑普森（Sampson）、皮特森（Peterson）和里尔顿（Reardon）在20世纪90年代初期提出的。该理论由三部分组成。一是认知要素结构，主要内容包括自我了解、职业了解、决策技能、元认知等。自我了解和职业了解是基础，而决策技能和元认知建立在此基础上。二是信息加工，主要是由沟通、分析、整合、价值判断和执行技能构成的一个周期。三是执行加工，其发挥的是启动、协调、监控信息的职能，即设计行动方案，并予以贯彻落实。方案得以实施后，探讨该选择是否成功地解决了职业问题。如果评价是积极的，则继续前进，反之，则重复信息加工阶段[2]。该理论按照信息加工的特性构成了一个信息加工金字塔，如图9所示。

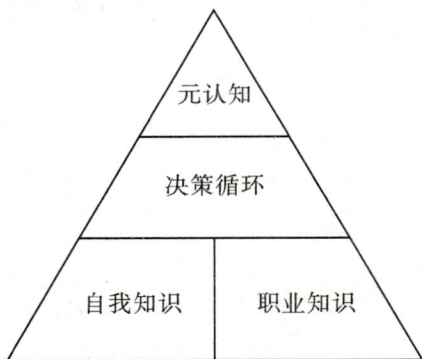

图9 信息加工金字塔

① Norman C. Gysbers，《职业生涯咨询：过程、技术及相关问题（第二版）》，侯志瑾，译，高等教育出版社，2007年版，第9页。

② 吴志功、乔志宏，《美国大学生生涯发展与就业指导理论评述》，比较教育研究，2004年第6期，第55页。

认知信息加工理论以人职匹配为基础,研究一个人是如何做出生涯决策的,以及在生涯问题解决和生涯问题决策过程中是如何使用信息的。该理论把职业生涯管理过程视为学习信息加工能力的过程,是本教材所有章节的理论基础。

理论评价:社会化职业生涯理论突出了变化,将职业决策看成是一个相对开放的系统,随着时代的变化而变化。该理论时代感更强,比传统的理论更具有适应性。该理论还具有强大的理论整合能力、不仅表现在社会学、心理学领域内,而且可以融合人职匹配理论、职业生涯发展理论。更有甚者该理论还可整合管理学领域的需求层次理论、目标管理理论和激励理论、期望理论、环境适应理论等,从而弥补了该理论本身偏重解释力而操作性不足的缺憾。对整个教材起到观念引领、框架厘定、范畴规范和方法提供等功能,尤其对全书各章发挥着基本的理论支撑作用。

### 四、积极取向:职业生涯管理目的从成功到幸福

历史背景:曾几何时,社会达尔文主义盛行,学术界过多地关注和应对人的消极面甚至阴暗面。从 20 世纪 90 年代开始,人类思想界产生了一次革命。人们开始从哲学、历史学、生物学、心理学、经济学等领域进行反思。反思的结果就是:人类之所以称其为人,靠的是人性,而不是动物的本能。于是心理学界也兴起了一股新的研究思潮——积极心理学的研究。职业生涯发展理论也因为其理论基础——心理学的变迁而发生了生涯理念和生涯发展着力点的变化:从追求物质成功转变为幸福向往;从弥补劣势转为发展优势。

主要观点和代表人物:赛里格曼指出积极心理学有三块基石,一是研究积极情绪,二是研究积极特质,其中主要的是优势和美德,三是研究积极组织系统[1]。这三个方面分别与生涯信念、生涯优势和生涯环境相对应。比较具有影响力、可以归入积极取向的职业生涯理论的观点有以下五个方面。

其一,关于幸福人生的 PERMA。积极心理学之父塞里格曼认为,心理学应当补充的新目标是探讨人生的美好之处和使人生美好的条件[2]。他在更加注重幸福能力的著作《持续的幸福》中提出了幸福的 2.0 版本,即 PERMA。也就是:积极情绪(positive emotion)、投入(engagement)、人际关系(relationship)、意义(meaning)和成就(accomplishment)。这五个元素构成了自由人的终极追求[3]。

其二,关于生涯美德和优势的理论。在《真实的幸福》一书中,赛里格曼认为美德可以拉近幸福,优势可以获得幸福。塞里格曼团队通过跨文化研究,提炼出普适的六项基本的美德,以及支持美德的二十四项优势(如表 3 所示)。

表 3　美德优势列表

| 序号 | (一) | (二) | (三) | (四) | (五) | (六) |
|------|------|------|------|------|------|------|
| 美德 | 智慧与知识 | 勇气 | 仁爱 | 正义 | 节制 | 精神卓越 |

① 马丁·塞里格曼,《真实的幸福》,洪兰,译,万卷出版公司,2010 年版,第 7 页。
② 马丁·塞里格曼,《持续的幸福》,赵昱鲲,译,浙江人民出版社,2012 年版,第 2 页。
③ 马丁·塞里格曼,《持续的幸福》,赵昱鲲,译,浙江人民出版社,2012 年版,第 15 页。

续表

| 序号 | （一） | （二） | （三） | （四） | （五） | （六） |
|------|--------|--------|--------|--------|--------|--------|
| 优势 | 1. 好奇心 | 7. 勇敢 | 10. 仁慈 | 12. 公民精神 | 15. 自我控制 | 18. 美感 |
| | 2. 热爱学习 | 8. 毅力 | 11. 爱 | 13. 公平 | 16. 谨慎 | 19. 感恩 |
| | 3. 判断力 | | | 14. 领导力 | 17. 谦虚 | 20. 希望 |
| | 4. 创造性 | | | | | 21. 灵性 |
| | 5. 社会智慧 | | | | | 22. 宽恕 |
| | 6. 洞察力 | | | | | 23. 幽默 |
| | | | | | | 24. 热忱 |

在积极心理学家看来,测量和练习运用这些优势,是人生的重大课题。因为,借此可以过上有意义的生活。

其三,关于创造力和心流的理论。创造力作为积极心理学"六大美德二十四优势"之一,在积极心理学之父塞里格曼的眼里,"不仅是传统意义上的、艺术方面的创造性,还包括实用智慧、常识或社会智慧。"①聚焦积极心理学领域的"心流"和"创造力"研究的大家——米哈里·希斯赞特米哈伊指出:"无论一个人多么有天赋,除非学界提供了适当的条件,否则他不会有机会做出任何富有创造力的贡献。"②这里所谓"适当的条件"是:训练、期望、资源、认可、希望、机会和回报。

其四,以希望为中心的生涯理论。"希望是相信生活可以更好的信念,以及让生活变得更好的动机与努力。"③奈尔斯整合了希望理论、行动理论和动因理论提出了以希望为核心的生涯发展模型。他借鉴心理学中的心流,并认为如果我们把从事职业的状态提升到 flow 状态,那么这种正向的经验会极大改变工作动机④。生涯流动内涵如同一个风车图,最中间的是希望,外围是周遭环境,而风车叶片包括自我省思、自我澄清、生涯愿景、目标设定和计划、执行和适应五个部分。图 10 是以希望为核心的生涯流动风车模型。

其五,萨维科斯关于职业发展模型积极功能的认知⑤。2003 年他提出"职业发展模型是社会心理力量的分类,并且在考虑如何建构人类意志和公民美德方面更加有用。"上述所谓人类意志包括五种:第一,希望,发展对职业的关心;第二,意愿,发展对职业的控制,能促成或提高责任感、延迟满足的能力;第三,目的,认清和阐释人生的目的;第四,尽力,发展对职业的胜任力,感觉自信是人力的基本成分之一;第五,承诺,潜心投入一项职业选择、忠诚一个职业身份,是一种可靠的力量和持久的动机。

---

① 马丁·塞里格曼,《持续的幸福》,赵昱鲲,译,浙江人民出版社,2012 年版,第 225 – 241 页。

② 米哈里·希斯赞特米哈伊,《创造力:心流与创新心理学》,黄珏苹,译,浙江人民出版社,2015 年版,第 1 页,47 – 72 页,74 – 101 页,104 – 121 页,316 – 332 页。

③ C. R. 斯奈德、沙因. 洛佩斯,《积极心理学:探索人类优势的科学与实践》,王彦,等译,人民邮电出版社,2013 年版,第 32 页。

④ Niles S G. Career flow: a hope-centered model of career development. Journal of Employment Counseling, 2011, 48(4): 173 – 175.

⑤ Nadene Peterson,等,《职业心理学:工作在人们生活中的作用》,第二版,时勘,等译,中国轻工业出版社,2007 年版,第 167 – 168 页。

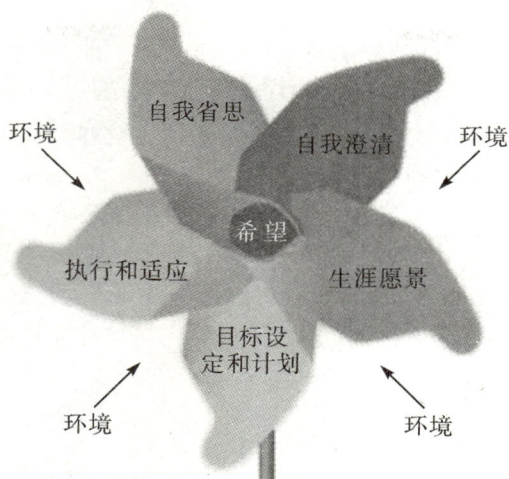

图 10 以希望为核心的生涯流动风车模型

理论评价:职业生涯理论是运用积极心理学十分丰饶的土壤,两者积极向上的取向有着惊人的相似之处并相互促进、相得益彰。从鼻祖帕森斯用人之匹配原则开展职业指导为肇端,就暗含了优势利用的理念。到了舒伯等人提出的职业生涯发展理论,更是面向幸福和美好(比如生涯彩虹图)。社会取向的职业生涯理论提倡个体与社会互动寻找兴趣提升自我效能,同样是通过个体与社会的适调追求更加美好的生存状态。换句话说,面向未来的职业生涯理论就是积极取向的职业生涯理论。或许因为如此,或许囿于笔者的视野,所看到的职业生涯服务者们将积极心理学运用在职业生涯领域里的系统性的成果不多。虽然奈尔斯乃至萨维科斯的理论积极取向的色彩明显、成果本身也足够耀眼,但是遗憾的是他们更加重视的是技术和流程,意识的多于现实的。尤其遗憾的是积极心理学家在美德优势与职业关联研究上还处于散点分布的状况。虽然收集到一些积极心理学关于人类优势的研究专著和盖洛普系列关于职业优势的书籍,但是期待类似霍兰德职业倾向类型或者至少类似施恩职业锚这样可以直接运用于教学的研究成果。

## 五、职业生涯课程的学科、教材和教学

以上我们探索了职业生涯管理理论发展脉络和主要内容。但是理论是灰色的,只有生命之树常青。当我们把上述理论运用于培养人的实践中,实践获得了指导,理论获得了生命,本教材就是这样的尝试。职业生涯管理学科正在形成过程中,作者就以下方面提出自己的看法:职业生涯管理所属学科、研究的对象、研究的目的、主要的范畴以及主要的规律。

### (一)职业生涯管理的学科属性

在笔者的理解中,职业生涯管理应当隶属于管理学(630)一级学科。如果能最终花落在人力资源开发与管理(630.55)二级学科中,忝列为新兴的三级学科将是本学科的一大幸事[①]。或许心理学、社会学、教育学、经济学的专家们会提出异议,因为上述的理论中教育学家、社会

① 根据学科代码表进行的考虑。

学家、经济学家尤其是心理学家做出了巨大的贡献。但是，无论是职业心理学，还是发展心理学，都应当只是职业生涯管理学科的理论基础而非本身。职业生涯管理所围绕的核心问题是计划、执行、评价、调整的 PDCA 循环，这与管理学的核心问题一脉相承。职业生涯管理学科研究对象不言自明，那就是人们的职业生涯。职业生涯这一研究对象可以高度概括本学科的研究内容、范围和方向，而且还决定着该学科的性质和任务、研究方法和意义。

研究职业生涯管理的任务和意义在于：认知自我和职场这两大因素，找出职业选择以及职业生涯发展的规律与方法，以采取相应的行为来提升人们的职业满意度。为此，所涉及的理论范畴主要有：自我认知、环境认知、职业路径设计、职业发展规划、职业准备行动等五个方面。其中，人与职业动态匹配的规律、人随时间发展的规律、人与社会环境互动发展的规律是贯穿其中的三大规律。

### （二）《大学生职业生涯导论》教材

《大学生职业生涯导论》第一版的理论基础以匹配、发展、社会取向领域的传统职业生涯理论为主；第二版和第三版扩展到以上三个理论领域的新发展，特别增加了积极取向的职业生涯理论。

正如读者已经看到的那样，各章分别主要对应的理论范畴具体分述如下。第一章我的幸福——幸福的元素，以及观察世界广角镜、人生使命，职业生涯管理和职业生涯教育的意义与方法。该章的教学目标：激发学生去观察世界，发现持续的幸福对于自己和他人的意义，建立职业生涯管理的整体概念，学习职业生涯管理的方法，明确职业生涯教育的意义、功能和方法。因而该章的理论基点是积极心理学以及积极取向的职业生涯理论、社会取向的职业生涯理论等。第二章盘点自我——自我认知的意义和内容、规律与方法。以人职匹配理论、发展取向的职业生涯理论和社会取向的职业生涯理论为主要的理论支持。第三章洞悉职场——职场是职业世界及其环境的简称，该章主要内容是职场洞察的意义、内容、规律与方法。以匹配取向的职业生涯理论、发展取向的职业生涯理论和社会取向的职业生涯理论为主要的理论支持，SWOT 分析框架、人与环境匹配理论也有相当大的价值。第四章设计自我——职业锚及职业路径选择的意义、内容、规律与方法，主要理论基础是匹配取向职业生涯理论中的职业锚理论和人职匹配理论。第五章规划自我——阐释生涯发展的角色、阶段、任务、规律与规划方法。主要的理论基础是发展取向的职业生涯理论，尤其是舒伯和萨维科斯的职业生涯理论。第六章计划自我——大学生职业资本优势构建的意义、内容、规律与计划方法。主要的理论基础是社会取向的职业生涯理论和管理学的胜任力理论和计划管理理论与方法。第七章创造自我——主要阐释创造力的内涵、组成和创造力的提升。该章的理论基础主要是塞里格曼和米哈里·希斯赞特米哈伊积极心理学关于创造力与心流的相关研究与尝试。第八章管理自我——大学生自我管理的意义、内容、规律与管理方法，重点在于与任务连接的职业资本优势的构建。主要的理论基础是社会取向的职业生涯理论、心理学的自主性和自控性理论[①]、管理学的内驱力、合作力、执行力理论。第九章实现自我——大学生自我实现的意义、内容、规律与方法。其理论基础是马斯洛的人本主义心理学的需求层次理论、社会取向的职业生涯理论、匹

---

① 乔志宏，《课程设计重构与社会学习理论》，全国高校骨干教师课程建设高级培训班，第三讲，2014 年 4 月。

配取向的职业生涯理论和社会取向的职业生涯理论。

(三)职业生涯课程思政的系统设计

(1)明确了价值、知识、能力三位一体的教学目标。2020年5月底,教育部出台《高等学校课程思政建设指导纲要》,明确提出"落实立德树人根本任务,必须将价值塑造、知识传授和能力培养三者融为一体"在此背景之下,将上述人才培养目标具体落实教学总目标和每一章的教学分目标。前者在OBE的视域下以学生为中心进行利益相关人的需求分析,采取最大公约数策略:聚焦新时代社会主要矛盾,运用"美德拉近幸福、优势获得幸福"的机理,以实现课程三位一体的教学总目标——促进学生的幸福增值:①价值塑造目标(为何):唤醒家国情怀,传承美德优势,缓解新时代社会主要矛盾;②知识传授目标(什么):应用生涯管理知识和信息,创作幸福生涯规划书;③能力培养目标(如何):基于德智体美劳五育并举,建立了围绕雇主目标的创造力七大能力(简称"七力"):内驱力(德)、合作力(德)、前瞻力(智)、学习力(智)、健康力(体)、审美力(美)和执行力(劳)。后者如每章所示,不再赘述。

(2)形成了基于新时代我国社会的主要矛盾的理念识别(mind identity,MI)。新时代我国社会的主要矛盾是人民日益增长的美好生活需要和不平衡不充分的发展之间的矛盾。结合青年大学生实际就是要了解自身对美好幸福生活的需要与个人发展不平衡不充分之间的差距,通过本课的学习实践,平衡而充分地发展自己,实现幸福增值。根据积极心理学"美德拉近幸福,优势获得幸福"机理,体现了"新时代社会主要矛盾聚焦→学生幸福花现值评估与增值计划→学生美德优势的发现、发挥与发展行动安排(五育并举)→学生幸福力增值的激励与评价"这一育人理念。

(3)基于PBL的五育并举行动识别系统(behaviour identity,BI)。上述育人理念需要通过教学方案落实到学生的行动之上,其中重中之重是促进"每章进步一点点""每周进步一点点"和"每天进步一点点"这三大学习增值特色行动学习方案。第一,幸福生涯规划书撰写,实现每章进步一点点。大学生通过幸福工作、幸福家庭和幸福社会三位一体的可视化描述,明晰自己的幸福愿景;通过幸福花所代表的平衡轮进行现状评估和学期计划,明确起点与目标,从而对自己提出行动承诺,实现五育并举的每章进步一点点。第二,成长私董会运作,实现每周进步一点点。比如通过"成长私董会建设"行动教学法,引导学生发现、发挥与发展家族、家乡、个人、团队美德优势,实现沟通力、合作力的学习增值。在成长私董会持续的运作中,每一周安排有私董会复盘,总结过去一周做得好的有哪些?哪位同学做得最好?未来一周里哪些方面可以做得更好?这样的复盘可以在课堂上或SPOC上进行,能够激发学生上进心与竞争意识,从而实现每周进步一点点。第三,21天三件好事打卡,实现每天进步一点点。这是一种在线小程序的行动学习方式:早上或头天晚上计划安排一天最应该完成,能发现、发挥、发展自己美德优势的三件事和一个小确幸,白天执行计划,睡前进行总结反思,提升美德优势,实现每天进步一点点。

(4)基于积极心理学的"幸福花"①视觉识别(view identity,VI)。"幸福花"作为教材和教学的颜值担当,源于"梅出五福"的成语。这里摒弃了其中听天由命的成分,内化了"美德拉近

---

① 高红霞,何妍蓉,《一朵"幸福花"蕴涵的学习增值探索:"立德树人"视域下职业生涯课程思政教学改革》,生涯发展教育研究,2019年,第3-13页。

幸福,优势获得幸福"的机理,将其中的"好德"细化为积极心理学关于持续幸福的五个元素:积极情绪、投入、意义、人际关系和成就,成为教材的 LOGO(图11),运用在教材始终和各个环节。

图11 幸福花——教材 LOGO

其一,教学开始,送你一朵幸福花。"幸福花"变身"平衡轮",学生用数字评价幸福现状;"幸福花"变身"计划表",学生制订增值计划。其二,教学结尾,带走你的幸福花。将"幸福花"变身"总结表",学生对比学期初和学期末的数字变化,衡量学习增值幅度。其三,教学中间,奖你 N 朵幸福花。在每一章的"生涯加油站","幸福花"变身"计分器",用于对学生一点一滴进步的激励,实现学习行动激励的即时性和学习增值计量的可视性。过去记录在记分册上的分数变成盖在书上的印花,大大提升了分数的颜值,受到大学生的欢迎。

上述的 MI、BI、VI 三个子系统构成由表及里的课程识别系统(course identity system),发挥着由表及里、逐级递推的教学效果。

**(四)职业生涯课程教学效果提升的方法探索**

从第二版教材课程思政的导入,现有的理论基础和内容框架已经基本完整。提升教学内容的有效性,成为第二版教材问世之后重点追求的方向。本版教材,一是突出"能力为本"的教学重点,比如新加第七章创造自我并非全新内容,只是把原先的一节扩展为一章,以突出其在大变局时代的重要地位。二是致力于多举并重,将五育并举、七力共育贯穿于教材始终,并成为新版教材第八章管理自我的主导内容。三是在新版教材每一章的"生涯加油站"中,都有基于 PBL 教学法的课堂"行动教学"[1]方案,让课堂教学能够越过新布鲁姆认知目标金字塔的记忆和理解阶段,直接从应用起步,经过分析和评价,抵达创造的顶峰。同时还安排了基于 TBL 团队学习[2]和支架教学法[3]的"成长私董会"领学方案,通过朋辈相互之间互助与合作,实

---

[1] 张彦通,《英国高等教育"能力教育宣言"与"基于行动的学习"模式》,比较教育研究,2000 年,第 11－16 页。

[2] 曾薇,朱金峰,帕提古力·阿尔西丁,《LBL,PBL,TBL 教学法的优缺点及其在临床医学教学中的应用》,中文科技期刊数据库(全文版)医药卫生,2016 年,第 00021－00022 页。

[3] 高艳,《基于建构主义学习理论的支架式教学模式探讨》,当代教育科学,2012 年,第 2 页。

现自主的预习与复盘。

### （五）职业生涯教育的专业人员及其职业发展

在发达国家,职业生涯管理的专业人员主要包含几个方面的职业专家,分别是:职业咨询师、人力资源专家、求职顾问、工作安置专家、学校的职业生涯教育人员。从职业生涯课程教师到职业咨询师是本学科的职业生涯发展路径。对于职业咨询师,其任务是帮助来访者做出并实施那些与生活方式、职业性质相关的决定和规划。美国密苏里州综合指导计划规定职业咨询师的任务是[①]①讲授课程;②为个人和团体提供教育和职业规划咨询;③对教师和家长咨询;④引荐学生到合适机构;⑤协调和指导并参与活动以改善学校运作;⑥对指导课程进行测评、修改;⑦继续提高专业水平。对于专业的咨询师或学生事务专家培训的基础课程包括[②]①专业认同;②社会多样性和文化多样性;③人的成长与发展;④职业发展;⑤助人关系;⑥团队工作;⑦测评;⑧科研和计划测评。

职业生涯教育和职业生涯学科的发展任重而道远。期待有更多的大学生在其生涯历程中收获幸福,期待更多志同道合者成为职业生涯课程的教师,期待更多的大学教师成为职业生涯管理咨询专家。因而,此文献给大学生,也献给大学教师。

---

① Nadene Peterson,等,《职业心理学:工作在人们生活中的作用》,第二版,时勘,等译,北京:中国轻工业出版社,2007 年版,第 43 页。

② Nadene Peterson,等,《职业心理学:工作在人们生活中的作用》,第二版,时勘,等译,北京:中国轻工业出版社,2007 年版,第 49 页。

# 主审絮语 1：让大学生的翅膀扇动起来

20 个世纪 70 年代，美国一个名叫洛伦兹的气象学家在解释空气系统理论时说，亚马逊雨林一只蝴蝶翅膀偶尔振动，也许两周后就会引起美国得克萨斯州的一场龙卷风，这被称为蝴蝶效应。蝴蝶效应是说，初始条件十分微小的变化经过不断放大，对其未来状态会造成极其巨大的差别。有些小事可以忽视，有些小事如经系统放大，则对一个人、一个组织、一个国家来说是很重要的，就不能忽视，而是需要引起极大的重视，大学生的职业生涯教育也许就是这样的事情。

很高兴也很荣幸能读到高红霞等老师编著的《大学生职业生涯导论》一书，这又让我重温了当初撰写《生涯心理辅导》一书的历程。1986 年我从华东师范大学心理学系毕业就开始了学生升学与就业指导的研究，对国内外职业生涯辅导的理论进行翻译与介绍、修订和编制了很多心理测量工具，经过十多年的累积才成书。近年来，社会的需求和发展，让生涯辅导又成为自己要面对的真实的任务，使得职业生涯辅导重拾为个人的工作重心。

《大学生职业生涯导论》一书，让我有非常多的学习和感悟：

（1）定位合理。此书旨在帮助大学生在学习过程、同辈交往、专业课程、实习实践中都有职业规划的意识，积极主动参与到职业生涯发展进程中，学习职业生涯发展的相关理论，获得职业生涯规划的技巧，从而实现正确的自我认知，结合自身特点和社会需求，确立自己的职业目标，并以目标为导向，进行合理的自我塑造，以走向成功的职业人生。这样立足于大学生的生活实际，让大学生积极发展潜能，促进大学生确定人生成长的目标与定位，正切合了大学生职业生涯规划的现实需求。

（2）内容充实。此书内容非常丰富，不只是停留在某一门学科的角度，而是综合了心理学、社会学、人力资源管理学、教育学等多门学科的研究成果，涵盖了生涯辅导理论、学生探索自我、管理自我、设计自我和经营自我的整个过程及职业生涯终身发展的观点，同时包括了职业环境、职场定位、职业发展路径等求职就业的整个过程，内容具体而充实，充分反映出帮助学生全方位地了解社会、了解职业、了解自己，进行素质拓展，并合理选择这样一门具有交叉学科特色的课程。

（3）结构独特。此书在体例呈现上走了一般职业指导书籍不一样的序列。一般的职业生涯指导书籍从学生的学习生涯开始，到社团等活动，再到实习，继而求职这样个人时间发展的序列进行展开，此书是首先呈现给学生一张人生发展的地图，让学生看到自己想成为什么样的人，将来会过怎样的生活，和谁一起工作，休闲是怎样的，再分析社会中的职业是怎么回事，职业与人生发展的关系，然后再回到自己的合理定位上，继而设计、规划、计划自己，最终落脚到管理自己，踏踏实实珍惜大学生活的每一天，大学里的每一次活动上。我们经常看到很多学生没有学习和交往的兴趣，不想行动，是因为不知道要到哪里去，没有行动的方向，从而缺乏行动的动力。这样由大到小，从社会、职业再到自身发展的结构呈现，可以让学生更有社会全局观，目标和方向定位也会更明确。

（4）应用性强。此书不是一味地说理论，也不单单是故事讲述，而是将心理学、社会学、管理学的理论与具体的社会职业分析、学校育人环境、学科专业方向、个人学习择业融合在一起，并辅之以大量的案例讨论、生涯练习、团队活动、职场分析等，同时还增加了幽默故事、生涯答疑、自我测试、价值辨析等学生自我学习、自助练习的栏目，使得此书兼具理论性、实践性、应用性和参与性，可以作为教师的教学用书和学生的学习用书。同时，此书在每个章节还列出了生涯参考书目、生涯视频二维码等，为教师和学生的进一步学习提供了方便，大大拓展了书本学习的内容，使此书成为一本开放性的教材。

（5）富有诚意。此书凝聚了以高红霞老师为首的团队成员多年的研究和从业经验，同时还融合了本校"职业生涯教育课程"多年的教学经验，得到上海市教育委员会和学校领导及教师的支持，聘请了专家指导。编写组成员围绕大纲、内容框架、写作风格等反复多次讨论，框架几经设计，完成后的文稿多次修改与完善，充分发扬团队合作的智慧和合作精神，在保证生涯辅导理论科学性的基础上，坚持理念创新、方法创新、形式创新，注意吸纳多学科的研究成果与经验，采用生动活泼、丰富多样的形式，引导大学生积极心态、发挥潜能，为社会作贡献。此书的编写和出版过程，充分展现了作者努力打造一本兼具学术性和实践应用性的精品教材的诚意。

我很乐意推荐此书，更希望此书的出版能有进一步推广和传播，为更多的学校和教师使用，从而使更多的大学生受益。衷心希望学校在大学生职业生涯发展上的点点推动，激发大学生扇动其翅膀的内在动力，终现大学生开发潜能、实现终身发展和幸福的蝴蝶效应。

沈之菲

上海学生心理健康教育发展中心副主任，教授

2018 年 8 月于上海

# 主审絮语 2：基于五育并举的 CIS 设计

吴岩副部长在高等教育司司长任上说过：智慧高教平台建设不是一两天建成的，可以说是"十年磨一剑"，凝聚了全国高校大批优秀教师的心血和智慧。套用这一段话，《大学生职业生涯导论》教材建设不是一两天建成的，可以说是"十年磨一剑"，凝聚了长三角五所应用型大学教师的心血和智慧，可喜可贺！

学校、教材、教学的功能在于坚持正确的政治导向前提下，不断提高教育教学的效率与效果。在教材第三版审稿过程中，我们从中发现了至少三大方面的励精图治：第一，五育并举；第二，行动教学；第三，CIS 设计。

为了全面落实党的二十大提出的教育方针，第三版教材的首要的全新追求是实现德智体美劳五育并举。其中的重头戏是前期专题研究的基于五育并举的通用能力指标体系，为此改写了第八章管理自我，并且将五育并举列入所有章节学习目标的能力目标中，落实于课程内容和行动教学方案中。

为了追求适合应用型大学人才培养的需要，第三版教材的第二个追求是建立配套的行动教学方案，并分解于所有章节的"生涯加油站（课后练习）"之中。行动教学方案具体包括与所在章匹配的单项方案，更有综合性的基于团队的学习方案。尤其是后者，起着引领预习、复盘和评价、激励的强大功能。

教学也好，教材也罢，并非只是知识的堆砌与传播，而是从理念教学、到教学、到视觉教学的三位一体。贯穿本教材自始至终是这样的教学理念 MI：新时代社会主要矛盾聚焦→学生幸福现值评估与增值计划→学生美德优势的发现、发挥与发展行动安排→学生幸福增值的激励与评价。围绕着这一教学理念设计了一整套教学行动 BI 与教学视觉 CI，从而形成一个完整的课程形象识别体系 CIS。不仅代表着该教学体系的独特性，更重要的是指向丝丝入扣、润物无声的课程思政效果。

作为应用型大学的教师，我们十分重视职业生涯课程思政。将课程思政教学着力点融入编写与修改之中，比如思想内容、相关案例和参考书目，力求符合国家大局、长三角特色、应用型大学特点。

崔景明、陈雁
2023 年 7 月于合肥、上海

# 主编后记 1：不完美的行动胜过完美的等待

在共同完成了《大学生职业生涯导论》(第三版)内容之后，我禁不住想借此机会向大家分享一下我的职业生涯体验与编写感悟。

回顾我任性且幸运和幸福的职业生涯，这让我意识到在不经意间我已尝试了爱好是否可以成为职业，职业探索和职业价值观对职业选择的影响。我的第一次重大选择是高考志愿专业填报，在没有亲朋好友从事传媒行业的情况下，我因为喜爱看电视剧而选择了广播电视编导专业。幸运的是，系主任沈国芳老师在新生开学第一天就明确要求，我们专业学生寒暑假期间必须进入各媒体实习。大学四年寒暑假实习的职业体验让我清楚地认识到我与传媒行业的格格不入，这也让我不断地思考我该何去何从。

这时，我家族中大部分亲人的职业——教师进入了我的视野。德国著名哲学家雅斯贝尔斯说过："教育的本质是心灵教育，是一棵树摇动另一棵树，一朵云推动另一朵云，一个灵魂唤醒另一个灵魂。"2003 年，我正是因为这个理念而放弃月薪五千至上万的传媒行业，选择了当时月薪仅 1 千多的高校就业工作。

转眼近 20 年的时间，让我从热血小白成了初上讲台的激情教师，从繁琐工作到专心研究，从默默做事到"就业专家"，因为热爱、因为责任、因为心底的坚持，所以面对期间的职业倦怠、家庭平衡、多次转岗机会，仍然坚持在了高校的就业战线上。在就业指导的事务性工作的基础上，我兼职了职业生涯指导教学工作，之后尝试了职业生涯规划的个体咨询，同时不断地提升自身的学术研究水平。这期间我特别感谢我的职业生涯理论研究引路人三江学院马克思主义学院尹娟院长。而我们三江学院的《大学生职业生涯规划》教学大纲和教案也经历三轮大修，首先，感谢南京师范大学心理学专家顾雪英教授对自我探索深入研究与分享；其次，感谢南京航空航天大学沈雪萍老师对职业规划书撰写与生涯人物访谈的总结与分享；最后，感谢南京大学刘慧老师和河海大学姜莉老师在职业探索方面的研究归纳与分享。

2021 年 11 月，我有幸结识了上海杉达学院高红霞教授。在相互探讨中，高教授主编的《大学生职业生涯导论》(第二版)让我惊喜的发现，我之前萌发的路径设计与具体规划部分的升级想法落地了。

英国大文豪萧伯纳说过："如果你有一个苹果，我有一个苹果，彼此交换，我们每个人仍只有一个苹果；如果你有一种思想，我有一种思想，彼此交换，我们每个人就有了两种思想。"正是这第三版编写工作让我们长三角五所高校职业生涯教育者齐聚一堂，碰撞生涯教育火花，共品应用型高校的职业生涯教育盛宴。

每次教材的改版都是推陈出新，每次教学的改革都是与时俱进，原教材、原教学的不完美都在推动着我们生涯教育者不断前行。最后，与大家共勉一句话"不完美的行动胜过完美的等待"，我们每一次"不完美"的尽心尽力，都将使我们变得更加优秀、更加完美。

周欢欢

2023 年 7 月于南京

# 主编后记2：教材是怎样编成的

追根寻源，关于这本教材框架结构的最早文献记载是2005年12月28日。正是这一年的八月，我从企业人力资源管理的岗位上选择回到应用型高校——复旦大学太平洋金融学院担任金融学专业教师。从提出开设《职业生涯规划》课程建议得到认同，再到汇聚教学团队——金融界的两位达人：阳雁玬、谭英。我们三人志同道合，开启了从无到有的征程。那时的每一个周六，我们汇聚在花木社区一个小咖啡馆里集体备课，讨论未来一周的课程设计。由于从实践中来，尽管过了十多年，这一课程体系并没有随着那所高校的终结而颠覆。因而，首先要感谢这两位老友：她们当年不计名利，为高校教育人才培养的辛勤付出，使这本教材更加贴近职场。

水流千遭归大海。任职的学校更迭了，追求并没有改变。2009年3月，我加入另一所应用型大学——上海杉达学院。寒暑更迭，终于走近了瓜熟蒂落的一刻。乘着上海市教委重点建设课程项目的东风，2013年6月教材编写和出版列入日程表，2015年9月底第一版问世。本书第一版编著工作的分工是：第一章高红霞，第二章皮凤英，第三章徐霞、潘静静，第四章迟春丽、朱长艳，第五章陈敏云，第六章张峰、王洁，第七章俞刚、王文茜，第八章张剑萍。和我一起统稿的是陈敏云和皮凤英两位老师。此外，张剑萍老师为教材统一了格式、增加了二维码，还做了一些有助于书稿完善的其他工作。王文茜老师为本教材建立了专属的微信公众平台。

2017年6月杉达职业生涯课程忝列上海市精品课程大名单，同年10月十九大关于新时代我国社会主要矛盾的论述，让教材改版的外部条件成熟。从追求成功转为向往幸福，从弥补劣势转为构建优势，从只发展能力转为也发展美德。在两个学期的教学实践获得良好教学效果反馈后，我和我的同事们开始了改版尝试。改版工作虽然艰辛，但是也有同仁的支持。参加第二版编撰工作的有：第一章高红霞，第二章皮凤英，第三章徐霞、王晓琼，第四章孙丹枫，第五章陈敏云，第六章王洁、何妍蓉，第七章刘婷婷，第八章张剑萍、毛文艳，附录：职业生涯管理的理论基础高红霞，微信公众号《称职》何妍蓉。

感谢全国高等学校学生信息咨询与就业指导中心提供的机会，2021年底计划中的第三版进入"全国高校就业创业特色教材"建设行列。在本校陈以一校长、蒋凤瑛教务长、陈暐副书记、李丽校长助理的支持下，联合三江学院（江苏南京）、浙江树人学院、安徽新华学院共同成立了编委会，过程中又获得上海视觉艺术学院的增援，大家共同研究和编纂第三版教材。本版教材在保持原有亮点的基础上，力图体现三个特色：其一，基于长三角一体化发展的人才需要，实现大学生德智体美劳全面发展；其二，基于应用型大学学情，注重行动教学方案的设计与实施，以提升教学效果；其三，在进一步完善课程思政体系同时，更加注重围绕教学效果，注重多种教学方法的综合运用。酷暑之中参加第三版教材编写工作的有：前言陈以一，第一章高红霞，第二章曹斌、陈雁，第三章周欢欢，第四章孙丹枫，第五章陈敏云，第六章何妍蓉，第七章蔡云飞，第八章刘婷婷，第九章张剑萍、官巧玲。教材配套教学视频由李娜完成。此外，附录：职业生涯管理的理论基础与教材、教学由高红霞撰写，主审絮语由沈之菲、崔景明、陈雁撰写，后记由周欢欢和高红霞撰写。

　　在此特别感谢三江学院职业规划与就业指导教研室主任周欢欢老师、树人学院职业生涯教研室主任的曹斌老师。也特别感谢杉达学院就业指导办公室主任张剑萍老师以及职业生涯教研室的全体老师,你们的教学成果在此教材中有许多体现,恕我不能一一列举名单。感谢五所高校宣传部门的领导、记者、编辑,本教材的案例也有你们的一份功劳。正是你们的出色表现,让我看到了培养应用型人才的美好前景,坚定了我去完善这本教材的信心和决心。你们的身体力行,不仅为本书提供了大量的案例,还为教材开展了很多基础性的工作。感谢你们,因为没有你们就没有这本教材。

　　感谢生涯教育先行者、上海教育科学研究院的沈之菲教授,感谢安徽新华学院马克思主义学院沉浸思政教育数十年的崔景明副教授,感谢上海视觉艺术学院具有丰富职业生涯教育经验的陈雁副教授,你们从生涯理论、课程思政和教学方法等侧面进行了认真细致的审稿,提出了很多修改和补充的建议,为教材除谬增色,正是你们的支持有了面前这本教材。

　　感谢母校复旦大学姚凯教授,作为长三角人才研究专家莅临教材改版研讨会发表报告,对教材编写参与者进行长三角人才需求状况的辅导。感谢北京师范大学乔志宏教授的专题指教,以及对积极心理学探索方向的肯定。感谢老东家老领导同济大学的周箫教授和志向相投的北京航空航天大学苏文平副教授,也在颇多方面给予了有益的启发。

　　最后感谢挚爱的家人,正是你们的无私支持,让我能在暑期时间潜心于教材繁重而艰辛的改版工作。

高红霞

2023 年 7 月于沪上世外桃源

# 带走你的幸福花

　　谢谢你的坚持和努力，还记得课程开始时送你的这朵幸福花吗？请你继续用它衡量你现在的幸福指数。在期初幸福花花瓣凹槽处增加一个分数：现在的自己对该指标的评分，分数区间依然是 1 – 10。

　　请与自己的期初幸福花指数进行比较，评价一下自己职业资本的增值程度。增值 1 分可喜，增值 0.5 分可贺！请复盘本学期的努力与收获并记录在下面：

_____

_____

　　这是你面向未来的新台阶，祝你前程似锦，未来可期！